Le Lieutenant-Colonel Picquart?

Paul Marin

LE

LIEUTENANT-COLONEL PICQUART

DU MÊME AUTEUR

Dreyfus ? Un volume in-18 jésus de 550 pages. Prix : 3 fr. 50.
(*Librairie Illustrée*, 8, rue Saint-Joseph.)

Ce livre contient tous les documents du procès Dreyfus. Il offre ensuite le récit impartial des efforts des tenants de l'innocence de Dreyfus, pendant les années 1895, 1896 et 1897, et de la résistance qui leur a été opposée. Ce livre constitue le prologue du drame actuel dont les trois actes sont caractérisés par les trois personnages — Esterhazy, Picquart, Lebrun-Renault — qui y ont joué et y jouent encore les principaux rôles. Pour être muet, le rôle du dernier des trois n'en est pas moins capital; et c'est, d'ailleurs, dans « *Dreyfus ?* », au récit documenté de la dégradation du « traître », qu'il convient de se reporter pour trouver le point initial de la trame actuelle.

Esterhazy ? Un volume in-18 jésus de 476 pages. 3 fr. 50

Ce livre contient le procès d'Esterhazy et le récit de tous les événements qui se sont écoulés depuis l'interpellation de Scheurer-Kestner jusqu'au meeting de Tivoli Vaux-Hall. Il est précédé d'une lettre à Édouard Drumont. Cet ouvrage est écrit avec une scrupuleuse impartialité, comme « *Dreyfus ?* » auquel il fait suite. Il contient *in extenso* tous les documents parlementaires et judiciaires qui forment le fond des affaires Dreyfus et Esterhazy, et à cet exposé complet l'auteur a joint ses propres réflexions, sans autre souci que celui de la vérité.

Le capitaine Lebrun-Renault ? Un volume in-18 jésus
de 500 pages . . . . 3 fr. 50

Ce livre fait suite au « *Lieutenant-colonel Picquart ?* » comme « *Esterhazy ?* » fait suite à « *Dreyfus ?* ». Il complète l'histoire de la cause célèbre à laquelle Zola a attaché son nom et il prend les événements, au milieu du procès Zola, après la sixième audience, où la personnalité du lieutenant-colonel Picquart s'est dégagée des calomnies dont le commandant Lauth et le lieutenant-colonel Henry avaient essayé de ternir la réputation de leur ancien chef.

Il raconte par suite de quelles circonstances les accusateurs de Dreyfus sont aujourd'hui acculés aux plus bizarres expédients. C'est un officier subalterne de la garde républicaine qu'ils ont fait l'arbitre de la paix publique et le libérateur de la conscience nationale !

Thomas Martin de Gallardon. Un volume in-18 jésus.
Prix : 3 fr. 50 (*Librairie Flammarion*).

Jeanne Darc tacticien et stratégiste. Quatre volumes
in-18 jésus. Prix : 14 fr. (*Librairie Baudoin*).

ÉMILE COLIN — IMPRIMERIE DE LAGNY

CAPITAINE PAUL MARIN

LE
LIEUTENANT-COLONEL
PICQUART
— ? —

> N'est-il donc pas permis à chacun d'avoir
> et d'émettre son opinion, tant sur la cul-
> pabilité de Dreyfus que sur l'innocence
> d'Esterhazy, et à l'inverse tant sur la cul-
> pabilité d'Esterhazy que sur l'innocence de
> Dreyfus, sans être exposé aux injures, aux
> calomnies et même aux menaces les plus
> atroces ?
>
> (*Réquisitoire du Procureur général à la
> Cour de Cassation. 31 mars 1898.*)

PARIS
P.-V. STOCK, ÉDITEUR
(Ancienne Librairie TRESSE & STOCK)
8, 9, 10, 11, GALERIE DU THÉATRE-FRANÇAIS
PALAIS-ROYAL
—
1898

MAI

八
阿
阿

LIEUTENANT-COLONEL PICQUART

— ? —

Le déchaînement des passions autour du
lieutenant-colonel Picquart a donné un attrait
particulier à tout ce qui a touché ce brillant
officier, devenu le bouc émissaire de l'état-
major général. Aussi le livre que vient de
publier le capitaine Marin « *Le lieutenant-
colonel Picquart?* », à la librairie Stock, ré-
pond-il à un besoin évident de la curiosité
publique.

Il résume avec impartialité les traits contradictoires de la physionomie énigmatique
de l'ancien chef de notre espionnage militaire.

Du coup, la Chambre des députés avait perdu son
équilibre. L'on n'y distinguait plus radicaux, progres-
sistes, ralliés, royalistes...

Les étiquettes des factions, dans lesquelles étaient
incrustés les hôtes du Palais-Bourbon, avaient perdu
leurs vertus ordinaires.

LIEUTENANT-COLONEL PICQUART

— ? —

LIVRE PREMIER

JAURÈS CONTRE ROCHEFORT

CHAPITRE PREMIER

Solstice de l'idée antidreyfusiste. — Circonstances de ce singulier
phénomène. — Le lieutenant-colonel Picquart. — Son témoignage de février 1898. — La cuirasse enchantée du général de
Pellieux.

La lettre de Zola au Président de la République avait
accumulé, en quelques heures, des ruines défiant
toutes les prévisions.

Du coup, la Chambre des députés avait perdu son
équilibre. L'on n'y distinguait plus radicaux, progres-
sistes, ralliés, royalistes...

Les étiquettes des factions, dans lesquelles étaient
incrustés les hôtes du Palais-Bourbon, avaient perdu
leurs vertus ordinaires.

Il n'y avait plus qu'un chaos affolé d'antidreyfu-
sistes, constituant les quatre cinquièmes de l'assemblée
et une minorité de « dreyfusistes honteux », en butte à
l'aveugle frénésie de leurs collègues.

Ces « dreyfusistes honteux » s'étaient comptés cent
vingt, contre l'ordre du jour de M. de Mun.

Ils s'étaient bornés d'ailleurs à défendre en Zola la
liberté d'opinion, et pour tout Français, fût-il juif,
fût-il officier, le droit d'être jugé conformément aux
lois.

Si mince que parût cette minorité, si humbles que
fussent ses revendications, ses cent vingt voix présentaient un contraste saisissant avec le silence de la
quarantaine précédente, celle qui avait eu son point de
départ au 4 décembre 1897.

Alors, en effet, l'initiative de Scheurer-Kestner avait
été dénoncée au Palais-Bourbon comme un crime, sans
qu'une seule voix se fût élevée en sa faveur.

Une rude étape avait donc été franchie par l'idée de
Scheurer-Kestner.

C'était à la lettre de Zola que la manifestation devait
d'en être éclatante.

Il avait fallu la frénésie excitée par le factum zolesque
dans le marais parlementaire, pour que ses crapauds,
d'ordinaire circonspects, se laissassent prendre aux can-
tilènes éloquentes du comte de Mun et fissent chorus
avec elles.

Ils avaient réclamé à cor et à cri, du général Billot,
la répétition de sa déclaration antérieure « que l'affaire
Dreyfus avait été bien jugée ».

En échange de ce récitatif, quasi-burlesque dans son
affectation d'être pris pour un oracle, les crapauds du
marais avaient dû subir une cinglante apostrophe de
Jaurès.

Le tribun avait spécifié l'équivoque où se débattaient,

à l'envi, ministre de la guerre, président du conseil, et crapauds.

Jaurès « avait renouvelé en le aggravant » les attaques de Zola.

C'est le ministre de la guerre lui-même, obligé par la majorité de riposter à l'apostrophe de Jaurès, qui avait cueilli en ces propres termes le premier fruit de la manœuvre du comte de Mun.

C'était là un constat capital, au point de vue de la conscience publique.

De ce moment, l'acte de Zola avait cessé de lui être personnel; il n'était plus susceptible d'être traité comme l'acte individuel d'un monomane ou d'un orgueilleux.

Impossible de le dédaigner : le gouvernement ne pouvait plus affecter de l'ignorer.

Jaurès avait donné à l'idée de Zola l'incarnation de son éloquence communicative.

Il avait réuni cent vingt députés pour approuver sa virulente apostrophe, sinon dans sa teneur précise, tout au moins en ce que celle-ci contenait d'injurieux pour le comte de Mun et surtout pour ses clients.

A cet égard, l'après-midi du 13 janvier avait marqué le solstice de l'idée antidreyfusiste au-dessus de l'horizon parlementaire.

C'était grâce à l'initiative du comte de Mun que la constatation de ce recul avait été obtenue.

Quatre jours plus tard, au meeting du Tivoli Vaux-Hall, l'idée antidreyfusiste avait également décrit son solstice au-dessus de l'horizon populaire, celui qui voit s'élever les révolutions, sous les tempêtes de huées et de coups de poing.

Cette fois, c'était à l'initiative de Jules Guérin, l'*alter ego* de Drumont, l'organisateur du meeting, que les Parisiens avaient dû le constat de ce phénomène sociologique.

Il était à noter ce phénomène, car la brutale dictature de la rue ménage des épreuves encore plus cruelles que les ordres du jour parlementaires au faible qu'elle traque pour le passer à tabac.

Le comte de Mun et Jules Guérin avaient donc été les stratégistes de la manœuvre qui avait abouti à la constitution publique d'un noyau zoliste, parlant au palais législatif, frappant au meeting...

Comment la déroute dreyfusiste du 4 décembre 1897 s'était-elle, sous une attaque encore plus furibonde, transformée en une défensive vaillante, solidement retranchée, établie en pleine ligne de retraite de l'adversaire?

Grâce à quelle fée, ce prestigieux résultat était-il né des provocations haineuses du comte de Mun et de Jules Guérin?

Cette fée, elle avait deux visages à son service : au Palais-Bourbon, celui du socialisme personnifié par Jaurès ; au Tivoli, l'anarchisme représenté par Sébastien Faure.

Socialisme et anarchisme avaient combattu, chacun sur son terrain, le 13 et le 17 janvier 1898. L'anarchisme avait remporté une victoire complète au Tivoli. Le socialisme avait couché sur ses positions au Palais-Bourbon.

La tradition de Rome a gardé le souvenir d'un contraste, aussi joli qu'une fable du bon Lafontaine : celui de l'oie sacrée dont la vigilance fit honte à celle du défenseur né du Capitole.

Il y eut quelque chose comme cela, à Paris, le 13 et le 17 janvier 1898 ; socialisme et anarchisme remplirent, ces deux jours-là, le rôle que magistrats, officiers, ministre de la guerre, ministre de la justice avaient laissé sommeiller à l'envi.

La réminiscence venue du Latium, à travers tant de générations éteintes, dégage les violences de janvier 1898 de ce qu'elles ont contenu d'odieux.

Elle épure les sophismes du Palais-Bourbon et les brutalités du meeting ; elle les affine au parfum des vieux mythes, qui ont égayé les berceaux de notre civilisation.

Pareille aux Légendes de La Mère L'Oie, elle aide les grands enfants que sont les braillards du Tivoli et les bavards du Palais-Bourbon à saisir après coup le sens du spectacle que la plupart n'ont pas compris, faute d'avoir eu conscience des passions et des préjugés qui, à leur insu, hantaient leurs cœurs et crispaient leurs poings.

Socialisme et anarchisme avaient creusé derrière Zola le sillon par lequel allait pénétrer lentement jusqu'à la conscience populaire la vérité sur la culpabilité de Dreyfus et sur les circonstances presque incroyables qui avaient accompagné la condamnation de ce juif.

Grâce à cette fée, le lieutenant-colonel Picquart apportera son témoignage au procès de Zola, sans être mis en pièces par les affidés de Guérin.

Il semblera alors que la parole du lieutenant-colonel Picquart ait été emportée par le vent.

Endurcie, en effet, par la terreur, la conscience du jury refusera de la recevoir.

Mais, chez maint auditeur d'élite placé derrière la Cour, chez maint lecteur de la sténographie du procès, la parole du lieutenant-colonel Picquart a été féconde.

C'est de cette fécondité, comme d'un flambeau à plusieurs branches, que la lumière est descendue peu à peu sur les recoins obscurs du procès de Dreyfus et sur ses acteurs, tapis dans l'ombre.

Le lieutenant-colonel Picquart a été le médiateur, grâce auquel les consciences d'élite ont pu mesurer l'amas de mensonges entassé par trois des officiers de

l'état-major général sur la procédure de condamnation
de Dreyfus.

Le populaire, lui, mesure volontiers la valeur d'un
témoignage au ton de son auteur. Aussi le lieutenant-
colonel Picquart fut-il écrasé devant le jury par le
dédain du général de Pellieux et par l'offense que
celui-ci put adresser, sans courir de risque, à un contradicteur, qui, inférieur au grade, était cependant
assez osé pour lui être supérieur en perspicacité et
pour taxer de candeur la créance accordée par le général
à un faux.

Aussi, pour le public, le lieutenant-colonel Picquart
est-il resté une énigme. Tel un acteur qui aurait mal
joué son rôle.

Jury et public auraient aimé que tout fut crâne chez
le lieutenant-colonel, le ton et le geste aussi bien que
la pensée, et qu'ils eussent rendu coup pour coup au
général de Pellieux.

Jury et public eussent été d'autant plus satisfaits,
que le dénouement de l'incident eût vite tourné au tragique ; car, sans doute, la parole du lieutenant-colonel
aurait alors frisé l'outrage, sa main aurait frôlé son
contradicteur « fort en gueule ».

Bagne et poteau d'exécution, surtout quand on y rive
l'innocent, sont des clous sensationnels dans les spectacles chers au Parisien.

Sachons gré pourtant au lieutenant-colonel Picquart
d'avoir dominé ses nerfs, d'avoir discipliné son indignation, même aux dépens « des clous » du spectacle de
février. Ainsi, pourra-t-il tout dire, loin du bagne et du
poteau, lors d'une future confrontation avec le général
de Pellieux.

Alors, le lieutenant-colonel Picquart sera en posture
de résoudre clairement l'énigme vivante qu'il a été, en
février.

Il pourra placer lui-même la réponse au-dessous du point d'interrogation qui suit son nom.

Cette fois, les armes seront égales dans le duel : l'adversaire du lieutenant-colonel n'aura plus l'armure enchantée qui le rendait invulnérable.

CHAPITRE DEUXIÈME

C'est au milieu des bruyantes querelles de la rue et
des multiples incidents auxquels donnaient lieu les bagarres, que le 18 janvier, après de longues et mûres
réflexions, le général Billot déposa une plainte contre
Zola entre les mains du procureur général de la Cour
d'appel de Paris :

Cette plainte donna lieu à l'assignation suivante du
procureur :

L'an mil huit cent quatre-vingt-dix-huit, le vingt janvier, à
la requête de M. le procureur général près la cour d'appel de
Paris, lequel fait élection de domicile en son parquet, sis en
cette ville, au Palais de justice, agissant d'office sur la plainte
déposée le dix-huit janvier mil huit cent quatre-vingt-dix-huit
par M. le ministre de la guerre dans les termes de l'article 47
de la loi du 29 juillet 1881, au nom du premier conseil de
guerre du gouvernement militaire de Paris, ayant jugé, les
10 et 11 janvier 1898, le commandant Esterhazy, lequel tribunal relève de son département.

J'ai, Charles-Marie-Georges Dupuis, huissier audiencier à la cour d'appel de Paris, demeurant même ville, au Palais de justice, soussigné,

Donné assignation à monsieur A. Perrenx, gérant du journal l'*Aurore*, demeurant à Paris, 142, rue Montmartre, où étant et parlant à un employé du journal, puis à sa personne enfin,

A comparaître devant la cour d'assises de la Seine, sise au Palais de justice, à Paris, le lundi sept février mil huit cent quatre-vingt-dix-huit, à onze heures et demie du matin,

Et par copie séparée à monsieur Zola,

Comme prévenus :

I. — A. Perrenx :

D'avoir, à Paris, depuis moins de trois mois, en sa qualité de gérant, dans le numéro quatre-vingt-sept, deuxième année, du journal l'*Aurore*, portant la date du jeudi 13 janvier mil huit cent quatre-vingt-dix-huit, lequel numéro a été vendu et distribué, mis en vente et exposé dans les lieux ou réunions publics, publié les passages suivants renfermés dans un article signé Emile Zola et intitulé :

« Lettre à M. Félix Faure, président de la République »,

Première colonne de la première page :

« Un conseil de guerre vient, par ordre, d'oser acquitter un Esterhazy, soufflet suprême à toute vérité, à toute justice. Et c'est fini, la France a sur la joue cette souillure. L'histoire écrira que c'est sous votre présidence qu'un tel crime social a pu être commis » ;

Sixième colonne de la première page :

« Ils ont rendu une sentence inique qui à jamais pèsera sur nos conseils de guerre, qui entachera désormais de suspicion tous leurs arrêts. Le premier conseil de guerre a pu être inintelligent, le second est forcément criminel » ;

Deuxième colonne de la deuxième page :

« ... J'accuse le second conseil de guerre d'avoir couvert cette illégalité par ordre, en commettant à son tour le crime juridique d'acquitter sciemment un coupable » ;

Lesdits passages contenant l'imputation de faits de nature à porter atteinte à l'honneur et à la considération du premier conseil de guerre du gouvernement militaire de Paris ayant siégé les dix et onze janvier mil huit cent quatre-vingt-dix-huit et relatifs à ses fonctions, et de l'avoir ainsi publiquement diffamé, et ce à raison de ses fonctions ;

II. — Emile Zola :

De s'être, à la même époque et au même lieu, rendu complice du délit ci-dessus spécifié en remettant soit au sieur Perrenx, gérant du journal l'*Aurore*, soit à tout autre rédacteur ou employé dudit journal, pour le faire parvenir audit gérant afin d'être publié, l'écrit contenant les passages susvisés, et procuré ainsi les moyens qui ont servi à commettre le délit, sachant qu'ils devaient y servir ;

Délits prévus et punis par les articles 23, 29, 30, 31, 35, 42, 43, 45, 47 et 52 de la loi du 29 juillet 1881, 59 et 60 du code pé al...

La remise de cette assignation provoqua une réplique de Zola au ministre de la guerre, qui parut dans l'*Aurore* du 22 janvier :

A Monsieur le Ministre de la guerre.

En réponse à mes accusations contre vous, contre vos pairs et vos subordonnés, vous me faites citer à comparaître devant le jury de la Seine, le 7 février prochain.

Je serai au rendez-vous.

J'y serai pour un débat loyal, au grand jour.

Mais vous n'avez sans doute pas lu mon acte d'accusation, monsieur le Ministre. Quelque scribe vous aura dit que j'avais seulement accusé le Conseil de guerre « d'avoir rendu une sentence inique », d'avoir couvert une illégalité, par ordre, en commettant le crime juridique d'acquitter sciemment un coupable.

Cette affirmation n'aurait pas suffi à mon besoin de justice. Si j'ai voulu la discussion en pleine lumière, c'est que j'ai désiré faire éclater aux yeux de la France entière la vérité, toute la vérité.

C'est pourquoi j'ai complété les accusations qu'il vous a plu de relever, aux termes de l'acte de l'huissier Dupuis, par d'autres accusations non moins formelles, non moins claires, non moins décisives.

J'ai dit :

J'accuse le lieutenant-colonel du Paty de Clam d'avoir été l'ouvrier diabolique de l'erreur judiciaire, en inconscient, je veux le croire, et d'avoir ensuite défendu son œuvre néfaste, depuis trois ans, par les machinations les plus saugrenues et les plus coupables.

J'ai dit :

J'accuse le général Mercier de s'être rendu complice, tout au moins par faiblesse d'esprit, d'une des plus grandes iniquités du siècle.

J'ai dit :

J'accuse le général Billot d'avoir eu entre les mains les preuves certaines de l'innocence de Dreyfus et de les avoir étouffées, de s'être rendu coupable de ce crime de lèse-humanité et de lèse-justice, dans un but politique et pour sauver l'état-major compromis.

J'ai dit :

J'accuse le général de Boisdeffre et le général Gonse de s'être rendus complices du même crime, l'un sans doute par passion cléricale, l'autre peut-être par cet esprit de corps qui fait des bureaux de la guerre l'arche sainte, inattaquable.

J'ai dit :

J'accuse le général de Pellieux et le commandant Ravary d'avoir fait une enquête scélérate, j'entends par là une enquête de la plus monstrueuse partialité, dont nous avons, dans le rapport du second, un impérissable monument de naïve audace.

J'ai dit :

J'accuse les trois experts en écritures, les sieurs Belhomme, Varinard et Couard, d'avoir fait des rapports mensongers et frauduleux, à moins qu'un examen médical ne les déclare atteints d'une maladie de la vue et du jugement.

J'ai dit :

J'accuse les bureaux de la guerre d'avoir mené dans la presse, particulièrement dans *l'Eclair* et dans *l'Echo de Paris*, une campagne abominable, pour égarer l'opinion et couvrir leur faute.

Relisez ces textes, monsieur le Ministre, et tout en pensant ce qu'il vous plaira de mon audace, reconnaissez que je n'ai péché ni par manque de précision ni par défaut de clarté.

Et si vous êtes obligé de le reconnaître, et si, dans votre silence prudent, tout le monde doit avec moi le reconnaître, dites-moi pourquoi aujourd'hui, après cinq jours de méditations, de consultations, d'hésitations, de tergiversations, vous vous précipitez dans une reculade.

Comment! je puis écrire que « M. le lieutenant-colonel du Paty de Clam a été l'ouvrier diabolique d'une erreur judiciaire, en inconscient peut-être, et qu'il a défendu son œuvre par les machinations les plus coupables », je puis le dire, et on n'ose pas, pour l'avoir écrit, me poursuivre.

Je puis écrire que le général Mercier s'est rendu complice d'une des plus grandes iniquités du siècle, et on n'ose pas, pour l'avoir écrit, me poursuivre.

Je puis écrire que vous, monsieur le général Billot, vous avez eu entre les mains les preuves certaines de l'innocence de Dreyfus, que vous les avez étouffées, que vous vous êtes rendu coupable de ce crime de lèse-humanité et de lèse-justice, dans un but politique et pour sauver l'état-major. Et vous n'osez pas, vous, Ministre de la guerre, pour l'avoir écrit, me poursuivre.

Je puis écrire que le général de Boisdeffre et le général Gonse se sont rendus complices du même crime, et on n'ose pas, pour l'avoir écrit, me poursuivre.

Je puis écrire que le général de Pellieux et le commandant Ravary avaient fait une enquête scélérate, et on n'ose pas, pour l'avoir écrit, me poursuivre.

Je puis écrire que les trois experts en écritures, les sieurs Belhomme, Varinard et Couard, avaient fait des rapports mensongers et frauduleux, et n'osant pas, pour l'avoir écrit, me poursuivre en Cour d'assises, on torture la loi et on m'assigne en police correctionnelle.

Je puis écrire que les bureaux de la guerre avaient mené dans la presse une campagne abominable, afin d'égarer l'opinion et de couvrir leurs fautes, et l'on n'ose pas, pour l'avoir écrit, me poursuivre?

J'ai dit ces choses, et je les maintiens. Est-il vraiment possible que vous n'acceptiez pas la discussion sur des accusations aussi nettement formulées, non moins graves pour l'accusateur que pour les accusés ?

Je croyais trouver devant moi M. le colonel du Paty de Clam, M. le général Mercier, M. le général de Boisdeffre et M. le général Gonse, M. le général de Pellieux et M. le commandant Ravary, avec les trois experts en écritures.

J'ai attaqué loyalement, sous le regard de tous : on n'ose me répondre que par les outrages des journaux stipendiés et que par les vociférations des bandes que les cercles catholiques lâchent dans la rue. Je prends acte de cette obstinée volonté de ténèbres, mais je vous avertis, en toute loyauté, qu'elle ne vous servira de rien.

Pourquoi vous n'avez pas osé relever mes accusations, je vais vous le dire.

Redoutant le débat dans de la lumière, vous avez recours, pour vous sauver, à des moyens de procureur. On vous a découvert, dans la loi du 29 juillet 1881, un article 52 qui NE ME PERMET D'OFFRIR LA PREUVE QUE DES FAITS « *articulés et qualifiés dans la citation* ».

Et, maintenant, vous voilà bien tranquille, n'est-ce pas ?

Contre le colonel du Paty de Clam, contre le général Mercier, contre le général de Boisdeffre et le général Gonse, contre le général de Pellieux et le commandant Ravary, contre vos experts et contre vous-même, vous pensez que je ne pourrai pas faire la preuve.

Eh bien! vous vous trompez, je vous en avertis d'avance : on vous a mal conseillé.

On avait songé d'abord à me traduire en police correctionnelle ; et l'on n'a point osé, car la Cour de cassation aurait culbuté toute la procédure.

Ensuite, on a eu la pensée de traîner les choses en longueur par une instruction ; mais on a craint de donner ainsi un nouveau développement à l'affaire et d'accumuler, contre vous, une masse écrasante de témoignages méthodiquement enregistrés.

Enfin, en désespoir de cause, on a décidé de m'imposer une

lutte inégale, en me ligotant d'avance, pour vous assurer, par des procédés de basoche, la victoire, que vous n'attendez sans doute pas d'un libre débat.

Vous avez oublié que je vais avoir pour juges douze citoyens français, dans leur indépendance.

Je saurai vaincre par la force de la justice, je ferai la lumière dans les consciences par l'éclat de la vérité. On verra, dès les premiers mots, les arguties procédurières balayées par l'impérieuse nécessité de la preuve. Cette preuve, la loi m'ordonne de la faire, et la loi serait menteuse si, m'imposant ce devoir, elle m'en refusait le moyen.

Comment ferais-je la preuve des accusations que vous relevez contre moi, si je ne pouvais montrer l'enchaînement des faits et si l'on m'empêchait de mettre toute l'affaire en pleine carté ?

La liberté de la preuve, voilà la force où je m'attache.

Après cette seconde lettre, M. Emile Zola et le gérant de *l'Aurore* firent signifier, le 25 janvier, au Procureur général la liste des témoins qu'ils voulaient faire entendre et des pièces qu'ils voulaient produire aux débats de la Cour d'assises. Voici un extrait de ces documents :

SIGNIFICATION AU PARQUET

Les « requérants » déclarent d'abord : qu'ils entendent d'être admis à prouver la vérité des imputations diffamatoires qui leur sont reprochées, conformément aux dispositions de l'article 35 de la loi du 29 juillet 1831 ;

« Qu'en conséquence, et pour se conformer aux exigences de l'article 52 de ladite loi, ils articulent et offrent de prouver tant les faits suivants, comprenant tous les faits articulés et qualifiés dans la citation, que les faits imputés à diverses personnes ou à divers corps, dans l'article poursuivi, lesquels faits sont connexes avec les premiers, indivisibles d'avec eux, et doivent être nécessairement prouvés tout d'abord pour permettre aux requérants d'établir la vérité des imputations expressément relevées contre eux » :

A. — Faits articulés et qualifiés expressément dans l'assignation.

1º Un Conseil de guerre vient par ordre d'oser acquitter un Esterhazy, soufflet suprême à toute vérité, à toute justice ;

2º Les magistrats de ce Conseil de guerre ont rendu une sentence inique qui, à jamais, pèsera sur nos Conseils de guerre, qui tachera désormais de suspicion leurs arrêts. Le premier Conseil de guerre a pu être inintelligent, le second est forcément criminel ;

3º Le second Conseil de guerre a couvert une illégalité par ordre, en commettant à son tour le crime juridique d'acquitter sciemment un coupable.

B. — Faits connexes avec les précédents
et indivisibles d'avec eux.

1º Le lieutenant-colonel du Paty de Clam a été l'ouvrier diabolique d'une erreur judiciaire, en inconscient peut-être, mais il a ensuite défendu son œuvre néfaste depuis trois ans par les machinations les plus saugrenues et les plus coupables ;

2º Le général Mercier s'est rendu complice, tout au moins par faiblesse d'esprit, d'une des plus grandes iniquités du siècle ;

3º Le général Billot a eu entre les mains les preuves certaines de l'innocence de Dreyfus et les a étouffées ; il s'est rendu coupable de ce crime de lèse-humanité et de lèse-justice dans un but politique et pour sauver l'état-major compromis ;

4º Le général de Boisdeffre et le général Gonse se sont rendus complices du même crime, l'un sans doute par passion cléricale, l'autre peut-être par cet esprit de corps qui fait des bureaux de la guerre l'arche sainte, inattaquable ;

5º Le général de Pellieux et le commandant Ravary ont fait une enquête scélérate, c'est-à-dire une enquête de la plus monstrueuse partialité dont le rapport du second est un impérissable monument de naïve audace ;

6º Les trois experts en écritures, les sieurs Belhomme, Varinard et Couard, ont fait des rapports mensongers et frauduleux, à moins qu'un examen médical ne les déclare atteints d'une maladie de la vue et du jugement ;

7° Les bureaux de la guerre ont mené dans la presse, particulièrement dans *l'Eclair* et *l'Echo de Paris*, une campagne abominable pour égarer l'opinion et couvrir leur faute ;

8° Le premier Conseil de guerre a violé le droit en condamnant un accusé sur une pièce restée secrète.

Dossiers et pièces.

Enfin, les requérants entendent invoquer encore, pour faire la preuve des faits dont il s'agit, tous les dossiers et pièces qui sont aux mains, soit de M. le Ministre de la guerre, partie plaignante, soit des divers magistrats chargés d'instruire actuellement sur diverses plaintes relatives aux faits sus-énoncés.

Etant dans l'impossibilité matérielle de fournir la copie des dites pièces, qui ne se trouvent point en leur possession, ils font, par les présentes, sommation à M. le Procureur général, étant et parlant comme dessus, ledit Procureur général pris tant en son nom que ès-qualités et au nom de la partie plaignante pour laquelle il s'agit, d'avoir à produire au débat, dans les délais fixés par l'article 52 de la loi du 29 juillet 1881, tous les dossiers et pièces dont s'agit, et notamment :

1° Le dossier de l'affaire Dreyfus jugée en décembre 1894 par le premier Conseil de guerre du gouvernement militaire de Paris, y compris l'original du bordereau attribué à cette époque au capitaine Dreyfus et toutes les pièces communiquées ou non à la défense, qui ont été produites, soit à l'audience, soit en dehors de l'audience aux membres dudit Conseil de guerre ;

2° Le dossier de l'affaire Esterhazy jugée en janvier 1898 par le premier Conseil de guerre, y compris les expertises, les lettres de M. le commandant Esterhazy et les lettres de M. le général Gonse qui auraient été déposées sur le bureau dudit Conseil au cours des débats par M. le lieutenant-colonel Picquart ;

3º Le dossier de la plainte en faux déposée par M. le lieutenant-colonel Picquart contre Souffrain et autres qu'instruit en
ce moment M. Bertulus, juge d'instruction près le tribunal civil de la Seine.

La signification se termine par ces réserves :

Font d'ailleurs, mesdits requérants, toutes réserves au cas
où toutes les pièces dont s'agit ne seraient pas mises au débat
dans le délai prévu et fixé par l'article 52 de la loi du 29 juillet 1881, d'en demander la production au cours des débats,
suivant les besoins de la cause et en vertu du pouvoir discrétionnaire du président des Assises, sans qu'il puisse d'ailleurs
leur être opposé aucune déchéance ou fin de non-recevoir, mes
requérants s'étant par les présentes soumis dans toute la mesure possible aux exigences de l'article 52 susvisé.

CHAPITRE TROISIÈME

Débats du Palais-Bourbon du 22 janvier 1898. — Cavaignac prétend que la publication du rapport Lebrun-Renaud est la panacée à l'affolement actuel. — Méline expose l'inanité de cette prétention. — Cavaignac se déclare satisfait. — Jaurès flétrit la coalition « de Mun-Boisdeffre » et le cri « Mort aux juifs ». — Interruption de Bernis. — Suspension de la séance.

C'est au milieu de ces polémiques virulentes et des bagarres de la rue, que se produisit, le 22 janvier 1898, le débat sur l'interpellation Cavaignac.

En voici la physionomie, d'après le compte rendu analytique :

SÉANCE DE LA CHAMBRE DES DÉPUTÉS DU SAMEDI
22 JANVIER 1898

I. — Interpellation de M. Cavaignac.

M. Godefroy Cavaignac. — J'ai demandé, il y a quelques jours, à interpeller le Gouvernement sur la note de l'*Agence Havas*, afin de préciser les affirmations que j'avais apportées à la tribune et de discuter les motifs pour lesquels le Gouvernement a déclaré ne pouvoir y répondre.

Sur le premier point, j'affirme que, d'après les déclarations du capitaine Lebrun-Renaud, Dreyfus a laissé échapper une phrase commençant par ces mots : « Si j'ai livré des docu-

ments, etc. » J'affirme que ces déclarations sont attestées :
1° par une lettre du 6 janvier 1895 adressée par le général
Gonse à son chef, momentanément absent ; 2° par une attes-
tation signée plus tard par le capitaine Lebrun-Renaud et
dans laquelle il affirmait, sous la foi de sa signature, la déclaration qu'il avait faite. J'ai demandé au Gouvernement de
publier ce document, afin que les hommes de bonne volonté
qui cherchent impartialemment la vérité puissent y puiser des
éléments de conviction. Le Gouvernement s'y est refusé, et
après avoir invoqué d'abord des motifs qu'il n'a pas mainte-
nus, il a fait publier le lendemain la note de l'*Havas* qui
explique son attitude pour deux raisons.

La première, c'est que publier ce document équivaut, selon
lui, à mettre en doute l'autorité de la chose jugée. Il paraît
que le Gouvernement seul ignore que l'autorité de la chose
jugée est mise en discussion. (*Très bien! très bien! à l'extrême
gauche et à gauche. — Interruptions au centre et à droite.*) Mais,
sur ce point spécial, je demande à la Chambre de faire passer
sous ses yeux, non tous les démentis qui ont paru, mais un de
ces démentis signé : Bernard Lazare et qui a paru, dans le
Temps du 11 janvier. (*Interruptions et exclamations au centre et
à droite. — Bruit.*) Ce que je veux dire et ce qu'il s'agit de savoir en ce moment, c'est si ce n'est pas en se taisant que le
Gouvernement laisse mettre en discussion l'autorité de la chose
jugée. (*Applaudissements sur un grand nombre de bancs à gauche
et à l'extrême gauche.*)

Dans le *Temps* du 11 janvier 1898, M. Bernard Lazare maintient de la façon la plus absolue les affirmations de sa brochure et porte le défi qu'on puisse produire un rapport quelconque où soient consignés les prétendus aveux de Dreyfus.

Je vous demande si vous mesurez bien la portée de votre
silence en présence de tels démentis. Ne voyez-vous pas que,
tandis que vous vous taisez, d'autres s'empressent de compléter
au dehors l'œuvre que votre silence seul a commencée ?

Vous dites que c'est mettre en discussion l'autorité de la
chose jugée. N'est-ce pas vous qui avez engagé un procès. (*Applaudissements à l'extrême gauche et à gauche.*) Sur un élément
tendant à infirmer la chose jugée ? De quel droit vous refuse-

riez-vous ensuite à produire un élément qui les confirme ? (*Nouveaux applaudissements sur les mêmes bancs. — Interruptions au centre et à droite.*)

Il y a un autre motif invoqué. Le gouvernement se dit obligé au silence pour les mêmes raisons qui ont fait décider le huis-clos dans le premier procès.

Je connais les deux seuls mots auxquels vous faites allusion et je sais qu'ils n'ont rien à voir avec la réalité des aveux ou de la culpabilité de Dreyfus. Si les convenances internationales vous interdisent de les livrer à la publicité, et je reconnais volontiers ce point, personne ne peut demander de les publier. (*Interruptions au centre et à droite.*)

M. DU BREIL, COMTE DE PONTBRIAND. — Et demain le syndicat dira que le document est tronqué. (*Très bien ! Très bien ! à droite.*)

M. GODEFROID CAVAIGNAC. — Je dis qu'en alléguant aujourd'hui ce motif, — que vous avez eu et que vous aurez peut-être à invoquer encore, — vous faites quelque chose de grave, parce que vous portez atteinte à l'autorité qui vous sera nécessaire pour nous demander, dans d'autres circonstances, à nous incliner devant lui.

Si aucune des deux raisons que vous donnez n'existe... (*Réclamations au centre.*). Qu'y a-t-il donc ?...

Ce qui m'inquiète encore plus que la non-publication d'un document, c'est le fait même de la résistance que vous nous opposez.

Quelle a été votre attitude dès le début ? Nous avons été frappés, monsieur le président du conseil, de vous voir, dès le 4 décembre, quand vous déclariez qu'il n'y avait pas d'affaire Dreyfus, n'apporter à la tribune qu'une parole ambiguë. (*Nouvelles acclamations au centre. — Très bien ! très bien ? à gauche.*)

C'est ce jour-là qu'il fallait prendre parti et avoir une attitude, c'est cela qui s'appelle gouverner. Il fallait dire nettement si vous croyiez que quelque élément nouveau s'était introduit dans l'affaire Dreyfus, et en ce cas faire le nécessaire.

Mais, puisque vous ne le croyiez pas, pourquoi cette contradiction entre vos paroles, qui disaient oui, et vos actes qui disaient non ? (*Applaudissements à gauche et à l'extrême gauche.*)

Pourquoi avez-vous laissé conduire les événements par ceux qui poursuivaient une campagne de revision sournoise ? pourquoi les avez-vous laissés vous mener du procès Esterhazy au procès Zola, avec une facilité, une résignation qui contrastaient singulièrement avec la résistance que vous apportiez toutes les fois que de l'autre côté il fallait faire un pas ? (*Très bien ! très bien ! sur les mêmes bancs.*)

Pourquoi n'avez-vous apporté que des paroles tardives à la suite de sommations impérieuses, au bord même du précipice ?

Tout cela ne me donne pas de sécurité. Dans le pays ébranlé par cette question douloureuse : à savoir si l'on commet le crime de laisser un innocent au bagne, ou si l'on commet celui de bouleverser le pays pour sauver le coupable, il est vraiment étonnant de voir que vous seul, Gouvernement, vous n'ayez qu'une attitude embarrassée et pleine de réticences. (*Très bien ! très bien ! à gauche.*)

Je le demande à tous mes collègues : quelle garantie avez-vous qu'il n'y a pas encore quelque chose qu'on pourrait et qu'on devrait dire et qu'on ne dit pas ; quelle garantie avez-vous que le ministère ne détient pas la parole libératrice et qu'elle reste sur ses lèvres ? (*Applaudissements à l'extrême gauche et sur un grand nombre de bancs à gauche*)

S'il apparaissait plus tard — et ce sera peut-être demain — que le gouvernement détenait cette parole libératrice et qu'il ne l'a pas prononcée, quelle responsabilité encourraient ceux qui ne l'auraient pas réclamée ! (*Très bien ! très bien ! sur les mêmes bancs.*)

C'est pour ces motifs que je demande à la Chambre de briser par la manifestation de sa volonté les liens qui entravent trop visiblement le Gouvernement. (*Vifs applaudissements sur les mêmes bancs.*)

II. — *Discours du Président du Conseil.*

M. JULES MÉLINE, *président du conseil, ministre de l'agricul-*

ture. — Je commence par répondre à la question précise qu'a posée M. Cavaignac. Il demande pourquoi le gouvernement n'a pas cru et ne croit pas devoir livrer à la publicité les déclarations du capitaine Lebrun-Renaud, recueillies le jour même de l'exécution du jugement Dreyfus.

Je reconnais, et tout le monde le sait, que ces déclarations existent. (*Applaudissements et bruit à l'extrême gauche et à gauche. — Mouvements divers au centre.*)

M. Vigné. — Cela justifie l'interpellation.

M. LE PRÉSIDENT DU CONSEIL. — Il me semble que la note même de l'*Agence Havas* l'avait dit assez clairement. (*Très bien ! très bien ! au centre et à droite.*)

La première raison de notre refus, qui a été déjà donnée, c'est que le Parlement et le Gouvernement se sont toujours refusés, avec raison, à entrer dans la discussion de cette affaire à la tribune. (*Très bien ! très bien ! au centre.*)

M. Chapuis. — Vous avez bien répondu à M. de Mun.

M. LE COMTE DE MUN. — Ma question avait un tout autre objet que la revision du procès.

M. LE PRÉSIDENT DU CONSEIL. — Dès le premier jour, le gouvernement a nettement précisé son attitude, et, quoi qu'en ait dit M. Cavaignac, il n'y a eu dans cette attitude aucune ambiguïté. (*Interruptions et bruit à gauche. — Applaudissements au centre.*)

M. LE PRÉSIDENT. — M. le président du conseil ne peut pas arriver à se faire entendre. Si vous avez des contradictions à formuler, attendez qu'il soit descendu de la tribune. (*Très bien ! très bien !*)

M. LE PRÉSIDENT DU CONSEIL. — Dès le premier jour, nous avons déclaré que cette affaire était exclusivement judiciaire et que les pouvoirs publics, en la discutant, en changeraient le caractère et créeraient une véritable confusion des pouvoirs. (*Applaudissements au centre et à gauche.*)

C'est à cette confusion que nous convie M. Cavaignac. Il l'a même commencée en nous lisant un extrait d'une certaine brochure.

Il n'est pas douteux que si les déclarations que l'on nous demande étaient lues à la tribune, elles seraient discutées, et cette discussion amènerait la revision du procès, ce que vous ne voulez pas! (*Applaudissements à gauche, au centre et à droite.*)

Ce serait aller contre le désir de M. Cavaignac lui-même, parce que ce serait laisser croire que sans cette pièce le jugement serait sans valeur. Or le jugement se suffit à lui-même. Il est la vérité légale. Personne n'a le droit de le discuter. (*Applaudissements à gauche, au centre et à droite. — Bruit à l'extrême gauche.*)

Ceux qui auraient ce droit, ce sont les juges qui seraient chargés de la revision, et à ceux-là personne jusqu'ici n'a jugé à propos de le demander.

Je donne enfin la dernière raison : c'est qu'il y aurait un inconvénient à publier cette déclaration et que les mêmes raisons qui ont fait ordonner le huis-clos lors du premier jugement s'imposent encore.

Je ne veux pas exagérer la valeur de cet argument. (*Nouveaux applaudissements sur les mêmes bancs.*) Mais le gouvernement manquerait au premier de ses devoirs s'il soulevait ainsi des difficultés sur lesquelles je n'ai pas besoin d'insister.

On insiste sur ce que l'affaire a été jugée à huis clos. Mais le huis-clos tient à la nature même de l'affaire. Dans tous les pays civilisés, les affaires de cette nature sont ainsi traitées. Il en est ainsi non seulement par suite des difficultés diplomatiques qui pourraient en résulter, mais aussi parce qu'il n'est pas nécessaire de faire connaître à nos adversaires les secrets de notre défense militaire. (*Très bien ! très bien !*)

J'en ai fini avec M. Cavaignac, mais je n'en ai pas fini avec le fond de son discours. (*Vifs applaudissements à gauche, au centre et sur divers bancs à droite.*) Il faut que je réponde aux accusations qu'il a dirigées contre le gouvernement sur son attitude. En vérité, je suis bien à l'aise pour le faire.

M. Cavaignac condamne la campagne menée contre la chose jugée. Le Gouvernement la condamne et la réprouve plus que lui, parce qu'il en a souffert plus que personne. (*Bruit à gauche.*)

Cette campagne est absolument inexcusable. Elle pouvait s'excuser dans les premiers jours, quand il s'agissait de renseigner l'opinion. Mais dès que la justice a été saisie, quand les défenseurs de Dreyfus ont eu eux-mêmes choisi leurs juges alors qu'ils ont saisi la justice militaire par une dénonciation en règle, qu'ils ont été amenés devant les juges, ce jour-là le silence devait se faire. Au contraire l'instruction a été menée parallèlement dans la presse. On a attaqué violemment les chefs de l'armée.

On pouvait au moins espérer que, lorsque les juges se seraient prononcés, la campagne cesserait.

A l'extrême gauche. — Ils ont jugé à huis clos. (*Bruit.*)

M. LE PRÉSIDENT DU CONSEIL. — Si quand les juges se sont prononcés leur décision ne compte plus parce qu'elle n'a pas le bonheur de plaire à ceux qui l'ont sollicitée, je demande ce qui restera de la justice et sur quelles bases vous voudrez alors asseoir la société. (*Applaudissements à gauche, au centre et à droite.*)

Il s'est trouvé que ce jugement, qui aurait dû s'imposer à tout le monde, a été au contraire le point de départ d'une campagne plus violente que toutes les autres.

Un auteur de grand talent s'est servi de sa plume pour déshonorer les chefs de l'armée. (*Nouveaux applaudissements sur les mêmes bancs. — Bruit à l'extrême gauche.*)

La justice militaire tout entière, les experts eux-mêmes, n'ont pas trouvé grâce devant lui. (*Bruit et interruptions à l'extrême gauche.*) Et il a été, fauchant tout sur son passage, avec une superbe inconscience, sans se rendre compte du mal qu'il devait accomplir.

J'ai le regret de dire qu'il n'a pas été seul; d'autres ont suivi cet exemple, et les écrivains et les journalistes qui ont fait cela ont pris une lourde responsabilité. (*Applaudissements.*) Ils peuvent aujourd'hui en mesurer l'étendue. (*Très bien! Très bien!*)

Libre à eux de croire à l'innocence de Dreyfus, mais il y a des moyens qu'on n'a pas le droit d'employer pour faire triompher une cause qu'on croit juste. (*Vifs applaudissements.*)

On n'a pas le droit de vouer au mépris les chefs de notre armée nationale (*Vifs applaudissements.*), de froisser le sentiment national dans ce qu'il a de plus respectable, au risque le déchaîner des tempêtes et des troubles comme ceux que nous avons tant de peine à réprimer. (*Vifs applaudissements.* — *Rumeurs à l'extrême gauche.*)

MM. FABÉROT et DE BERNIS, qui interrompent au milieu du bruit, sont rappelés à l'ordre.

M. LE PRÉSIDENT. — Je rappelle à nos collègues que ceux qui donneraient le signal de scènes tumultueuses encourraient les sévérités du règlement. Je prie mes collègues de se tenir tranquilles et d'écouter en silence. (*Très bien! Très bien!*)

M. LE PRÉSIDENT DU CONSEIL. — Je termine sur ce point et je dis que ceux qui sèment ainsi le vent recueillent la tempête, et c'est ainsi que, dans ce pays de France, si doux, si peu fanatique et si hospitalier, nous voyons depuis quelques jours renaître des passions furieuses qu'on croyait éteintes depuis les siècles. (*Applaudissements.*)

M. HUBBARD. — Ce sont vos amis qui ont donné le signal.

M. LE PRÉSIDENT DU CONSEIL. — Dans une pareille situation, nous avons fait notre devoir, tout notre devoir. (*Interruptions à l'extrême gauche.* — *Applaudissements.*)

M. MARCEL HABERT. — Quand on vous y a forcés !

M. LE PRÉSIDENT DU CONSEIL. — Non, nous n'y avons pas été forcés ; nous avons déféré l'article en question à la justice du pays. (*Interruptions à l'extrême gauche.*)

Voix à gauche. — Vous en avez déféré seulement certaines parties.

M. LE PRÉSIDENT. — Il n'est pas possible de continuer ainsi le débat. Qui ne voit que, dans une question où il s'agit des intérêts les plus graves et alors qu'on se plaint des troubles du dehors, c'est à la Chambre à donner l'exemple de l'ordre et du calme? (*Vifs applaudissements.*)

M. LE PRÉSIDENT DU CONSEIL. — Je le répète : nous avons fait notre devoir en appliquant la loi, qui doit être la même pour tous, et nous avons déféré cet article à la justice.

Nous avons confiance dans ces douze citoyens libres entre les mains desquels nous avons remis la défense de la justice et de l'armée. (*Applaudissements.*)

Et c'est pour cela que nous ne vous demandons pas de modifier la loi sur la presse. (*Interruptions à l'extrême gauche.*)

M. Jules Guesde. — Il ne manquerait plus que cela ! (*Bruit.*)

M. le président du conseil. — Nous n'avons voulu nous servir que des moyens que la loi actuelle met entre nos mains. (*Interruptions à l'extrême gauche.*)

M. Paschal Grousset. — Vous n'osez même pas vous en servir.

M. le président du conseil. — Je comprends la portée de cette interruption. Vous dites : « Vous avez bien poursuivi, mais vous n'avez pas tout poursuivi. Vous avez laissé en dehors des poursuites une partie des accusations de l'auteur de l'article. »

Eh bien, oui, nous n'avons pas cru devoir soumettre à l'appréciation du jury l'honneur des chefs de l'armée. Cet honneur est au-dessus de tout soupçon. (*Vifs applaudissements. — Rumeurs à l'extrême gauche.*)

M. Jules Guesde. — Et votre confiance dans les douze jurés, qu'en faites-vous ? Non, vous n'avez pas confiance !

C'est un outrage au jury ! (*Bruit prolongé.*)

M. le président. — Monsieur Guesde, je vous rappelle à l'ordre.

M. le président du conseil. — Les chefs de l'armée ont comme nous-même la plus absolue confiance dans le jury, mais ils n'ont pas besoin d'aller devant le jury pour y recevoir de nouveaux outrages. (*Applaudissements. — Interruptions à l'extrême gauche. — Bruit prolongé.*)

M. Fabérot, qui interrompt, est rappelé à l'ordre avec inscription au procès-verbal. (*Bruit prolongé.*)

M. le président du conseil. — D'autre part, si nous n'avons pas voulu comprendre dans la poursuite l'attaque dirigée contre le premier conseil de guerre, ce n'est pas seulement parce que, dans l'article en question, on ne reproche aux premiers juges qu'une erreur, tandis qu'on déclare les seconds criminels, c'est aussi parce que nous n'avons pas voulu nous prêter à une véritable illégalité. (*Applaudissements au centre et sur divers bancs à gauche et à droite.*)

Nous n'avons pas voulu permettre qu'on introduisît indirectement, contrairement aux prescriptions de la loi, un procès en revision. (*Applaudissements sur les mêmes bancs.*) Nous avons pensé qu'il était impossible de transformer la cour d'assises en un conseil de revision. (*Nouveaux applaudissements sur les mêmes bancs. — Interruptions à l'extrême gauche et sur divers bancs à gauche.*)

Je sais bien qu'on essayera, malgré tout, de le faire; l'auteur de l'article l'a dit; ce n'est pour lui qu'un moyen révolutionnaire. On veut, par un scandale répété, arracher la revision en dehors des juges de la revision eux-mêmes. On peut faire ce scandale, il retombera de tout son poids sur la tête de ceux qui le commettront. (*Vifs applaudissements au centre et sur divers bancs à droite et à gauche.*)

Si nous ne pouvons pas empêcher le scandale, il y a une chose que nous empêcherons : c'est que le désordre continue dans la rue, d'où qu'il vienne. (*Applaudissements sur les mêmes bancs. — Interruptions à l'extrême gauche.*)

Vous verrez si sur ce point nous manquerons de résolution. Nous ne permettrons pas que l'ordre soit plus longtemps troublé dans la rue. C'est précisément parce que dans ce pays la discussion est libre, parce qu'elle peut aller même jusqu'à la licence, qu'il est nécessaire qu'il y ait, comme contrepoids, l'ordre dans la rue. (*Nouveaux applaudissements.*)

Je ne comprends pas que vous ne vous en rendiez pas compte. (*Interruptions à l'extrême gauche.*)

Puisque vous m'interrompez, je dis, vos articles à la main, que vous faites appel à la révolution dans la rue. (*Applaudissements au centre et sur divers bancs à gauche et à droite. — Nouvelles interruptions à l'extrême gauche.*)

Je préviens l'honorable M. Jaurès, en particulier, que la décomposition bourgeoise n'est pas encore assez avancée pour qu'il suffise de 20,000 hommes résolus pour proclamer la révolution sociale dans nos rues. (*Applaudissements.*)

Quant aux appels à l'indiscipline des soldats...

M. Jaurès. — Au républicanisme des soldats.

M. le président du conseil. — ... à la révolte contre leurs chefs, que je lis ce matin, je dis à M. Jaurès que de pareilles attaques causent une grande satisfaction aux ennemis de la France. (*Applaudissements au centre et sur divers autres bancs.*) Ils se demandent si c'est par de pareils moyens qu'on veut

préparer de nouvelles éditions de la *Débâcle*. (*Vifs applaudissements sur les mêmes bancs.*)

M. Gérault-Richard. — C'est de la débâcle de Madagascar
que vous parlez? (*Bruit.*)

M. le président. — Monsieur Gérault-Richard, je vous rappelle à l'ordre avec inscription au procès-verbal.

M. le président du conseil. — J'en ai fini. Je demande à la
Chambre de juger entre M. Cavaignac et nous. M. Cavaignac
a semblé vous dire qu'il avait un secret pour dénouer la
situation pénible au milieu de laquelle nous nous débattons,
mais il a négligé de nous le faire connaître.

Vous connaissez notre rôle, je viens de le définir une fois de
plus ; vous connaissez nos intentions pour l'avenir.

Pour cette tâche, nous avons plus que jamais besoin de
votre confiance, car jamais la situation du Gouvernement n'a
été plus délicate, plus difficile. (*Très bien ! Très bien !*)

Nous avons rencontré sur notre route une affaire que nous
n'avions pas engagée, que nous n'avions pas dirigée, que nous
ne connaissions pas, que nous n'avions pas le droit de connaître. (*Très bien ! Très bien !*)

On nous a légué des difficultés imprévues : nous les avons
abordées avec loyauté, nous avons tout fait pour provoquer
l'apaisement, pour renfermer cette affaire dans ses justes
limites ; nous avons été déboutés par une campagne de presse
d'une violence sans égale. L'ordre a été troublé dans la rue.

Voix à l'extrême gauche. — Par qui? (*Bruit.*)

M. le président du conseil. — Nous faisons tout en ce moment pour conjurer une crise qui pèse si lourdement sur le
pays tout entier. Je dis que, quand un Gouvernement est dans
cette situation, ceux que n'aveugle pas l'esprit de parti devraient considérer comme un devoir de se grouper autour de
lui. (*Applaudissements.*)

Ce qu'il défend, ce n'est pas son existence ministérielle si
misérable (*Applaudissements.*), et s'il pouvait la léguer à
M. Cavaignac, il ne pourrait que l'en remercier. (*Nouveaux
applaudissements*)

Mais, ce que nous défendons, ce sont les intérêts permanents
du pays, notre puissance militaire, le bon renom de la France

devant l'étranger. (*Vifs applaudissements.*) Voilà ce que nous défendons avec résolution ! Nous resterons comme des soldats à notre poste. (*Très bien ! Très bien !*) Mais nous avons besoin que le pays sache que vous êtes derrière nous et que nous avons votre confiance. (*Acclamations prolongées. — Les membres du centre, debout, applaudissent pendant plusieurs minutes. — Le président du conseil, de retour à son banc, reçoit de nombreuses félicitations.*)

M. GODEFROY CAVAIGNAC. — Ma réponse sera brève. M. le président du conseil a fait allusion aux dissentiments politiques qui nous séparent. Oui, ces dissentiments sont profonds ; mais jamais il n'a pu entrer dans notre pensée de les transporter ici dans cette question. Nous ne nous défendons pas d'être des hommes de parti ; mais, quand je suis monté à la tribune, ce n'est pas l'homme de parti qui a parlé, et le président du conseil vient de me donner une occasion de le prouver d'une façon irrécusable.

J'ai constaté, en effet, que le résultat moral que je poursuivais a été atteint (*Mouvements divers.*) et que M. le président du conseil avait répondu à ma question.

Il a annoncé ensuite qu'il allait attaquer le fond de ma discussion, mais j'ai constaté que cette attaque se dirigeait sur d'autres que sur moi, et que par le langage nouveau qu'il apportait à la tribune, par la satisfaction qu'il me donnait sur le point précis que j'avais soulevé, il avait rendu mon interpellation sans objet. En conséquence, je la retire. (*Applaudissements sur divers bancs à gauche. — Mouvements divers.*)

M. LE PRÉSIDENT. — M. Cavaignac retire son interpellation, mais reste celle de M. de Beauregard. M. de Beauregard a la parole.

III. — *Intervention de M. Jaurès.*

M. JAURÈS. — Je demande à reprendre l'interpellation de M. Cavaignac. (*Mouvements divers.*)

M. LE PRÉSIDENT. — M. Jaurès a la parole.

M. JAURÈS. — Il est impossible que le débat qui, sortant des termes étroits où l'avait enfermé M. Cavaignac, a pris les proportions étendues que lui a données avec raison le président du conseil, n'aboutisse pas devant la Chambre à une conclusion et à une sanction; nous devons tous nous féliciter des conditions nouvelles dans lesquelles l'interpellation va se poursuivre.

Désormais ceux d'entre nos collègues qui sont les plus prompts à soupçonner derrière les questions générales qui se posent ici des combinaisons parlementaires ou ministérielles doivent être exempts de ce souci.

La diversion que le président du conseil a tentée contre les socialistes était inutile; il n'en avait pas besoin pour grouper derrière lui les membres de la droite qui parlent si hautement de l'honneur de l'armée.

Il y a quelques jours, quand M. de Mun adressait d'impérieuses sommations au Gouvernement tout entier, il disait que l'honneur de l'armée exigeait les paroles décisives, la commucation...

M. LE COMTE DE MUN. — Je n'ai jamais demandé aucune communication; j'ai demandé au ministre de défendre l'honneur de l'armée; et, s'il avait été question de communication de pièces, je m'y serais opposé. (*Très bien! Très bien! à droite.*)

M. JAURÈS. — Pourquoi donc, vous réfugiant dans l'abstention, n'avez-vous pas osé associer votre vote à ceux de vos collègues de droite qui ajournaient indéfiniment l'interpellation de M. Cavaignac?

M. LE COMTE DE BERNIS. — Vous avez beaucoup de toupet. (*Bruit.*)

M. LE PRÉSIDENT. — Monsieur de Bernis, je vous rappelle à l'ordre avec inscription au procès-verbal. (*Très bien! Très bien!*)

M. JAURÈS. — Vous ne l'avez pas osé, parce que cet ajournement vous paraissait en contradiction avec l'attitude prise par vous. Vous aurez beau parler de l'honneur de l'armée, du salut de la patrie; vous avez un souci supérieur à celui-là : c'est de sauver un Gouvernement de réaction et de privilège. (*Applaudissements à l'extrême gauche.*)

Je m'étonne d'avoir à rappeler au président du conseil, qui

s'est trouvé plus près que d'autres d'événements douloureux, que ceux qui préparent les débâcles, ce ne sont pas ceux qui signalent à temps les fautes de l'armée, ce sont ceux...

M. Jean Plichon (montrant le journal *la Lanterne*). — La débâcle, la voilà.

M. Jaurès. — La débâcle, elle était alors chez les généraux de cour protégés par l'Empire, comme elle risquerait d'être aujourd'hui chez les généraux des jésuitières protégés par la République. (*Bruit au centre et à droite. — Applaudissements à l'extrême gauche.*)

M. le président. — Je vous prie, monsieur Jaurès, de surveiller votre langage; votre talent n'a pas besoin d'expressions violentes. (*Applaudissements.*)

M. Jaurès. — Tout en déférant avec respect aux justes paroles de M. le président, j'ai le droit de demander à nos ennemis dans cette Assemblée...

M. le président. — Le mot d'ennemis ne doit pas être prononcé ici. (*Très bien! très bien!*)

M. Jaurès. — J'ai le droit de demander, dans un débat qui passionne toutes les consciences, de ne pas troubler la discussion par des interruptions systématiques.

La diversion, disais-je, tentée par le président du conseil contre les socialistes était inutile; il était sûr de retrouver les éléments de sa majorité.

Oui, tout à l'heure, monsieur le président du conseil, en dénonçant ceux qui ont entrepris la campagne contre les décisions de justice militaire, vous dénonciez une partie de votre majorité, et lorsqu'ensuite vous dénonciez ceux qui déchaînent les passions religieuses, c'est l'autre moitié de votre majorité que vous dénonciez. (*Vifs applaudissements à l'extrême gauche et à gauche.*)

Si le cri de « mort aux juifs » a été poussé dans la rue, s'il a été déclaré publiquement, par une sorte de parodie cléricale de la Commune, que les otages étaient choisis, c'est par ceux qui vous soutiennent. (*Vifs applaudissements à l'extrême gauche et sur divers bancs à gauche. — Mouvement au centre.*)

Et vous êtes dans cette situation singulière de ne plus pouvoir apporter une parole de vérité et de justice sans poignarder, sans flétrir une partie de ceux dont les suffrages vous font vivre. (*Nouveaux applaudissements à l'extrême gauche et sur divers bancs à gauche. — Bruit au centre.*)

Après cette réponse à laquelle vos attaques m'ont obligé (*Exclamations au centre et à droite.*), j'ai hâte de dire que la question posée devant vous et devant le pays ne peut pas être résolue par des incidents ou des polémiques de séance.

Plus d'habiletés, plus d'équivoque. (*Applaudissements à l'extrême gauche.*) Savez-vous ce dont nous souffrons à l'heure présente? ce dont nous mourons tous?

Eh bien, je le dis sous la responsabilité de ma conscience personnelle, depuis que cette affaire est ouverte, nous mourons des demi-mesures, des équivoques, des réticences, des mensonges et des lâchetés. (*Vifs applaudissements à l'extrême gauche.*) Oui, des équivoques, des mensonges et des lâchetés. (*Vifs applaudissements répétés à l'extrême gauche et sur divers bancs à gauche.*)

Quoi que vous ayez fait pour en atténuer le scandale, il y a du mensonge et de la lâcheté dans les poursuites incomplètes dirigées contre M. Zola. (*Vifs applaudissements à l'extrême gauche et sur divers bancs à gauche. — Protestations au centre et à droite.*)

M. LE PRÉSIDENT. — Monsieur Jaurès, pour cette parole, je vous rappelle formellement à l'ordre. (*Applaudissements.*)

M. LE PRÉSIDENT DU CONSEIL. — Si nous disions des choses pareilles, je me demande quelles tempêtes nous soulèverions de votre côté. (*Très bien! très bien! au centre.*)

M. JAURÈS. — Il vous était impossible de ne pas être amenés à exercer des poursuites, parce que le huis-clos a besoin du correctif nécessaire de la liberté de critique au dehors.

Puisque vous vous décidiez à poursuivre, à porter le document devant le jury, afin que le jury décidât et jugeât, en vertu de quel principe avez-vous fait un choix entre les diverses parties de ce document? (*Applaudissements à l'extrême gauche et sur quelques bancs à gauche. — Bruit au centre.*)

On vous l'a dit... (*Bruit.*)

M. LE COMTE DE BERNIS. — Vous êtes du syndicat... (*Vives interruptions.*)

M Jaurès. — Vous dites, monsieur de Bernis?

M. le comte de Brrnis. — Je dis que vous devez être du syndicat, que vous êtes probablement l'avocat du syndicat...

M. Jaurès. — Monsieur de Bernis, vous êtes un misérable et un lâche. (*Vifs applaudissements à l'extrême gauche. — Exclamations au centre, à gauche et à droite — Agitation prolongée. — M. Gérault-Richard traverse l'hémicycle, il s'élance sur M. de Bernis et le frappe. Tumulte.*)

M. le président lève la séance.

Il est trois heures quarante-cinq minutes.

CHAPITRE QUATRIÈME

La bagarre du 22 janvier au Palais-Bourbon. — Versions
de l'*Intransigeant* et de la *Libre Parole*.

Ce compte rendu ne donne qu'une idée imparfaite
de l'incident terminal de cette séance, qui mérite
d'être retenue par l'histoire au même titre que la
bagarre du Tivoli-Vauxhall du 17 janvier.

L'*Intransigeant* a retracé ainsi l'incident final :

LA BAGARRE

Voici exactement comment la bagarre a commencé.

C'est d'une voix forte et au milieu d'un silence relatif que
M. Jaurès a traité M de Bernis de misérable et de lâche.

La bagarre commence alors; M. Gérault-Richard s'élance
de son banc, se précipite sur M. de Bernis placé à droite dans
l'hémicycle, au pied de la tribune, et le frappe au visage.

Les questeurs aidés des huissiers essayent de s'interposer,
ainsi que des députés de droite accourus auprès de leur collègue de Bernis.

Mais, en même temps, plusieurs socialistes sont arrivés à la
rescousse et c'est alors une mêlée générale.

Tandis que la bataille continue, le président Brisson, im
puissant à rétablir l'ordre, se couvre et lève la séance.

Coutant, qui prend part à la mêlée, tape à tour de bras;
il se trouve que ce sont des sénateurs qui étaient venus assister

la séance et qui étaient debout dans l'enceinte de la Chambre
où ils ont accès, qui reçoivent cette généreuse distribution de
gnognoles.

M. de Bernis, protégé par les huissiers, profite d'un moment
d'inattention pour se précipiter à la tribune et frapper Jaurès
d'un coup de poing.

M. Jaurès n'avait pu voir venir son agresseur, auquel il
tournait le dos.

C'est alors un tumulte inexprimable.

Les députés socialistes reviennent à la charge et attaquent
en masse le côté droit de la Chambre.

Protestation de la presse.

Les tribunes de la presse sont bondées de confrères qui, sans
distinction d'opinion, protestent contre l'agression de M. de
Bernis.

Debout, les journalistes crient : Vive la République ! huent
le député monarchiste et applaudissent les députés qui témoignent de leur indignation.

Les députés se retournent du côté de nos tribunes et remer-
cient la presse en la saluant à son tour de leurs applaudissements.

Le public prend alors part à cette manifestation et mêle
ses protestations à celles des journalistes.

Ordre est immédiatement donné de faire évacuer les tribunes et galeries.

Suite de la bagarre.

Aussitôt après avoir frappé M. Jaurès par derrière, M. de
Bernis descend les marches de la tribune; mais, là, malgré la
protection du personnel de la Chambre, il est assailli de
nouveau et reçoit de nombreux coups dans la bagarre qui
continue.

Les scènes de violence se prolongent; les huissiers sont impuissants à séparer les combattants et de doux députés qui
ont voulu intervenir reçoivent des claques et des coups de
poing réservés à d'autres.

Le champ de bataille est jonché de manchettes et de cra-
vates, et la lutte se poursuit jusque dans les couloirs.

La droite et la cléricaille — les amis de Méline — ont écopé
ferme dans ce... scrutin à mains levées.

Il y a eu généreuse distribution de claques — c'est « paings
bénits » pour les cléricaux, qui sont décidément bien nommés : le parti de la calotte.

Il règne dans ce récit une chaude sympathie pour
Jaurès et un violent dégoût pour Bernis.

Sympathie et dégoût sont d'autant plus à noter que
Jaurès, en combattant le général de Boisdeffre, se posait
par le fait même en adversaire de Rochefort, dont
Bernis, champion de de Mun et de Boisdeffre, se trouvait au contraire l'auxiliaire du moment.

La *Libre Parole*, *alter ego* de l'*Intransigeant*, comme
Drumont l'était de Rochefort dans le combat pour
Boisdeffre et contre Zola, retraçait en ces termes la
physionomie de l'incident :

Savate et chausson.

Soudain, au milieu du tumulte et des applaudissements,
retentissait cette exclamation lancée par M. de Bernis :

— Vous êtes du Syndicat ?

— Vous dites, monsieur de Bernis ? demandait M. Jaurès.

— Je dis que vous devez être du Syndicat, que vous
êtes probablement du Syndicat !

Et M. Jaurès répondait avec indignation :

— Monsieur de Bernis vous êtes un misérable et un
lâche !

Alors, le tumulte devenait indescriptible.

M. Gérault-Richard, quittant sa place, courait à travers
l'hémicycle, renversant huissiers et députés, arrivait sur
M. de Bernis et le frappait d'un coup de poing.

Le derviche tourneur.

Pif! Paf! Pan ! C'était la mêlée burlesque des représentants sous l'œil de leurs électeurs et futures électrices.

Chauvière accourait, se colletait avec les huissiers qui empêchaient M. de Bernis de courir à la tribune.

Coutant tombait sur un groupe de sénateurs qui étaient dans l'hémicycle et cognait comme un sourd, à tour de bras.

— Je suis sénateur ! criait M. Leydet.

— Je m'en f... ! ripostait Coutant, en cognant de plus belle.

La scène était délirante.

On craignit un moment pour le vénérable M. Buffet qui, bousculé, était tombé assis, mais que l'on put emmener sans aucun mal loin de l'arène.

M. Pajot, debout devant les ministres, hurlait :

— Frappez-moi, misérables ! Frappez-moi !

Ses amis lui tapaient à petits coups dans le dos.

Pendant ce temps, les socialistes perchés sur les hauteurs de la droite étaient descendus et bourraient M. de Bernis qui criait désespérément.

Et au milieu de ce grouillement de têtes congestionnées par la fureur, on voyait, ô stupeur, un derviche tourner avec frénésie !

C'était le brave Sidi-Grenier qui, voyant l'heure arrivée de se laver les pieds, avait quitté sa place et était tombé dans la mêlée, où son burnous faisait une tache blanche.

Et heurté, bourré, cogné, le malheureux oscillait, tournoyait dans ce simoun parlementaire brusquement déchaîné.

Le président froussard.

Brisson était d'abord demeuré atterré, triste comme

un pontife qui voit une troupe impie organiser une sara-
bande dans son temple.

Bientôt, il se couvrait et descendait quatre à quatre
l'escalier de son fauteuil.

M. Jaurès, lui, était encore à la tribune, ses papiers
restant épars devant lui.

Au moment où il les rassemblait, M. de Bernis traver-
sait la mêlée effroyable où Sidi-Grenier s'agitait, gravis-
sait l'escalier de droite de la tribune, et arrivait au
moment où M. Jaurès s'apprêtait à descendre par l'escalier de gauche.

D'un revers de main, il le giflait et redescendait avant
que M. Jaurès, surpris, ait eu le temps de se retourner.

M. Jaurès eut un grand geste éloquent comme s'il
prenait la salle à témoin, mais allez donc vous faire entendre au milieu des rugissements de tigres qui emplis-
saient l'hémicycle.

Dans la foule, le combat reprenait avec plus d'achar-
nement encore, puis les adversaires de tous les partis
étaient poussés par les huissiers vers la porte du couloir
de gauche de l'hémicycle.

La séance avait été levée à 3 heures 45.

Elle n'a point été reprise, Brisson ayant eu peur de
l'exaltation des esprits.

Méline, par contre, eût voulu une reprise, ne fût-ce
que pour terminer le débat.

En sorte que, grâce à la frousse irraisonnée de Brisson, on peut dire que le régime parlementaire en est
arriver à ce degré de gâtisme que la Chambre ne peut
plus mener une délibération jusqu'au bout !

Si nous avons la dictature, Brisson sera un de ceux
qui auront contribué à la ramener.

O juste retour des choses !

Ce directeur de baraque foraine a tué lui-même son
industrie.

Lundi, à deux heures, continuation des luttes à main plate.

La suite des débats sur l'interpellation Cavaignac eut lieu le lundi 24 janvier.

Jaurès y reprit le fil de son discours du 22, brusquement interrompu par les violences, suprêmes témoignages de la frénésie qui avait pris naissance à la Chambre le 13, après le coup de foudre de Zola.

CHAPITRE CINQUIÈME

Débats du Palais-Bourbon du 24 janvier 1898. — Jaurès met le gouvernement en demeure de répondre par « oui » ou par « non ». — Méline déclare refuser de répondre à la question précise de la pièce secrète. — Goblet met en lumière les contradictions du gouvernement. — Avant le procès Esterhazy, Méline a déclaré au Parlement qu'il n'y a pas connexité entre ce procès et l'affaire Dreyfus. — Après le procès Esterhazy, changement à vue. — Méline déclare qu'il y a connexité et que l'acquittement d'Eterhazy doit clore l'agitation autour de l'affaire Dreyfus, puisque cette fois la chose est jugée. — Quelle confiance peut mériter Méline après pareille contradiction ? — Autre contradiction : l'ordonnance du chef de la justice militaire affirme que le procès Esterhazy a lieu afin que la vérité sorte d'un débat contradictoire. — Atroce ironie ! le débat n'est pas contradictoire. — Personne ne peut prendre le jugement Esterhazy au sérieux.

Grâce à cette interruption, la parole de Jaurès eut un retentissement inouï en France et dans le monde entier ; elle frappa les gens qui le plus souvent dédaignent les discussions parlementaires.

Voici le compte rendu analytique des débats du 24 janvier :

SÉANCE DE LA CHAMBRE DES DÉPUTÉS
DU LUNDI 24 JANVIER 1898

I. — *Intervention de M. de Beauregard.*

M. LE PRÉSIDENT. — La parole est à M. de Beauregard.

M. DE BEAUREGARD. — Je tiens à protester contre la façon dont la Chambre a été traitée samedi.

Est-ce à dire que nous sommes revenus aux jours de Brumaire et de Décembre, pour qu'on fasse entrer dans les couloirs de la Chambre la force armée ? (*Mouvements divers.*)

J'estime, pour ma part, qu'on a aggravé l'incident regrettable qui s'était produit, et qu'il eût été plus facile de le terminer en reprenant la séance.

J'espère que la Chambre voudra discuter mon interpellation aujourd'hui afin d'en finir une bonne fois.

M. LE PRÉSIDENT. — M. de Beauregard avait bien voulu me prévenir, il y a un instant, qu'il me demanderait pourquoi, samedi dernier, je n'avais pas cru devoir inviter la Chambre à tenir une seconde séance. Il y a joint une observation sur ce qu'il appelle la présence de la force armée dans les couloirs de la Chambre.

Mon devoir, lorsque j'ai levé la séance, était d'ordonner l'évacuation des tribunes. Il a paru qu'une certaine résistance d'une partie du public pouvait exiger que le personnel chargé de procéder à cette évacuation fût aidé; un très petit nombre d'hommes sans armes ont été rapprochés du lieu où il aurait fallu assurer l'exécution de mon ordre.

Sur le second point, je donne connaissance à la Chambre de l'article 129, le seul qui fût applicable en l'espèce :

« Si un délit vient à être commis dans l'enceinte du palais législatif par un député, toute délibération est suspendue. Le président porte le fait à la connaissance de la Chambre séance tenante... »

Je n'avais pas à faire connaître à la Chambre un fait qui s'était passé sous ses yeux.

« ... Le député est admis à s'expliquer, s'il le demande. Sur l'ordre du président, il est tenu de quitter la salle des séances et de se rendre dans le local indiqué à l'article 123... »

Cette disposition n'était pas non plus applicable.

« ... En cas de résistance du député ou de tumulte dans la Chambre, le président lève à l'instant la séance. » Or nous nous trouvions en cas de tumulte.

Le reste de l'article indique les devoirs du bureau de la

Chambre. Quant au président, il n'avait rien autre chose à faire que de lever à l'instant la séance. C'est ce qu'il a fait. Il a pu se poser la question de savoir s'il y avait lieu d'inviter la Chambre à tenir une deuxième séance. Informations prises, et après avoir consulté le règlement dont l'article 129 n'indique pas la reprise de la séance, le président n'a pas cru devoir convoquer la Chambre. (*Très bien! très bien!*)

La parole est à M. Jaurès, qui demande une modification à l'ordre du jour.

II. — *Suite du discours de Jaurès.*

M. JAURÈS. — Si la Chambre trouvait cette modification indiscrète, je n'insisterais pas; mais je crois que, dans l'intérêt de tous, il est bon que le débat de samedi continue aujourd'hui, au lieu d'être remis à huitaine. (*Assentiment sur un grand nombre de bancs.*)

M. LE PRÉSIDENT. — Il n'y a pas d'opposition? La Chambre ordonne la suite de la discussion de l'interpellation, et la parole est à M. Jaurès pour continuer son discours.

M. JAURÈS. — Que la Chambre m'excuse si je me permets d'abord de rectifier à la tribune un propos, étranger aux faits du débat, qui m'a été attribué par la presse et qui a eu pour moi des conséquences imprévues.

Un journal a dit, et d'autres ont répété, que je m'étais servi du mot « boucher » dans un sens désobligeant. Vu l'état des esprits, cette révélation a pris une importance particulière ; j'ai reçu aussitôt des protestations très vives des divers groupes de la boucherie. (*Exclamations au centre et à droite. — Interruptions.*)

M. DE BAUDRY D'ASSON. — Ne parlez pas de boucherie. Il y en a eu assez comme cela.

M. JAURÈS. — J'affirme que je n'ai jamais tenu le propos que ce journal m'attribue. Et je rappelle qu'à propos de la grève récente des abattoirs, notre parti s'est borné à intervenir dans un esprit de conciliation. (*Interruptions au centre et à droite. — Très bien! très bien! à l'extrême gauche.*)

M. MAURICE BINDER. — Vous avez bien raison de dire tout ce

que vous voulez. Vous êtes protégé par le président. (*Réclamations à gauche.*) Je ne fais que reproduire l'impression de toute la Chambre.

M. LE PRÉSIDENT. — Je remercie M. Binder de me fournir l'occasion d'opposer la réalité à ses paroles. (*Très bien! très bien!*) La Chambre se souvient que le premier de nos collègues auxquels j'ai eu à appliquer la peine la plus sévère du règlement est précisément M. Jaurès. Samedi, je l'ai d'abord averti sévèrement, puis je l'ai rappelé formellement à l'ordre. (*Très bien! très bien! sur un grand nombre de bancs.*)

Parlez, monsieur Jaurès. Vous serez protégé par le président contre les interruptions, et je suis sûr que vous vous protégerez vous-même contre les entraînements auxquels cette discussion a déjà donné lieu, en vous imposant le calme et la mesure. (*Très bien! très bien!*)

M. JAURÈS. — Je prie la Chambre tout entière, adversaires et amis, de m'aider à observer dans cette discussion la mesure que je me propose de garder (*Très bien! Très bien!*)

J'aborde une question difficile et redoutable. Je le ferai avec calme et fermeté. J'estime que ce n'est pas avec des à peu près, des obscurités et des équivoques qu'on pourra rétablir le calme dans les esprits. Le pays ne trouvera la paix que dans la clarté.

Je suis ici pour appeler les explications précises du Gouvernement sur les côtés restés obscurs de la question qui nous préoccupe. Je le prierai, non pas d'apporter des déclarations générales, mais de répondre aux trois questions précises que je lui adresse, touchant : 1º la conduite du procès ouvert contre M. Zola ; 2º l'usage juridique de ce qu'on a appelé les pièces secrètes ; 3º la façon dont a été pratiqué le huis-clos dans les deux affaires Dreyfus et Esterhazy.

Je reproche au Gouvernement d'avoir, dans la conduite du procès contre M. Zola, pris une attitude ambiguë et contraire aux décisions mêmes de la majorité de la Chambre.

Lorsque des poursuites ont été demandées par un de nos collègues, M. le président du conseil a déclaré que c'était pour couvrir l'honneur de l'armée que la justice du pays serait mise en mouvement.

Je demande au Gouvernement pourquoi, suivant quels principes et quelles règles, il a fait un départ entre certaines allégations et d'autres. M. le président du conseil a dit qu'il ne poursuivait que les attaques dirigées contre les conseils de guerre, parce que l'honneur des états-majors et des généraux était au-dessus de telles attaques.

Mais, si l'honneur des états-majors et des généraux est au-dessus de telles attaques, l'honneur des conseils de guerre est-il d'un niveau inférieur? (*Applaudissements à l'extrême gauche et sur divers bancs à gauche.*)

Ce ne sont pas seulement les conseils de guerre qui ont été attaqués; les états-majors, les généraux ont été formellement accusés d'avoir préparé une solution inique des affaires en cours par des intrigues coupables et des machinations ténébreuses. Je ne comprends pas comment vous pouvez décider que l'honneur d'une partie de vos officiers n'a pas besoin d'être couvert, pendant que l'autre réclame de vous une protection légale. (*Nouveaux applaudissements sur les mêmes bancs.*)

Je me demande pourquoi, ayant accordé à l'un de nos collègues une répression légale contre ceux qui selon vous portent atteinte à l'honneur de l'armée, vous laissez cet honneur de l'armée à peine couvert par un pauvre haillon de justice incomplet. (*Applaudissements à l'extrême gauche et sur divers bancs à gauche.*)

Mais, ce qui est plus grave que le choix arbitraire fait par vous dans les accusations que vous relevez, c'est la raison que vous en donnez.

Vous avez dit que l'honneur des généraux attaqués dans l'article était au-dessus des décisions du jury lui-même, et que vous n'aviez pas à confier au jury, c'est-à-dire à la conscience nationale légalement organisée, le soin de se prononcer sur les attaques dirigées contre les généraux. (*Applaudissements sur les mêmes bancs.*)

Il a quelques années, lorsqu'il s'agissait d'un homme qui réunissait en sa personne les qualités de chef de l'armée et de premier magistrat de la République, vos prédécesseurs n'ont pas jugé que le jury n'eût pas qualité pour se prononcer. (*Vifs applaudissements à l'extrême gauche.*)

Et alors, en vertu de quelle conception monstrueuse de
l'immunité militaire déclarez-vous qu'il est indigne des généraux de venir répondre devant le jury, légalement assemblé,
aux allégations dirigées contre eux? (*Nouveaux applaudissements.*)

Si vos théories étaient admises, les généraux seraient par
vous déclarés seuls juges de leurs actes, juges suprêmes de
leur conduite, et, ne relevant plus de la discussion, ils seraient
dans un régime de libre discussion au-dessus de la loi. (*Vifs
applaudissements à l'ex'rême gauche et sur divers bancs à gauche.*)

M. JULES MÉLINE, *président du conseil, ministre de l'agriculture.* — Ils relèvent du Gouvernement et de la loi. (*Applaudissements au centre.*)

M. JAURÈS. — Vous ne pouvez réparer vos paroles de l'autre
jour qu'en les retirant. (*Applaudissements à l'extrême gauche.*)

La vérité, c'est qu'il devient de plus en plus malaisé de
concilier les principes d'une démocratie libre avec certaines
habitudes de la haute classe militaire qui tendent à s'installer
dans notre pays.

Nous avons le droit d'être inquiétés et troublés par l'annonce, parue dans un certain nombre de journaux officieux,
que probablement, devant la cour d'assises, dans le prochain
procès, le ministre de la guerre se refuserait à relever les officiers du secret professionnel et leur interdirait de déposer devant le jury.

Si cela était vrai, ce serait la plus détestable parodie de justice qui se pût imaginer. (*Applaudissements à l'extrême gauche.*)

Si vous prenez le jury pour juge, vous n'avez pas le droit
d'interdire ou de limiter arbitrairement la preuve incombant
à l'écrivain que vous traînez devant lui (*Nouveaux applaudissements*), et de dicter d'avance une sentence qui serait nécessairement fausse, puisqu'elle manquerait des lumières indispensables.

Toutes ces précautions, toutes ces habiletés en vue d'échapper à la seule solution de cette affaire, à la pleine clarté, seraient vaines.

Un premier huis clos n'a pas mis fin à l'agitation et au
trouble.

3.

Dans le second procès, vous avez organisé un huis-clos partiel.

Si maintenant vous allez en cour d'assises, allez-y franchement pour apporter au pays toute la vérité, et non pas une moitié de vérité. (*Applaudissements à l'extrême gauche et sur divers bancs à gauche.*)

Voilà le premier point sur lequel je demande, et j'ai le droit de demander, au Gouvernement des déclarations nettes et des explications précises.

Il est une question plus troublante, plus poignante de beaucoup que toutes les autres. Avant de l'aborder, je tiens à faire une déclaration qui dissipe tout malentendu. J'affirme sur l'honneur que, si j'avais sur le fond même du procès une certitude, quelle qu'elle fût, qui me permît d'émettre une affirmation quelconque, je dirais tout haut toute ma pensée. (*Applaudissements sur les mêmes bancs.*)

Mais, je le déclare en toute loyauté, avec les éléments d'information communiqués au pays, il m'a été impossible de me former, sur le fond de l'affaire, une conviction quelconque. (*Très bien! très bien! sur divers bancs. — Rumeurs au centre et à droite.*)

Je comprends les murmures de ceux qui voudraient établir une confusion entre le fond de l'affaire, sur lequel nous n'avons aucune compétence pour nous prononcer, et l'ensemble des formes et des garanties légales.

M. JULIEN GOUJON. — Il fallait suivre les formes légales du procès en revision.

M. JAURÈS. — Je ne demanderais pas mieux que de répondre à votre courtoise interruption ; mais, si nous entrons dans cette voie d'interpellations de collègue à collègue, je sais bien comment nous commencerons, je ne sais pas comment nous finirons. (*Rires et applaudissements.*)

Il n'est pas possible d'établir une confusion entre le fond même de l'affaire, sur lequel nous ne pouvons nous prononcer, et l'ensemble des formes et des garanties légales qui sont dans ce pays les conditions de la liberté et de la justice, le patrimoine commun que tous les citoyens doivent défendre. (*Applaudissements à gauche et à l'extrême gauche.*)

Il a été dit, sans qu'un démenti ait été opposé à cette assertion, que dans l'affaire Dreyfus, à côté du dossier public et légal, il y avait eu le dossier secret. Il y a même depuis quelques jours une déclaration officielle et authentique.

Dans le rapport de l'affaire Esterhazy, je lis ceci : « Un soir, le colonel Henri était entré chez le lieutenant-colonel Picquart. Il avait aperçu Me Leblois assis auprès du bureau et compulsant avec lui le dossier secret. Une pièce en avait glissé et une photographie portant ces mots : « Cette canaille de D... » était étalée sur le bureau. »

Quand un pareil doute est soulevé, je trouverais misérable, indigne de nous tous, indigne de la France, qu'il n'y eût pas sur cette question une déclaration décisive.

Je demande au Gouvernement : Oui ou non, les juges du conseil de guerre dans l'affaire Dreyfus ont-ils été saisis de pièces pouvant établir ou confirmer sa culpabilité, sans que ces pièces aient été communiquées à l'accusé et à la défense?

C'est toute la question. Elle comporte une réponse par oui ou par non.

M. JULES MÉLINE, *président du conseil, ministre de l'agriculture.* — Je vous réponds que nous ne voulons pas discuter l'affaire à la tribune. (*Applaudissements au centre, à droite et sur divers bancs à gauche. — Exclamations et bruit à l'extrême gauche.*), et que je ne veux pas servir vos calculs. (*Nouveaux applaudissements.*)

M. JAURÈS. — Voilà l'équivoque qui se perpétue et qui s'aggrave, avec tous ses périls.

Vous n'avez pas le droit de refuser une réponse à une question qui touche aux garanties de la défense. (*Applaudissements à l'extrême gauche.*)

J'ai entendu tous ces jours-ci certaines insinuations — et M. le président du conseil, en employant le mot « calculs », paraît entrer dans cette tactique que je ne juge pas, — par lesquelles on espère détourner les hommes de bonne foi et de courage (*Bruit.*) de se poser les questions qui intéressent les libertés fondamentales du pays. (*Applaudissements à l'extrême gauche.*)

Non, on ne nous détournera pas de cette œuvre. Nous avons

droit de la poursuivre au grand jour, car ce n'est pas la première irrégularité de procédure sur laquelle nous sommes appelés à nous prononcer. (*Mouvements divers.*)

Toutes les fois que la liberté des citoyens, dans les grèves du Pas-de-Calais ou de Carmaux (*Applaudissements à l'extrême gauche.*) a été compromise par l'arbitraire des juges ou par des irrégularités de la procédure, nous avons protesté à cette tribune. (*Très bien! très bien! à l'extrême gauche.*)

J'ose dire que, toutes les fois qu'une injustice a été commise dans le monde, le parti socialiste a protesté; et puisqu'on essaye de mêler à cette affaire une question de race ou de religion, je rappelle que, dans une affaire récente d'une tout autre portée, lors des massacres d'Orient, nous ne nous sommes pas demandé si ceux que nous défendions étaient des catholiques. (*Applaudissements à l'extrême gauche.*)

Oui, quels que fussent la race, la religion, le climat, quelle que fût la forme d'iniquité dont souffraient les victimes, nous avons protesté, et voilà pourquoi, même au profit d'un juif, nous avons le droit de réclamer les garanties légales. (*Applaudissements à l'extrême gauche.*)

En tout cas, puisque vous parlez de calculs, le vôtre, monsieur le président du conseil, est bien enfantin et bien court, si vous vous imaginez que c'est par des réponses ambiguës, des ajournements et des atermoiements continus que vous éluderez de tels problèmes. (*Très bien! très bien! à l'extrême gauche.*)

Dans ce pays de France, il n'y a qu'un moyen d'en finir avec les questions, c'est de dire la vérité, toute la vérité. (*Très bien! très bien! sur les mêmes bancs.*)

Je vous le disais l'autre jour: si, dans le passé, les ministres responsables de l'honneur et de la sécurité du pays ont cru nécessaire, dans l'intérêt de la patrie, de suspendre les garanties légales, ils doivent avouer leur acte avec une fierté révolutionnaire et ne pas réduire la France, si loyale, à cacher sa justice comme un voleur cache son larcin. (*Applaudissements sur les mêmes bancs.*)

Il est enfin une troisième question sur laquelle je demande des explications au Gouvernement.

Le huis clos a été prononcé dans deux affaires : total dans l'affaire Dreyfus, et partiel dans l'affaire Esterhazy. Je ne viens pas, à cette heure, soutenir une discussion de principe peut-être insoluble sur la question générale du huis-clos.

Les peuples, sous le nom de civilisation et de paix apparente, sont dans un état perpétuel et réciproque de défiance, et il paraît que notre civilisation européenne a besoin aujourd'hui non seulement de la barbarie héroïque des champs de bataille, mais encore de l'ignominie policière de l'espionnage international. (*Interruptions au centre et à droite. — Applaudissements l'extrémité à gauche.*)

Il se peut que, lorsque des peuples civilisés en sont réduits les uns à l'égard des autres à ces sortes de pratiques, ils soient obligés, par prudence ou par pudeur internationale, à les cacher, et il est facile d'apporter ici des hypothèses extrêmes qui rendent difficile la rupture du huis-clos.

Mais, prenez garde, il ne faudrait pas qu'on pût vous soupçonner d'obéir à un sentiment de faiblesse, de pusillanimité, qui serait contraire à la fierté de ce pays.

Vous avez prévu l'objection, monsieur le président du conseil; car vous avez dit, dans votre réponse à M. Cavaignac, qu'il ne fallait pas attacher à ces considérations une importance excessive.

S'il est vrai que, sans un péril de guerre, sans un froissement mortel, nous ne puissions plus publier qu'un officier français a communiqué des renseignements à une puissance voisine, je demande à quoi servent tant de sacrifices. (*Applaudiss ments à l'extrême gauche.*), toutes ces combinaisons de prudence, ces négociations d'assurance dont on parle si souvent ! (*Très bien! très bien! sur les mêmes bancs.*)

En vérité, ce n'était pas la peine d'envoyer à Kiel les vaisseaux de la France. (*Vifs applaudissements à l'extrême gauche,*) si vous n'avez pas obtenu en retour la permission de juger les traîtres à la France selon les lois de la France. (*Applaudissements sur les mêmes bancs.*)

Prenez garde, le pays qui suit toutes ces concessions, toutes ces abdications qui caractérisent votre politique, qui voit qu'en Orient, puis en Crête et aujourd'hui même en Chine,

partout, vous suivez, vous obéissez (*Applaudissements à l'ex-*
trême gauche. — Bruit.) ; le pays a le droit de se demander si
la prétendue explication qu'on allègue ne fait pas partie de
cette politique d'abdication et de pusillanimité. (*Applaudisse-*
ments à l'extrême gauche.)

L'Allemagne vous a donné d'autres exemples. J'ai lu, dans
les journaux qui soutiennent le huis-clos militaire et les prétentions de notre état-major, des allusions étranges d'inconscience et d'étourderie.

Vous voyez bien, disent-ils, que, dans l'affaire Degouy, l'Allemagne a institué le huis-clos. Je réponds que quand elle or-
ganisait le huis clos, non contre un de ses nationaux, mais
contre un citoyen de notre pays, ce n'était pas une défaillance, mais une aggravation. (*Applaudissements à l'extrême*
gauche et sur divers bancs à gauche.)

Vous ne pouvez donc pas alléguer cet exemple, vous qui
n'osez pas juger des citoyens français publiquement, avec les
garanties de la loi française. (*Nouveaux applaudissements sur*
les mêmes bancs.)

Je puis rappeler aussi ce grand procès Tautsch, qui ébran-
lait, il y a un an, toutes les sphères officielles en Allemagne.
Dans ce procès, où s'apercevaient toutes les machinations de
police du gouvernement allemand au dedans et au dehors, il
n'y avait pas seulement des questions d'ordre intérieur en-
gagées ; il s'agissait de surprendre des manœuvres, des faux
de police destinés à déconsidérer, au profit de la coterie bis-
marckienne, les ministres au pouvoir ; il s'agissait de mettre
en cause l'autorité de l'empereur lui-même.

Il y avait même plus que cela. Ce procès a éclaté à propos
des deux versions, dont l'une, falsifiée par la police, des toasts
échangés à Berlin entre l'empereur d'Allemagne et l'empereur
de Russie ; et pourtant l'Allemagne impériale, l'Allemagne
féodale et militaire, n'a pas voulu juger à huis-clos ce procès
qui pouvait ébranler les bases de l'empire et compromettre
ses relations internationales ; elle l'a jugé au grand jour (*Ap-*
plaudissements à l'extrême gauche et sur divers bancs à gauche.),
sans peur, ni défaillance. Elle a donné là une preuve de force
et de fierté que nous avons le droit de recommander aux mi-

nistres responsables de la politique républicaine dans notre
pays.

Mais ce n'est plus une question de principe qui est en jeu.
Dans quelles conditions avez vous fait fonctionner le huis-clos?
Pour le faire accepter par ce pays, encore fallait-il qu'il fût
pratiqué avec sincérité et probité. (*Bruit.*)

M. LE PRÉSIDENT. — Monsieur Jaurès, vous avez pu tout à
l'heure, à l'occasion d'une procédure future devant la cour
d'assises, vous expliquer comme vous l'avez désiré; mais à
l'occasion d'une procédure passée, à laquelle s'attache l'autorité de la chose jugée, je vous invite à observer une réserve
plus grande que ne l'indiquent vos dernières paroles. (*Très
bien! très bien!*)

M. JAURÈS. — Il m'est d'autant plus facile de déférer à l'observation de M. le président que je faisais allusion, non à des
actes officiels de la juridiction militaire, mais à des actes ex-
térieurs au procès. Je voulais constater qu'au moment même
où l'on déclarait que le huis-clos était nécessaire, des communications partielles étaient faites à la presse en violation de ce
huis-clos.

Vous avez fait le huis-clos pour les expertises, et voici que
les experts colportent dans les journaux une partie de leur
travail. Vous avez fait précéder le huis-clos par l'enquête
secrète du général de Pellieux, et c'est ce général lui-même
qui détache du dossier, pour l'envoyer au commandant Esterhazy, une pièce de cette procédure secrète. Quand on manie
le huis-clos avec cette habileté, on ne peut pas réclamer auprès
du pays le crédit moral nécessaire.

Il y avait deux parties soumises au Conseil de guerre : l'une
intéressant directement la sécurité nationale et pouvant avoir
une répercussion sur les relations de la France avec les pays
étrangers; l'autre, qui ne pouvait engager ni cette sécurité ni
ces relations.

De ces deux parties, celle qui finalement a échappé au huis-
clos, c'est celle qui intéressait la défense nationale, tandis
qu'on a laissé dans l'ombre du huis-clos celle qui pouvait être
livrée sans péril à la connaissance du pays.

Il n'y a pas un seul des documents de nature à exciter des

susceptibilités internationales qui ne soit entré dans le domaine public : le bordereau, connu et publié ; la pièce secrète avouée dans son existence et dans son texte par le rapport du procès Esterhazy ; et, dans ce procès, la carte-lettre, dont la gravité était tout entière dans son origine, lue au cours de la partie de l'audience qui a été publique.

Que reste-t-il donc dans le huis-clos ? Deux choses seulement.

D'une part, le débat en expertise d'écritures sur le bordereau ou sur d'autres pièces : ce débat entre graphologues pouvait-il intéresser la sécurité du pays ?

D'autre part on a voulu maintenir le huis-clos sur les témoignages d'où il aurait pu résulter qu'une partie des généraux de l'état-major avait conçu des doutes sur la culpabilité de l'un ou sur l'innocence de l'autre ; on a voulu maintenir le huis-clos sur les actes singuliers d'arbitraire que l'autorité militaire a eu à se reprocher.

Dans les rivalités de clan qui ont divisé l'état-major, on s'est reproché réciproquement les pires violations de la loi : d'un côté, des pièces frauduleuses fabriquées pour perdre un colonel, et des perquisitions illégales ; de l'autre, des perquisitions non moins illégales, pratiquées à domicile par cet officier même, avec de véritables effractions et des saisies de correspondances pratiquées sans droit.

Je dis que vous n'aviez pas le droit de soustraire à la publicité la question de savoir si de tels actes avaient été commis avec l'autorisation des chefs de l'état-major. (*Très bien ! très bien ! à l'extrême-gauche.*)

Mais, après un tel abus du huis-clos, j'ai le droit de demander ce qui reste de liberté dans le pays ! (*Nouveaux applaudissesements à l'extrême-gauche.*)

Si, dans le procès Zola, vous avez adopté une attitude incertaine ; si, dans l'usage que vous avez fait des pièces secrètes, vous vous réfugiez derrière les ambiguïtés ; si, par le huis-clos, vous avez avez porté atteinte à la fois à la liberté individuelle et à la fierté nationale, c'est parce que, dans toute votre conduite, vous payez les défaillances de l'esprit républicain depuis quelques années ! (*Très bien ! très bien ! à l'extrême-gauche. — Exclamations au centre.*)

M. LE PRÉSIDENT DU CONSEIL. — Tous les républicains sont avec nous; vous le verrez tout à l'heure.

M. JAURÈS. — Vous vous trompez singulièrement si vous croyez que je veuille rapetisser à une attaque contre votre Gouvernement la conclusion politique et sociale de ce débat.

Je dis que si, à l'heure présente, toutes les questions prennent des proportions soudaines et soulèvent d'étranges difficultés, c'est parce que la République a perdu depuis quinze ans la possession d'elle-même, c'est parce qu'elle a commis deux fautes essentielles, deux abdications redoutables.

La première, c'est l'abdication de la République aux mains des puissances d'argent (*Applaudissements à l'extrême-gauche et sur divers bancs à gauche.*)

Croyez-vous que vous rencontreriez dans l'opinion les suspicions redoutables qui s'amassent autour de la question Dreyfus, si la République était restée fidèle depuis son origine à son programme vis-à-vis de ces puissances? Croyez-vous que la question juive aurait pu se poser si la République n'avait abdiqué aux mains des puissances financières, si elle ne leur avait livré ses chemins de fer et sa Banque?

Elle a pu se poser, parce que le peuple a vu, toutes les fois qu'il s'agissait d'appesantir la main de la justice sur les hommes de la haute finance... (*Interruptions et bruit.*), parce que toutes les fois qu'il s'est agi des grands intérêts économiques, toutes les fois que la justice a dû abattre sa main sur les hommes d'argent, le peuple a vu la République, ou complaisante, ou complice, ou esclave. (*Vifs applaudissements à l'extrême-gauche. — Réclamations au centre.*)

M. LE PRÉSIDENT. — Je me demande, monsieur Jaurès, ce que pourraient dire les ennemis de la République, si vous représentez son histoire, comme celle de la complaisance, de la complicité ou de la servitude. (*Applaudissements au centre et à gauche*)

M. JAURÈS. — Ce n'est pas ma faute si, grâce à la confiance d'un peuple toujours trompé, la République a été accaparée et détournée de son œuvre et de son esprit. C'est là le principe, la racine profonde de ces défiances, de ces soupçons, qui peuvent rendre parfois impossible le fonctionnement régulier de la justice.

Et je dis à ceux des membres de la majorité qui depuis quinze ans ont toléré ce régime, et qui s'inquiètent aujourd'hui des colères populaires amassées contre certains hommes, je leur dis que c'est là l'inévitable rançon : c'est parce qu'ils ont triomphé dans l'injustice qu'ils ne peuvent aujourd'hui invoquer le droit. (*Très bien! très bien! à l'extrême-gauche. — Interruptions au centre.*)

· Mais nous (*Nouvelles interruptions sur les mêmes bancs.*), nous qui n'avons pas été mêlés à cette politique, nous avons le devoir d'exiger qu'on n'en exploite pas les fautes et les capitulations contre la République elle-même.

Il y a une autre défaillance, plus récente et moins dangereuse : c'est celle qui consiste à vouloir livrer maintenant la République à la puissance de l'arbitraire militaire. (*Vives réclamations au centre et à droite.*)

Nous ne nous lasserons pas de dénoncer ce danger, de dévoiler ceux qui essaient de confondre l'armée nationale avec la coterie des grands chefs militaires.

Vous n'avez qu'un moyen de résoudre les questions qui nous pressent : c'est d'en revenir à la république vraie, à la république du peuple! (*Vifs applaudissements à l'extrême-gauche.*)

— M. LE PRÉSIDENT DU CONSEIL. — J'ai déjà répondu sur les points du discours de M. Jaurès auxquels le Gouvernement pouvait faire une réponse.

Je me refuse à le suivre sur le terrain où il veut nous engager, parce que le gouvernement n'a pas le droit de discuter à la tribune un jugement régulièrement rendu, et parce qu'il ne veut pas se substituer à la justice du pays. (*Applaudissements au centre et à gauche.*)

III. — *Refus de Méline de discuter. — Intervention de MM. de Lanjuinais et Goblet.*

M. LE COMTE DE LANJUINAIS. — Samedi dernier, M. Jaurès reprochait en termes amers aux membres de la droite le concours qu'ils ont prêté à diverses reprises au Gouvernement.

S'il veut en avoir l'explication, il n'a qu'à relire son discours et les articles qu'il a publiés dans la *Lanterne*. (*Très bien! très bien! à droite.*)

Quant aux attaques contre la majorité, elles ne me regardent pas.

Oui, nous avons, mes amis et moi, soutenu jusqu'à présent le ministère qui siège sur ces bancs. (*Applaudissements ironiques à l'extrême-gauche.*)

Ce n'est point une adhésion à sa politique, plus modérée en apparence qu'en réalité ; mais nous sommes convaincus que le pays ne gagnerait pas au change.

Nous avons agi avec une pleine indépendance à laquelle M. le président du Conseil a rendu justice. Nous sommes prêts à le suivre encore, s'il est fermement résolu à mettre un terme à l'odieuse et antipatriotique campagne dirigée par un syndicat anonyme en vue de déconsidérer les chefs de notre armée et de jeter la défiance dans ses rangs. (*Applaudissements à droite.*)

Je ne suis pas un antisémite : je suis partisan de la liberté de conscience la plus absolue. Le Christ a dit à ses apôtres que sa doctrine faisait appel à la persuasion et non à la violence ; je suis opposé à toutes les persécutions religieuses, aussi bien à celles qui sont dirigées contre les autres confessions qu'à celles qui visent les catholiques.

Il y a des juifs qui descendent de familles établies en France depuis de longues années : ceux-ci peuvent aimer leur patrie d'adoption.

Mais, depuis le second empire, la France est envahie par des bandes de juifs allemands, attirées par l'appât du gain.

La plupart de ces émigrants ont demandé la naturalisation pour la commodité de leur affaire : la moitié de leur famille est restée à l'étranger : ceux-là ne sont pas Français. (*Très bien ! très bien !*)

M. GÉRAULT-RICHARD. — La duchesse d'Orléans est Autrichienne. (*Bruit.*)

M. DE LANJUINAIS. — Un de leur coreligionnaires a été justement condamné pour crime de haute trahison, par un conseil de guerre, c'est-à-dire par la juridiction la plus impartiale et la plus consciencieuse.

Ils ont craint que cette condamnation ne leur fît du tort : ils ont réclamé impérieusement la révision du procès, sans

apporter, du reste, même l'apparence d'une preuve. (*Très bien !
Très bien !*)

Pour mener leur entreprise à bonne fin, ils ont eu recours
au mensonge, à la calomnie, à des falsifications d'écritures, à
la corruption.

Des sommes considérables, qui sans doute ne venaient pas
toutes de France, ont servi à perpétuer une agitation mal-
saine. L'armée a été traînée dans la boue, au risque de compromettre la défense nationale.

Il faut que le Gouvernement s'engage à prendre les mesures
propres à mettre un terme à de pareils scandales : sinon, on
aura le droit de proclamer que la République est incapable de
les réprimer. (*Très bien! très bien! à droite.*)

M. le président du conseil a apporté de bonnes paroles ; nous
le jugerons sur ses actes.

L'arsenal de nos lois contient des armes suffisantes.

On en a trouvé, il y a quelques années, pour expulser des
religieux dont le seul crime était de soigner des malades, de
recueillir les enfants du peuple, de prier. Le Gouvernement
doit en trouver pour sévir contre d'abominables machinations.

Il ne s'agit pas de livrer des pièces secrètes; on a bien fait
de juger le traître Dreyfus à huis clos.

Les choses ne se passent pas autrement en Allemagne et en
Italie; les organes de la presse étrangère n'ont jamais protesté
contre de tels huis-clos.

Pourquoi ce qui paraît si légitime de l'autre côté de la frontière ne le serait-il pas chez nous? (*Très bien! très bien! à
droite.*)

Vous avez livré à la justice un des insulteurs de notre armée,
et non des moindres. Vous avez bien fait, je vous en remercie. (*Très bien! très bien! à droite.*)

Défendez, comme c'est votre devoir, des officiers que la discipline empêche de répondre à d'odieuses accusations.

Dites que vous êtes décidés à frapper sans miséricorde tous
ceux qui oseraient encore insulter notre armée. (*Très bien!
très bien! à droite.*)

A ce prix, mais à ce prix seulement, vous donnerez satisfaction à l'opinion publique, dont un cri sorti du cœur d'un noble exilé, le plus Français des Français, résume si éloquemment les patriotiques angoisses. (*Bruit à l'extrême-gauche. — Applaudissements à droite.*)

J'ai déposé un ordre du jour, mais je ne m'attache pas aux termes. Si un autre ordre du jour me donnait satisfaction, je suis prêt à m'y rallier. (*Applaudissements à droite.*)

M. LE PRÉSIDENT DU CONSEIL. — Je n'ai qu'un mot à répondre à M. de Lanjuinais : c'est que le Gouvernement a fait son devoir et que les lois de la République, dont la garde lui est confiée, sont suffisantes pour qu'il défende les grands intérêts de ce pays. (*Applaudissements.*)

M. RENÉ GOBLET. — Il ne me paraît pas possible que ce grave débat se termine sans que, de notre côté, nous ayons pu dire notre sentiment. (*Applaudissements à gauche.*)

Nous n'avons pas pris part à l'interpellation de M. Cavaignac. Je me féliciterais de la réponse qu'elle a provoquée de la part de M. le président du conseil, si cette réponse pouvait mettre un terme au trouble redoutable que l'affaire Dreyfus a jeté dans l'opinion. Cette réponse — si l'interprétation qu'en a donnée M. Cavaignac est exacte — veut dire qu'au cours de l'exécution le condamné Dreyfus a fait des aveux qui impliquent sa culpabilité.

Cela étant, il nous resterait à regretter que la déclaration de M. le président du conseil ait été si tardive. (*Applaudissements à gauche.*), et qu'elle n'ait pas été faite dès le début de l'affaire, il y a deux mois.

Mais que la majorité se rassure. Il n'y a, de ma part, aucune tentative contre l'existence du ministère. (*Exclamations au centre.*)

Bien que mes amis et moi nous pensions que le maintien de ce cabinet est funeste pour le pays et pour la République, nous ne nous dissimulons pas que le Gouvernement et la majorité sont indissolublement liés (*Applaudissements à gauche.*)

Ce que je dis, c'est que dans un débat de cette gravité, il convient que chaque parti prenne sa responsabilité.

C'est à l'attitude du Gouvernement qu'est dû le développement qu'a pris l'affaire Dreyfus. (*Applaudissements à gauche.*)

Avant-hier M. le président du conseil a dit que, dans la situation difficile où cette affaire l'avait placé, il avait fait tout son devoir. Il a ajouté : « M. Cavaignac ne s'est pas expliqué. J'aurais voulu savoir comment il aurait tranché ce nœud gordien. »

Je vais le lui dire. (*Mouvement au centre.*)

Nous ne connaissons pas le dossier Dreyfus, et nous n'avons pas à le connaître. Mais le gouvernement le connaît ou il doit le connaître.

Il a eu le pouvoir de se former une opinion formelle sur l'affaire Dreyfus.

Ou il a acquis, par l'examen du dossier, la conviction que Dreyfus avait été justement et régulièrement condamné, — car je ne sépare pas du fond l'observation des formes qui sont la garantie des citoyens (*Applaudissements à l'extrême-gauche.*), — et il avait le devoir de la formuler de façon à l'imposer à l'opinion publique dès le premier jour. (*Nouveaux applaudissements sur les mêmes bancs.*)

Ou, s'il a aperçu des difficultés, il fallait qu'il eût le courage de reviser.

Le Gouvernement n'a fait ni l'une ni l'autre de ces choses.

Vous dites que vous avez toujours repoussé la revision, comme vous la repoussez encore.

Alors, que signifie le procès Esterhazy ? (*Applaudissements à gauche et à l'extrême-gauche.*)

Vous n'avez jamais expliqué votre attitude dans cette affaire. Est-ce que la Chambre n'a pas remarqué cette étrange contradiction entre les paroles qu'a prononcées M. le président du conseil, samedi dernier, et ce qu'il avait dit avant la poursuite Esterhazy ?

Il ne voyait alors aucune connexion entre les deux affaires. Et, hier, il prétendait que, si l'émotion publique avait été possible au début, une fois la chose jugée, l'agitation n'avait plus de raison d'être. C'était donc bien l'affaire Dreyfus qui se plaidait, et alors quelle confiance voulez-vous que nous ayons dans un langage aussi contradictoire. (*Applaudissements à l'extrême gauche et à gauche. — Interruptions à droite.*)

C'est une revision indirecte que vous avez accordée aux défenseurs de Dreyfus. Dans quelles conditions l'avez-vous faite? Je ne parle pas du huis-clos. Je reconnais qu'il peut être parfois nécessaire dans des affaires de ce genre. Mais, sur cette affaire Esterhazy, l'opinion était faite au ministère de la guerre depuis plus d'un an déjà. La chose était jugée. Cependant vous avez conclu pour l'enquête judiciaire; et après les résultats de cette enquête, favorable à l'accusé, pourquoi avoir conclu à une information, d'ailleurs également favorable, et pourquoi avoir fait poursuivre devant le conseil de guerre un innocent que personne n'accuse et que tout le monde défend! (*Applaudissements à l'extrême gauche et à gauche.*)

J'ai lu, dans l'ordonnance du chef de la justice militaire, que l'affaire était renvoyée devant le conseil de guerre, afin que la vérité sortît avec plus d'éclat du débat contradictoire. Mais vous saviez qu'il ne le serait pas, puisque vous en écartiez la partie plaignante et son avocat.

Je dis donc que personne ne peut prendre ce jugement au sérieux. (*Réclamations au centre et à droite. — Très bien! très bien! à l'extrême gauche et à gauche.*) Ce n'était pas une revision, et cependant cette seule procédure était en contradiction manifeste avec votre première affirmation.

Il en est de même pour le procès Zola, à propos duquel M. le président du conseil a produit cette étrange assertion que, si le jury est bon pour les simples citoyens, les chefs de l'armée sont au-dessus de son jugement. (*Applaudissements à l'extrême gauche et à gauche.*)

M. LE PRÉSIDENT DU CONSEIL. — J'ai dit que les chefs de l'armée sont au-dessus du jugement du jury (*Très bien! très bien! au centre et à droite.*)

M. RENÉ GOBLET. — Tout le monde respecte l'armée : elle a notre confiance et elle est notre espoir. Elle n'est donc pas en cause. Mais ce que nous ne pouvons pas admettre, c'est que jamais un chef quelconque puisse être au-dessus des lois. (*Applaudissements à l'extrême gauche et à gauche*); et quand j'ai entendu les appaudissements qui ont accueilli les paroles de M. le président du conseil, je me suis demandé s'ils ne venaient pas d'une majorité s'apprêtant aveuglément à des éventualités contre lesquelles devrait protester le sentiment unanime de la

Chambre. (*Applaudissements sur les mêmes bancs. — Réclamations au centre et à droite.*)

Pourquoi avez-vous tronqué le procès Zola? C'est que vous ne voulez pas plus de la revision devant la cour d'assises que devant le conseil de guerre. Si vous n'en voulez pas devant la cour d'assises, il ne fallait pas faire de procès. Mais, fait dans les conditions où vous le faites, le procès Zola vaut le procès Esterhazy. Il n'est pas possible de prendre l'un plus que l'autre au sérieux. Et c'est une conséquence forcée de la politique de M. le président du conseil. (*Applaudissements à l'extrême gauche et à gauche*), de l'obligation où il est de s'appuyer sur une majorité où figurent deux éléments opposés et de la nécessité de ménager alternativement l'une et l'autre portion. Vous avez accordé le procès Esterhazy aux défenseurs de Dreyfus et le procès de Zola à la droite. (*Applaudissements sur les mêmes bancs. — Interruptions.*)

C'est de cette politique de bascule et de ce double jeu que nous vous demandons compte. Votre majorité, liée à vous par l'intérêt électoral, peut se contenter de ces apparences. Mais nous n'en sommes point dupes, et je dis très haut qu'à cette politique vous avez sacrifié la dignité du pays, ses intérêts les plus chers et jusqu'à la paix publique.

Vous parlez sans cesse de votre politique d'apaisement. Vous voyez où elle vous a conduite en quelques jours. L'agitation a fini même par envahir cette enceinte, dans des conditions que nul de nous n'avait encore connues. (*Applaudissements sur les mêmes bancs.*)

Je souhaite pour mon pays le calme dans la rue et dans les esprits, afin que d'autres préoccupations, plus conformes à l'intérêt national, président à la prochaine consultation. Mais nous ne pouvons pas prévoir les événements.

Ce que je tenais à dire, c'est que nous n'avons aucune responsabilité dans ce qui se passe et que nous rejetons cette responsabilité tout entière sur vous et sur votre majorité. (*Vifs applaudissements à l'extrême gauche et à gauche.*)

IV. *Déclaration du Président du Conseil.*

M. LE PRÉSIDENT DU CONSEIL. — M. Goblet a bien voulu ré-

pondre à la question que j'avais posée inutilement à M. Cavaignac. Je demandais à M. Cavaignac ce qu'il aurait fait à
notre place, et il avait reculé devant la hardiesse de la réponse à faire. (*Applaudissements ironiques à l'extrême gauche.*)

M. GODEFROY CAVAIGNAC. — Voulez-vous me permettre un mot?

M. LE PRÉSIDENT DU CONSEIL. — Vous allez voir comme il
entre peu dans ma pensée de critiquer votre attitude.

M. Goblet, lui, a eu cette hardiesse, et il nous a dit : « A
votre place, j'aurais pris le dossier, je me serais enfermé avec
lui, je l'aurais étudié, je m'en serais pénétré, et en ma qualité
de jurisconsulte, j'aurais, moi, chef du Gouvernement, prononcé la parole libératrice, j'aurais dit : j'ai la certitude que
Dreyfus a été bien ou a été mal condamné. » (*Applaudissements
et rires au centre.*)

Il est vraiment regrettable que l'honorable M. Goblet n'ait
pas été au pouvoir, s'il avait pu trouver ce moyen de calmer
l'opinion.

Mais je me demande ce qu'aurait dit le pays d'un Gouvernement qui se serait ainsi substitué à la justice elle-même. (*Très
bien! très bien!*), et qui, sans avoir entendu ni l'accusation, ni
l'accusé, ni les témoins, aurait pris sur lui de dire : les juges se
sont trompés.

Voilà ce que demande l'honorable M. Goblet; c'est ce que
nous avait demandé l'honorable M. Scheurer-Kestner, et vous
avez applaudi les déclarations par lesquelles j'ai fait connaître
l'accueil fait à cette demande.

Ce que M. Goblet nous reproche de ne pas avoir fait aurait
constitué la plus odieuse des illégalités gouvernementales.
(*Très bien! très bien! au centre et à droite.*)

Je comprends la curiosité de M. Goblet et du pays; mais
l'affaire Dreyfus, on l'oublie trop, est une affaire comme les
autres. Il n'y a pas de catégories différentes de condamnés.
(*Applaudissements au centre.*)

Tous les jours, les conseils de guerre, les cours d'assises,
rendent des décisions; mais est-ce que, dans ces cas, on met
en cause le Gouvernement?

Est-ce qu'on demande au Gouvernement de se faire le juge
unique de ces réclamations, ce qui ne s'est jamais vu, même

dans les pays les plus autocratiques. (*Très bien! très bien!*)

En ce qui concerne le procès Esterhazy, que M. Goblet a représenté comme une concession faite à la famille Dreyfus, je demande encore à M. Goblet ce qu'il aurait fait à notre place.

M. René Goblet. — Je l'aurais refusé.(*Interruptions.*)

M. le président du conseil. — Quoi! un citoyen accusait de trahison un officier de l'armée, et vous auriez refusé de saisir la justice! (*Interruptions. Très bien! très bien! au centre.*) On oublie qu'une plainte regulière avait été déposée, et j'attends que M. Goblet démontre que le Gouvernement avait le droit de ne pas y donner suite.

« Vous prétendez, dit M. Goblet, que l'affaire Esterhazy n'est pas l'affaire Dreyfus, et cependant, on y a parlé de Dreyfus tout le temps. »

Non, le procès Esterhazy n'était pas le procès Dreyfus. Il s'agissait uniquement de savoir si la plainte de la famille Dreyfus contre un officier français était ou non fondée. L'affaire Esterhazy n'aurait pu toucher à l'affaire Dreyfus que si M. Esterhazy avait été déclaré coupable, parce qu'on aurait pu alors invoquer la contrariété de deux décisions judiciaires. (*Très bien! très bien! au centre.*)

Nous avons manifesté envers la loi notre respect, auquel M. Goblet nous aurait rappelé si nous avions agi autrement; mais il a suffi que nous eussions pris une décision pour qu'on nous demandât d'en prendre une différente. (*Très bien! très bien!*) M. Goblet, si nous avions fait ce qu'il demande, nous aurait reproché d'avoir violé la loi; il aurait peut-être demandé notre mise en accusation.

Nous avons fait notre devoir, sans aucune considération politique. (*Très bien! très bien!*)

Dans une affaire qui touche aux intérêts sacrés du pays, nous n'avions pas à chercher sur quels bancs siégeaient ceux qui nous soutenaient. Nous n'avons eu à faire appel ni à la droite, ni à la gauche.

Quand nos collègues de droite nous ont soutenus, ils se sont placés sur un terrain dont ils avaient bien le droit d'écarter la politique. (*Très bien! très bien!*)

S'ils ont soutenu le Gouvernement, a déclaré M. de Lanjuinais, ce n'est pas parce qu'ils sont d'accord avec lui, mais parce qu'ils préfèrent sa politique à la vôtre. (*Applaudissements ironiques à l'extrême gauche.*

On a le droit de préférer notre politique à la politique révolutionnaire que vous voulez faire. (*Applaudissements à gauche et au centre.*)

Beaucoup d'entre vous acceptent le concours de partis voisins, les radicaux acceptent le concours des socialistes; le concours de la droite est un concours qui ne nous a rien coûté, parce que, pour l'obtenir, nous n'avons rien sacrifié ni rien cédé. (*Bruit à l'extrême gauche et sur divers bancs à gauche.*)

Aujourd'hui, je discute une question qui touche aux intérêts supérieurs du pays. Le pays demande que tous ses représentants s'unissent pour mettre fin à une agitation que rien ne justifie et qui est contraire à la loi elle-même. Je fais appel à tous ceux qui ont à cœur l'amour de la France et qui comprennent que, dans cette question, la France doit être placée au-dessus de tout. (*Vifs applaudissements au centre et sur un grand nombre de bancs à gauche et à droite.*)

V. — *Intervention de MM. de Baudry d'Asson et Ernest Roche.*

M. BAUDRY D'ASSON. — Vous avez entendu un des plus honorables représentants de la droite royaliste, M. de Lanjuinais, vous parler avec sa franchise, avec son cœur. Il a dit tout ce qu'il pense de l'affaire Dreyfus. Je m'associe absolument à ses paroles. Il y a bien quelques petites nuances (*Sourires*), mais elles sont si minimes que je n'ai pas besoin d'en parler.

M. le président du conseil a prononcé, dans la séance de samedi dernier, aux applaudissements de la majorité de cette assemblée, les paroles suivantes : « Le jugement du conseil de guerre se suffit à lui-même. Il est la justice légale. Personne n'a le droit de le discuter. Nous condamnons la campagne qui est menée depuis deux mois. Ceux qui la mènent dans la presse et ailleurs ont pris devant leur conscience et devant le pays une lourde responsabilité. On n'a pas le droit de déchaîner

des troubles comme ceux que nous avons tant de peine à maî-
triser. »

Après avoir tenu ce langage élevé, ce même gouvernement
a déclaré, dans la même séance, qu'il ne pouvait pas empêcher les menées révolutionnaires par lesquelles on veut peser
sur l'esprit public pour arracher la revision du procès Dreyfus.

En présence de cet illogisme et de cette inconséquence je ne
puis voter pour le Gouvernement. (*Mouvements divers.*)

Je parle seulement des déclarations d'impuissance, car j'ap-
prouve toute l'autre partie du discours du ministre.

Je ne voterai donc pas pour le Gouvernement actuel. Pour
moi, je ne fais aucune différence entre un ministère opportu-
niste et un ministère radical. (*Exclamations sur divers bancs.*)

(*Voix nombreuses.*) La clôture.

M. Ernest Roche. — Je demande la parole contre la clôture.

M. le président. — Vous avez la parole.

M. Ernest Roche. — Je ferai une simple observation à ceux
de nos collègues qui demandent la clôture. Ne vous semble-t-il
pas que, pour l'honneur du pays, pour l'honneur du Parlement,
ce débat devrait être le dernier sur cette lamentable affaire?
(*Très bien ! très bien !*)

Alors, il ne faut pas le clore d'une façon précipitée. (*Mouvements divers.*)

M. le président. — On n'insiste pas pour la clôture. (*Si ! si !
— Non ! non !*)

Puisqu'on insiste, je mets la clôture aux voix.

M. le président. — L'épreuve est douteuse ; en conséquence,
la discussion continue.

M. Ernest Roche. — Il me paraît que les explications du
Gouvernement, à cause de leur ambiguïté, sont de nature à
faire rouvrir ce débat, qui devrait être définitivement clos. Et
je lui dis : alors que du côté de M. Jaurès, comme de celui de
M. Cavaignac, on vous demande de donner lecture d'un document dont vous n'avez fait connaître qu'un commentaire, vous
refusez cette satisfaction.

Vous voulez donc que cette cette agitation continue? Vous ne
voyez donc pas ce qui se trame au dehors et que vous vous
rendez complice du syndicat? (*Interruptions.*)

M. LE PRÉSIDENT DU CONSEIL. — Qu'est-ce que vous dites?

M. ERNEST ROCHE. — Vous ne voyez pas que tout le monde souffre de cette agitation, que les capitaux se retirent, que le chômage augmente et que la misère est le résultat de votre politique d'effacement? (*Mouvements divers.*)

Vous nous dites que vous ne voulez pas revenir sur la chose jugée. Mais vous ne faites que cela depuis deux mois. N'y êtes-vous pas revenus en faisant le procès Esterhazy, sur la dénonciation d'un simple citoyen?

Et quand ce sont les représentants du pays, au nom des sentiments les plus respectables, qui vous demandent non pas la révision, mais la lecture d'un document que vous pouvez publier sans danger, vous reculez parce que vous avez un pied dans chacun des deux camps opposés. (*Très bien! très bien! à l'extrême gauche.*)

Vous voulez ménager à la fois la clientèle des réactionnaires et celle des capitalistes. (*Très bien! très bien! sur les mêmes bancs.*)

Ne voyez-vous pas que, par votre silence, vous êtes les complices de ceux qui font cette agitation?

Je sais que cette lecture ne ferait pas disparaître cette agitation, car elle a des ramifications au-delà de nos frontières; je ne parle que des honnêtes Français, des républicains qui attendent de vous une parole de franchise.

En la prononçant, vous les convaincriez que la France n'a pas de tache à effacer, de souillure à laver. Quand vous auriez dit cela au pays, vous auriez fait cesser les doutes et ramené la confiance, et avec elle le travail, qui donnerait aux ouvriers le pain que vous leur faites payer si cher. (*Très bien! très bien! à l'extrême gauche.*)

Mais vous ne démordrez pas de votre politique de silence et d'équivoque, et je vous place dans la même catégorie que ceux qui entretiennent cette agitation malfaisante. (*Interruptions.*) Vous êtes coupables au même titre que ceux qui mènent la campagne. (*Nouvelles interruptions.*)

M. LE PRÉSIDENT. Vous ne pouvez pas assimiler le Gouvernement à ceux qui mènent la campagne au dehors.

M. ERNEST ROCHE. — Je ne parle pas du dehors, je parle de

4.

ceux qui, au dedans, entretiennent cette agitation criminelle qui, je le répète, est également entretenue par la complicité du Gouvernement. (*Interruptions.*)

M. LE PRÉSIDENT. — C'est précisément ce que vous ne pouvez pas dire. Je vous rappelle formellement à l'ordre. (*Applaudissements.*)

M. LE PRÉSIDENT DU CONSEIL. — Vous savez bien que ce n'est pas exact. Dites-nous donc ce que nous pourrions faire pour arrêter l'agitation.

M. ERNEST ROCHE. — Par exemple, donner lecture du document en question. (*Mouvements divers.*)

Le Gouvernement laisse volontairement dans le doute la France, qui attend une réponse catégorique.

Le danger qui résulte de cette agitation, c'est l'affaiblissement du pays.

Tout en étant socialistes révolutionnaires, tout en reconnaissant que la science et les arts n'ont pas de frontières, nous ne pouvons pas oublier que nous ne sommes pas maîtres de la situation, que les peuples sont enchaînés, et que les potentats, par haine de la France et de la République, ne demandent que notre affaiblissement matériel et moral. (*Très bien! très bien! à l'extrême gauche.*)

Nous allons à cet affaiblissement par la politique que vous suivez, nous allons à cette agitation qui ruine les affaires et crée un malaise général dans le pays.

Peu nous importent les luttes de sectes : nous ne nous associons pas aux rivalités religieuses. La question est plus grave, plus haute. Il s'agit de la prospérité, de la sécurité, de l'honneur du pays. Vous n'avez pas hésité à rouvrir le procès Dreyfus. (*Interruptions au centre.*)

M. LE PRÉSIDENT DU CONSEIL. — Comment pouvez-vous dire que c'est nous qui avons rouvert ce procès?

M. ERNEST ROCHE. — En faisant le procès Esterhazy, sur la demande d'un simple particulier.

On réclame de vous une parole courageuse, après laquelle il n'y aura plus à revenir sur cette affaire, ou la lecture du document qui fait l'objet de cette interpellation. En donnant cette satisfaction, non à une individualité, mais aux représentants du pays, à la Chambre, à la nation, vous calmerez l'agitation. Si vous ne le faites pas, on pourra vous taxer de complicité avec ceux qui entretiennent cette agitation. (*Applaudissements à l'extrême gauche. — Bruit au centre.*)

Voix nombreuses. — La clôture !

La clôture de la discussion générale est mise aux voix et prononcée.

VI. — *Les Ordres du jour.*

M. LE PRÉSIDENT. — Je donne connaissance à la Chambre des six ordres du jour que j'ai reçus.

Le premier, de MM. Néron-Bancel et Vacher : « La Chambre, approuvant les déclarations du Gouvernement, passe à l'ordre du jour. »

La priorité a été demandée dans l'ordre des dépôts.

Le second de MM. de Lanjuinais, de Rohan et plusieurs de nos collègues :

« La Chambre invite le Gouvernement à assurer le respect de la chose jugée, à réprimer sans hésitation toutes les attaques dirigées contre l'armée et l'excitation à l'indiscipline, quels qu'en soient les auteurs. »

Le troisième, de M. Goblet : « La Chambre, réprouvant l'attitude équivoque du ministère en face de la campagne entreprise en faveur du condamné Dreyfus, passe à l'ordre du jour. »

Le quatrième, de MM. Chiché, Michelin et plusieurs de nos collègues : « La Chambre, réprouvant les criminelles manœuvres du syndicat Dreyfus, invite le Gouvernement à les réprimer avec énergie. »

Le cinquième, de M. Jaurès :

« La Chambre, convaincue que le pays a droit à la pleine lumière, et que la République doit combattre à la fois le capitalisme chrétien et juif et la réaction militaire et cléricale, passe à l'ordre du jour. »

Le sixième, de M. de Baudry d'Asson :

« La Chambre, considérant le que Gouvernement s'est déclaré impuissant à couper court à un scandale qui met en péril la paix publique et la sécurité de l'Etat, passe à l'ordre du jour. »

M. LE PRÉSIDENT DU CONSEIL. — Le Gouvernement accepte l'ordre du jour de MM. Néron-Bancel et Vacher, et demande la priorité pour cet ordre du jour.

M. LE PRÉSIDENT. — La parole est à M. Goblet contre cette priorité.

M. RENÉ GOBLET. — Je demande à combattre la priorité acceptée par le Gouvernement pour cet ordre du jour et à répliquer brièvement à la réponse très personnelle que m'a faite tout à l'heure M. le président du conseil.

M. le président du conseil a paru s'étonner de la procédure que j'avais indiquée et qui consistait, de la part du Gouvernement, à se former une opinion personnelle sur la condamnation de Dreyfus.

Je me demande alors ce qu'ont voulu dire les paroles apportées à diverses reprises à cette tribune par M. le président du conseil lui-même et par M. le ministre de la guerre. Ils vous ont dit que Dreyfus avait été justement condamné; l'ont-ils dit sans s'être informés, sans avoir consulté le dossier?

Ce que je reproche au Gouvernement, c'est de ne pas l'avoir dit avec assez de fermeté pour se faire entendre de l'opinion, c'est surtout de s'être mis en contradiction avec lui-même.

Si le Gouvernement était certain de la régularité de la condamnation de Dreyfus, s'il se retranchait fermement derrière l'autorité de la chose jugée, pourquoi a-t-il autorisé le procès Esterhazy? (*Très bien! très bien! sur divers bancs à gauche. — Interruptions sur d'autres bancs à gauche et au centre.*)

Le Gouvernement a déclaré que, du moment où une plainte était déposée, il ne pouvait pas se dispenser de suivre; mais M. le président du conseil sait aussi bien que moi qu'il ne suffit pas qu'un citoyen saisisse d'une plainte le ministère public pour qu'il soit obligé d'y donner suite.

Le Gouvernement connaissait l'inanité de cette plainte par l'enquête faite, il y a plus d'un an, au ministère de la guerre; il l'a connue également par l'enquête officieuse du général de Pellieux et par l'enquête régulière du commandant Ravary.

Pourquoi alors a-t-il poursuivi devant le conseil de guerre ?

Je dis que le Gouvernement avait parfaitement le droit, qu'il avait le devoir de ne pas donner suite à la plainte contre le commandant Esterhazy. En y donnant suite, il a fait une sorte de revision déguisée.

Avant le procès Esterhazy, le Gouvernement disait : « Il n'y a pas d'affaire Dreyfus. » Et, après le procès Esterhazy, il nous disait avant-hier qu'il n'y avait plus d'affaire Dreyfus. Donc, c'est bien la révision qu'on a voulu faire par le procès Esterhazy. Je ne prolongerai pas ce débat.

Les arguties et les subtilités de procédure comme celles qui ont été employées peuvent tromper la majorité, elles peuvent même tromper M. de Lanjuinais, elles ne tromperont pas le pays. *(Applaudissements à l'extrême gauche et sur divers bancs à gauche.)*

M. LE PRÉSIDENT. — Je dois prévenir la Chambre que M. Gendre demande à ajouter à l'ordre du jour de M. Néron-Bancel les mots suivants : « Et regrettant qu'elles soient tardives. » *(Exclamations au centre et à droite.)*

M LAVERTUJON. — Nous demandons la division.

M. LE PRÉSIDENT. — Je mets aux voix la priorité demandée pour l'ordre du jour de M. Néron-Bancel.

A la majorité de 375 voix contre 171, sur 546 votants, la Chambre accorde la priorité à l'ordre du jour de M. Néron-Bancel. *(Applaudissements au centre, à droite et sur divers bancs à gauche.)*

M. LE PRÉSIDENT. — M. Marcel Habert a la parole sur le fond.

M. MARCEL HABERT. — Mes amis et moi nous avons l'intention de voter l'ordre du jour approuvant les déclarations du Gouvernement, mais nous désirons expliquer sous quelles réserves nous mettrons nos bulletins dans l'urne.

Je me suis abstenu jusqu'ici d'intervenir dans ce douloureux débat, alors surtout qu'il prenait un caractère de combat contre le ministère.

J'ai été ému comme tout le pays par cette triste campagne, mais je ne puis pas dire que j'ai trouvé dans les déclarations antérieures du Gouvernement tout ce que j'étais en droit d'en attendre.

La Chambre se rappelle qu'il a fallu un jour l'intervention violente de M. de Mun pour amener M. le ministre de la guerre à s'expliquer sur d'indignes attaques. Avant-hier encore, il a fallu l'intervention énergique de M. Cavaignac pour obtenir de M. le président du Conseil les déclarations que l'on nous propose d'approuver.

Ces déclarations nous semblent satisfaisantes. M. le président du conseil a reconnu l'existence de la pièce, il a promis de faire cesser l'odieuse campagne menée contre les conseils de guerre. Nous approuvons ces déclarations, mais nous demandons que dorénavant il mette ses actes d'accord avec ses déclarations. (*Très bien! très bien! sur divers bancs à gauche.*)

M. LE PRÉSIDENT. — Je mets aux voix l'ordre du jour de M. Néron-Bancel :

« La Chambre, approuvant les déclarations du Gouvernenement, passe à l'ordre du jour. »

A la majorité de 376 voix contre 133, sur 509 votants, cet ordre du jour est adopté.

M. LE PRÉSIDENT. — Je vais consulter la Chambre sur l'addition proposée par M. Gendre.

M. LE PRÉSIDENT DU CONSEIL. — Le Gouvernement la repousse : elle n'est qu'un blâme à son adresse.

M. RAYMOND GENDRE. — Je regrette que les déclarations apportées par le Gouvernement aient été tardives; il a affirmé que la pièce du commandant Lebrun-Renaud, contenant les aveux de Dreyfus, existait. Ma conscience a été satisfaite.

Je regrette seulement qu'il n'ait pas apporté cette affirmation plus tôt; le scandale actuel ne se serait pas produit.

Tel est le sens de ma disposition additionnelle; je m'en rapporte à la sagesse de la Chambre. (*Applaudissements.*)

La disposition additionnelle est mise aux voix.

A la majorité de 303 voix contre 140, sur 443 votants, elle n'est pas adoptée.

VII. — *Interpellation de M. de Beauregard.*

M. LE PRÉSIDENT. — La Chambre entend-elle discuter immédiatement l'interpellation de M. de Beauregard?

M. LE PRÉSIDENT DU CONSEIL. — Je demande à la Chambre de discuter séance tenante cette interpellation ; il importe que ce débat ne soit pas renouvelé éternellement. (*Très bien ! très bien !*)

La discussion immédiate est ordonnée.

M. DE BEAUREGARD. — J'ai déposé mon interpellation pour répondre au sentiment de l'opinion publique, lasse des manœuvres du syndicat Dreyfus, et pour déférer au désir des électeurs de ma circonscription, qui a eu le triste privilège d'être envahie par les pamphlets du syndicat.

L'organisation du syndicat est formidable ; son audace croît en raison de l'inertie du Gouvernement.

Ou le Gouvernement a les pouvoirs nécessaires pour réprimer ces manœuvres contre la sûreté de l'Etat : et alors, qu'attend-il pour en user ? Ou il ne les a pas : et qu'attend-il pour demander une loi nouvelle qui rende confiance à l'armée ?

Mais il ne faut pas d'arme à double tranchant : la presse a toujours fait son devoir ; presque tout entière, elle a éclairé l'opinion publique sur les manœuvres du syndicat et défendu ce que nous avons de plus cher au monde, ce qui est pour nous l'âme de la patrie : j'ai nommé l'armée. (*Très bien ! très bien ! à droite.*)

M. LE PRÉSIDENT. — M. de Beauregard a déposé l'ordre du jour suivant :

« La Chambre fait appel à l'énergie du Gouvernement pour réprimer immédiatement la campagne dirigée par un syndicat financier contre la justice militaire et les chefs de l'armée. »

Voix diverses. — L'ordre du jour pur et simple.

M. LE PRÉSIDENT DU CONSEIL. — Le Gouvernement accepte l'ordre du jour pur et simple.

L'ordre du jour pur et simple, mis aux voix, est adopté.

CHAPITRE SIXIÈME

Articles « à côté » de Rochefort et Drumont. — Rochefort s'en tire sans prononcer le nom de Jaurès. — Drumont fait l'interview d'un universitaire imaginaire; il y joint l'apologie du brave général Boulanger; il conclut par un regret des plus bizarres.

Comment Rochefort accueillit-il la conclusion des débats sur l'interpellation Cavaignac?

Par cet article des plus bénins, intitulé : « Le Débat est clos. »

Je n'aurais jamais supposé que deux et deux eussent autant de peine à faire quatre.

L'insistance avec laquelle les feuilles de trahison niaient l'authenticité de la déclaration Lebrun-Renaud démontrait l'extrême gravité qu'elles y attachaient.

Et, en effet, ce temoignage écrasant, s'il était établi, mettait fin d'un seul coup à la campagne du Syndicat, de même que la bataille d'Iéna a mis fin à la campagne de 1806.

Aussi le *Siècle* et les autres journaux juifs, qui ont pour principale propriété de remplacer les braseros dans les rues où on les brûle et qui servent ainsi à chauffer les pauvres, traitaient-ils de fables les assertions de M. Cavaignac, qui, n'ayant jamais eu sous les yeux la fameuse pièce, n'avait pas qualité pour en affirmer l'existence.

Et tous, madame Dreyfus et Mathieu Dreyfus compris, répétaient en chœur :

« La pièce ! la pièce ! »

Comme lorsque M. Delahaye dénonça, jadis à la tribune de la Chambre les soudoyés du Panama, tous les centres, à peu près exclusivement composés de panamistes, lui criaient, sur le ton du défi :

« Les noms ! les noms ! »

Eh bien ! M. Méline a fini par entrer dans la voie des aveux.

Il a fallu les lui arracher avec une tenaille, mais ils n'en sont que plus significatifs.

Le document existe : il n'y a plus à cet égard de dénégation possible.

Nous étions donc en droit de supposer que les plus violents défenseurs de l'innocence de Dreyfus allaient s'incliner devant cette révélation foudroyante.

Nous faisions à nos contradicteurs encore plus d'honneur qu'ils n'en méritaient.

Tant qu'ils ont cru pouvoir contester la déposition écrite du capitaine Lebrun-Renaud, ils ont reconnu qu'elle aurait pu présenter une importance capitale.

Maintenant qu'on la leur a collée sous le nez, ils la traitent avec le plus profond dédain et continuent à nous inonder de leurs impostures, comme si cet élément décisif n'avait pas à jamais clos le débat.

Cette persévérance dans la mauvaise foi les rejette désormais hors de toute polémique.

On ne peut pas plus discuter avec des menteurs aussi avérés qu'avec l'accusé à qui le juge demande :

« Que faisiez-vous, à trois heures du matin, dans la plaine Saint-Denis, sur le cadavre d'une femme portant dix-sept coups de couteau ? »

et qui répond :

« J'attendais l'omnibus. »

Les Dreyfusiens aussi peuvent maintenant prétendre qu'ils attendent l'omnibus.

Ce qu'ils raconteront et rien, ce sera tout comme.

Les irrégularités, sérieuses ou non, reprochées au tribunal militaire tombent devant cette parole que le misérable serait si heureux de retirer, mais qu'il ne retirera pas :

« J'ai livré des documents secrets à l'Allemagne. »

La haute juiverie, que les exploiteurs syndiqués ont rançonnée dans les grands prix pour une propagande devenue sans objet, en sera donc pour ses millions.

« Combien vous a coûté l'entreprise? » a demandé à Mathieu Dreyfus Mᵉ Tézenas, l'avocat du commandant Esterhazy.

« Ça! c'est mon affaire! » a cyniquement répondu Mathieu.

Rien ne doit être humiliant pour cet israélite, comme de se voir enfin contraint de reconnaître que l'affaire était détestable.

Il peut, à l'avenir, frapper de nouveau à toutes les caisses.

Même si quelques entêtés lui ouvraient encore les leurs, il n'y a plus ni brochures ni articles hebdomadaires ou quotidiens susceptibles de modifier les convictions publiques.

Le traître de l'îlot du Diable restera jusqu'à la fin condamné par l'opinion comme il l'a été par le conseil de guerre, et tous les faux commandés par le Syndicat aux « artistes » qui les signaient « Otto » lui demeureront pour compte.

Nous pensons, parbleu! bien qu'avec son obstination professionnelle, l'israélisme ne va pas tout de suite et d'un jour à l'autre s'avouer vaincu. Il s'agitera encore quelque temps dans la poêle.

Il se démènera dans des poses de convulsionnaire ;

mais il ne sortira finalement de la friture que pour tomber dans le feu.

Et, chose ignoble ! c'est pour protéger les larrons de la bande à Reinach que le ministre de l'intérieur Barthou envoie ses anarchistes de gouvernement troubler, revolver au poing, les réunions publiques organisées pour la flétrissure des traîtres.

C'est pour que ceux-ci puissent continuer leur besogne dans la plus complète impunité que Paris était hier en état de siège, comme pendant la Semaine sanglante, et que les nourrices n'ont pas même eu le droit d'aller promener leurs poupons dans les Tuileries, fermées aux contribuables à qui appartient ce jardin dont ils payent le jardinier.

Méline a été, sous les menaces de la nation, obligé de convenir qu'il possédait dans ses armoires ministérielles l'aveu de Dreyfus, et il s'est vengé sur la population parisienne de la cruelle nécessité où elle l'avait réduit.

Pas un mot de Jaurès dans l'article ! Drumont n'était pas d'ailleurs beaucoup plus précis que Rochefort, dans l'article qu'il publia, le même matin, sous le titre : « Les Responsabilités. »

En voici le début :

En s'y prenant à deux fois, la Chambre a fini par voter, entre deux gifles, un ordre du jour quelconque.

En réalité, la situation reste telle qu'elle était, c'est-à-dire sans issue.

Comment voulez-vous en sortir puisque nous trouvons d'un côté : les Juifs résolus à tout, prêts à mettre le feu au pays pour faire prévaloir leur volonté ; de l'autre côté, un Gouvernement tout aussi résolu à ne pas appliquer les lois existantes à ces Juifs, qui constituent une véritable association de malfaiteurs, qui ont organisé un véritable complot contre la paix publique et la sûreté de l'Etat ?

Au risque de nous répéter, il est utile de bien préciser l'origine de cette abominable campagne.

Les Français qui voudront sauver leur pays auront un jour à prendre des mesures terribles.

Ils ne pourront puiser l'énergie qui leur sera nécessaire que dans la certitude, apaisante et fortifiante à la fois, d'avoir été, comme patience et longanimité, au delà même de toutes les limites.

Ce sont les Sémites eux-mêmes qui ont fait jaillir de toutes les poitrines ce cri d'*A bas les Juifs!* qui retentit dans toutes les grandes villes de France.

Ce cri était sans doute dans l'âme de chacun ; mais, jusqu'ici, il ne s'était pas formulé au dehors avec une pareille véhémence.

Les Sémites ont affirmé, avec une impudence stupéfiante même pour ceux qui croient connaître cette race, que l'on pouvait tout faire avec de l'or et, au besoin, innocenter un traître qui avait avoué son crime. La France leur a répondu par des malédictions et des huées.

L'espèce de frénésie délirante qu'Israël a apportée dans cette affaire Dreyfus s'expliquerait à peine si nous avions fait de la condamnation de ce scélérat une machine de guerre, une arme de combat ; si tous les jours nous avions jeté ce nom déshonoré à la tête des Juifs.

Quelque mépris que les Juifs puissent avoir pour la vérité, pas un n'oserait prétendre que nous ayons agi ainsi.

Une fois le traître séparé du reste des hommes et gardé par des requins, nous nous sommes tus par respect pour l'uniforme que ce Judas avait porté.

C'est vous qui vous êtes solidarisés avec ce misérable, qui avez fait votre cause de la sienne, qui avez osé poser au gouvernement français cet *ultimatum*, aussi ignominieux pour vous que pour lui :

« Ou vous mettrez en liberté un homme que tout le monde sait coupable, ou nous affolerons le pays, nous vomirons sur l'Armée et, pour la salir encore davantage, nous embaucherons le grand spécialiste en fait d'immondices et de malpropretés : le seigneur Zola en personne. »

C'est là, remarquez-le bien, un fait sans exemple dans l'histoire.

Jamais minorité, quelque exigeante et quelque rebelle qu'elle fût, n'a employé des procédés aussi abjects, et quand les factions ont agité la torche de la guerre civile, elles l'ont fait pour de plus nobles causes.

C'est à titre de document que ce début est intéressant, non au point de vue du discours de Jaurès qui avait dominé le débat parlementaire du 24 janvier.

Ce début est, en effet, en dehors de la question : le reste de l'article n'y entre pas davantage. En voici la conclusion :

Ce serait une sorte de sacrilège envers la mort, que de rapprocher le brave et malheureux général Boulanger de Dreyfus, l'infâme et le traître. Boulanger avait été blessé en Italie, il avait été blessé à Champigny, il avait commandé en Tunisie, c'était un vrai soldat.

Il avait été condamné sur le faux témoignage d'un escroc détenu à Mazas.

Imaginez-vous l'accueil qu'aurait fait un membre quelconque de l'Université à celui qui serait venu lui proposer de signer une pétition demandant la revision du procès du général Boulanger ou simplement même la grâce et le retour en France du général.

« Comment pouvez-vous me proposer une chose pareille ? aurait-il répondu. J'ai pour fonction d'instruire les générations qui grandissent, mais je dois leur enseigner aussi la discipline, le respect, l'obéissance aux lois, et je ne puis mieux le faire qu'en prêchant d'exemple, en m'abstenant de me mêler de choses qui ne me regardent pas. »

Si cet universitaire avait passé outre, vous entendez d'ici le vacarme qu'auraient fait tous les journaux.

L'infortuné professeur aurait été révoqué *illico*, et il faut avouer que l'on aurait eu un peu raison.

Vous figurez-vous un professeur comme Andrade, s'autorisant de ce qu'il a été dans une école où le général Logerot ou le général Pierron auraient passé vingt ans auparavant, pour employer avec eux le tutoiement, qui n'est d'usage qu'entre hommes du même âge, et pour rendre publique une lettre dans laquelle il aurait dit à ces ministres de la guerre les insolences que M. Andrade dit au général Mercier?

Il faut que Rambaud soit le dernier des coquins pour supporter de pareilles mœurs chez ceux-là mêmes qui devraient servir de modèle pour la décence et pour la tenue.

Quel type que ce grand-maître de l'Université!

Il interdit aux professeurs de se réunir en syndicat pour défendre leurs intérêts — ce qui est parfaitement légitime. — Il leur permet en revanche de se livrer à des manifestations publiques à propos d'une affaire exclusivement militaire — ce qui est absolument grotesque.

Il est bien entendu qu'il faut que ces manifestations aient lieu en faveur des Juifs.

Si un professeur mettait son nom en bas d'une pétition antisémite, l'ignoble Rambaud le frapperait tout de suite.

Voilà ce qu'un député aurait dû dire en face au Gouvernement, en serrant le débat de près et en empêchant Méline de glisser entre deux phrases.

Voilà qui aurait mieux valu encore que les belles paroles d'Albert de Mun sur l'Armée.

« Oui ou non, aurait dû demander de Mun, si les Juifs n'avaient pas été à la tête de l'affaire, auriez-vous supporté que l'on publiât des pièces confidentielles appartenant au ministère de la guerre? Auriez-vous supporté que des professeurs, qui sont des serviteurs de l'Etat, qui sont payés par l'Etat, protestent contre un arrêt régulièrement rendu par un conseil de guerre, alors que tous les arrêts portent : *Au nom de la République française?* »

Voilà ce qu'aucun député n'a eu le courage de dire et ce que s'est dit le pays, et voilà pourquoi il a crié de si bon cœur : « *A bas les Juifs!* »

Comme Rochefort, Drumont s'abstenait de prononcer le nom de Jaurès et de réfuter les arguments du Démosthène français qui avaient retenti dans les consciences, au delà de tout discours parlementaire prononcé depuis dix années.

L'Europe avait entendu les arguments de Jaurès avec autant d'attention que la Chambre elle-même. Rochefort et Drumont les avaient ignorés! Drumont se bornait à écrire que pas un député n'avait été digne du pays dans ce débat.

Il ajoutait, il est vrai, à cet aveu ingénu, un apppendice qui nuisait à son crédit. C'était le « verbe » qui, dans la bouche du « député digne du pays », aurait tout sauvé.

Hélas! Le verbe, ainsi composé dans l'escalier, n'avait de plus belle qualité que de ne pas avoir été dit. Il eût fait sourire le Parlement s'il eût été prononcé à la tribune, ce verbe mirobolant, aux vertus magiques, qu'aucun député n'avait eu le courage de prononcer.

C'est ainsi que Drumont, après Rochefort, ne faisait plus de prosélytes. Ils radotaient. On les lisait par habitude. On ne pensait guère en les lisant.

Il s'agissait, en effet, des arguments précis de Jaurès,
et les duumvirs avaient l'esprit à des brouilles, qui
n'y faisaient ni peu ni prou.

En même temps que s'était déroulée à Paris l'interpellation Cavaignac, coupée par une bagarre qui avait
décuplé l'attention prêtée à Jaurès, Alger avait offert
un spectacle analogue à celui que Paris aurait présenté dans la soirée du 17 janvier, si les anarchistes
n'y avaient mis bon ordre. Nous donnerons sur les événements d'Alger la version qui fut fournie par le *Matin*
du 24 et par la *Libre Parole* du 25 janvier.

Cette dernière contenait, dans le même numéro, le
précédent article de Drumont, où « l'ignoble Rambaud », « le brave général Boulanger », « les belles
paroles du comte de Mun », « le général Logerot ou le
général Pierron » étaient, sans beaucoup d'agrément,
associés dans une ingrate galerie.

CHAPITRE SEPTIÈME

Collisions à Alger. — Meeting antidreyfusiste du 22 janvier 1898 à Mustapha. — Troubles sanglants du 23 janvier à Alger.

Voici la version du *Matin* sur les troubles du 23 janvier :

Alger, 23 janvier.

BATAILLE DANS LES RUES

De graves événements se sont déroulés aujourd'hui, à Alger.

Dès deux heures de l'après-midi, une foule que l'on peut évaluer à deux mille personnes se rassemblait sur la place du gouvernement, où devait avoir lieu le concert habituel que donne la musique du 1er régiment de zouaves ; mais ce concert a été supprimé aujourd'hui.

Il est près de trois heures. A ce moment, on apprend que, dans les rues de Chartres et de la Lyre, une collision vient de se produire entre juifs et antijuifs. Des cris de « A bas les juifs! » retentissent.

La manifestation se forme, en forçant le cordon des agents de police; les manifestants pénètrent dans la rue de la Lyre, où la mêlée est générale.

Quelques coups de feu éclatent. Des objets divers sont lancés des balcons sur les antijuifs. Les zouaves, baïonnette au canon, dispersent les assaillants et les assaillis.

5.

Bientôt les blessés arrivent, soutenus par leurs amis, dans les diverses pharmacies qui avoisinent la place du Gouvernement. Les premiers soins leur sont aussitôt donnés, mais ils sont vains pour l'un d'eux, M. Cayol, maçon, qui expire dans les bras du docteur Rouquet.

Coups de poignard.

A l'instant où M. Cayol expire, deux autres blessés viennent réclamer des soins. Tous deux ont reçu des coups de poignard dans le dos ; les blessures sont affreuses. D'autres personnes blessées par des coups de pierre ou de canne sont conduites à leur domicile.

A quatre heures, les manifestants apprennent la mort de M. Cayol. La surexcitation est extrême.

Des cris : « On nous assassine ! A mort les juifs ! » éclatent de toutes parts, et, malgré les agents et les zouaves qui barrent les principales artères, le flot des manifestants envahit la rue Bab-Azoun. Le pillage de tous les magasins juifs commence.

Les manifestants arrachent d'abord les volets, puis, s'en servant comme d'un bélier, frappent à coups redoublés sur les devantures qui, bientôt, sont réduites en miettes. Les marchandises en devanture sont enlevées et jetées au vent.

D'autres manifestants réunissent les tissus, les confections et, avec d'autres objets, en forment des bûchers auxquels ils mettent le feu. Six magasins sont ainsi traités.

Les chasseurs arrivent alors et chargent les manifestants, qui, par des voies détournées, arrivent à se concentrer rue Bab-el-Oued, séparée de la rue Bad-Azoun par la place du Gouvernement.

La plupart des magasins juifs sont enfoncés. La gendarmerie et la police sont impuissantes à rétablir l'ordre, les manifestations cessant d'un côté pour reprendre d'un autre.

Les pillards.

Les auteurs du pillage, qui a duré une heure, rue Bab-Azoun sont en grand nombre des gens sans aveu, la lie de la population, de toutes les nationalités latines et indigènes ;

mais la foule des manifestants antijuifs, qui ne connaît pas les auteurs du pillage, prend souvent fait et cause pour eux contre la police.

Un administrateur d'une commune mixte, délégué de la préfecture, qui avait arrêté un indigène en flagrant délit et le maintenait, fut bousculé par la foule et eut le poignet foulé.

Ailleurs, les deux adjoints du maire d'Alger, qui voulaient arrêter un voleur, furent maltraités par les manifestants.

Un sous-officier aurait frappé à coups de plat de sabre un agent de police, lequel maintenait un malfaiteur. Pendant ce temps, les manifestants crient : « A bas les juifs ! Vive l'armée ! »

Le pillage de la rue Bab-Azoun achevé, ces mêmes individus sans aveu allèrent rue Bab-el-Oued, qui fait suite à la rue Bab-Azoun et est, comme celle-ci, le centre du commerce des juifs. Les boutiques juives furent dévalisées, les marchandises furent jetées sur les trottoirs ; mais une bonne partie en fut emportée dans des maisons, où les agents de la police arrêtèrent les indigènes ou les Européens qui se partageaient le butin.

L'aspect des rues Bab-Azoun et Bab-el-Oued présente le même coup d'œil qu'après un incendie. Le sol est jonché de marchandises détériorées : quantité de chapeaux et d'effets, que les autorités font enlever et porter dans un local, où elles seront triées.

Sages conseils.

Les autorités israélites ont recommandé instamment à leurs coreligionnaires de ne pas sortir de chez eux aujourd'hui, et il est très rare de rencontrer une figure juive dans la rue.

A part le grave incident de la rue de la Lyre, où M. Cayol, maçon, fut tué, on peut dire qu'une partie de la ville a été livrée au pillage par des malfaiteurs que la foule laisse faire par haine des juifs, surtout depuis qu'on a appris la mort de M. Cayol ; mais la surexcitation est grande, et de nombreux antijuifs jurent de se venger sur les juifs qui oseraient se montrer.

On signale quelques troubles à Saint-Eugène, dans la banlieue d'Alger.

Dans la soirée.

A neuf heures, un fort groupe de manifestants s'est porté devant la mairie, où la *Marseillaise* a été entonnée.

Les manifestants allèrent ensuite rue de la Liberté, où ils tentèrent de défoncer la devanture en fer d'un grand magasin juif, mais la devanture résista. Les zouaves accoururent, colonel en tête, qui fit faire trois sommations à son de tambour.

La foule acclama l'armée, cria : « A bas les juifs ! » puis se porta sur la place du Gouvernement.

L'armée seule assure l'ordre. La police ne paraît plus ; elle intervient seulement pour conduire au poste les personnes arrêtées.

Cent cinquante arrestations ont été opérées.

Quelle avait été l'origine de ces troubles ?

La *Libre Parole* du 23 janvier avait publié, en dernière heure, ce télégramme :

Alger, 2ᵗ janvier 1898

Vers six heures du soir, un groupe de manifestants a brisé la devanture d'un café de la place Bresson. Quelques autres magasins dont les propriétaires sont Israélites, ont été fort endommagés.

Un peloton de zouaves, baïonnette au canon, occupe militairement la place Bresson et les rues avoisinantes.

Le meeting annoncé va avoir lieu à Mustapha. De nombreux groupes de manifestants qui s'y rendent parcourent la ville aux cris de : « A bas les Juifs ! »

. Le tribunal correctionnel a continué à juger aujourd'hui de nombreux manifestants arrêtés hier.

Un sieur E... a été condamné à six mois de prison et 100 francs d'amende, pour avoir blessé un journaliste qui suivait la manifestation.

De son côté, l'*Intransigeant* avait publié le lendemain ce télégramme :

Alger, 23 janvier.

Au meeting antijuif tenu samedi soir assistaient cinq à six mille personnes. La réunion s'est séparée aux cris de : « Vive la République ! A bas les Juifs ! » La foule est ensuite descendue vers Alger et la manifestation antisémitique s'est continuée jusqu'à deux heures du matin.

Sur la place du Gouvernement, les manifestants, au nombre de quatre à cinq cents, ont brûlé presque entièrement deux kiosques ; les portes d'une dizaine de magasins ont été enfoncées, tant sur la place du Gouvernement que dans la rue Bab-el-Oued, et ces magasins ont été saccagés. Plus de quarante arrestations ont été opérées. Trois commissaires et de nombreux agents ont été blessés plus ou moins grièvement par des pierres ou des coups de canne.

Voilà, sur les troubles du 24, la version de la *Libre Parole* :

Un Juif assassin.

Alger, 24 janvier.

Entre deux heures du matin et huit heures, le calme a été relatif.

Mais à neuf heures on apprend qu'un Juif vient de donner un coup de couteau à un Espagnol qui, blessé au cou, serait grièvement atteint. Aussitôt des bandes se forment et, par représailles, se précipitent sur le magasin juif « Aux Nouveautés Parisiennes » qui est mis à sac.

Le judaïsant Lépine est conspué.

M. Lépine, gouverneur général, rentre au palais d'Hiver, précédé de gendarmes à cheval et suivi d'agents de police et de zouaves qui lui font escorte.

Les cris divers continuent.

On assure qu'une chaise a été lancée dans la direction du gouverneur. M. Lépine, très calme, exhorte à l'apaisement.

Quelques personnes crient : « A bas le gouverneur! »

Un commerçant israélite a été assailli par un fort groupe de manifestants qui l'ont frappé violemment.

Une vingtaine d'arrestations ont été opérées.

Lépine reçoit un bidon.

Le gouverneur général, apprenant le pillage qui avait lieu dans la rue Bab-el-Oued, s'est rendu aussitôt devant le magasin déjà pillé et a essayé lui-même de le faire évacuer par les personnes qui s'y étaient précipitées. Il a failli être atteint par un bidon lancé de l'intérieur des magasins.

Le gouverneur, suivi de six zouaves, baïonnette au canon et précédé de deux tambours, parcourt la rue Bab-el-Oued.

3,000 personnes sont massées sous les arcades. Des cris divers de : « A bas les Juifs! Démission! » accueillent les paroles de M. Lépine qui prêchent le calme et l'ordre.

Toutes les sympathies de Lépine paraissent être pour les Juifs. La population est indignée contre ce laquais de la synagogue.

La proclamation du maire de Mustapha.

Pendant que ces scènes se passent et que la population honnête s'indigne de l'attitude provocante de l'ancien protégé d'Isaïas Levaillant devenu gouverneur par la volonté des concussionnaires algériens, le maire de Mustapha, plusieurs conseillers municipaux d'Alger et de Mustapha s'efforcent de réparer les bévues commises à tout instant par Lépine, et rédigent dans les bureaux du *Télégramme algérien* l'appel suivant à la population, que ce journal publie en tête de ses colonnes :

« Algériens, citoyens,

» Surexcités par les outrages dont le Syndicat Dreyfus avait abreuvé l'armée, vous avez manifesté depuis plusieurs jours vos sentiments à l'égard des Juifs.

» Devant les provocations juives, vous êtes passés des

roles aux actes; mais il faut un terme à tous ces excès. Il faut pas que l'émeute de la rue se continue, car elle porte préjudice à ceux-là mêmes que vous ne visez pas, au comerce, à l'industrie, au bon renom de la ville d'Alger que us aimons tous et dont nous désirons le développement et prospérité.

» Continuer d'agir ainsi serait indigne d'une nation civilisée. faut donc, à présent, écouter la voix de votre conscience et s sentiments généreux de votre cœur. Les pouvoirs publics, xquels vous venez de faire connaître, par un grand mouvent populaire, comme vous savez vibrer quand on touche à s idées nobles et sacrées, doivent maintenant s'occuper s moyens pacifiques à employer pour obtenir une solution un de nos plus difficiles problèmes sociaux.

» Croyez-nous, arrêtez vos élans qui, s'ils se continuaient, urraient être mal interprétés et devenir dangereux. Evins de faire le jeu d'une réaction possible. Evitons surtout ie les innocents paient pour les coupables. Demeurez calmes, rmes dans vos convictions, et comptez sur la sagesse de tre municipalité pour appuyer vos revendications. Nous ne urions approuver les pillages et les meurtres, qui peuvent rendre leur source dans une surexcitation passagère, mais ie la simple raison doit ensuite condamner.

» Ainsi, votre rôle restera digne et noble et vous obtiendrez estime et l'approbation de tous les vrais Français de l'Algé-ie qui n'ont en vue que la grandeur et la prospérité de la olonie par le patriotisme et le travail. »

Cette noble conduite produit le plus grand effet et offre un ontraste consolant avec l'attitude navrante de Lépine, dont outes les sympathies sont pour les coreligionnaires de Reinach, le chef du Syndicat.

Lépine prépare un massacre.

Blidah, 24 janvier.

Le 1ᵉʳ escadron du 1ᵉʳ régiment de chasseurs a reçu dans a nuit l'ordre immédiat de partir pour Alger. L'escadron 'est mis en route à quatre heures du matin.

Dans la matinée, le 2ᵉ escadron vient de recevoir le même
ordre. Il va se mettre en route.

Lépine venge un piano.

Alger, 24 janvier, midi 45.

Le gouverneur général de l'Algérie a décidé que tous les
étrangers arrêtés ou compromis au cours des troubles
seraient immédiatement expulsés.

Hier, pendant le sac des magasins juifs, des manifestants,
victimes de l'usure juive, ont tenté de mettre le feu à un
coffre-fort qu'ils avaient imbibé de pétrole.

A Saint-Eugène, dans l'établissement connu sous le nom de
« Au Rocher de Cancale », et mis au pillage par les manifestants, un piano a été enlevé, puis jeté à la mer.

Proclamation du maire d'Alger.

Alger, 24 janvier, 3 h. 45 soir.

Le conseil municipal, réuni dans la matinée, a décidé de
faire la nouvelle proclamation que voici :

« Aux habitants d'Alger,

» Le maire de la ville d'Alger porte à la connaissance de ses
concitoyens l'ordre du jour suivant voté à l'unanimité par le
conseil municipal :

» Dans sa séance de ce jour, le conseil, dans les graves circonstances que traverse la cité, constatant avec regret que les
manifestations des premiers jours ont été suivies de quelques
attentats contre les personnes et les propriétés, exhorte la
population au calme et l'adjure de ne pas gêner par sa présence les mesures rigoureuses prises pour réprimer les actes
odieux que le conseil municipal réprouve énergiquement. En
agissant autrement, les citoyens s'exposent inutilement aux
périls personnels les plus graves et ils compromettraient sûre-
ment l'honneur et la prospérité d'Alger. »

Suivent les signatures du maire et des conseillers municipaux.

M. Régis, directeur de l'*Antijuif*, ayant été aperçu sur la

ace du Gouvernement par un fort groupe de manifestants,
été acclamé et suivi dans Mustapha.

Rue d'Isly, M. Régis a harangué la foule, l'invitant à assis-
r demain aux obsèques de M. Cayrol, tué hier pendant les
anifestations. M. Cayrol avait été transporté chez lui.

Un calme relatif règne en ce moment à Alger.

Lépine commence à comprendre.

Lépine commence alors seulement à comprendre qu'il
iste un mouvement antijuif en Algérie.

Ce sacristain de synagogue, nous apprend l'*Agence Havas*,
montre fort inquiet du mouvement que ses provocations
olitiques en faveur des Juifs ont déchaîné.

La population acclame l'armée, mais conspue Lépine avec
 dernière énergie.

Ce délégué du grand-rabbin en Algérie n'ose plus sortir
u palais d'hiver où les troupes le gardent.

Vive « l'Antijuif » !

Alger, 24 janvier.

Toutes les places sont gardées militairement. La circulation
st très difficile.

Les groupes dispersés par les chasseurs se reforment plus
oin. On ne voit aucun Juif dans les rues.

Les manifestants qui étaient allés à Mustapha, le directeur
lu journal *l'Antijuif* à leur tête, ont parcouru les rues en
riant : « A bas les Juifs! » Mais on ne signale aucun incident
rave, grâce à l'attitude du maire, M. Pradelle, et de ses
djoints.

L'Espagnol blessé ce matin a une forte plaie pénétrante de
uelques centimètres au-dessous de l'oreille gauche.

A quatre heures trente, une forte bande de manifestants
arcourt le boulevard de la République en chantant et en
onspuant les Juifs.

Tous les magasins sont fermés. Les indigènes se mêlent aux
nanifestants, mais en très petit nombre. La plupart ont été
epoussés par la police dans le haut quartier.

Boufarik, 24 janvier.

Les manifestations d'Alger ont eu, à Boufarik, un contre-coup.

Deux mille manifestants ont saccagé un café dreyfusard, dans lequel ils ont réduit en miettes les verres, les bouteilles et tout le matériel. Plusieurs magasins ont été endommagés. Le maire a harangué les manifestants qui ont promis de rester calmes.

Les sommations.

Alger, 24 janvier, 6 h. 5.

Les manifestants revenus de Mustapha sont rentrés à Alger sans incident sérieux.

Le directeur de l'*Antijuif* s'est rendu au domicile de M. Cayrol, puis, montant en voiture découverte avec la veuve de M. Cayrol en grand deuil, il a suivi les boulevards, acclamé par la foule massée sous les arcades.

La police n'a pas mis d'obstacle, car M. Régis a dit qu'il se rendait à la mairie pour y faire la déclaration du décès de M. Cayrol.

Bientôt après, l'ordre était donné aux chasseurs de faire déblayer les boulevards avec l'aide des soldats du génie. Les tambours font les sommations et la foule se disperse.

Dans la haute ville, un magasin de droguerie et d'épicerie juif a été complètement saccagé et mis à sac par une bande de gens sans aveu.

Le corps de M. Cayrol a été transporté au domicile d'un de ses parents.

D'après ces récits, l'on peut se faire une idée de l'origine des troubles d'Alger et de la frénésie avec laquelle ces troubles furent exploités en France par les agitateurs qui avaient organisé à Paris le meeting du Tivoli Vaux-hall.

CHAPITRE HUITIÈME

eeting antidreyfusiste aux Mille-Colonnes. — L'huis est clos aux
suspects d'anarchisme. — Mise hors la loi de Zola et de ses approbateurs.

Au reste, ce n'avait pas été de la faute de ces der-
iers, si Paris n'était pas à feu et à sang.

Pour se faire une idée de leur audace, il suffit de
re le récit du meeting organisé dans l'après-midi du
janvier aux Mille-Colonnes.

Ce meeting dominical fut une pâle imitation de celui
la soirée du 17 janvier. Instruits par l'expérience de
dernier, les organisateurs avaient cette fois fermé
ermétiquement les portes de la réunion publique(!!) à
utes les figures suspectes d'un autre avis que le leur,
façon à éviter les horions homériques qui avaient
arqué le meeting du Tivoli.

Voici comment la *Libre Parole* a raconté cette re-
anche à huis-clos du Tivoli Vaux-Hall :

LE MEETING DES « MILLE COLONNES »

*L'Antisémitisme acclamé. — Les assassins à gages
du Syndicat Dreyfus.*

Avant-hier soir, le Youtre qui a nom Bernard Lazare aurait
it au Juif Joseph Reinach :

— Demain les Antisémites pleureront des morts.

Hier matin, en effet, des bandes de repris de justice et de souteneurs encombraient tous les cafés et les bars de la rue de la Gaîté, se faisant servir force consommations et criant à haute voix : « A trois heures, on va rire! »

A travers les groupes de ces malfaiteurs, des Juifs allemands circulaient, remettant cinq francs à celui-ci, dix francs à celui-là, en déclarant que si on était content de la besogne il y aurait le soir force suppléments.

La besogne qu'exigeaient de ces escarpes les membres du Syndicat Dreyfus consistait simplement à assaillir à coups de couteau les braves gens qui assisteraient au meeting de protestation en faveur de l'armée, qui devait avoir lieu l'après-midi à trois heures.

Cette fois, cependant, la tentative de meurtre était si visible, que, dès midi, la Préfecture de police avait mobilisé cinq cents agents aux abords de la rue de la Gaîté.

A deux heures, nous arrivons à la salle des Mille-Colonnes. Déjà Guérin nous avait précédé, accompagné des délégués des bouchers de la Villette, venus en blouse bleue pour la plupart, et portant au bras un ruban tricolore.

De suite, l'entrée du public s'organise, les bouchers commissaires de la réunion se placent près la porte, et gare aux gredins qui chercheraient à s'introduire. Quelques-uns, inconnus jusqu'alors, se glissent cependant parmi la foule. Tout à l'heure, il leur en cuira.

Bientôt la salle est comble. Un des premiers au bureau est M. Marion, commissaire aux délégations judiciaires.

Une grande rumeur se fait entendre. Des cris de : « Vive l'armée! Vive la France! A bas les Juifs! » retentissent, saluant au passage une superbe couronne de pensées, de lilas blancs et de roses, cravatée d'un large ruban sur lequel on lit ces mots:

« Vive la France!

» A bas les traîtres! »

La salle est archi-comble. Le bureau est au complet. Sur l'estrade se placent tous les membres de la Ligue antisémite, et la délégation des bouchers de la Villette.

Guérin ouvre aussitôt la séance et met aux voix la présidence de la réunion. On crie : « Thiébaud ! Thiébaud ! »

Et voici notre ami Georges Thiébaud élu président. A ses côtés, se placent deux assesseurs, MM. Legrand et Julien, ainsi que M. Chavet qui va remplir les fonctions de secrétaire.

Guérin prend alors la parole :

« Citoyens, dit-il, je tiens à prendre la parole au nom du Comité d'initiative, pour vous rappeler l'objet de la réunion, le but que nous voulons atteindre.

» Nous avons fait appel ici à tous les hommes de cœur sans distinction de parti ; à tous les hommes aimant leur pays, mais seulement à ceux-là.

» Nous leur avons fait appel, parce que nous désirions manifester notre communion d'idées contre les ennemis de notre pays, en face de la coalition antifrançaise juive qui voudrait, après avoir tout accaparé dans notre pays, accaparer l'armée, la seule chose à laquelle ils n'ont pu encore toucher. »

A ce moment, deux des fripouilles qui sont parvenus à se faufiler parmi la foule se mettent à hurler : « Vive Dreyfus ! A bas les jésuites ! »

En un clin d'œil les misérables sont saisis par deux vigoureux bouchers, et transportés jusqu'à l'escalier, par-dessus la tête des assistants.

On opère ainsi avec deux ou trois autres manifestants ; le calme se rétablit, et Guérin continue :

« Donnons l'exemple de la conviction et de la droiture, citoyens ; nous déclarons très nettement que si l'ex-capitaine Dreyfus avait été innocent et s'il y avait eu des preuves de cette innocence, nous aurions été les premiers à demander la révision.

» Mais il ne s'agit plus de cela ; nous sommes ici pour défendre l'armée, seule sauvegarde de notre patrie ; l'armée, la seule chose que les Juifs n'ont pas accaparée. »

Un tonnerre d'applaudissements ébranle la salle. C'est du délire. On crie : « Vive l'armée ! A bas les Juifs ! »

M. Georges Thiébaud se lève et les applaudissements redoublent :

Le brillant orateur, avant de commencer son discours, lit

le télégramme suivant, que vient d'adresser au secrétaire du comité le vaillant patriote Lucien Millevoye :

« Mon cher ami,

» Vous m'obligerez vivement en m'excusant auprès de Guérin et du meeting de la salle des Mille-Colonnes. J'ai pris depuis plusieurs jours, auprès de diverses sociétés patriotiques, l'engagement de me rendre à la cérémonie de Buzenval. Je n'y puis manquer.

» A vous bien cordialement.

» L. MILLEVOYE. »

De nouveau, un trio de voyous veut élever la voix pour glorifier le traître Dreyfus. Moins patients, cette fois, les assistants les passent légèrement à tabac, et, sans Guérin, qui s'interpose, les malheureux eussent passé un triste quart d'heure.

Le silence se rétablit, et on entend la voix vibrante de Georges Thiébaud :

« Citoyens, n'oublions pas le but déterminé de cette réunion. » Et montrant la couronne : « Nous nous sommes réunis pour aller porter tous ensemble ce souvenir à la statue de Strasbourg afin de protester ainsi contre les renégats qui pactisent avec les traîtres.

» Nous irons ensemble maudire ceux qui pactisent avec l'étranger, aux pieds de la statue de Strasbourg, devant laquelle passa le cercueil tricolore de Gambetta dont la mémoire est maintenant trahie par ceux qui se disaient ses amis et qui sont à la tête du Syndicat antifrançais. »

L'orateur termine en donnant lecture de cet ordre du jour :

« Le peuple de Paris, soulevé contre les souteneurs d'un traître qui a vendu à l'étranger les secrets de la défense, dépose aux pieds de la statue de Strasbourg l'hommage de son irréductible foi dans l'avenir.

Il prononce la mise hors la loi de ceux qui pactisent avec la Juiverie universelle pour corrompre la République, déshonorer l'armée, ruiner le pays et maintenir la France sous la domination des agents étrangers.

» Vive la vieille France républicaine libre, debout et purifiée. »

La salle est complètement enthousiasmée. Les orateurs sont
clamés aux cris de : « Vive l'armée! Vive *La Libre Parole!*
ve Drumont! A bas les traîtres! »

Un boucher saisit la couronne de fleurs. A ses côtés, les
mmissaires du comité national se rangent et, en bon ordre,
sortie s'effectue dans le plus grand calme.

A la porte, M. Touny, directeur de la police municipale, a
t ranger deux haies d'agents et refouler dans les bars des
es voisines trois cents individus qui vocifèrent en reculant :
A bas l'armée! Vive Dreyfus! » Plusieurs de ces brutes, qui
itent des couteaux, sont arrêtés sur-le-champ. Cette fois, la
lice a compris que son rôle était de protéger ceux qui crient :
Vive l'armée! » contre ceux qui veulent défendre, à coups
surin, les amis d'un traître juif.

A la foule, Guérin et Thiébaud déclarent que nulle manifes-
ion tumultueuse n'aura lieu et ils envoient chercher une
iture, pour se rendre, seuls, déposer la couronne à la statue
Strasbourg.

Quelques minutes après, la couronne est hissée sur le véhi-
e. Un boucher y grimpe à son tour, et il faudrait un rude
illard pour la lui enlever de force.

Pendant ce temps, Guérin et trois membres du comité pénè-
nt dans le fiacre, et... en route pour la place de la Con-
de.

En bon ordre, les assistants quittent une demi-heure après
rue de la Gaîté et vont, en monome, manifester devant le
n de Belfort. Dispersés en ce moment par les agents, ils
oulent en groupes par diverses voies, sans résistance.

En réalité, ce meeting n'avait prouvé qu'une chose :
salutaire terreur que les anarchistes inspiraient aux
itateurs Guérin, Thiébaud et consorts.

Cette terreur était clairement notée dans la version
même meeting, publiée par le *Matin*.

Les anarchistes à la porte.

La réunion de la salle des Mille-Colonnes, dont la po-

lice elle-même s'était fait un épouvantail, s'est passé
dans un calme relatif.

D'ailleurs, aux abords de la rue de la Gaieté, des me
sures d'ordre très sérieuses ont été prises, et à l'entré
de la salle, la surveillance est des plus sévères.

Les compagnons anarchistes qui se présentent son
signalés aux agents, qui les expulsent aussitôt. Pourtan
un grand nombre d'entre eux parviennent à se glisse
jusqu'au pied de la tribune.

M. Marion, commissaire aux délégations judiciaires
qui doit se tenir sur l'estrade pendant la réunion, arriv
à l'ouverture des portes.

A deux heures, on introduit la couronne qui doit êtr
déposée au pied de la statue de Strasbourg.

Discours de Guérin.

A trois heures, dix-huit cents personnes se pressen
dans la salle. La séance est ouverte. M. Jules Guérir
prend la parole et dit :

Nous avons fait appel ici à tous les hommes de cœur san
distinction de parti, à tous les hommes aimant leur pays
mais seulement ceux-là.

Nous leur avons fait appel parce que nous désirions mani
fester notre communion d'idées contre les ennemis de notr
pays en face de la coalition antifrançaise juive qui voudrai
après avoir tout accaparé dans notre pays, accaparer l'armé
la seule chose à laquelle ils n'ont pu encore toucher.

Des applaudissements éclatent ; mais un individu pro
teste au fond de la salle. Une légère bousculade se pro
duit, et l'interrupteur est violemment expulsé.

M. Jules Guérin reprend son discours qui est de nou
veau interrompu par quelques assistants, qui sont
comme le premier, expulsés sur-le-champ.

On constitue ensuite le bureau : M. Georges Thiébaud
t élu président, MM. Legrand et Julien, assesseurs ;
iavet, secrétaire.

Discours de Thiébaud.

M. Georges Thiébaud prend la parole et s'écrie :

Citoyens, n'oublions pas le but déterminé de cette réunion.
ius nous sommes réunis pour aller porter tous ensemble ce
uvenir (*il montre la couronne*) à la statue de Strasbourg et
otester ainsi contre les renégats qui pactisent avec les
altres.

L'orateur est fréquemment interrompu ; il continue,
algré le bruit :

Nous irons ensemble maudire ceux qui pactisent avec l'é-
anger, au pied de la statue de Strasbourg, devant laquelle
ssa le cercueil tricolore de Gambetta, dont la mémoire est
aintenant trahie par ceux qui se disaient ses amis et qui
nt à la tête du syndicat antifrançais.

L'ordre du jour.

Il termine en donnant lecture de l'ordre du jour suint :
nt :

Le peuple de Paris, soulevé contre les souteneurs d'un traître
i a vendu à l'étranger les secrets de la défense, dépose aux
eds de la statue de Strasbourg l'hommage de son irréduc-
ile foi dans l'avenir.
Et prononce la mise hors la loi de ceux qui pactisent avec la
iverie universelle pour corrompre la République, déshono-
r l'armée, ruiner le pays et maintenir la France sous la do-
ination des agents étrangers.
Vive la vieille France républicaine libre, debout et purifiée !

Cette lecture est accueillie par des cris hostiles.

M. Georges Thiébaud agite, mais vainement, la sonnette
et frappe à coups de canne sur la table.

Dissertation philosophique.

A ce moment, l'anarchiste Brunet demande la parole
qui lui est accordée. L'orateur veut se livrer à une dis-
sertation philosophique et poétique sur les différents
sens du mot « patrie ». Il signale aux ouvriers les capitalistes et les jésuites, les cléricaux de tous ordres comme
les ennemis de la patrie.

Si vous regardiez et si vous réfléchissiez, lui dit d'une voix
forte M. Thiébaud, vous reconnaîtriez pour ennemis les mêmes
que nous.

Le bruit devient tel que l'orateur anarchiste ne peut
continuer. Il tente vainement de disserter sur la culpabilité ou l'innocence de Dreyfus, et il renonce à la parole.

Au surplus, déclare le président, nous ne sommes pas ici
pour discuter : nous sommes réunis pour marcher ensemble
contre les ennemis de la patrie.

Puis un autre anarchiste escalade la tribune ; il n'a
pas dit trois mots que vingt mains s'abattent sur lui et
l'en font dégringoler.

L'ordre du jour est enfin voté, non sans difficulté,
pendant que, dans la salle et dans les tribunes, quelques
coups sont échangés.

La séance est levée au milieu d'un tapage infernal, et
la sortie s'effectue bruyamment.

Dans la rue.

Les groupes qui tentent de se former sont immédiatement dispersés ; les manifestants récalcitrants sont re-

oussés jusqu'à l'avenue du Maine. Deux anarchistes, les
ommés Gosse et Albert dit Libertad, sont arrêtés et en-
oyés au Dépôt. Les compagnons s'étaient réunis dans
n établissement voisin, à la « Belle Polonaise » ; mais
a police a tenu le plus grand nombre d'entre eux bou-
lés dans leur salle, afin de les empêcher de se rendre
ux Mille-Colonnes. Ils n'ont été délivrés qu'à la fin de
ette dernière réunion.

Les rangs des gardiens de la paix se sont ouverts pour
aisser passer la couronne et la délégation qui l'accom-
agnait ; mais les personnes qui voulaient suivre en ont
té empêchées.

En dépit de la terreur inspirée par les anarchistes
ux « battus » du Tivoli Vauxhall, l'organisation du
meeting des Mille-Colonnes indiquait de la part des
gitateurs menés par Guérin la résolution de ne pas
'avouer vaincus. Il s'agissait pour eux de multiplier les
oyers de réunion favorables sinon au meurtre et à l'in-
endie, tout au moins aux violences et aux injures, de
manière à ne pas laisser s'éteindre la frénésie qui depuis
e 13 janvier s'était singulièrement refroidie chez la
lupart des têtes chaudes, coutumières des réunions
umultueuses et des meetings.

CHAPITRE NEUVIÈME

Drumont fait la leçon à Jaurès.— Drumont tire la moralité
des collisions d'Alger.

Dans la *Libre Parole* du 26 janvier, Drumont publia sous le titre : « l'Antisémitisme en Algérie », les réflexions suivantes :

Jaurès devrait bien nous indiquer dans quelles jésuitières ont été élevés les chefs du mouvement antisémitique en Algérie.

Ces établissements peuvent se vanter, en effet, d'avoir formé de rudes gars qui ont, pour l'oppression et les oppresseurs, une belle haine et qui apportent à la défense des causes justes une énergie qui n'est pas commune.

Je crois que Jaurès, qui s'imagine, avec une naïveté qui m'étonne, que la question juive est une question cléricale, serait quelque peu embarrassé pour nous donner ce renseignement.

La question cléricale n'existe même pas en Algérie.

Grégoire, qui avait fondé la Ligue antijuive d'Alger, était un ancien rédacteur des journaux révolutionnaires de Paris.

Rouyer, le conseiller général de Guelma, qui depuis vingt ans lutte contre les Juifs avec une admirable vaillance et qui a fini par triompher, est un libre-penseur déterminé, ce qui ne l'empêche pas d'avoir pour moi une affection que je lui rends bien.

Notre ami Réjou, et Masson, fils d'un déporté politique de 1851, sont dans les mêmes conditions. Morinaud et ses amis de Constantine sont des Francs-Maçons, mais d'une Franc-Maçonnerie spéciale à l'Algérie et qui n'est pas devenue comme ici un instrument servile des Juifs.

Les événements qui se passent à Alger ne sont que la conséquence logique des décrets Crémieux, et les décrets Crémieux ne sont qu'une affaire Dreyfus d'un autre genre, une preuve nouvelle que les Juifs sont complètement étrangers à toute pudeur, à tout scrupule, à toute prévoyance même, lorsqu'il s'agit de servir les intérêts de leur race.

Si Jaurès prenait la peine d'y réfléchir, il se convaincrait bien vite que s'il y a un élément religieux dans la question juive, c'est du côté des Juifs qu'il le faut chercher.

Le Talmud enseigne que les Goym, les non Juifs sont de la « semence de bétail », que le Juif, seul, est un homme.

On n'a pas à se gêner avec des êtres d'espèce inférieure.

Tout part de là.

Le Syndicat Dreyfus n'a pas hésité à affoler la France, pour sauver un traître dont personne ne se serait occupé, s'il n'avait pas été Juif.

Crémieux n'a pas hésité davantage à soulever une effroyable insurrection, pour améliorer le sort de ses coreligionnaires.

Nous avons raconté cette histoire vingt fois, mais il faut toujours y revenir, car il est impossible de rien comprendre aux scènes dont l'Algérie est le théâtre et qui ne sont, hélas! qu'un commencement, sans se reporter à l'origine du mal.

Jamais le Juif, peut-être, ne s'affirma plus odieusement indifférent à tout ce qui touche à la Patrie, plus implacablement préoccupé de lui-même et de sa race qu'en cette occasion.

Le gouvernement de la Défense nationale, remarquons-le tout d'abord, n'avait aucun droit à modifier le régime de l'Algérie; en s'emparant du pouvoir, il avait eu soin de déclarer qu'il ne le prenait que pour une tâche déterminée.

Lorsqu'il remaniait profondément l'organisation algérienne, Crémieux commettait donc une usurpation dans une usurpation. Mais ces scrupules ne sont pas de ceux qui arrêtent un Juif, et Crémieux n'en rendit pas moins cinquante-deux décrets sur la colonie, en dehors, bien entendu, des nominations de fonctionnaires.

Crémieux ignorait-il davantage les troubles qu'il allait exciter, dans une région où tout nous commandait le maintien du *statu quo*, pour ne point affaiblir encore notre malheureux pays impuissant à résister à l'ennemi qui le pressait de toutes parts?

Il était, au contraire, merveilleusement informé de la situation, il connaissait l'hostilité qui régnait entre les Arabes et les Juifs.

Il avait été maintes fois plaider en Algérie et il avait été témoin de rixes survenues entre Musulmans et Israélites à propos des fêtes religieuses.

En profitant d'un pareil moment pour rendre le décret qui naturalisait les Juifs algériens, il trahissait donc purement et simplement la France pour servir les intérêts de sa race.

En 1870, cette mesure avait un caractère particulièrement odieux.

Les Arabes avaient fait héroïquement leur devoir pendant la guerre.

Ces « diables noirs », comme les appelaient les Prussiens, qui bondissaient sous la mitraille, avaient émerveillé l'ennemi à Wissembourg et à Wœrth.

Albert Duruy qui, pour aller de suite au feu, s'était engagé parmi les tirailleurs algériens, m'a raconté maintes fois l'effet presque fantastique qu'ils produisaient avec leurs cris sauvages, leur joie en entendant parler la poudre, leur façon de se ruer en avant comme des tigres.

Pour ce camarade, qu'ils nommaient « le fils du visir », ces farouches avaient à la fois du respect et de l'amitié.

Quand, à Wissembourg, les tirailleurs dispersés, genou à terre dans les houblonnières, reçurent l'ordre de tenir jusqu'au dernier moment, pour protéger la retraite, Duruy baissa involontairement la tête sous la grêle de balles.

Tout à coup, il sent une main de fer qui s'abat sur son épaule : *As pas pour! As pas pour!* lui crie un Turco en montrant, comme pour rire au danger, ses dents blanches qui brillaient sur son visage cuivré.

On ne se fût étonné qu'à demi si le gouvernement de la Défense nationale eût accordé quelque récompense éclatante à ces Arabes héroïques qui, après avoir lutté si longtemps contre nous, nous défendaient à l'heure du péril. Rome émancipa les esclaves qui avaient combattu pour elle pendant la Guerre sociale, et quelque proclamation, honorant du titre de citoyen français ceux qui s'étaient montrés dignes de ce nom, eût produit un effet considérable en Algérie.

Mais les hommes de Tours ne considéraient pas les choses ainsi. A côté de l'Arabe qui se bat, il y a en Algérie une race abjecte qui ne vit que de trafics honteux, qui pressure jusqu'au sang les malheureux qui tombent entre ses griffes, qui s'enrichit de la dépouille d'autrui. C'est à cette race qu'étaient acquises toutes les sympathies de Crémieux.

L'injustice de cette mesure a été constatée par des écrivains comme Reclus qui, je crois, n'ont pas plus été élevés dans les Jésuitières que Grégoire, Rouyer et Réjou. Voici ce que dit Reclus dans son ouvrage qui a pour titre : *France, Algérie, Colonies :*

« Les Juifs algériens, dit M. Reclus, ont été naturalisés en bloc, *par décret,* pendant que nous luttions contre les hordes disciplinées du peuple évangélique. *Ils ne l'avaient pas certes mérité*, occupés qu'ils étaient uniquement de banque, de commerce, de courtage, de colportage et d'usure : nul d'entre eux ne tient la charrue, n'arrose les jardins ou ne taille les vignes, et il y a très peu d'hommes de métiers parmi ces arrière-neveux du supplanteur d'Esaü. Aucun n'avait péri dans nos rangs, sous les boulets du Nord, comme ces Berbères, ces Arabes, ces nègres qui furent parmi les héros de Reichshoffen, et s'ils n'ont point défendu l'Algérie contre nous, de 1830 à 1871, ils ne la défendront pas non plus contre nos ennemis. »

Ces Juifs s'étaient-ils au moins recommandés par leur amour pour la France? Ils s'étaient bornés, selon leur coutume, à gagner de l'argent dans les deux camps.

« Au commencement de la conquête, dit le capitaine Villot, ils servaient d'espions tour à tour pour les Français et pour El Hadj Abd-El-Kader, se tenant dans une attitude habituellement neutre, jusqu'à ce que la fortune se fût décidée en notre faveur. »

En 1870, les Juifs d'Algérie ne manifestèrent leur dévoûment à la France qu'en se ruant, avec des Espagnols et des Maltais, sur le malheureux général Walsin-Esterhazy qui, souffrant encore d'une faiblesse et incapable de se défendre, fut accablé de mauvais traitements, roué de coups et obligé de se rembarquer.

Si les circonstances n'étaient pas si graves on serait tenté de dire que les Esterhazy sont la gaieté, gaieté un peu lugubre sans doute, de la question juive.

Un comte Esterhazy recueille sur ses domaines les Juifs traqués en Hongrie, et plus tard les Juifs d'Algérie témoignent leur reconnaissance de ce bienfait en assommant à moitié un descendant de cette famille qui porte l'uniforme de général français.

Un autre Esterhazy se dévoue pour servir de témoin à Crémieu-Foa et les Juifs l'en récompensent en le couvrant de boue et en l'accusant d'avoir commis un acte de trahison. Il est obligé de venir demander à *La Libre Parole* de l'aider à défendre son honneur.

Ce qu'on ne saurait trop répéter, c'est que toutes les catastrophes qui frappent les Juifs ont pour origine, non seulement leur insatiable cupidité, mais encore leur obstination à imposer leur volonté, leur frénésie à satisfaire leur passion du moment sans jamais se préoccuper ni de moralité, ni de justice. Ils croient qu'ils feront plier tout le monde devant eux; les gens plient une minute, puis ils se redressent et se mettent à crier : *A bas les Juifs !* et à tomber à bras raccourcis sur les oppresseurs.

Le dernier incident lui-même n'est-il pas significatif? Il y avait en Algérie un gouverneur qui était au courant des mœurs et des intérêts du pays, qui s'était conquis, par sa loyauté et sa droiture, la sympathie des honnêtes gens de tous les partis.

Les Juifs, sans se soucier une minute du bien général, ont fait marcher Rothschild, qui voudrait bien cependant rester tranquille; ils ont exigé, ils ont obtenu d'un gouvernement avili le remplacement de Cambon par un chef de *sergots* complètement étranger aux questions algériennes et qui est arrivé la menace à la bouche en disant : « Je materai tout. »

Il n'a rien maté du tout. Une parole de Cambon aurait tout calmé ; l'insolence brutale de Lépine a produit presque une insurrection.

Quand les jours du châtiment définitif seront venus, les Juifs maudiront Crémieux et ses décrets ; ils voueront à l'anathème ceux qui les ont lancés dans la campagne Dreyfus ; ils regretteront Cambon. Il sera trop tard et les infamies commises auront porté les fruits naturels, c'est-à-dire la violence et la haine.

Il y eut autrefois Nathan le Sage ; le temps est proche où les Juifs, qui me traitent aujourd'hui d'énergumène, ne parleront de moi qu'en m'appelant Drumont le Sage...

Telle était l'explication des troubles d'Alger, donnée par Drumont, sous forme d'un évangile dont il s'instituait l'apôtre.

Ce que Drumont appelait le syndicat Dreyfus, c'est-à-dire Zola, Jaurès, Duclaux, Monod, et, avec eux, l'élite de la science française, avait-il quoi que ce fût de commun avec les juifs d'Alger dont les boutiques étaient pillées avec ardeur par la lie de la population algéroise ?

Parler du syndicat Dreyfus, à propos des troubles d'Alger, était donc d'une logique et d'un goût douteux.

LIVRE DEUXIÈME

LE PROCÈS REINACH-ROCHEFORT

CHAPITRE PREMIER

La première audience du procès intenté par Reinach à Rochefort.
— Plaidoirie de Barboux. — Ovations à Rochefort

C'est au milieu des nouvelles de feu et de sang venues d'Alger, au milieu aussi des fanfaronnades frénétiques qui se dégageaient des meetings et des bandes qui défilaient bruyamment sur les boulevards, que s'ouvrirent les débats du procès en diffamation intenté par Reinach à Rochefort, au sujet des « faux Lemercier-Picard »

Les incidents extraordinaires qui avaient eu leur cause dans l'affolement produit par le factum de Zola donnaient aux circonstances de ce procès un piment spécial.

L'*Intransigeant* fit de la première audience, celle du mercredi 26 janvier, le compte rendu suivant :

Au Palais de Justice. — Les mesures de police.

L'annonce du procès de l'*Intransigeant* avait attiré une foule inusitée boulevard du Palais.

En prévision de manifestations et d'incidents possibles, la préfecture avait pris des mesures d'ordre très sévères.

Dès midi, les postes des gardes municipaux sont doublés. Les grandes grilles à deux battants sont closes.

Exceptionnellement, la porte du Petit Parquet est fermée à double tour. Un garde municipal se tient contre le chambranle.

Seul, le battant d'une double porte est ouvert à gauche de la grande cour. Quatre gardes et un planton s'y tiennent.

Au dehors, rue de la Cité et sur le boulevard même, des escouades d'agents sont dissimulées dans les encoignures. Elles sont commandées par MM. Touny, chef de la police municipale, Noriot et Fromentin, officiers de paix.

Les agents ont établi des barrages au Pont-Neuf et au Pont-au-Change, dans le but d'empêcher les étudiants qui ont projeté une manifestation de passer.

A midi et demi, la foule grossit de minute en minute ; les agents interdisent les stationnements et font circuler les groupes, qui obéissent et vont se reformer un peu plus loin.

Arrivée d'Henri Rochefort.

A une heure, on apprend que Reinach a pénétré depuis vingt minutes dans le Palais de Justice par une porte dérobée qui donne sur la place Dauphine. Le désappointement du public se traduit par des « Conspuez Reinach ! » énergiques que l'homme de la pièce « Otto » et des tablettes de café a dû entendre de la salle des Pas-Perdus où il se tient en compagnie de MM. Berr et Ranc.

Il est une heure dix lorsque des cris s'élèvent : « Le voilà ! Le voilà ! » C'est Henri Rochefort qui arrive en voiture, accompagné de notre ami Ayraud-Degeorge.

On crie à pleins poumons : « Vive Rochefort ! Vive l'*Intransigeant* ! A bas les juifs ! A bas le Syndicat ! »

Rochefort est reçu à sa descente de voiture par ses collaborateurs de l'*Intransigeant*, qui, non sans peine, lui frayent un passage à travers les rangs pressés des assistants.

Les cris : « Vive Rochefort ! A bas le Syndicat ! » redoublent.

Notre rédacteur en chef salue de la main et du chapeau et pénètre rapidement dans la cour du Palais de Justice, où de nombreux journalistes et avocats sont groupés et poussent de chaleureuses acclamations.

C'est aux cris mille fois répétés de : « Vive Rochefort ! A bas Reinach ! » que Rochefort gravit l'escalier qui conduit à la neuvième chambre, non sans être salué avec déférence à l'entrée par les gardes du palais.

— « Il y en a qui me croient encore membre du gouvernement, » dit Rochefort en riant.

En haut, sur le palier qui précède la salle de la neuvième chambre, le capitaine Perret prend les mesures d'ordre.

Dans la salle des Pas-Perdus.

Une cinquantaine de personnes, qui ont pu pénétrer à grand'peine, sont là qui saluent Rochefort.

Dans un coin isolé, perdu, Joseph Reinach regarde avec affectation par la fenêtre. La chaude réception faite à notre rédacteur en chef le gêne visiblement.

En attendant que vienne l'affaire « Reinach contre Rochefort », nos confrères se pressent autour de notre rédacteur en chef et lui demandent ses impressions d' « avant-audience ».

Mais on nous prévient que le moment approche. Rochefort pénètre dans la salle déjà archi-comble, suivi à quelques minutes par Reinach.

L'audience.

Dès midi la salle d'audience est bondée. Dans l'enceinte réservée au public la foule se presse, se tasse, s'écrase. Les bancs des témoins ont été envahis par un grand nombre d'avocats ; nous en voyons aussi dans le banc des prévenus, sur les gradins du prétoire et jusque derrière le tribunal.

Les membres de la presse se sont casés un peu partout, au hasard. Quelques-uns de nos confrères ont vainement tenté de prendre des notes ; ils ont dû bientôt abandonner le crayon pour ne penser qu'à une chose : se tenir en équilibre, jouer des coudes et conserver leur place.

Tandis que se plaide la première affaire inscrite au rôle de la neuvième chambre, et qui est justement le procès intenté à l'*Intransigeant* par une demoiselle Gaillard, à propos de la séquestration commise par les cléricaux sur la personne de la petite Rosalie Liber, une fillette de treize ans que nous avons fait rendre à sa mère, l'auditoire assez inattentif regarde avec curiosité le Joseph Reinach, dont la personne dodue s'est étalée sur le banc des plaignants. Le député provisoire des Basses-Alpes est entré en compagnie de l'ancien sous-préfet Isaac, l'homme de Fourmies.

A une heure et demie, tandis que notre ami, Me Desplas, termine sa plaidoirie dans l'affaire Gaillard, Henri Rochefort fait son entrée. Il va s'asseoir devant Me Desplas, sur un banc où a déjà pris place notre gérant, Delpierre.

Quelques minutes encore, et les débats de la première affaire sont terminés.

Pendant une suspension d'audience qui se prolonge une longue demi-heure, c'est dans la salle un brouhaha indescriptible. Les nombreux avocats, journalistes, auditeurs qui entourent notre rédacteur en chef lui demandent son avis sur les débats qui vont commencer. Il s'exécute de très bonne grâce, exprimant sa conviction que la lumière sera faite et affirmant son intention de revendiquer énergiquement l'entière responsabilité des articles retenus dans l'assignation.

A deux heures dix, le tribunal, ayant à sa tête le président Richard, fait son entrée. Ordre est donné aux gardes d'établir un passage au milieu de la salle ; mais la foule est tellement compacte qu'ils sont bientôt obligés d'y renoncer.

A notre grand regret, la loi sur la presse interdisant de publier les débats en matière de diffamation, il nous est impossible de rendre compte du procès. Cela est d'autant plus fâcheux que certaines choses ont été dites, hier, à la neuvième chambre, certains points ont été précisés, que le public aurait

rand intérêt à connaître. A plusieurs reprises, les observa-
ons très nettes, très précises d'Henri Rochefort ont provoqué
ans l'auditoire une approbation si vive et même si bruyante
- car les applaudissements s'en sont mêlés — que le prési-
ent a, par deux fois, menacé de faire évacuer la salle. Très
siblement, la grande majorité des assistants étaient peu
vorables au Syndicat, bien qu'un certain nombre de juifs
ssent réussi à se glisser dans la salle.

Bornons-nous à dire que le substitut Paillot occupe le siège
ministère public, et qu'à la requête de Joseph Reinach, deux
moins : MM. Berr, publiciste, et Ranc, sénateur, ont été en-
ndus.

Puis ç'a été la longue, l'interminable et fastidieuse plaidoirie
Me Barboux, au nom d'Yousouf Reinach : histoire de la jui-
rie, depuis le pape Innocent IV jusqu'à nos jours, et autres
lembredaines sans importance.

Commencée à deux heures et demie, cette plaidoirie, dé-
tée sur un ton terne et d'une petite voix rageuse, sonnant
ux comme une scie mal graissée, s'est terminée à cinq heures
ulement.

Plusieurs fois le public a manifesté sa sympathie pour notre
dacteur en chef, en protestant d'une façon énergique contre
rtaines expressions de Me Barboux.

Et lorsque le président Richard a levé l'audience, annon-
nt le renvoi des débats à huitaine pour la plaidoirie de
• Desplas, l'auditoire a poussé un cri unanime de : « Vive
ochefort ! »

A la sortie, toutes les mains se tendent vers notre rédacteur
chef — tandis que, par mesure de prudence, l'on fait sortir
einach par la porte bâtarde qui donne sur la place Dauphine.

La sortie du Palais.

Comme Rochefort descend le grand escalier de pierre qui
outit dans la cour intérieure, des vivats à son adresse
latent, qui montent sous les voûtes en échos retentissants.

Dans la cour, nouvelle et chaleureuse ovation.

Enfin, au dehors, la foule s'est accrue, attendant avec im-
tience les nouvelles.

Dès que Rochefort apparaît, deux cris formidables retentissent: « Vive Rochefort ! A bas Reinach ! »

A grand'peine, Rochefort, suivi des collaborateurs de l'*Intransigeant*, se soustrait à cette manifestation de sympathie.

Il monte rapidement en voiture, pendant que les cris : « Vive Rochefort ! A bas Reinach ! » poussés par plusieurs milliers de poitrines, saluent son départ.

Les bruyantes manifestations de la rue étaient devenues presque quotidiennes depuis le factum de Zola : aussi restait-il peu de loisir aux amateurs de tapage et de mouvement pour tout ce qui se passait à l'étranger.

CHAPITRE DEUXIÈME

)éclaration du secrétaire d'État de Bulow. — Entre Dreyfus et
l'Allemagne il n'y a jamais eu de relations. — La *Libre Parole*
fait fi de cette déclaration.

C'est dans ces conditions qu'était passée, presque
naperçue des fournisseurs de nouvelles à sensation,
ıne déclaration des plus nettes du gouvernement alle-
nand, au sujet de Dreyfus.

Voici comment le *Matin* du 25 janvier avait enre-
ɡistré cette déclaration.

[Nous détachons des déclarations faites, hier, par
ſ. de Bulow, secrétaire d'État aux affaires étrangères, à
a commission du budget du Reichstag, le passage re-
atif à l'affaire Dreyfus. Il serait superflu de faire res-
ortir l'importance des paroles prononcées par M. de
ʒulow.]

BERLIN, 24 janvier. — M. de Bulow, après s'être
ıxpliqué sur les différentes questions intéressant la poli-
ıique extérieure de l'Allemagne, a fait, devant la com-
nission du budget du Reichstag, la déclaration suivante
ıu sujet de l'affaire Dreyfus :

« Vous comprendrez que je n'aborde ce sujet qu'avec
le grandes précautions. Agir autrement pourrait être
nterprété comme une immixtion de ma part, comme

une immixtion de notre part dans les affaires intérieures de la France, et nous avons constamment, et avec les plus grands soins, évité jusqu'à l'ombre d'une pareille immixtion. Je crois d'autant plus devoir observer une réserve complète à ce sujet qu'on peut s'attendre à ce que les procès ouverts en France jettent la lumière sur toute l'affaire.

» Je me bornerai donc à déclarer de la façon la plus formelle et la plus catégorique qu'entre l'ex-capitaine Dreyfus, actuellement détenu à l'île du Diable, et n'importe quels organes allemands il n'a jamais existé de relation ni de liaison de quelque nature qu'elles soient. Les noms de Walsin-Esterhazy, Picquart, je les ai entendus, pour la première fois dans mon existence, il y a trois semaines.

» Quant à l'histoire de la lettre d'un agent mystérieux, soi-disant trouvée dans un panier à papiers, elle ferait peut-être bonne figure dans les dessous d'un roman; naturellement, elle est tout imaginaire et n'a jamais eu lieu en réalité.

» Enfin, je désirerais constater avec satisfaction que l'affaire dite « affaire Dreyfus », si elle a fait beaucoup de bruit, n'a en rien troublé, à ma connaissance, les relations uniformément tranquilles qui existent entre l'Allemagne et la France.

» Bien moins encore je n'ai entendu parler de facilités particulières qui auraient été accordées, de la part de l'Allemagne, à l'ex-capitaine. »

Pour un esprit sensé, cette déclaration équivalait à l'innocence de Dreyfus, en tant que traître à la France au profit de l'Allemagne.

Cette déclaration ruinait, en particulier, la crédulité spéciale que quelques naïfs, épris de merveilleux, avaient pu prêter aux dossiers « B numéro 1 » et « B numéro 2 » offerts par Rochefort, après son entretien avec Pauffin, en pâture à l'indignation patriotique de ses lecteurs.

Quant à Esterhazy, la déclaration, prise à la lettre, indiquait qu'avant le 3 janvier 1898, M. de Bülow n'avait jamais eu l'occasion de voir son nom accolé à un rapport ou à une affaire quelconque concernant la chancellerie allemande.

C'était précis pour Dreyfus et pour Esterhazy. C'était péremptoire pour Dreyfus.

En Russie, la déclaration de von Bulow ouvrit les yeux aux gens les plus disposés à douter de l'innocence de Dreyfus.

En dépit de tout sens, voici comment la *Libre Parole* du 26 janvier interpréta pour ses lecteurs la déclaration officielle du gouvernement allemand.

VON BULOW ET LE SYNDICAT

On sait que Guillaume II a toujours porté un intérêt spécial au traître Dreyfus.

Un de nos compatriotes, M. Mertian de Muller, avocat au barreau de Lille, a raconté que visitant un jour, au mois de novembre 1894, le palais de Postdam, et ayant pu pénétrer jusque dans la chambre à coucher de l'empereur, il aperçut sur la table de travail un numéro de *La Libre Parole*, à moitié déplié, portant le timbre du cabinet militaire et cette inscription au crayon bleu :

Le capitaine Dreyfus est pris.

La sollicitude du kaiser pour son agent dévoué ne s'est pas démentie un seul instant, depuis trois années que Dreyfus a eu le malheur de se voir dirigé sur l'îlot du Diable.

Guillaume en a donné maintes preuves ces temps derniers encore, et nos lecteurs n'ont certainement pas oublié le fac-similé de ces cartes postales qui circulent par milliers en ce moment dans toute l'Allemagne et sur lesquelles figure — comme si c'était l'effigie d'un héros germain — la tête du traître Dreyfus.

Un suprême témoignage de l'empereur allemand au syndicat dans la débâcle a été cette fameuse déclaration de M. de Bulow, transmise hier aux journaux par l'*Agence Havas*, à la grande joie des Dreyfusards qui, dans leur insondable bêtise, comptaient que ce document allait enfin faire marcher le gouvernement de la France.

Il arrive au contraire que les déclarations de von Bulow n'ont provoqué que l'indifférence générale.

Beaucoup de gens, dont nous sommes, estiment même que Guillaume II a montré en cette circonstance un tact et une modération auxquels nous n'étions guère habitués.

Rien ne l'empêchait de prendre lui-même la défense de Dreyfus dans un de ces innombrables banquets où son impétueuse éloquence sait improviser des toasts si vibrants.

Il aurait pu encore, si cette besogne lui répugnait, se faire remplacer par son ministre de la guerre.

En soldat qu'il est avant tout, Guillaume II a compris qu'en somme la parole d'un politicien suffisait amplement pour couvrir un traître dans la mesure du possible, et, avec beaucoup de présence d'esprit, il a même choisi pour la corvée un politicien diplomate, c'est-à-dire l'espèce de politiciens la plus légitimement réputée pour l'art qu'elle possède de mentir avec élégance et mesure.

M. de Bulow, hâtons-nous de le reconnaître, n'a point trompé la confiance de son maître.

Il a su doser la vérité et l'erreur avec une habileté consommée, en prenant soin d'ajouter, pour faire contrepoids à ce qu'il venait de dire sur Dreyfus, qu'il avait entendu prononcer pour la première fois, il y a trois semaines, les noms de Walsin-Esterhazy et de Picquart.

En somme, Guillaume II a été très chic.

Il a donné du cœur au ventre à ses espions en leur prouvant que l'empereur ne mange jamais le morceau.

Il a également fait son possible pour contenter le Syndicat en affirmant, par la voix de M. de Bulow, que jamais l'ex-capitaine Dreyfus n'avait eu de relations avec l'ambassade d'Allemagne, et Zola lui doit, certes, une lettre de remerciements.

Enfin, il a laissé clairement entendre, par la modération même du langage de son sous-secrétaire d'Etat, que malgré toute son affection pour Dreyfus, il n'était point encore disposé à envahir la Champagne pour lui sauver la peau.

Il n'y a eu dans l'allocution de von Bulow qu'un mot un peu ironique, inspiré sans doute par quelqu'un de nos protestataires contre le huis-clos :

— « Je crois d'autant plus devoir observer une réserve complète à ce sujet, a déclaré l'aimable diplomate, qu'on peut s'attendre à ce que les procès ouverts en France jettent la lumière sur l'affaire. »

Nous comprenons tout l'intérêt qu'il y aurait pour von Bulow et son illustre maître à voir luire la lumière en question ; mais il est probable que, s'il s'agissait d'un officier allemand condamné comme Dreyfus pour haute trahison, et que nous exprimions l'espoir de connaître par le menu les dessous de son affaire, von Bulow ne pourrait s'empêcher de se dire :

— Quels farceurs que ces Français !

Comme nous sommes d'un pays réputé pour la courtoisie de son langage, nous nous contenterons de penser :

— Qu'il a d'esprit, ce M. de Bulow, et comme il plaisante agréablement !

7.

C'est avec des considérations de cet acabit que des milliers de braves gens purent étourdir leur conscience sur la déclaration allemande.

Cette déclaration était, en effet, limpide.

Elle n'admettait pas d'équivoque.

Il se trouvait des aigrefins pour y voir une manœuvre du gouvernement allemand, en faveur d'un de ses espions !

Il se trouvait des dupes pour admettre pareil mensonge et se fier aux aigrefins !

La parole de M. Mertian de Muller paraissait à la *Libre Parole* de plus de poids que celle de von Bulow !

Impression singulière que celle-là pour les Russes, pour les Anglais, pour tous les diplomates européens. Ils devaient être tentés de reprendre le mot de la fin : « Quels farceurs que ces Français ! » non sans peut-être modifier l'épithète de farceurs en une autre moins indulgente ; car, tout en confinant à là farce, l'appréciation de la *Libre Parole* frisait également les confins de l'inconscience et le domaine de la folie frénétique, sur lequel s'orientaient définitivement les esprits qui se fiaient en aveugles à Rochefort et à Drumont.

Drumont commenta du reste, dans la *Libre Parole*, le 28 janvier, la déclaration de von Bulow dans les termes suivants :

L'affaire Dreyfus entre de plus en plus dans la phase burlesque.

C'est bien là « l'opérette dramatique » qu'une troupe de Juifs allemands était venue, il y a quelques années, représenter au théâtre Rochechouart.

On y voyait Philippe-le-Bel portant le cordon bleu et s'entretenant avec un rabbin des principes de 89, pendant qu'on s'égorgeait à la cantonade.

C'est tout à fait la gaieté juive qui n'est point saine

comme celle de nos pères, mais qui a toujours je ne sais quoi de strident, de corrosif, d'ironique, de prostitutionnel et d'avilissant.

Au moment où la déclaration de Méline, attestant la culpabilité de Dreyfus, arrivait à Berlin, nous recevions à Paris la déclaration de M. de Bulow proclamant que jamais l'Allemagne n'avait eu de rapports avec Dreyfus.

Il eût été vraiment difficile, on en conviendra, à un ministre allemand de dire publiquement à la tribune :

« Messieurs, le capitaine Dreyfus était un de nos meilleurs agents ; c'est un hommage que je me plais à lui rendre. Il est bien pénible pour nous, et surtout pour lui, qu'il se soit laissé pincer. »

Après un tel discours, le recrutement des agents secrets eût été difficile, et en tout cas effroyablement dispendieux, et le budget de l'empire se fût cruellement ressenti d'une telle imtempérance de langage.

Il en est des laideurs morales comme des beautés même vénales.

Jamais un galant homme n'avouera qu'une belle ne lui a pas été cruelle, et, pour les conquêtes militaires comme pour les autres, la discrétion est de rigueur.

Ceux qui ont conservé au fond de leur âme une sorte de respect fétichial pour le principe d'autorité doivent souffrir tout de même de l'attitude prise par les deux représentants de grands Etats, qui se contredisent avec une aimable désinvolture, sans que leurs excellentes relations, comme le dit Bulow, en soient le moins du monde altérées.

Au point de vue du prestige des Pouvoirs constitués, Bulow aurait peut-être mieux fait de rester dans une olympienne réserve.

Se taire aurait été certainement plus Saint-Empire; parler est évidemment plus moderne.

Le résultat, d'ailleurs, est le même. Dans les salons

comme dans les plus humbles chaumières, où les journaux commencent maintenant à pénétrer, tout le monde est bien convaincu que Bulow a menti, mais chacun trouve tout naturel qu'il ait menti, puisque dès qu'il parlait, il ne pouvait faire autrement que de mentir.

Au milieu de toutes ces incohérences, Zola produit l'effet d'un Pourceaugnac énorme, à la fois abominable et grotesque.

On en arrive à se demander s'il a vraiment toute sa raison en le voyant exiger qu'on fasse comparaître devant lui les chefs les plus vaillants de notre armée, pour qu'ils lui fournissent des explications catégoriques sur la façon dont fonctionnent les Etats-Majors et sur les abus qui s'y peuvent commettre.

Thersite veut à toute force savoir comment Ajax entretient ses javelots, et il demande à Achille si sa lance est en bon état.

Le spectacle sera complet si Billot, comme on l'annonce, se présente en grand uniforme devant le jury pour y prendre la défense de l'armée qu'il a laissé traîner dans la boue depuis six mois.

Drumont proclamait hardiment que Bulow avait menti.

Il ajoutait à cette nette déclaration une atténuation qui avait la prétention d'être, en même temps, un essai de démonstration :

« Chacun trouve très naturel qu'il ait menti, puisque dès qu'il parlait, il ne pouvait faire autrement que de mentir. »

Drumont n'oubliait qu'une chose, essentielle il est vrai, c'est que Bulow n'était nullement forcé de parler.

Dreyfus coupable, Bulow n'avait qu'à se taire, et il se serait tu ; Dreyfus innocent, Bulow pouvait encore se taire, et rien ne le forçait à parler.

Il est vrai que rien ne l'en empêchait non plus, sinon la convenance de ne pas se mêler des affaires intimes du voisin.

C'était là la situation évidente de Bulow, avant qu'il formulât la déclaration du 24 janvier.

Quelle était, au contraire, la situation de Méline que Drumont, avec une inconscience qui lui devenait familière, mettait naïvement en parallèle avec von Bulow?

Cette situation, c'était précisément celle que Drumont avait caractérisée par ce trait :

« Chacun trouve très naturel qu'il ait menti, puisque dès qu'il parlait, il ne pouvait faire autrement que de mentir. »

Le ministre, bafoué par Rochefort, aurait bien voulu se taire. Il l'avait assez fait voir depuis, les premières questions de Scheurer-Kestner. Tous les débats du Palais-Bourbon sur l'affaire Dreyfus le témoignent éloquemment.

Mais, à la différence de Bulow qui eût pu se taire le 24 janvier 1898 aussi bien qu'auparavant, Méline était forcé de parler, sous peine de ne plus rester Président du Conseil.

Voilà comment, en prenant l'affirmation de Méline pour le poids marqué sur l'étiquette « Président du Conseil », Drumont commettait une volontaire confusion, lorsqu'il prétendait poser cet argument :

« Méline affirme noir, Bulow affirme blanc. Les deux affirmations sont équivalentes. La balance reste en équilibre. »

Drumont confondait le poids en carton « étiqueté Méline, avec un poids normal. »

C'est d'ailleurs en criblant Méline de leurs injures, de leurs outrages et de leurs crachats, que Rochefort et Drumont avaient pour une large part contribué à la

dépréciation de Méline et au défaut de crédit des affirmations jetées par ce dernier dans la balance de nos
affaires intérieures.

Rien n'était plus exact, en l'appliquant à l'infortunée
victime de Rochefort et de Drumont, que le trait appli-
qué à l'aveugle par Drumont au porte-paroles de Guillaume II : « Dans les milieux qui réfléchissent, tout le
monde est bien convaincu que Méline a menti ; mais
chacun trouve tout naturel qu'il ait menti, puisque,
dès qu'il parlait, il ne pouvait faire autrement que de
mentir. »

CHAPITRE TROISIÈME

Epître de Drumont aux Belges. — Ils sont trop enclins à l'imitation
et à la candeur. — Souvenir d'un exode. — Epître de Drumont
aux anarchistes.— Ils sont ingrats.

Drumont ne paraissait d'ailleurs pas plus disposé que
l'abbé Vertot à changer son « siège ».

Il essayait même de tenir tête aux adversaires de ce
siège, qui devenaient « légion ».

C'est dans cette pensée qu'il publiait, le 29 janvier,
les réflexions suivantes :

Il faut avouer que la passion véritablement excessive
et fiévreuse que certains journaux belges ont apportée
à l'affaire Dreyfus a paru un peu ridicule et déplacée.

Ceci, je le dis à regret, car j'ai gardé un souvenir tout
à fait charmant de ce pays hospitalier et paisible, où la
vie s'écoule si doucement.

La colonne du Congrès, avec ses statues quadrangu-
laires : liberté d'enseignement, liberté de la presse,
liberté des cultes, liberté d'association, semble une
ironie à ceux qui savent à quel point toutes ces libertés
primordiales sont restées illusoires chez nous.

Avoir fait dix révolutions et en être arrivés où nous en
sommes, c'est une pensée qui est cruelle pour les Fran-

çais, mais qui ne met que davantage en relief la sagesse de nos voisins.

J'ai donc éprouvé un réel chagrin à voir des gens, si bien élevés d'ordinaire, et avec lesquels il est si commode de vivre, se mêler d'une indécente façon d'une question qui ne les regardait aucunement.

Dans les larges rues qui entourent le Parc, j'ai aperçu parfois un général en train de passer en revue les Guides qui s'alignaient le long du trottoir.

J'ai croisé les Gardes civiques, martiaux et bons garçons à la fois, qui, le matin, se rendaient aux postes du Château et de l'Hôtel de Ville.

Jamais il ne me serait venu à l'idée d'intervenir dans les reproches que les chefs pouvaient avoir à adresser à ceux qui étaient sous leurs ordres.

Si un conseil de guerre belge rendait un jugement, je le respecterais et ne me permettrais pas de traiter de scélérats les officiers qui l'auraient rendu.

Pourquoi les Belges qui, je le répète, sont presque tous individuellement fort polis et fort aimables, n'observent-ils pas cette réserve?

On peut de ceci donner, je crois, plusieurs raisons, en ayant bien soin de constater tout d'abord que ces écarts regrettables ne sont imputables qu'à la plus minime fraction de la Presse belge, à celle qui a le moins de lecteurs.

Les Belges ont évidemment subi un peu l'influence de ce goujatisme juif qui pousse les Sémites de tous les pays à s'introduire dans tout, à vouloir imposer leur volonté dans tout, à se prononcer brutalement, insolemment et bruyamment dans tout.

C'est à cette absence de *verecundia*, de délicatesse et de tenue, disait Schopenhauer, que l'on reconnaît le Juif.

C'est par ce point qu'il se différencie de l'Aryen, qui a

le sentiment de sa dignité, sans doute, mais qui est toujours attentif à ne pas blesser les autres, à respecter l'indépendance, les manières de voir, les habitudes de chacun.

Les Belges, en outre, sont un peu imitateurs et, avec une candeur légèrement étonnante, ils se sont laissé persuader que tous les intellectuels étaient avec Dreyfus; ils se sont imaginé que c'était la mode de Paris.

C'est avec ce snobisme d'un genre particulier, d'ailleurs, que chez nous on a entraîné quelques braves gens parmi ceux que Zola appelait dédaigneusement les pions autrefois, et que nous appellerons des professeurs.

Ils ont pris pour un mouvement intellectuel une cuistrerie universitaire spéciale, parfumée au savon du Congo, et qui se croit mondaine parce qu'elle s'est frôlée à quelques vagues salons juifs.

C'est ainsi qu'ils se sont laissés aller à mettre leur nom sur des listes où ils seront fâchés que leurs enfants le retrouvent plus tard.

Les listes auxquelles faisait allusion la dernière de ces réflexions étaient celles où s'allongeaient les noms de centaines de Français qui affirmaient leur foi dans le factum de Zola, devenu pour eux une sorte de *Credo*.

Ces listes paraissaient autant de soufflets à Rochefort et à Drumont, ainsi qu'aux personnages visés par Zola dans sa philippique.

Aussi comprend-on sous la plume de Drumont le trait relatif aux enfants des signataires sur les fameuses listes.

A ce point de vue, Drumont s'est trompé. Les enfants des signataires de ces listes revendiqueront l'acte de leurs pères comme un des plus désintéressés et des plus nobles que leurs pères aient pu léguer à leur exemple.

On peut être antisémite, sans pour cela se joindre aux Arthur Mayer et aux Gaston Pollonais, devenus les compagnons d'armes de Drumont et de Rochefort.

La grande bravoure que d'empêcher la femme d'un juif de disputer à la raison d'État l'honneur de l'époux flétri par un jugement erroné !

On peut être antisémite et avoir le culte de la justice, même quand celle-ci bénéficie à des sémites.

Bref, on peut être antisémite et croire Dreyfus innocent. Or, c'est là, toute la question qui se débattait en janvier 1898.

Drumont paraissait d'ailleurs s'en rendre médiocrement compte quand, le 31 janvier 1898, il écrivait les réflexions qui suivent, sous le titre : « La belle âme de Duclaux ».

C'est un spectacle gai que celui de ce père de famille dont l'enfant a été souffleté par Andrade, au moment des troubles de Rennes, et qui poursuit Andrade en police correctionnelle.

Evidemment Andrade répondra : « Si votre fils ne m'avait pas conspué, je ne me serais pas avisé de le frapper. »

A quoi le père répliquera : « Vous recevez un traitement pour enseigner la physique et non pour insulter le ministre de la guerre dans une lettre rendue publique. Si vous vous étiez respecté vous-même, mon fils vous aurait respecté. »

Le grand coupable là-dedans, c'est ce misérable Rambaud qui, depuis le commencement de l'affaire Dreyfus, joue le rôle le plus ignominieux.

Les journaux dévoués au Syndicat ne nous apprennent rien de nouveau, en nous racontant que Rambaud a formellement déclaré qu'il ne prendrait aucune mesure contre les professeurs qui font campagne avec Zola.

Ces journaux semblent malheureusement peu disposés à répondre à notre question.

Oui ou non, le Gouvernement aurait-il toléré que des maîtres qui ont pour mission d'orner de connaissances variées les jeunes générations et de les instituer également en bonnes vie et mœurs, comme on disait autrefois, en donnant à tous l'exemple de la discipline, interviennent dans certaines discussions ?

Le Gouvernement aurait-il admis que des professeurs missent leur nom au bas de pétitions demandant la revision du procès du général Boulanger ?

Ce que ces journaux ne nous disent pas non plus, c'est que la honteuse attitude de Rambaud a été l'objet d'énergiques protestations de la part de membres de l'Enseignement, qui connaissent les devoirs que leur imposent leurs fonctions et qui ne sont ni « Fin de Siècle », ni « Fin de France ».

Si nos renseignements sont exacts, une scène bruyante aurait eu lieu au ministère de l'instruction publique et un vieux professeur, estimé de tous, aurait traité Rambaud comme il méritait de l'être, c'est-à-dire comme le dernier des coquins.

L'autre, devenu blême sous ces reproches si justement mérités, aurait été comme anéanti sous la dureté de cette leçon.

A ce professeur d'histoire médiocre, devenu un ministre indigne, on aurait pu rappeler que Camille fit battre de verges le maître d'école des Falisques, qui était venu lui offrir de lui livrer les enfants dont il avait la garde.

Nos confrères ont raison, d'ailleurs, de ne rien répondre à ce sujet, car si l'on se plaçait une minute sur le terrain non seulement du patriotisme, mais même du simple bon sens, le Syndicat aurait vécu.

Il est bien évident qu'il est monstrueux d'interdire à des professeurs de se réunir pour discuter les questions qui les intéressent et de leur permettre de se livrer à des protestations collectives contre un jugement de conseil de guerre, confirmé par un conseil de revision, ce qui prouve qu'il avait été légalement rendu.

Il est bien évident qu'on ne peut rien imaginer de plus grotesque que ce Duclaux qui, au lieu de s'occuper de ses virus et de débiter son *serum*, prétend donner des leçons à l'Etat-Major général.

Il faut nous attendre demain à voir un général de division arriver à l'Institut Pasteur en grand uniforme et demander à disséquer des chiens.

Ces interventions auraient pu s'expliquer en faveur de quelque coupable ayant un côté intéressant.

On aurait compris que des professeurs sortent de leur réserve pour essayer de sauver la tête d'un homme de trente-deux ans comme Vaillant, qui avait commis un attentat politique et qui, somme toute, n'avait tué personne.

Entraîné par ses lectures, poussé au crime par la misère, par le spectacle de tant de scandales, par l'atmosphère ambiante, par l'état social actuel en un mot, Vaillant pouvait éveiller la pitié des êtres qui savent comprendre.

On n'a jamais entendu parler de Duclaux à cette époque : il restait enfermé dans son laboratoire, en tête à tête avec ses bacilles.

Il n'en est sorti que pour prendre la défense d'un abominable Youpin qui, riche et comblé de tous les privilèges, avait vendu à l'ennemi les secrets de la Défense nationale.

Turpin n'avait rien livré à l'Allemagne. Indigné et furieux d'avoir été dépouillé d'une invention qui avait sauvé la France au moment du guet-apens Schnæbelé, il avait écrit un livre pour démasquer un espion déjà dénoncé par le colonel Massing et que Freycinet, au courant de tout depuis deux ans, laissait circuler tranquillement dans les bureaux du ministère de la guerre.

L'affaire Turpin se présentait dans des conditions faites pour émouvoir une belle âme comme celle de Duclaux. Fils de soldat, longtemps ouvrier, Turpin s'était fait lui-même; il n'était pas assez riche pour entrer à l'Ecole Polytechnique comme Triponé et Dreyfus, il était devenu un grand savant à force de volonté, et c'était au milieu des difficultés et des misères que ce génie solitaire avait trouvé la mélinite.

Duclaux ne fut point touché de savoir que le malheureux inventeur était enfermé dans une cellule d'Etampes et qu'il y portait la casaque brune des prisonniers de droit commun.

Il se réservait pour un criminel qui fût à l'aise par lui-même et qui fût allié à de riches marchands de diamants.

Le sort d'un enfant de Juifs opulents devait seul remuer le cœur de ce champion de la justice, que le sort d'un enfant du peuple laissait absolument indifférent.

C'est à ce signe que l'on reconnaît la haine qu'une certaine caste de mandarins et de lettrés, les *Lumbdamine*, disent les Juifs, éprouvent pour tout ce qui est d'essence populaire.

Si Turpin put sortir de prison, c'est beaucoup à nous qu'il le dut. C'est dans nos habitudes, du reste.

Quand la compagne de Vaillant, traînant par la main cette pauvre petite Sidonie qui se demandait chaque jour si c'était le lendemain qu'on dressait l'échafaud de son père, errait à travers Paris, c'est à notre porte et non à celle des humanitaires de l'université et des pornographes cossus qu'elle eut l'idée de frapper.

Jé crois, d'ailleurs, qu'elle eut raison.

A en juger par l'accueil que reçut chez Zola la pétition qui demandait la grâce de Jean Grave qui était toujours demeuré étranger à la propagande par le fait et qui avait été uniquement condamné pour un livre, c'est-à-dire pour un délit intellectuel, je suppose que la fille de Vaillant eût difficilement franchi le seuil de l'hôtel de la rue de Bruxelles...

Ces réflexions de Drumont sur la « belle âme de Duclaux » sont les cadettes de celles qu'il avait formulées sous le titre : « Ceux que Monod ne plaint pas », alors qu'il avait vu avec dépit une personnalité, aussi haut placée dans l'estime des savants, confesser ses doutes sur la culpabilité de Dreyfus.

Drumont en veut à Duclaux de n'avoir pas pris la défense de Turpin, de même qu'il en voulait à Monod de ne pas avoir plaidé la cause de Cyvoct !

Drumont reproche à Duclaux de n'avoir pas essayé de sauver la tête de Vaillant !

Cette fois encore, le lecteur impartial serait en droit de répondre à Drumont :

« Vous interprétez avec trop de sévérité le silence de Duclaux sur Vaillant et sur Turpin. »

Il semble même que le bout de l'oreille perce sous les effusions finales de Drumont et ressemble singulièrement à celle du loup qui se dissimulait sous le bonnet de « Mère-Grand. »

La réminiscence de la pétition en faveur de Jean Grave, celle des démarches de la petite Sidonie Vaillant ont grande ressemblance à des risettes à ces maudits anarchistes, auxquels Rochefort avait dédié dans l'*Intransigeant* du 21 janvier un chaud plaidoyer en faveur d'Etiévant.

Rochefort avait, lui aussi, tenté de faire un crime à Trarieux, à Zola, à Anatole France, aux yeux des anarchistes, de ne pas avoir manifesté en faveur d'Etiévant. Rochefort y avait perdu ses cabrioles et son bon iment

Drumont ne devait pas être plus heureux, en s'efforçant de séparer de Zola les amis de Jean Grave.

Les anarchistes ne se laissèrent pas prendre à l'hameçon; ils restèrent rebelles aux avis charitables, émis à propos de « la belle âme de Duclaux ».

Quant aux esprits rassis, ayant un goût médiocre pour les anarchistes, ils virent dans cet article une redite de « Ceux que Monod ne plaint pas », que n'embellissait guère la dénonciation à la sévérité du » honteux » Rambaud, qualifié de « dernier des coquins ».

Cette dénonciation était une variante à l'invitation faite trois mois auparavant à Darlan, de « bâillonner Monod ».

Elle n'était d'ailleurs pas probante, au point de vue de la réfutation des arguments du savant disciple de Pasteur; car dénoncer n'est pas réfuter.

CHAPITRE QUATRIÈME

Rochefort raconte que l'Empereur d'Allemagne fait un *casus belli* de la libération de Dreyfus. — Quel est le but du mystificateur ?

Quant à Rochefort, il n'avait pas eu la main beaucoup plus heureuse, dans l'article qui parut dans l'*Intransigeant* du 31 janvier, sous le titre « Germanisation ».

L'empereur d'Allemagne se réserve, paraît-il, de dire le dernier mot dans l'affaire Dreyfus.

Il se disposerait à supprimer les nationalités alsacienne et lorraine, en incorporant purement et simplement dans l'empire les pays annexés, jusqu'ici soumis à un régime spécial.

Cette fusion et cette confusion auraient pour cet autocrate l'avantage de mettre fin à toute espérance en même temps qu'à toute revendication de notre part.

Les Scheurer-Kestner et les Dreyfus cesseraient ainsi d'être Alsaciens pour devenir tout à fait Allemands. Il faut reconnaître que cette mutation ne les changera pas beaucoup.

Guillaume II nous dira ou, ce qui revient au même, nous fera dire par ses gazettes :

« Vous prétendez que la Lorraine et l'Alsace sont restées françaises de cœur : elles le sont si peu que je n'hésite pas à les mettre sur le même pied et à les placer sous le même régime que mes autres provinces. »

Et comme chaque humiliation qu'il nous inflige est pour lui l'occasion d'une fête nouvelle, on affirme qu'il se propose de célébrer cette incorporation définitive par des cérémonies d'autant plus nationales qu'elles seront particulièrement désagréables à notre nation.

La résistance aiguë de la France aux juifs du Syndicat prussien aura certainement hâté la solution de cette question, depuis si longtemps pendante.

Le jeune kaiser, à tort ou à raison, se croit personnellement visé par les Français qui manifestent contre le traître de l'île du Diable.

Il se répète mentalement que, sans l'aversion que les Allemands nous inspirent, nous nous montrerions moins exaspérés contre l'homme qui leur a communiqué nos plans de défense.

Aussi affecte-t-il de nous braver actuellement avec plus d'insolence que jamais :

« Ah ! vous ne voulez pas me rendre mon Dreyfus ! Soit ! Je vais annexer pour la deuxième fois à l'empire allemand votre Alsace et votre Lorraine. »

Ne nous y trompons pas d'ailleurs : c'est à ce but que tendaient les Reinach et autres youtres berlinois établis chez nous pour faire les affaires de l'Allemagne au moins autant que les leurs.

Préparer la guerre étrangère en organisant d'abord la guère civile : telle est la combinaison dont ils ne prennent même pas la peine de se cacher, Reinach annonçant tout haut à la Chambre un « chambardement » prochain, comme à l'Observatoire on annonce une éclipse ou une comète.

Leur obstination à transformer en *casus belli* le refus

de reviser le procès du condamné est, au reste, la preuve la plus évidente de la scélératesse de leurs intentions.

Car, je le demande à tous les hommes de bonne foi, quel motif supérieur a-t-on jamais mis en avant pour justifier cette agitation révolutionnaire à propos d'un être obscur que rien ne recommandait à l'intérêt ni même à la curiosité du pays et dont personne n'avait jamais entendu parler avant la célébrité que lui a assurée son crime ?

On aurait compris ce mouvement fébrile si, par exemple, le général Boulanger n'étant pas mort, les deux cent quarante-cinq mille Parisiens qui ont voté pour lui au 27 janvier 1889 avaient réclamé le retour en France du seul général qui ait donné des inquiétudes à l'Allemagne.

Mais Dreyfus, capitaine ignoré dont la biographie n'était nulle part, quelle étrange et subite passion il inspire ainsi à des tas d'individus qui ne le connaissaient pas la veille de la découverte de sa trahison ?

Il y a dans ce déploiement de propagande pour la mise en liberté d'un personnage aussi peu fameux l'indice d'un complot anti-français, c'est-à-dire allemand, dont les chefs tombent sous le coup de la loi au même titre que le traître dont ils prennent la défense.

Est-ce que la conspiration ne s'est par révélée par l'embauchage à l'aide de promesses et d'argent ?

Est-ce que l'imposteur Reinach, collaborateur du menteur Quesnay dans l'imbécile réquisitoire lu devant la Haute Cour, n'avait pas retenu comme le chef d'accusation le plus grave contre moi les cent mille francs que j'avais, à ce que prétendait l'ivrogne Alibert, reçus de la caisse boulangiste ?

Je n'avais rien reçu d'aucune caisse ; mais, de l'aveu même de Mathieu Dreyfus au procès Esterhazy, celle du Syndicat a versé des mille et des cent mille francs.

D'où vient que cette corruption, ouvertement pratiquée avec l'argent venu d'Allemagne, laisse si parfaitement calmes les patriotes du Sénat?

Guillaume II estime qu'il a assez germanisé l'Alsace-Lorraine pour pouvoir l'incorporer à son empire.

Le Syndicat, qui travaille sous ses ordres, essaye à son tour de germaniser la France avant de la lui offrir.

Quel Besson ou quel Ravary, Rochefort essayait-il de mystifier, en représentant l'empereur d'Allemagne comme réclamant « son Dreyfus »? Cruelle énigme!

Etait-il un esprit sérieux, mystifiable par cette histoire abracadabrante autant que contraire à la déclaration, courtoise jusqu'à l'obséquiosité, où Bulow avait tenu à éviter « jusqu'à l'ombre d'une immixtion » dans nos discordes intérieures?

Etait-ce une nouvelle gageure, analogue à la publication des fameuses lettres impériales tirées des fantastiques dossiers « B numéro 1 » et « B numéro 2 »?

Tant est-il que dans l'*Intransigeant* du 1er février, Rochefort osa encore enfourcher ce dada mystificateur:

VISITE IMPÉRIALE

« Berlin 30 janvier. — A midi, hier, l'empereur s'est rendu à l'ambassade de France, où il s'est entretenu assez longuement avec le marquis de Noailles. »

Cette dépêche, que publient les journaux d'hier soir, en dit plus qu'elle n'est longue.

Il est, en effet, assez peu dans les usages qu'un souverain se transporte en personne chez le représentant d'une puissance étrangère.

Guillaume II notamment, qui paraît avoir une si haute idée de la majesté de son trône, ne s'est évidemment

pas rendu sans motif, ouvertement et presque officiellement, auprès de l'ambassadeur d'une république dont
il a semblé jusqu'ici faire si peu de cas.

Cette visite, dans les circonstances actuelles surtout,
revêt donc tous les caractères d'une manifestation.

Nous ignorons quelles paroles ont été échangées entre
le kaiser et M. de Noailles, mais il serait passablement
surprenant qu'il n'y eût pas été question du traître Dreyfus
et de l'agitation créée par ses infects défenseurs, en vue
de la revision de son procès.

Nous savons d'ailleurs que Guillaume, s'il n'a pas dit,
comme l'aliéné Zola : « J'en fais mon affaire », n'en est
pas moins très préoccupé.

On se rappelle le récit de ce personnage qui, en visitant le palais de Potsdam, aperçut sur le bureau même
de l'empereur une feuille parisienne relatant la découverte de la trahison et portant au crayon rouge cette
annotation : *Le capitaine Dreyfus est pris.*

On n'a pas oublié non plus qu'il fut, au procès du
misérable, question d'une lettre qu'il aurait adressée à
l'empereur et dans laquelle il aurait demandé si, au cas
où il quitterait la France, il pouvait espérer être incor-
poré dans l'armée allemande avec le grade qu'il occupait chez nous.

La mention tracée sur le journal français, les récits
relatifs à la correspondance de Dreyfus ont, m'a-t-on
assuré, fini par convaincre le jeune monarque qu'il avait
pu contribuer involontairement à l'arrestation et à la
condamnation du sinistre espion. Cette pensée l'obséde-
rait au point que de la réhabilitation de l'affreux gredin
il ferait presque une question d'amour-propre.

« S'il est vrai, s'est-il dit, que je suis, dans une certaine mesure, cause de son embarquement pour l'île du
Diable, je me dois de l'aider autant que possible à en
revenir. »

Cette inquiétude expliquerait suffisamment les paroles au moins étranges du ministre de Bulow déclarant, sans y être le moins du monde forcé, qu'il n'avait jamais entretenu aucune relation avec le commandant Esterhazy, mais qu'il n'en avait pas entretenu davantage avec le capitaine Dreyfus.

Quand les gredins du Syndicat ont commencé leur monstrueuse campagne de calomnies, de falsifications de pièces et de fausses lettres signées : « Otto », ils étaient donc assurés par avance d'avoir l'empereur d'Allemagne avec eux et contre nous.

Au besoin, ils étaient décidés à le faire avancer pour couvrir leur ligne de retraite.

C'était leur dernière cartouche, et c'est aujourd'hui celle qu'ils braquent sur la France.

Ils ont compté, pour arriver à leurs fins, sur l'incontestable intérêt qu'avait Guillaume II à encourager dans notre pays des divisions dont l'ennemi, c'est-à-dire la Triple-Alliance, ne peut que profiter.

Ce n'est pas sans de sérieuses raisons que Reinach parcourait dernièrement les couloirs de la Chambre en criant à tue-tête : « Ou la revision du procès, ou un chambardement général! »

Le chambardement, ce n'est pas lui qui en eût donné le signal : sa bravoure naturelle ne le poussant guère que vers les portes dérobées, où il s'engouffre afin d'éviter les marques de sympathie que ses auditeurs lui réservent.

Le chambardement, ce sont les baïonnettes allemandes qui devaient l'effectuer, et il espère sans doute que la démarche inattendue de Guillaume II auprès de notre ambassadeur est le prélude du conflit.

L'effronterie des juifs prussiens dont le Syndicat se compose est à peu près sans bornes, je ne fais aucune difficulté de le reconnaître.

Toutefois, si de la visite du jeune empereur à M. de Noailles sortait quelque complication diplomatique, je ne donnerais pas de la peau des syndiqués la somme de cinquante centimes : d'abord, parce qu'elle ne les vaut pas ; en second lieu, parce que le dégoût qui les enveloppe se changerait instantanément en une explosion de fureur dont je renonce à décrire les conséquences probables.

La bande Reinach nous dit :

« Prenez garde à vous ! »

Nous ne saurions trop lui conseiller de prendre garde à elle.

Quel résultat espérait Rochefort de ce formidable puff?

Encore une fois, c'est une énigme indéchiffrable.

Notons-y cependant le trait sur « les paroles au moins étranges du ministre de Bulow déclarant, sans y être forcé le moins du monde, qu'il n'avait jamais entretenu aucune relation avec le commandant Esterhazy, mais qu'il n'en avait pas entretenu davantage avec le capitaine Dreyfus. »

Ce trait contenait une once de vérité : savoir que Bulow avait fait son « étrange » déclaration, « sans y être forcé le moins du monde ».

Il contenait, non loin de là, plusieurs onces d'erreur.

Etait-ce, sans le faire exprès, que Rochefort altérait gravement les propos tenus par le ministre allemand?

C'est un point entre lui et sa conscience.

Il faut pourtant convenir qu'avec des tolérances de ce genre, Rochefort pouvait aisément justifier toutes ses imaginations, jusqu'aux plus osées.

CHAPITRE CINQUIÈME

Rochefort dit leur fait aux Norvégiens comme Drumont aux Belges. De quoi se mêlent ces manants ? — Prétendent-ils nous apprendre à lire ? — Article de Drumont. — La pendaison de Zola et de ses approbateurs. — Cela simplifierait la discussion. — Variante de l'article de Delahaye du 9 décembre. — Le lynchage des Juifs.

Mais à quoi bon s'évertuer à propos d'exactitude, quand il s'agit du mystificateur impénitent, qui a remplacé l'exactitude par l'esprit ?

Ce serait la fin du monde, tout au moins de celui dont la rotation a pour ligne des pôles la fantaisie quotidienne du roi de la presse parisienne.

Dans l'*Intransigeant* du 2 février, la verve outrancière du polémiste se donnait encore libre carrière.

IDIOTS ET COQUINS

La situation commence à devenir excessivement difficile pour les propagandistes de la réhabilitation du traître.

Ils se sont, en effet, placés dans cette fâcheuse alternative : ou de passer pour des misérables en continuant, malgré les aveux du condamné, à se porter garants de son innocence, à laquelle ils ne croient pas ; ou, s'ils y croient, de se faire regarder partout comme les derniers des imbéciles.

Il ne leur reste maintenant que le choix.

Les sales coquins que l'argent a fait parler comme il les aurait fait taire ont encore la ressource, devant l'inanité des preuves convaincantes qu'ils avaient promises, de répéter tous les soirs :

« C'est vrai, nous n'avons encore rien produit ; mais vous verrez demain ou après-demain, ou au plus tard la semaine prochaine. »

Les semaines passent et le fameux « fait nouveau », avec lequel on nous berce et on nous berne depuis tantôt trois mois, devient de plus en plus problématique.

Alors les purotins du Syndicat annoncent qu'ils réservent leurs révélations pour le grand jour du procès Zola.

D'autant que, s'il le perd, c'en sera encore un autre à réviser.

Mais les idiots, les ahuris, les poseurs qui, pour se donner des airs perspicaces, affirment la non-culpabilité d'un condamné dont ils ne peuvent discuter le dossier, puisqu'ils se plaignent qu'on ait refusé de le leur montrer ; les dreyfusards amateurs, comment vont-ils accepter le ridicule qui ne les a pas complètement sauvés de l'odieux ?

Car ces pauvres diables ne cherchent même pas à opposer un argument quelconque aux raisonnements que vous leur tenez.

Ils proclament Dreyfus innocent.

Vous leur objectez qu'il ne peut pas l'être, puisqu'il s'est avoué coupable. Et ils vous répondent avec ce calme spécial aux goitreux :

« Il a peut-être avoué, mais ça ne fait rien. »

Ce qui, dans la pensée de ces déliquescents, signifie qu'il a menti à la justice et à ses camarades du conseil de guerre pour le plaisir d'aller finir ses jours à l'île du Diable, sur les rives de laquelle il fait l'ours depuis trois ans.

Il avait un goût prononcé pour les voyages et il s'est dit qu'en déclarant avoir transmis nos plans de défense à l'Allemagne, le gouvernement français lui faciliterait les moyens de visiter la Guyane.

Pour lesdits goitreux, Dreyfus n'est pas un traître : c'est un touriste.

Nous avons encore les dames du monde qui n'osent rien affirmer, mais que leurs « pressentiments n'ont jamais trompées », et qui ont celui de l'innocence du frère à Mathieu.

J'ai entamé, à ce sujet, un bout de conversation avec une jeune femme, qui m'a répété d'une voix ferme :

« Je mettrais ma main au feu qu'il n'est pas coupable. »

Je lui ai demandé sur quels éléments de conviction elle se risquerait ainsi à imiter Mucius Scævola, et elle me cloua au mur par ces mots d'une grande profondeur :

« Je ne sais rien de précis, mais c'est instinctif chez moi. »

Je me suis alors borné à lui poser cette question :

« Est-ce que depuis votre mariage vous n'avez pas constamment trompé votre mari ?

— Qui vous fait supposer une chose pareille ? » s'est-elle écriée toute tremblante.

— Rien, ai-je répliqué. C'est simplement chez moi une conviction instinctive. »

Cette façon de juger avec son instinct un accusé de haute trahison est une de ces innovations judiciaires dont le Syndicat nous réservait la surprise.

Il est cependant probable que nous attendrons quelque temps encore avant que les arrêts rendus « instinctivement » soient admis par la jurisprudence.

Toutefois ces défenseurs de Dreyfus sont tellement

embourbés dans leur manque de logique que tous les systèmes qu'ils adoptent se tournent contre eux.

Puisque les aveux du traître au capitaine Lebrun-Renaud n'ont à leurs yeux aucune valeur, pourquoi les cent cinquante témoignages réclamés par Zola pour le jour de son procès en auraient-ils davantage ?

Si la parole de Dreyfus se reconnaissant l'auteur du crime qu'il expie en ce moment ne mérite pas d'être prise en considération, comment celle d'un simple témoin, fût-ce l'ambassadeur d'Allemagne lui-même, aurait-elle plus de poids auprès des syndiqués que n'en ont eu les aveux du criminel ?

Quand la foule des comparants, dont les onze douzièmes, ne sachant même pas pourquoi ils ont été cités, refuseront de déposer, auraient tous donné leur parole d'honneur que Dreyfus n'a livré aucun document, le ministère public n'aurait pour toute réfutation qu'à leur opposer ces trois mots :

« Il a avoué. »

Cette chronique contenait une ligne prophétique, celle de la revision du procès Zola ; mais c'était à la façon des oracles de la sibylle, noyée au milieu d'un fouillis de non-sens.

Dans l'*Intransigeant* du 3 février, nouvelles fusées, où le pamphlétaire dit leur fait au Danemark et à la Norwège, comme Drumont l'avait fait naguère à la Belgique ; sans oublier les gouvernements prussien et italien, coupables d'avoir mis les pieds dans le plat de M. Rochefort.

COMPLOT INTERNATIONAL

Ce n'est pas seulement contre la sûreté de l'Etat, c'est contre la sécurité de nos frontières que conspirent les félons amis et défenseurs du traître.

Après avoir inondé de leurs ineptes brochures Paris et la province, les conjurés se répandent maintenant à l'étranger

Zola et ses Reinach, écrasés en France sous le dégoût public, en sont réduits à se faire délivrer par nos pires ennemis des certificats de civisme.

Le premier conseil de guerre, composé d'officiers ayant tout intérêt à proclamer un de leurs camarades innocent du crime de haute trahison, l'a déclaré coupable.

Mais le ministre allemand Bulow et le sous-secrétaire d'Etat italien Bonin se portent presque garants de son patriotisme.

Ah ! j'oubliais : il y a aussi l'écrivain norvégien Bjœrnson, qui n'a pu se retenir de féliciter Zola de son courage.

Aussi l'auteur de l'*Assommoir*, dans sa réponse, le qualifie-t-il de « grand génie ». Si le Norvégien lui avait fait honte de sa conduite antifrançaise, Zola l'aurait appelé : « Imbécile! »

Mais, devant l'agitation de nos voisins à propos d'une affaire exclusivement intérieure et qui ne regarde que nous, on se demande d'où vient ce mot d'ordre international.

Quand les Français eux-mêmes n'ont jamais eu sous les yeux le dossier du condamné, lequel, comme dans tous les procès d'espionnage, a été jugé à huis clos, comment les Allemands, les Italiens, les Norvégiens et les Belges sont-ils ainsi fixés sur la culpabilité ou l'innocence du solitaire de l'île du Diable ?

Est-ce que si nous apprenions qu'à Christiania ou à Copenhague un officier a été poursuivi et puni comme convaincu d'avoir livré des pièces militaires à la Prusse, aucun de nous aurait l'idée de fonder des journaux tout exprès pour affirmer que ce natif de Norvège ou de

Danemark n'a jamais commis le méfait pour lequel il a
été traduit devant la justice de son pays ?

Tous les Danois et les Norvégiens se lèveraient comme
un seul homme pour nous crier :

« De quoi diable vous mêlez-vous ? Et en quoi ce qui
se passe chez nous vous autorise-t-il à fourrer le nez
dans nos affaires ? »

Aussi est-il évident que ce remue-ménage hétéroclite
a été provoqué par le Syndicat lui-même et que le
foyer du mouvement cosmopolite est à Paris, là où se
sont réunis les conspirateurs à la suite de nos révélations sur la fausse pièce signée « Otto ».

L'inondation de papiers innomables autant qu'illi-
sibles a gagné jusqu'au delà du Rhin.

L'appel à nos compatriotes ayant échoué devant l'indignation générale, c'est à l'étranger qu'on s'adresse.

Les juifs syndiqués l'invitent, avec toutes sortes de
politesses et d'avances, à intervenir dans la discussion,
avec l'espoir qu'il transformera en conflit extérieur la
lutte intérieure engagée depuis trois mois.

Et l'inconscient Zola, à la comparution duquel les
médecins aliénistes devraient formellement s'opposer,
ne comprend même pas tout ce que ses échanges de
gracieusetés avec ceux qui ne rêvent que notre abaisse-
ment offrent de révoltant et de scandaleux.

Il en est, au contraire, on ne peut plus flatté, et dans
sa réponse à Bjœrnson il fait allusion aux « sentiments
qui ont fait battre son cœur » à la réception de la lettre
de cet homme du Nord.

Le seul exotique qui ait touché juste, dans cette question qu'on voudrait bien faire européenne, et donné une
leçon de dignité et de tenue aux Reinach et aux Zola,
c'est ce professeur teuton qui écrivait récemment à un
journal bruxellois :

« Je ne vous fais pas connaître mon opinion ; car si

elle était favorable à Dreyfus, il me semble que, venant d'un Allemand, elle lui serait plutôt nuisible. »

Mais ces considérations ne paraissent toucher en quoi que ce soit les agités changés subitement en agitateurs.

C'est tout au plus s'ils ne réquisitionnent pas les baïonnettes étrangères, afin de mettre à la raison les Français récalcitrants qui s'obstinent à croire que si Dreyfus était innocent, il se serait pas reconnu coupable.

Cette distribution à jet continu d'opuscules répugnants, qu'on jette de l'autre côté de la frontière, n'a et ne peut avoir d'autre but que d'ameuter contre nous les puissances déjà si disposées à mobiliser leurs forces, en attendant l'occasion de s'en servir.

Si encore les abominables entrepreneurs de la réhabilitation du traître avaient la moindre chance de réussir!

Mais ce tohu-bohu qu'ils ont organisé, ils savent, à n'en pas douter, qu'il arrivera seulement à rendre leur Dreyfus plus odieux, et eux plus méprisables.

N'importe! si peu de mal qu'ils parviennent ainsi à faire à la France, ils se disent que ce sera toujours ça.

Le lecteur flottait à la dérive entre les farces délirantes de Rochefort et le délire sociologique de Drumont.

Voici ce que ce dernier publiait dans la *Libre Parole* du 1er février :

L'information du *Gaulois* annonçant que Billot exige que les officiers atteints par la grotesque citation de Zola comparaissent devant la Cour d'assises, sauf à déclarer qu'ils n'ont pas le droit de parler, confirme ce que nous avons dit du double jeu que joue le ministre de la guerre.

Pour comprendre ce que cette attitude aura de lamentable pour nos officiers, il suffit de transposer la situation et de se figurer ce qui se passerait en Allemagne si un passionné d'immondices et un spécialiste d'œuvres lubriques s'avisait de se payer la tête du général Waldersée et de ses camarades, en les obligeant à se présenter devant un tribunal pour y fournir des explications sur le fonctionnement du grand Etat-Major.

La Mouquette n'a montré aux officiers et aux soldats qu'un visage qui n'en est pas un.

Zola veut à toute force que nos généraux viennent lui montrer leur vrai visage.

Devant chacun de ceux qui répondront : « L'intérêt de la défense m'interdit de révéler le nom des agents qui nous ont renseignés sur la trahison de Dreyfus », le scatologique personnage s'écriera triomphalement : « Vous voyez bien que j'ai raison de dire que ces hommes sont des faussaires et des traîtres, puisqu'on refuse d'ouvrir tout grands devant moi tous les dossiers du ministère de la guerre. »

On ne peut imaginer un exemple de démence imbécile comparable à celui de ce Gouvernement.

Voilà une nation qui, depuis 1871, a dépensé vingt et un milliards pour l'armée, qui a accepté le service obligatoire pour tous et qui, sous les risées de l'Europe, organise une représentation dégradante où nos chefs militaires doivent servir de plastron à une espèce de Pourceaugnac que l'amour de la réclame a conduit au dernier degré de l'infamie.

Girardin, qu'on railla cette fois encore, avait raison à sa manière lorsqu'il proposait sérieusement, vers 1880, de licencier notre armée et de n'avoir plus qu'un corps de gendarmerie.

« Vous avez eu plus de gloire guerrière avec Napoléon, disait-il, que vous n'en aurez jamais. A quoi vous sert-il de faire des dépenses énormes et d'enlever tant de

forces vives au pays pour tenir sous les armes des centaines de milliers d'hommes avec lesquels vous ne savez
même pas vous faire respecter en Europe ? Devenez une
grande Suisse, mais une Suisse pleine de lupanars, de
lieux de plaisirs, de cafés-concerts et de casinos, et
placez votre neutralité joyeuse sous le protectorat de
l'Europe. »

L'idée parut paradoxale ; elle était juste par certains
points.

Si nous n'avons pas le droit de condamner un sale
Youddi qui vend les secrets de la Défense nationale sans
que les coreligionnaires de ce scélérat mettent la France
sens dessus dessous et nous menacent d'une intervention
de l'Allemagne, il vaudrait certainement mieux louer le
ministère de la guerre à une société financière où les
Juifs exploiteraient les gogos que n'a pas découragés le
Panama.

A mesure que l'affaire Dreyfus se développe, l'alliance
intime et étroite des Juifs et de l'Allemagne s'accuse
avec un relief plus saisissant.

L'Allemagne, d'ailleurs, a admirablement choisi le
terrain de cette campagne.

Elle poursuit un double objectif :

Ridiculiser nos généraux et leur enlever ainsi toute
autorité sur les soldats s'ils se laissent traîner dans la
boue sans parler, ou bien nous forcer à révéler tous les
détails de notre service d'informations au cas où quelques officiers se décideraient enfin à parler pour ne pas
rester sous le coup des outrages et des mensonges du
Syndicat.

Le plan était bien combiné, mais, pour le déjouer, il
aurait suffi que le Gouvernement eût un peu d'honnêteté
et d'énergie.

Ceci, nous l'avons dit dès le premier jour, et nous le
répéterons jusqu'à la fin.

Si on avait fait arrêter immédiatement Mathieu Dreyfus et tous les meneurs du Syndicat qui conspiraient ouvertement contre la sûreté de l'Etat, on aurait coupé à sa racine vénéneuse l'effroyable scandale qui déshonore notre pays.

N'est-ce point un spectacle véritablement inouï que de penser que ce Mathieu, qui est sous le coup d'un procès en corruption, a été laissé en liberté et viendra tranquillement, le 7 février prochain, se poser en accusateur et en insulteur de nos officiers?

Pourquoi le Gouvernement n'a-t-il pas pris cette mesure?

C'est parce que, lui aussi, il joue un double jeu comme Foulon qui, au mois de juillet 1789, faisait de fallacieuses promesses au peuple et envoyait en même temps des messages à l'Hôtel de Ville pour raconter qu'il se moquait de la naïveté de ceux qui l'écoutaient.

Foulon fut pendu à un réverbère et c'est le sort peut-être qui attend dans l'avenir ceux qui, à force de canaillerie, de fourberie et de trahison, semblent prendre à tâche d'exaspérer ces Français qui sont trop confiants et trop bons.

Il se passe pour l'affaire Dreyfus ce qui s'est passé pour le Boulangisme, où les Juifs avaient trouvé moyen d'être les maîtres dans tous les camps et de faire ainsi avorter un mouvement qui était avant tout un mouvement national.

Reinach conduisait Quesnay de Beaurepaire et la Haute Cour. Naquet, vice-président du Comité national, trahissait le général qu'il faisait semblant de servir, et Arthur Meyer représentait l'élément conservateur.

Le Gouvernement, qui veut l'argent des Juifs pour ses élections, favorise le Syndicat en ayant l'air de le combattre, et il trahit l'armée en feignant de la défendre.

Ces opérations ténébreuses pouvaient réussir autrefois ; elles sont plus difficiles aujourd'hui.

Quand le Peuple est réveillé, il voit très clair et il aperçoit maintenant très nettement le machinateur de toutes ces scélératesses, l'ourdisseur de toutes ces trames, le remueur de toutes ces fanges : le Juif.

Il aperçoit l'être néfaste tel qu'il est, tendant une main à l'Allemagne en lui disant : « Menace ! » offrant l'autre main à l'écrivain immonde en lui disant : « Salis ! »

Il aperçoit le Juif tel qu'il a toujours été : antisocial par essence, destructeur par fatalité, semeur de calomnies, artisan de ruses et de mensonges, et faiseur de ruines.

Organisateur de paniques, de krachs et de complots, il cherche à détruire la Patrie des autres après avoir mis le feu à la sienne.

C'est toujours l'Ahasvérus auquel il a été dit : « Toute ville dans laquelle tu auras dormi la veille sera détruite le lendemain. »

L'allusion au réverbère de Foulon était le principal argument de ce nouvel article, assez maigre d'ailleurs au point de vue de l'illumination de la question précise : l'innocence de Dreyfus :

Une fois pendus Mathieu Dreyfus, Scheurer-Kestner, Zola, Duclaud, Monod, y verrait-on beaucoup plus clair ?

CHAPITRE SIXIÈME

Seconde audience du procès intenté par Reinach à Rochefort. — Le merle blanc de la presse anglaise. — Comment on écrit l'histoire à la *Libre Parole*. — L'histoire à la façon de Van Cassel.

Le 2 février, avait eu lieu la seconde audience du procès Reinach-Rochefort. En voici la physionomie, d'après la *Libre Parole* :

L'affaire Rochefort-Reinach revenait hier devant la neuvième chambre. Comme le jour de la première audience, grilles fermées, sergots à profusion, gardes partout.

Cependant, dès midi, dans le vestibule qui précède la neuvième chambre, on s'entasse. Reinach, qui est arrivé par un escalier dérobé, en voyant tout ce monde, se sauve. Il pénètre dans la salle par la porte des détenus.

A midi et demi seulement, on laisse entrer le public. En un clin d'œil, la salle est archi-comble. Reinach, verdâtre, affecte de causer gaîment avec son défenseur, Mᵉ Barboux. Il promène sur l'assistance ses yeux ronds.

Mais soudain, comme d'un mouvement instinctif, il s'accoude sur le dossier de son banc, et cache sa tête dans ses mains. Il vient d'entendre les cris qu'on pousse au dehors : « Vive Rochefort ! »

De fait, Rochefort, accompagné de M° Desplas, ne tarde pas à apparaître, souriant.

Reinach, comme s'il avait peur d'être reconnu, malgré le rempart de ses deux mains, se blottit, se recroqueville, derrière le dos de l'huissier audiencier.

Rochefort passé, il se redresse.

Sur ces entrefaites, le tribunal fait son entrée. On expédie une affaire de flagrant délit. Et la parole est donnée à M° Desplas.

La loi interdit le compte rendu des débats. Je ne puis donner qu'une impression sur la remarquable plaidoirie de l'avocat du directeur de l'*Intransigeant*. D'une forme très littéraire, d'une argumentation très serrée, elle avait à la fois le charme qui séduit et la force qui convainc. M° Desplas a littéralement, avec le scalpel d'or de son ironie, déchiqueté Yousouf. Il a eu surtout des mots heureux lorsqu'il a étalé au grand jour le cosmopolitisme de cette famille extraordinaire, dont chaque membre a une nationalité et une religion différentes de celles des autres.

Aussi bien, M° Desplas n'a fait qu'esquisser la généalogie des Reinach, et puisque l'occasion s'en présente, qu'on me permette, en passant, d'établir leur lignée complète.

Je pars de Joseph-Isaac Reinach qui, en 1810, vint, de Mayence, sa ville natale, s'établir à Francfort. Il épousa une demoiselle May. Et de cette union naquirent quatre enfants :

1° Adolphe, mort en 1879. Il était banquier à Francfort et fut créé baron par un décret italien du 29 avril 1866, confirmé par un décret prussien du 12 août 1867. Il était marié à une Oppenheim.

2° Hermann. Celui-là vint à Paris. Il obtint sa naturalisation le 26 juin 1871. Il avait alors cinquante-sept ans (Bulletin des lois, 2° semestre 1871).

3° Arnold. Cet Arnold vécut à Francfort. Il est mort.

4° Thérèse. Thérèse épousa le docteur Schwartschold. Elle est veuve.

De ces quatre enfants, deux seulement ont fait souche.

1° Adolphe eut trois fils : Jacques, Albert et Oscar.

Jacques, né à Francfort le 17 avril 1840, fut naturalisé Français en 1871. C'est le célèbre panamiste. Il a eu deux enfants : l'un, Lucien, qui est officier ; l'autre, Juliette, qui a épousé Boule de Juif.

Albert a succédé à son père comme banquier à Francfort. Il s'est fait protestant.

Oscar a épousé mademoiselle de Cessac.

2° Hermann n'a eu qu'un fils, et ce fils, c'est Joseph.

Vous voyez, d'après ce rapide exposé, jusqu'à quel point l'adversaire de Rochefort est autorisé à parler au nom de la patrie française !

Mais revenons à la plaidoirie de M⁰ Desplas. Fréquemment soulignée de discrètes marques d'approbation, elle a soulevé, par sa péroraison, de frénétiques applaudissements. Le président a dû suspendre l'audience. On criait : « A bas les Juifs ! A bas Reinach ! Vive Rochefort ! »

A la reprise, M⁰ Barboux a répliqué. Il a refait sa plaidoirie de l'autre jour. A un certain moment, comme il attribuait à Rochefort une violente haine contre Reinach :

— Je n'ai pas la moindre haine contre M. Reinach, interrompit le directeur de l'*Intransigeant;* j'ai tout au plus un certain dédain.

Et cela était dit d'un tel accent que, de nouveau, les applaudissements éclatèrent.

— Faites sortir les perturbateurs, s'écria le président.

Mais les gardes républicains, qui savent ce que parler veut dire, se contentent de sourire dans leurs moustaches.

Cependant M⁰ Barboux, sur l'interruption de Rochefort, est resté coi. On peut croire son discours achevé. Notre ami Menard se présente alors à la barre pour demander à quelle date viendra le procès que nous intente le Juif Monteux et qui était inscrit au rôle de l'audience.

« A huitaine, » déclare le président.

Puisqu'il répond, le président croit donc, lui aussi, que la plaidoirie de M⁰ Barboux est achevée. L'incident soulève un fou rire.

M⁰ Barboux reprend enfin avec aigreur le fil de son discours. On n'écoute plus.

Après M⁰ Barboux, Rochefort prend la parole. Chaque mot qu'il prononce est comme un jet de lumière éclairant une à une toutes les ténébreuses et malpropres intrigues de Reinach. Reinach, comme un hibou qu'aveugle le plein jour, ne sait où se fourrer.

Quelques mots très vibrants de M⁰ Desplas, et l'audience est levée ; le jugement est remis à mercredi. Une formidable acclamation éclate dès que le tribunal a disparu. Les chapeaux, les cannes s'agitent. Rochefort sort entre deux haies épaisses de curieux. La foule le suit jusque dans la rue. Dès qu'il apparaît sur le boulevard, les acclamations retentissent de plus belle. On crie : « A bas les traîtres ! A bas les Juifs ! »

Pendant ce temps, Joseph Reinach, comme à l'issue de la première audience, descend les escaliers en colimaçon, réservés d'ordinaire aux malfaiteurs, et s'enfuit du Palais — par les égouts.

La *Libre Parole* du 4 février contenait, sous le titre « Les Anglais et l'affaire Dreyfus », un article dont voici la substance :

Chaque jour, depuis des mois, nous avons dévoilé, l'une après l'autre, les intrigues ourdies par le Syndicat de Trahison pour intéresser à la cause de Dreyfus tous

9.

ceux, Français et étrangers, qu'ils supposaient susceptibles de s'y rallier.

Il a paru naturel à tous qu'ils aient recruté surtout des
adhérents nombreux et enthousiastes chez nos deux
grandes ennemies héréditaires : l'Angleterre et l'Allemagne.

J'ai dit le zèle significatif des correspondants des journaux anglais à servir d'intermédiaires et de truchements
à M. Zola, à provoquer au delà de la Manche un mouvement plus ou moins factice de sympathie envers cet
homme que les nationalistes de tout pays ne peuvent
que mépriser.

Pour corroborer et compléter les renseignements déjà
donnés, je crois intéressant de mettre sous les yeux de
nos lecteurs le jugement porté par un publiciste anglais,
M. Robert Sherard, collaborateur d'une des plus importantes revues britanniques, *The Saturday Review*, sur
l'attitude de ses confrères et compatriotes dans l'affaire
Dreyfus :

Où les correspondants (des journaux anglais) commencèrent
à pécher sérieusement, écrit M. Sherard, ce fut le dernier jour
de l'année 1897, lorsque le rapport du commandant Ravary,
déchargeant le commandant Esterhazy, fut remis au général
Saussier. Ce jour-là, à sept heures du soir, Mᵉ Tézenas, conseil
d'Esterhazy, était à même d'informer quiconque aurait pris
soin de le lui demander que le rapport était entre les mains du
gouverneur de Paris et qu'il concluait au non-lieu en faveur
d'Esterhazy.

Je me trouvais — à l'heure mentionnée plus haut — lorsque
cette nouvelle fut téléphonée du domicile privé de Mᵉ Tézenas
au bureau du correspondant d'un journal américain, et un
journaliste français qui s'y trouvait en même temps que moi
communiqua l'information au *Courrier du Soir*. A neuf heures,
le *Courrier du Soir* la publiait.

*Or, c'est en vain que l'on chercherait trace, dans les journaux
de Londres du 1ᵉʳ janvier, de la nouvelle de ce non-lieu qui cons-*

tituait pour l'officier si cruellement outragé un commencement de réhabilitation.

Des actes de partialité analogues sont à signaler depuis dans la correspondance parisienne de la plupart des journaux de Londres. Je ne m'étonne plus qu'aucun journal anglais n'ait publié, même en résumé, les témoignages brillants qui se rapportent au caractère personnel et aux services, comme officier d'Esterhazy, témoignages qui furent lus publiquement au conseil de guerre.

Le correspondant du *Saturday Review* résume en quelques lignes les états de service du commandant Esterhazy ; puis il ajoute :

Quel est le lecteur anglais qui sait qu'après le prononcé du verdict, le général de Luxer et les six autres officiers ne voulurent pas quitter la salle du conseil sans serrer la main de l'homme qu'ils venaient de juger ?

Cette partialité des correspondants anglais qui va jusqu'à les décider, eux si friands d'informations à outrance, à négliger d'envoyer à leurs journaux des nouvelles sensationnelles, a paru étrange au rédacteur de la *Saturday Review*, qui la juge avec sévérité.

Ne paraîtra-t-elle pas significative à tout lecteur français doué de quelque bon sens et de quelque bonne foi ?

M. Robert Shérard ne ressemble pas, heureusement, à ses compatriotes.

Après avoir dit avec une très noble indépendance ce qu'il pense de leur attitude, il s'exprime avec tout autant de libre franchise sur l'impression que lui a faite Zola.

Citons encore cette impression d'un écrivain étranger, qui n'est nullement un ennemi de l'auteur des Rougon-Macquart, mais qui n'a rien non plus de commun avec les lèche-bottes littéraires que l'espoir d'un peu de réclame pousse à envoyer leurs félicitations à l'entrepreneur de réhabilitations juives :

Dans toute cette triste affaire, il n'y a rien de plus profondément lamentable que la conduite d'Émile Zola. Elle a rempli

ses amis de consternation ; elle n'a su plaire qu'aux ennemis
de la France. Sa conviction est sincère et, sous ce rapport, sa
conduite mérite d'être admirée. Mais il a commis un crime
que tout Français considère comme inexpiable.

Je me rappelle ce que l'on disait de lui à Paris, alors qu'il
avait seulement écrit le premier des deux articles sur l'affaire
Dreyfus qui parurent dans le *Figaro*. Je sais ce qu'on dit de lui
maintenant. *Ses amis en sont réduits à plaider l'excuse de la
folie momentanée.*

Quant à moi, j'attribue son imprudence à une irritation intérieure dont l'intensité n'a fait que grandir en secret depuis la
publication de son premier article sur l'affaire Dreyfus — qui
était une apologie de Scheurer-Kestner. Depuis lors, pas un
jour ne s'est écoulé sans que Zola ne se soit vu injurié ou
ridiculisé presque au-delà des limites de l'endurance humaine.

Dans les premiers jours de décembre, il était dans un état
de forte exaspération. « Il est furieux contre tout le monde »,
me rapporta un de ses amis, qui avait dîné avec l'écrivain, la
veille de ma visite. Aux obsèques de Daudet, Zola fut publiquement insulté. Rochefort le couvre de ridicule, Drumont ne le
lâche pas d'un jour.

Je vis Zola chez lui à diverses reprises, en décembre dernier,
et je dégageai de ses propos l'assurance absolue où il était que
le verdict du conseil de guerre dans l'affaire Esterhazy serait
l'entière justification de son attitude. Puis vint le procès, le
piteux bafouillage de Scheurer-Kestner et toute la campagne
contre le commandant. La suite s'explique d'elle-même, si l'on
se souvient de ce que fut la situation de Zola en France.

A l'heure actuelle, Zola se voit seul. Pas un journal français
ne le soutient, à l'exception de deux ou trois feuilles dont le
Syndicat Dreyfus a fait les fonds. Quant à la masse du public
français, elle condamne universellement l'attitude de Zola, et
cette opinion est celle même de ceux qui protestent contre le
huis-clos. Il est absolument faux que, sur ce point, la France
soit séparée en deux camps, comme il est absolument faux
qu'une quantité appréciable de la population française croie
à l'innocence de Dreyfus.

Lorsque je vins à Paris, en novembre, faire enquête sur l'affaire Dreyfus, je fus surpris de trouver cette unanimité d'opinion. En dehors d'Émile Zola et de Scheurer-Kestner, je ne trouvai de partisan de Dreyfus que ceux qui avaient intérêt à l'être.

L'article de la *Libre Parole* se terminait par la remarque suivante :

« Je ne vois, en vérité, pas un trait à ajouter à ce tableau, si exact et si complet, qui montre que s'il y a dans tous les pays des écrivains toujours prêts à des complaisances suspectes, il en est d'autres aussi qui savent garder leur indépendance et leur loyauté. »

Ce merle blanc des journalistes était-il bien avisé, quand il faisait allusion au silence de la presse anglaise sur la poignée de main du général de Luxer au commandant Esterhazy ?

La *Libre Parole,* elle-même, était-elle inspirée par Minerve quand elle se solidarisait avec ce merle blanc, au point de vue de la sûreté de son ramage ?

Le fait est qu'au cours du procès Zola, la poignée de main du général de Luxer à Esterhazy fut démentie formellement par le général.

Non seulement elle fut démentie, mais elle fut signalée comme une odieuse calomnie, imaginée par les tenants de l'innocence de Dreyfus. C'est l'avocat général Van Cassel qui prit la responsabilité du démenti de la poignée de main, devenue à ses yeux un moyen de discréditer le général de Luxer, employé par les bandits qui persécutaient l'armée française de leurs calomnies.

Les avocats généraux ont rarement le goût de l'histoire; aussi est-il douteux que l'avocat général Van Cassel jette un coup d'œil sur ce livre.

Cependant, si cela lui arrivait, ferait-il loyalement

de convenir qu'avant de composer un réquisitoire, il est sage de se reporter aux sources, de la même façon que procèdent les historiens.

Ces derniers sont fort embarrassés, quand ils se trouvent en présence des propos de Scherard et de ceux de Van Cassel.

Comment, en effet, qualifier les uns et les autres? L'historien y perd non seulement son latin, mais jusqu'à la notion du blanc et du noir.

CHAPITRE SEPTIÈME

Drumont fait encore une fois la leçon à l'Europe.— Epître aux Scandinaves et autres barbares. — Déchéance morale d'un roi de la pensée.

C'est au milieu de ces polémiques contradictoires qu'approchait l'ouverture du procès Zola.

Dans la *Libre Parole* du 5 février, Drumont publiait l'article suivant :

Cette affaire Dreyfus semble être comme une répétition de l'Exposition universelle.

On y entend parler toutes les langues comme dans l'ancienne rue des Nations.

On voit passer dans cette kermesse juive toutes sortes d'exotiques portant des noms à coucher à la porte et qui viennent, sans qu'on puisse deviner pourquoi, apporter un avis qu'on ne leur demande pas sur une question qui ne les regarde aucunement.

Bulow a commencé et Bonin continue.

Bulow, en affirmant qu'il n'a jamais connu Dreyfus, a le même accent de sincérité que Guillaume Ier donnant sa parole d'honneur, à la veille de Sadowa, qu'il n'avait pas de traité avec l'Italie.

Qui ne croirait sur son simple témoignage le représentant d'un pays où Bismarck se vantait gaîment, il y a quelques mois à peine, d'avoir falsifié la dépêche d'Ems ?

Quant à Bonin, il nous pardonnera facilement, j'imagine, d'être convaincu qu'une parole de vérité ne sortira jamais de la patrie de Machiavel.

Les autres suivent, baragouinant en des idiomes variés des protestations à propos de faits dont, je le répète, ils n'ont pas la plus élémentaire notion.

Ils sont entraînés eux-mêmes par le délire d'Israël qui, semblable à la mère de l'Écriture, ne veut pas être consolé de la perte du meilleur de ses fils.

Ils voient un mur, Zola à côté qui éveille en eux des instincts latrinesques ; on leur dit : « Mettez-vous là ! c'est l'endroit. »

Et ils protestent *coram populo*, avec une indécence dont ils ne paraissent pas avoir l'idée. Ils croient peut-être que cela se fait comme cela en France.

En attendant les palmes académiques de Rambaud, tout homme qui proteste reçoit l'épithète *chover*, l'épithète d'honneur.

Il est immédiatement sacré penseur, phare de la civilisation, flambeau de l'humanité, et il est vraiment extraordinaire qu'avec tant de flambeaux l'humanité soit plongée dans d'aussi épaisses ténèbres.

De tous ces grands hommes, je ne connais guère que Mæterlinck, dont j'ai cherché le nom dans Vapereau sans l'y trouver, ce qui ne prouve pas d'ailleurs que Vapereau soit toujours complet.

Je me souviens d'avoir lu de lui dans une revue une espèce de drame qui m'avait laissé l'impression d'une horreur assez puissante dans du brouillard et de la nuit.

Cela rappelait un peu Macbeth et le manoir d'Inverness où Macbeth assassina Duncan, et se passait dans un sombre château du Hainaut.

On commettait là des crimes, et le vieux prince, à moitié hébété, demandant, entre deux scènes de meurtre : « Est-ce qu'il y aura de la salade ce soir à dîner? Surtout qu'on n'oublie pas la salade ! »

Je ne dirai pas que ce drame fut d'une aussi marmoréenne beauté que les œuvres immortelles où le clair génie de l'Hellade a personnifié, en quelques figures émouvantes ou tragiques, les grands sentiments ou douleurs de la race humaine.

Pour que le souvenir de cette lecture me soit resté, il fallait cependant que de l'ensemble se dégageât une certaine sensation, une vibration émotive plus ou moins profonde.

Quant à Bjœrnon, j'en ignore à peu près complètement.

Je crois qu'il a aussi des imaginations macabres, comme tous les gens de ces pays, du reste.

Ils ne boivent pas de vin, et l'eau-de-vie de grain leur procure des rêves d'alcooliques qu'ils s'empressent de raconter à nos *snobs* qui tombent frappés d'admiration.

Ce qui m'échappe totalement, c'est l'opération qui a pu se faire dans ces cerveaux pour décider des hommes qui ne connaissent pas le premier mot de notre organisation militaire à venir donner des leçons à notre État-Major.

Le plus mauvais tour qu'on pût jouer à ces enfants du septentrion, qui réclament toujours la lumière, serait de les prendre au mot et de mettre entre leurs mains le frein hydraulique, les états de mobilisation et même le détonateur de Bourges.

Ils n'y comprendraient absolument rien : il est vrai qu'ils auraient la ressource de passer leurs documents aux Prussiens qui ne demandent qu'à farfouiller dans nos secrets.

Quoi qu'il en soit, c'est véritablement un phénomène très curieux que cette sorte de levée en masse de tous les inconnus ou les demi-connus de la littérature européenne, de tous les rastaquouères de l'encrier, de tous les Delobelle et de tous les d'Argenton des capitales, de toute la bohème et de toute l'interlopie de l'univers.

C'est le monde de Babel se retrouvant autour de Judas.

English spoken... Man spricht deutsch... Si parla italiano... Notez, cependant, que vous n'entendez pas, dans cette foire de toutes les infamies cosmopolite, le *Si habla espanol.*

Parmi tous les goujats internationaux que la Juiverie a embauchés sous la bannière de la Trahison, l'Espagne est restée à l'écart, gardant la belle fierté castillane, fidèle au vieil honneur des ancêtres, méprisant la félonie comme autrefois, respectueuse d'elle-même et des autres.

C'est bien toujours la terre où un gentilhomme, sollicité par Charles-Quint de recevoir le connétable de Bourbon, répondit :

« Je vous obéirai, Sire, car je suis un sujet dévoué, mais je vous préviens que le jour même où le traître aura quitté ma demeure, j'y mettrai le feu de mes propres mains, car jamais un Espagnol n'habitera dans le logis d'un traître ».

Les Allemands, les Italiens, les Scandinaves, et beaucoup trop de Belges, je le dis à regret, n'ont point de pareils scrupules ; ils s'agglutinent, ils s'agglomèrent, ils se courent après et se mettent en ronds comme des globules bouillonnant dans une tasse de café.

Ils forment le magma le plus étrange et le plus putride que jamais des narines humaines aient respiré.

Tous ces gens qui ne permettraient pas chez eux qu'on insulte leur roi, leurs chefs, leurs bourgmestres, leurs échevins, leurs institutions, se donnent envers nous les

plus insolentes licences et se conduisent envers cette
France trop hospitalière et trop bonne comme des polis-
sons en voyage.

La pauvre France a cessé d'être une Patrie, pour n'être
plus qu'un lieu banal où chacun se déboutonne et se
met à l'aise.

Je ne sais si vous avez lu l'histoire de ce terrain de
Plaisance ou de Malakoff dont il était question l'autre
jour au palais de justice.

Il était resté inoccupé et non bâti pendant des années,
par suite de querelles entre les héritiers

L'herbe poussait drue.

Les planches mêmes de la clôture tombaient en morceaux. Un nourrisseur du quartier agrandit la brèche,
mit ses bêtes au pâturage ; d'autres l'imitèrent :

Quand les possesseurs légitimes, enfin réconciliés,
manifestèrent l'intention de construire, il leur fallut
soutenir un procès contre ces envahisseurs peu gênés
qui déclaraient qu'ils étaient chez eux.

C'est notre cas.

La France est devenue un terrain de vaine pâture.

Dès que nous voulons rentrer chez nous et que nous
faisons mine de chasser ces mercantis, ces forains, ces
nomades, ces teneurs de jeux de bonneteau, ces étrangers plus ou moins espions, ils crient comme des brûlés :

« Intolérance, fanatisme, sabre et goupillon. »

Voilà ou en était la polémique autour de l'innocence
de Dreyfus. La parole du ministre des affaires étrangères d'Allemagne et celle du ministre des affaires
étrangères d'Italie devenues quantités négligables !

Après pareil préambule, Mæterlinck et Bjoernson
étaient eux-mêmes pesés. Cela va de soi.

Le polémiste ne s'avisait pas que l'Europe n'était
plus aux temps où elle s'en laissait conter.

Les diplomates, pour gourmés ou formalistes qu'ils fussent, lui paraissaient tout aussi qualifiés que n'importe quel témoin, pour déclarer si oui ou non Dreyfus avait livré aux attachés militaires de l'Allemagne ou à ceux de l'Italie des documents ou des renseignements.

Il était évident que dans l'affirmative, Bulow et Bonin se seraient bien gardés d'ouvrir la bouche ; car mentir impudemment pour le vain plaisir de mentir, aurait été absurde.

Que leur était, en effet, un espion brûlé ? Moins que rien.

Il était, au contraire, manifeste que, dans l'hypothèse de la négative, le silence des divers gouvernements mis en cause par la presse pour justifier la condamnation de Dreyfus pouvait prendre l'apparence d'un aveu de l'affirmative.

Or, cette apparence, indifférente sans doute aux gouvernements d'Allemagne et d'Italie au point de vue de leurs intérêts, n'était pas absolument correcte au point de vue de leur conscience.

Si misérable que soit le Juif, si bas coté que soit son honneur, c'est un homme ; et, selon le mot de Térence, il est difficile de déclarer ce Juif « hors l'humanité ». Il est malaisé de le priver de la commisération qui s'attache à une âme, condamnée et déshonorée pour un fait précis auquel elle a été absolument étrangère.

Ce sentiment, les souverains de l'Allemagne et de l'Italie, moins fiers que Drumont, l'avaient sans doute éprouvé.

Ce n'est pas un Français qui aurait dû faire un reproche à un empereur et à un roi de leur excès de sentimentalité et du triomphe de leur cœur sur la raison d'État.

En effet, la raison d'État ne pouvait qu'être grandie d'une erreur du concurrent, si grosse, si monstrueuse, tout à fait contraire à son habituel instinct de la justice.

Voilà pourtant où en était Drumont !

Il poussait jusqu'à la sottise le dédain de l'étranger. Pour un peu, qu'il s'appelât l'empereur Guillaume ou Mæterlinck, il faisait défense à celui-ci de penser, défense de répéter le vers sublime de Térence, défense de souffrir du supplice d'autrui.

Drumont ne se rendait pas compte que jamais sculpteur n'avait modelé « Prométhée enchaîné », plus vivant que le déporté de l'île du Diable.

Chez lui, l'artiste était étouffé par le... Quel mot écrire ?

Écrire « philosophe », je manquerais à ma conscience ; écrire « frénétique », ce serait manquer à la convenance.

Et pourtant ! Enfin que ce fût par le philosophe, par le frénétique, ou même par quelque démon pareil à celui dont certain ami de La Fontaine invoqua vainement l'impulsion pour être absous, Drumont avait renoncé à la plus belle prérogative de l'homme de bonne volonté, à celle qui en fait l'émule du rédempteur, à celle qui lui fait tendre le bras vers ceux qui souffrent.

Il avait abdiqué ce sceptre. Hélas ! en échange de quel plat de lentilles !

Mæterlinck et Bjoernson, Guillaume et Humbert paraissent bien grandis, à travers cette déchéance de l'un des rois de la pensée.

CHAPITRE HUITIÈME

A la veille du procès de Zola. — Rochefort a le mot pour rire. —
Manifeste de la *Libre Parole* à la population parisienne.

Dans l'*Intransigeant* parut, le 6 février, cet article de
Rochefort :

LA PREMIÈRE DE DEMAIN

Les frères et amis du Syndicat essayent vainement de
transformer en drame cette opérette qui s'appelle le
procès Zola. Plus ils se démènent pour faire prendre le
romancier au sérieux, plus il tourne irrésistiblement au
comique.

De ce qu'il a écrit dans ses articles et dans les brochures qu'il vendait aux éditeurs de Berlin, il n'a jamais
pensé un mot.

Il a « potassé », à propos de la prétendue innocence
du traître, sur des notes qui lui ont été communiquées,
de même qu'il a composé la *Débâcle* d'après des mé-
moires militaires pillés un peu partout, et élaboré
l'ouvrage qu'il a intitulé *Rome* avec un livre dont il a
extrait, pour les servir comme de lui à ses lecteurs, des
pages tout entières, qu'un critique littéraire connu a eu
la cruauté de lui remettre sous les yeux.

Quant à ses convictions et à ses « serrements de

cœur » dont il parle à tout propos, c'est purement et
simplement ce que, dans les faubourgs, on appelle du
« battage ».

Sa lettre à M. Félix Faure, en vertu de laquelle il comparaîtra demain devant le jury, lui a été mâchée
et dictée d'un bout à l'autre ; si bien que, même si les
médecins aliénistes le déclaraient responsable, il n'en
aurait pas la responsabilité.

En somme, il a fait semblant d'imputer aux juges du
capitaine Dreyfus des griefs qu'il ignore et au sujet
desquels il n'a jamais pris la peine de se renseigner.

D'autre part, le général Billot, qui lui donne la réplique
dans cette comédie, affecte, en le poursuivant, de défendre l'autorité de la chose jugée, bien que ce ministre
de la guerre ait tout fait pour démontrer que cette
autorité n'existait pas à ses yeux.

S'adresser à M. Hadamard, beau-père du déporté, pour
tâcher d'obtenir les moyens de faire casser la sentence
qui a envoyé le gendre à l'île du Diable, c'était fournir
la preuve évidente que, tout en affirmant à la tribune
que le traître avait été « légalement et justement condamné », le chef de l'armée se moquait outrageusement
de la légalité et de la justice.

Il avait, d'ailleurs, fait annoncer par tous les journaux
ministériels qu'il se présenterait devant la cour d'assises,
revêtu de son plus grand uniforme, pour soutenir lui-
même, en qualité de partie civile, l'honneur de cette
armée dont il avait la garde.

Mais, probablement, le beau-père Hadamard ainsi que
le frère Mathieu lui auront fait un signe, et le grand
uniforme a été immédiatement remisé au magasin des
accessoires. Billot ne sera pas plus au procès qu'il n'était
à son banc de ministre chaque fois qu'on annonçait, à la
Chambre, une interpellation relative aux menées du
Syndicat.

La situation de Zola, qui du reste l'a reconnu devant le correspondant d'un journal américain, est donc d'autant moins menacée que le général Billot, son principal accusateur, a eu soin de faire annoncer par l'*Agence Havas* qu'il ne l'accuserait pas.

Ce vengeur des outrages adressés à nos officiers se montrera aussi plein de mansuétude envers Zola qu'envers le colonel Picquart, qui, pour ses divulgations de pièces concernant la défense nationale, sera puni de quelques heures d'arrêts, non de rigueur, mais de douceur.

De là le calme de l'auteur de la *Terre*, qui se paye à bon marché une tranche de martyre.

Certes, le complot contre la sûreté de l'Etat et la sécurité du pays est flagrant.

Mais comme Billot en est, que Méline en est aussi, que Scheurer, Trarieux et un certain nombre de majoritards en sont également, Zola, appuyé ainsi sur son aile droite, son aile gauche et ses derrières — car il en a deux : le sien et celui de la Mouquette — garde, naturellement, la sérénité d'un farceur qui joue sur le velours.

Beaucoup de témoins assignés par cet accusé pour rire, qui, à l'instar de Vacher, semble vouloir jouer la folie, ont exprimé leur intention de s'abstenir de comparaître, sous prétexte qu'ils ignorent absolument les motifs pour lesquels ils ont été convoqués.

A mon avis, leur absence serait regrettable. Rien ne serait, en effet, plus bouffon qu'un défilé de cent cinquante comparants venant tous, les uns après les autres, affirmer qu'ils ne savent pas du tout pourquoi M. Zola les a dérangés.

Le procès prendrait alors son véritable caractère, qui est celui d'une représentation extraordinaire destinée à égayer un peu la population parisienne, que la complicité des gredins du Syndicat avec les agents de l'Allemagne avait douloureusement assombrie.

J'estime même qu'on aurait sagement et humainement agi en transformant la cour d'assises en une salle de théâtre où les places eussent été mises aux enchères au profit des Soupes populaires ou des asiles de nuit.

L'hiver, un instant adouci, paraît repiquer de nouveau.

Au moins Zola, qui a toujours refusé aux malheureux, qu'ils s'appellent Jean Grave ou Romani, l'aumône de sa plume, aurait eu là une occasion unique d'être de quelque utilité à ses concitoyens.

Tel était le diapason de l'esprit français, à la veille du procès le plus sensationnel qu'ait enregistré mémoire de Français.

Le même jour, les organisateurs du meeting du Tivoli Vaux-Hall affichaient sur les murs et publiaient en tête de la *Libre Parole* le manifeste suivant :

AUX FRANÇAIS

Citoyens,

La crise que traverse la France a mis la surexcitation dans tous les esprits.

Notre devoir est de faire entendre à ceux qui, de toutes parts, s'adressent à nous, le langage du patriotisme et du bon sens.

On ne peut imaginer œuvre plus scélérate et plus infâme que celle entreprise par le Syndicat juif. Pour arracher à un châtiment trop mérité un misérable traître qui a avoué son crime, il n'a pas craint d'affoler le pays tout entier et de couvrir d'injures les chefs les plus respectés de notre armée.

La population parisienne est confiante dans le jury de la Seine, pour faire justice des insulteurs de l'armée. Elle considérera comme un devoir de demeurer absolument calme, pendant le procès qui va s'ouvrir.

Mais le bruit se répand que, pour influencer le jury, l'argent juif, volé aux Français pendant vingt ans de rapines impunies, travaille à provoquer, dans la rue et jusque dans le prétoire, des manifestations en faveur des défenseurs du traître.

C'en est assez ! Les agents de l'étranger qui ont organisé cette campagne monstrueuse, véritable complot international, ont eu la Tribune et la Presse à leur disposition ; ils ont eu le Conseil de guerre.

Ils n'ont pas produit une preuve, une seule preuve de l'innocence de celui qui avait été régulièrement et justement condamné par ses pairs.

Aujourd'hui, ces mêmes agents, malfaiteurs obstinés, seraient disposés à seconder des manœuvres ayant pour effet de troubler la paix publique et la conscience des juges.

La population honnête et patriote de Paris ne supporterait pas de telles provocations. Elle fera elle-même sa police. Si le gouvernement persiste à ne pas appliquer les lois, sans distinction de classe ni de parti, à tous ceux qui menacent la sûreté de l'Etat à l'intérieur et à l'extérieur, la population prendra souci de sa propre défense.

Depuis que cet audacieux complot se déroule, les affaires sont suspendues, les intérêts souffrent, les esprits sont troublés et l'inquiétude gagne tout le monde.

Il est temps que cette agitation scandaleuse prenne fin et que la volonté du pays soit affirmée.

La France veut la justice, mais elle veut aussi avant tout, dans la paix et dans la liberté, rester maîtresse d'elle-même.

Elle ne subira jamais les pressions outrageantes de Juifs étrangers qui, après nous avoir pris notre argent, veulent attenter à l'honneur national.

Elle veut la République honnête et la Patrie affranchie du joug des cosmopolites, des corrupteurs, des agioteurs et des espions.

Que notre devise soit celle de tous : (Vive la France aux Français !)

> Édouard Drumont, Président d'honneur de la Ligue Antisémitique de France ; Georges Thiébaud, Président du Comité Républicain Nationaliste ; L. Gazon, Président de l'Union des Républicains, patriotes, socialistes et révisionnistes ; Jules Guérin, délégué général de la Ligue Antisémitique de France ; Dubuc, Président de la Jeunesse Antisémite ; E. Biard, secrétaire général de l'Union socialiste indépendante ; H. Dorfeuil, E. Bornet, délégués de la Solidarité ouvrière, Socialiste, Antisémite ;

> Paul Granjean, Dupin de Valène, Lobien, Chavet, Hemet, Chrétien, Parisot, Vergez, Liegeois, Jean-Pierre, Liautaud, Ladevèze, Franchie, Laurent, R. de Galléan, Doin, Lefèvre, Godfroy, Troubadour, Richard, Masson, Gentil, Poccaton, Cornu, Langlois, Jeannin, Morel, Camille Jarre, André Jacquemont, Sellier, Dessein, Laforest, délégués des Organisations et Comités Républicains, Socialistes, Antisémites, Patriotiques et Plébiscitaires.

C'était un beau manifeste. Serait-il plus fécond en effusions de sang juif que son aîné du 17 janvier, celui qui avait avorté au Tivoli Vaux-Hall ?

Les amateurs d'émotions se le demandaient : les sceptiques avec un sourire, les gens de cœur avec angoisses.

La virulence des paroles ne faisait pas défaut au consortium « Guérin, Gazon, Thiébaud » ; si l'action devait suivre les paroles, Zola et les juifs n'avaient plus qu'à faire leur testament, avant un massacre général.

La Saint-Barthélemy des juifs et des tenants de l'innocence de Dreyfus était, selon Guérin et Thiébaud, le plus limpide des dénouements du procès Zola. Elle était la plus patriotique des solutions aux angoisses que Gabriel Monod, Duclaux et divers autres « intellectuels », que n'avaient intéressés ni Cyvoct, ni Turpin, se permettaient encore de manifester au sujet de l'innocence de Dreyfus.

LIVRE TROISIÈME

PREMIER ACTE DU PROCÈS ZOLA

CHAPITRE PREMIER

Première audience du procès Zola (7 février). — L'avocat général requiert le silence sur l'affaire Dreyfus. — La Cour acquiesce. — Témoins militaires récalcitrants : Lieutenant-colonel du Paty de Clam ; général Mercier ; capitaine Lebrun-Renault. — Témoins civils se réclamant d'Esculape : Madame de Boulancy ; mademoiselle de Comminges.

Le procès Zola s'ouvrit le lundi 7 février. Voici la physionomie de sa première audience, d'après le *Matin :*

Dans la salle de la Cour d'assises. —Écrasement général.

Jamais on ne vit foule pareille au Palais. Ni les gros procès de crime, ni les procès anarchistes les plus retentissants n'ont amené un tel flot de curieux à la cour d'assises.

Avant que la cour ne fasse son entrée, tout est envahi. Et, cependant, les consignes avaient été sévères, les

10.

gardes républicains multipliés, et, derrière de nombreuses barrières, les gardes du Palais faisaient de tous les personnages qui se présentaient un tri sérieux.

On s'écrasait aux bancs des témoins, et dans le public debout, et dans le prétoire. Nous avons tort de parler spécialement de ce qu'au Palais on appelle le « public debout ». Hier, tout le public était debout. Grimpé au long des lambris, logé sur les calorifères, se dressant, par groupes, sur des bancs, tout ce monde haletait, ne pouvant faire un mouvement. Il n'y avait de public assis que celui qui s'était échoué par terre, au milieu du prétoire, étalé sur le parquet. Des membres du barreau, en robe, derrière la table des pièces à conviction, s'étaient accroupis ainsi et y restèrent dans une situation des plus bizarres et dans un raccourci des membres fort difficultueux. On eut pitié de leur héroïsme : on ne les dérangea point.

Parmi cette nappe humaine, quasi uniformément noire, quelques îlots apparaissent, tirant le regard de leurs notes claires, de leurs couleurs chatoyantes. Ce sont des groupes de femmes privilégiées : épouses de magistrats, parentes d'avocats, qui ont fait toilette pour le spectacle.

La presse des deux mondes, d'Europe et d'Amérique, est là. De nombreux reporters sont venus, représentants de tous les organes qui comptent dans la presse internationale.

Quelques dames parviennent à se glisser, au dernier moment, dans cette cohue. Voici madame Zola, madame Labori, madame Lavertujon, madame Decori.

Près de la porte, une foule d'officiers en civil. Derrière les sièges occupés par la cour, toute une corbeille de magistrats, un demi-cercle dont le centre est occupé par M. le premier président Périvier, qui semble présider avant l'arrivée de M. Delegorgue.

L'accusé.

Soudain, le bruit court que M. Zola fait son entrée. Il vient, en effet, suivi de M. Perrenx, gérant de l'*Aurore*, de Mᵉ Labori et de MM. Georges et Albert Clémenceau.

Au moment où l'auteur des *Rougon* arrive à son « banc », un jeune homme s'écrie : « Vive Zola ! »

Mais les huissiers le font taire et calment d'un geste de menace cet enthousiasme naissant.

M. Zola porte ses regards de droite et de gauche et avance la lèvre, d'une mine ennuyée. Quand il s'asseoit, il recouvre tout son calme et contemple d'un œil d'artiste le spectacle curieux qui s'offre à lui. Il semble en prendre tous les détails, en noter précieusement dans sa mémoire la vision. Ceci est évidemment un document précieux pour le livre qu'il prépare, roman d'un genre nouveau, roman vécu par lui et dont il aura été l'un des principaux personnages agissants.

Il est vêtu d'un pardessus gris, à la boutonnière duquel s'épanouit largement la rosette d'officier de la Légion d'honneur ; la redingote noire est boutonnée jusqu'à l'étroite cravate, qui laisse voir une bande de gilet blanc. M. Zola a des gants de Suède bruns et une canne, un jonc, dont il suce, de temps à autre, la pomme d'argent.

Il a adressé quelques saluts. Il s'est assis. Puis il s'est relevé. Il s'est assis à nouveau. On attend la cour, et cette attente lui pèse. Il se lève encore et, dans cet étroit espace vide qui se trouve devant le banc des accusés, le voilà maintenant qui se ballade, le chapeau sur la tête et les mains derrière le dos, remuant la mâchoire et faisant d'intimes grimaces de la bouche, ce qui est ordinairement la marque d'une pensée profonde qui l'agite et d'une grande activité cérébrale jointe à une certaine « démangeaison » de répliquer.

Cette démangeaison, il la calmera. Il saura se taire. Il
aura de brèves paroles et laissera avec sagesse à son avocat, M⁵ Labori, tout le soin de sa défense, surtout hier,
car cette défense fut toute de procédure et de forma-
lités.

Les défenseurs.

M⁵ Labori passe pour un bon avocat d'assises. Il a eu
des plaidoiries de talent et a acquis une honnête renommée.

Hier, il s'est révélé sous un jour d'éloquence, de foi,
de grandiose emphase, d'indignation à certains moments
qui lui ont acquis les sympathies et l'admiration de tout
l'auditoire, même de ses ennemis dans le procès actuel.
Il s'est montré tel, dès le début de cette colossale affaire,
qu'on a presque le droit de se demander, avec une certaine anxiété d'artiste, s'il pourra tenir jusqu'au bout un
rôle aussi superbe.

Et nous avons tort d'employer ce mot. Car ce ne fut
point là un rôle qu'il joua. Il ne saurait, en effet, être
question, dans la circonstance, de comédien ni même
d'avocat. Nous n'avons pas eu la tirade de l'un ni l'argument de l'autre : nous avons eu la conviction d'un
homme doublé d'un orateur magnifique.

A côté de lui, M⁵ Albert Clémenceau, le frère du rédacteur en chef de l'*Aurore*, représente l'éloquence utile
et précise de l'avocat qui ne laisse rien échapper de ce
qui peut le servir et qui sait clore la phrase nécessaire
en incident de procédure.

C'est dire combien M⁵ Clémenceau eut à intervenir
hier, où nous n'avons eu affaire qu'à ces sortes d'incidents et où la défense eut à batailler sans cesse avec
l'accusation, qui ne perdait pas une occasion de lui enlever ses armes. On sait qu'en la circonstance les armes

de la défense sont celles qui lui viennent de la liberté de
faire la preuve des faits diffamatoires.

M. l'avocat général Van Cassel a restreint le champ de
la preuve autant qu'une interprétation assez élastique
des textes pouvait le lui permettre. La tâche de M. l'avocat général Van Cassel dans toute cette première audience fut des plus ingrates.

Il ne se levait que pour réclamer des entraves à la libre
discussion, cependant qu'en face de lui les avocats ne
demandaient que la lumière et faisaient constater au
jury combien l'attitude du ministère public la rendait
impossible.

Cette attitude fut jugée, hier, assez sévèrement, même
par les partisans à outrance de l'accusation. Elle était
regardée comme maladroite et susceptible d'impression-
ner fort désagréablement le jury.

Car, s'il faut tirer une conclusion de cette première
audience et s'il nous faut dire en toute sincérité l'impression qui s'en dégage, il semble à tous que M. Emile
Zola n'a que profit à tirer d'incidents de procédure tels
qu'ils lui enlèvent le moyen de se défendre.

Le jury ne comprendra point qu'on l'arrête dès qu'il
s'agit d'une preuve à fournir, ni qu'on ne lui donne point
les témoins qu'il demande.

Premières menaces. — Cent soixante et onze dépêches.
Le procès commence.

Et maintenant, arrivons aux débats. Dès l'ouverture
de l'audience, M. le président Delegorgue a menacé d'é-
vacuation l'auditoire dès la première manifestation. Il y
en eut dix. Il y eut des bravos, et des acclamations, et
des protestations, et rien ne fut évacué, naturellement.

Tirage au sort des jurés. Deux jurés supplémentaires.
Pendant ces préliminaires, M. Emile Zola fait une rapide

lecture des cent soixante et onze dépêches qui viennent de lui être transmises. Elles sont arrivées chez le concierge de la cour.

M. le greffier Wilmès donne lecture de la lettre du ministre de la guerre au ministre de la justice qui constitue la plainte.

M. le général Billot y déclare, en substance :

J'ai pris connaissance de l'article signé par M. Zola et publié dans l'*Aurore*. Cet article renferme une série d'injures et de diffamations contre les membres des conseils de guerre de 1894 et 1898 et contre diverses personnalités militaires. Chefs et subordonnés sont au-dessus de pareils outrages, et l'opinion du Parlement, du pays et de l'armée en a déjà fait justice. D'autre part, je ne puis admettre davantage qu'on puisse laisser remettre en discussion, en dehors des moyens légaux, la décision du conseil de guerre de 1894 et l'autorité de la chose jugée. Mais il y a une accusation qu'il convient de faire juger et punir : c'est celle qui représente les membres du conseil de guerre qui a jugé le commandant Esterhazy comme ayant acquitté par ordre...

Le greffier donne ensuite lecture de la citation lancée en conformité de cette plainte.

Et dès d'abord, avant même que l'on interroge rapidement les accusés, M. l'avocat général se lève et dit :

J'ai pensé que c'était le cas d'user de la faculté donnée au ministère public par le code d'instruction criminelle d'exposer la prévention. Il s'agit, non pas de discuter, mais d'exposer.

La plainte ne vise que la diffamation dirigée contre les membres du conseil de guerre qui a jugé Esterhazy, accusés d'avoir acquitté par ordre.

La citation ne pouvait, à peine de nullité, s'étendre à d'autres injures et diffamations. Au surplus, le bon sens indique que le plaignant doit être libre de délimiter les faits sur lesquels il entend faire porter le débat pour l'empêcher de dévier. Les personnalités ont le droit de mépriser certaines injures. D'autre part, on peut garder le secret lorsqu'il s'agit de sauvegarder de hauts intérêts nationaux. Ici, il n'était pas possible de laisser remettre en discussion, devant une juridiction incompétente, des décisions qui, comme celle de 1894, sont devenues définitives.

Et voilà pourquoi on a strictement limité l'affaire en posant une question précise : Les juges du commandant Erterhazy ont-ils commis le crime de juger par ordre ?

Il serait absolument illégal, dès lors, de faire porter le débat sur un autre terrain que celui qui a été circonscrit par la citation.

D'où il résulte pour M. l'avocat général qu'il ne saurait être question dans cette affaire que du procès Esterhazy et non du procès Dreyfus.

En vain, MM⁽ᵉˢ⁾ Labori et Clémenceau s'élèvent-ils contre les prétentions de l'avocat général et invoquent-ils le droit de parler des deux procès, qui, disent-ils, sont connexes ; en vain, se font-ils l'écho de la lettre de M. Émile Zola relative à la citation et à la restriction des débats, lettre qui est ainsi conçue :

Est-ce que le ministère public peut espérer vraiment restreindre le débat aux trois points visés par la citation ? Est-ce qu'il n'y a pas une évidente connexité entre ces faits et ceux que l'on veut mettre en dehors du débat ? Comment démontrerions-nous qu'on a couvert une illégalité en 1897, si nous ne pouvions démontrer qu'une illégalité a été commise ? Comment échapper à la nécessité de nous laisser démontrer que Dreyfus est innocent ? Comment nous empêcher de démontrer comment on a été amené à commettre l'illégalité d'abord, à la couvrir ensuite ? N'y a-t-il pas là une évidente connexité, une liaison étroite des faits ?

Il faut que l'opinion publique, si généreuse en France, mais qui, aujourd'hui, ne sait pas, il faut que cette opinion sache ! M. l'avocat général a parlé de chose jugée, d'autorité de la chose jugée quand une illégalité a été commise !

Tous ces efforts sont inutiles. Les conclusions de l'avocat général sont adoptées par la cour, les conclusions contraires de Mᵉ Labori sont repoussées. Les débats ne pourront rouler que sur les faits relevés dans la citation et non sur tous les faits énumérés par M. Emile Zola dans sa fameuse lettre de l'*Aurore* où il « accuse ».

Arrêt de la cour.

Voici l'arrêt de la cour. Il est fort important et destiné à faire naître de multiples incidents. Aussi le donnons-nous tout entier :

La Cour,

Considérant qu'en exécution de l'article 47 de la loi de 1881 M. le ministre de la guerre a porté, au nom du premier conseil de guerre, le 18 janvier dernier, une plainte en diffamation contre MM. Perrenx et Zola ; que cette plainte vise uniquement la diffamation commise contre le conseil de guerre qui, dans ses audiences des 10 et 11 janvier 1898, a acquitté le commandant Esterhazy ;

Considérant que la citation du 20 janvier précise les imputations diffamatoires qui font l'objet des poursuites ;

Considérant que l'article 35 permet au prévenu de faire la preuve du fait diffamatoire dans les formes et le délai prévus par l'article 52 ;

Considérant qu'il résulte des termes de ces articles que la preuve est limitée aux faits qualifiés par la citation ; que la citation et la preuve offerte ne peuvent avoir que le même objet ;

Considérant toutefois que, dans la notification, les prévenus ont articulé, sous la lettre B, des faits qui ne se rattachent en aucune façon aux faits visés par la citation ;

Que le but évident des prévenus est de détruire l'autorité de la chose jugée et que le respect de la chose jugée rendrait la preuve offerte inadmissible ;

Par ces motifs,

Rejette les huit faits articulés,

Dit que la preuve offerte en sera interdite.

Les experts, ayant déposé à leur tour des conclusions relatives au passage de la lettre qui les concerne, ont été déboutés de leurs prétentions et renvoyés au procès correctionnel qu'ils ont intenté à M. Zola.

Les témoins.

Après une suspension d'audience, commence non point l'appel des témoins, mais la lecture de la liste des témoins. Cette formalité tiendra toute la fin de cette audience.

M. le président fait connaître qu'il a reçu un certain nombre de lettres d'excuse, parmi lesquelles celles de MM. le général de Luxer, de Pressensé, colonel de Ramel, Frédéric Passy et du garde des sceaux.

Le garde des sceaux annonce que le ministre de la guerre n'a pas été autorisé à venir déposer à la cour d'assises.

M. Casimir-Perier a également écrit qu'il ne pourrait rien dire sans sortir du rôle constitutionnel qu'il avait comme président de la République et qu'il ne viendrait, si cela était nécessaire et par déférence pour la cour, que pour répéter cette déclaration.

Mᵉ Labori fait toutes ses réserves pour M. Casimir-Perier.

On arrive au témoin du Paty de Clam. M. le président lit une lettre de l'officier, qui déclare qu'il ne peut venir, lié qu'il est par le secret professionnel.

Mᵉ Labori proteste de toutes ses forces contre l'abstention de M. du Paty de Clam.

Il dépose les conclusions suivantes, qu'il juge les plus importantes de toutes, attendu, dit-il, que M. du Paty de Clam est, en quelque sorte, la pierre angulaire du procès actuel :

Plaise à la Cour,

Attendu qu'à la vérité les concluants ont été cités devant la cour d'assises de la Seine pour y répondre seulement de trois passages de l'article publié par M. Emile Zola dans le numéro de l'*Aurore* du 13 janvier 1898,

Attendu, en conséquence, qu'il leur appartient de faire la preuve des faits suivants, articulés et qualifiés dans la citation :

1° « Un conseil de guerre vient, par ordre, d'oser acquitter Esterhazy, soufflet suprême à toute vérité, à toute justice » ;

2° « Les magistrats de ce conseil de guerre ont rendu une sentence inique, qui, à jamais, pèsera sur nos conseils de guerre, qui entachera désormais de suspicion leurs arrêts. Le premier conseil de guerre a pu être inintelligent, le second est forcément criminel » ;

3° « Le second conseil de guerre a couvert une illégalité par ordre en commettant à son tour le crime juridique d'acquitter sciemment un coupable » ;

Attendu, en outre, que, si les concluants ont été cités devant la cour d'assises de la Seine pour y répondre seulement des trois passages relevés dans la citation de M. le procureur général, il n'en est pas moins vrai que l'article de M. Emile Zola constitue un tout et qu'il doit être, au point de vue de la responsabilité de son auteur et de la bonne foi de celui-ci, ainsi qu'au point de vue de la bonne foi du gérant du journal l'*Aurore*, envisagé dans son ensemble ;

Attendu que les trois passages incriminés sont parfaitement incompréhensibles, si on les détache et du reste de l'article et des diverses circonstances qui ont provoqué ledit article ;

Attendu qu'il serait contraire au bon sens et à l'équité de soumettre à messieurs les jurés de courts passages arbitrairement choisis dans la lettre de M. Emile Zola, sans leur permettre d'apprécier toute la portée de son acte ; qu'il appartient au jury, pour juger en parfaite connaissance de cause les concluants, d'être éclairé sur la véritable intention de M. Emile Zola et surtout de connaître les divers éléments d'information sur lesquels s'est fondée la conviction qui lui a inspiré le cri de protestation indignée dont sa lettre est l'expression ;

Attendu que, conformément au droit commun, les prévenus sont toujours admis, en matière de délits de presse dé-
férés à la cour d'assises, à faire entendre tous témoins ou à
produire toutes pièces pour établir leur bonne foi ; qu'on ne
saurait donc refuser aux concluants, sous peine d'aboutir à un
véritable déni de justice, le droit de faire entendre au jury les
témoignages par lesquels ils se proposent d'établir que M. Emile
Zola a obéi, en écrivant sa lettre, aux considérations les plus
élevées et qu'il a basé son opinion — qu'on la considère provisoirement comme vraie ou comme fausse — sur les faits les
plus sérieux ;

Attendu, notamment, que des faits de la plus haute gravité
ont été portés à sa connaissance, relativement aux conditions
dans lesquelles M. le lieutenant-colonel du Paty de Clam a
rempli ses fonctions d'officier de police judiciaire dans l'information relative au procès de l'ex-capitaine Dreyfus ;

Attendu, d'ailleurs, que cette information a été le point de
départ des fautes et des irrégularités commises ultérieurement
dans la même affaire et dans l'affaire Esterhazy ;

Attendu que, si les faits dont s'agit sont établis à l'audience,
la bonne foi des prévenus en résultera manifestement ; qu'en
conséquence les concluants sont en droit de demander à la cour
l'audition de M. le lieutenant-colonel du Paty de Clam, à titre
de témoin susceptible de contribuer à la démonstration de leur
bonne foi ;

Par ces motifs,

Dire, en tous cas, que M. le lieutenant-colonel du Paty de
Clam sera entendu sur la bonne foi des concluants et admis à
déposer sur les divers points qui seront de nature à établir
cette bonne foi ;

En conséquence, ordonner que le lieutenant-colonel du Paty
de Clam sera tenu de comparaître à l'audience de la cour d'assises ;

Dire qu'il y sera contraint par tous moyens de droit, aux
termes des articles 80, 269 et 355 du code d'instruction criminelle.

Sous toutes réserves, et notamment sous celle, pour les concluants, de demander le renvoi de l'affaire à une autre session
s'ils le jugent nécessaire. Et ce sera justice.

Les deux adversaires.

M. l'avocat général se lève encore pour demander le rejet des conclusions relatives au commandant du Paty de Clam.

Mᵉ Labori se lève, très irrité :

— Quelle passion de lumière dans ce procès ! s'écrie-t-il.

Il reproche à M. Van Cassel de lui enlever tout moyen de discussion. Il veut entendre M. du Paty de Clam, non point sur des faits relatifs à Dreyfus, mais bien à Esterhazy, et plus spécialement relatifs à la « dame voilée ».

Mᵉ Labori voudrait démontrer que la dame voilée n'était pas de l'entourage du lieutenant-colonel Picquart, mais de celui de M. du Paty de Clam.

Et Mᵉ Labori explique :

Le lieutenant-colonel Picquart a été l'ami de M. de Comminges et de mademoiselle de Comminges.

Or mademoiselle de Comminges a été soupçonnée d'être l'auteur des télégrammes expédiés au lieutenant-colonel Picquart et signés « Speranza ».

Elle a protesté, et, aujourd'hui, une instruction est ouverte pour arriver à découvrir les faussaires.

Mademoiselle de Comminges a été dépositaire d'une correspondance au sujet de laquelle la préfecture de police a été mise en mouvement.

Or il y a eu des négociations auxquelles le lieutenant-colonel du Paty de Clam a été mêlé, et il a demandé la remise d'une lettre, qu'il a reçue, en effet, — c'est lui qui l'a dit — d'une dame voilée.

Il faut donc entendre, conclut Mᵉ Labori, le commandant du Paty de Clam. Qu'il vienne ! Il ne s'agit point ici de secrets de la défense nationale. Jamais les intérêts de la défense nationale n'ont été en jeu dans cette affaire. C'est une plaisanterie.

Mᵉ Labori n'a pas plus tôt prononcé ces mots : « une plaisanterie », que M. Van Cassel lâche une parole imprudente, qui lui vaut une réplique fort virulente de son contradicteur.

— Une plaisanterie ? fait avec un fin sourire M. l'avocat général Van Cassel. La défense nationale, une plaisanterie ?

Mᵉ Labori n'avait rien dit de cela, et des murmures éclatent immédiatement dans l'auditoire.

— Je n'admets point, s'écrie Mᵉ Labori, que dans une bataille où nous engageons notre avenir, notre situation, notre vie, vous osiez nous répondre, monsieur l'avocat général, par des arguments d'une pareille mauvaise foi ou sur le ton d'une telle plaisanterie ! Nous valons mieux que cela, monsieur l'avocat général, et nous ne vous donnons point le droit de suspecter notre patriotisme !

Tous malades.

Suit toute une série de témoins qui seraient, paraît-il, fort intéressants à entendre, mais qui écrivent qu'ils sont retenus au lit par la maladie.

Mᵉˢ Labori et Clemenceau savaient à quoi s'en tenir. On les avait prévenus de ces certificats de complaisance, et ils ont préparé des conclusions tendant à ce que ces témoins viennent à la barre. Il en est ainsi pour mademoiselle de Comminges et madame de Boulancy. On sait que c'est chez madame de Boulancy que furent saisies les lettres d'Esterhazy.

— Je demande, s'écrie Mᵉ Labori, que la procédure ouverte sur la plainte de madame de Boulancy soit apportée ici.

— Elle n'est pas close, fait l'avocat général. Les pièces ne peuvent être communiquées.

Mᵉ Labori. — Et voilà ce que vous nous répondez ! Madame

de Boulancy a eu des lettres de M. Esterhazy. Une d'elles est arguée de faux.

Or cette lettre est vraie. Et madame de Boulancy en a d'autres encore plus abominables ! Mais, depuis des semaines, elle est l'objet des intimidations les plus violentes. Le commandant Esterhazy la menace tous les jours de mort.

— Un certificat de médecin constate son état, dit le président.

— Eh bien, je demande qu'un huissier se transporte chez madame de Boulancy, et l'on verra qu'elle n'est pas chez elle, réplique Mᵉ Clemenceau.

C'est alors que Mᵉ Labori fait la déclaration importante que voici :

Nous voulons entendre madame de Boulancy non seulement pour les lettres de M. Esterhazy qu'elle eut en sa possession, mais encore pour d'autres qui sont restées entre ses mains, d'autres plus graves, plus compromettantes que les premières !...

Mᵉ Albert Clemenceau dépose des conclusions pour que madame de Boulancy soit entendue.

Après les témoins civils, les témoins militaires. Ils ne montrent pas plus d'empressement que les premiers.

Le capitaine Lebrun-Renaud.

M. le capitaine Lebrun-Renaud se retranche, lui aussi, derrière le secret professionnel, écrivant que son rapport est entre les mains de ses chefs et qu'il n'a plus rien à voir dans toute cette histoire.

Mᵉ Labori dépose les conclusions suivantes :

Plaise à la Cour :

Attendu que, depuis plusieurs semaines, il a été question, dans la presse et à la tribune de la Chambre des députés, de prétendus aveux qui auraient été recueillis par le capitaine

Lebrun-Renaud le jour de la dégradation de l'ex-capitaine Dreyfus et constatés par lui ;

Attendu qu'en dehors de la preuve des faits articulés et qualifiés dans la citation qu'il leur appartient de fournir, les concluants sont en droit de faire entendre tous témoins nécessaires pour établir leur bonne foi :

Attendu que, pour établir cette bonne foi, il est indispensable de démontrer tout d'abord que les aveux prétendument reçus par M. Lebrun-Renaud n'ont pas été effectivement reçus et qu'à supposer qu'ils aient été constatés, ils n'ont pu l'être que faussement et irrégulièrement ;

Par ces motifs,

Ordonner l'audition de

M. Lebrun-Renaud, qui sera invité à répondre aux questions suivantes : *a*) A-t-il recueilli des aveux de Dreyfus ? Les a-t-il constatés officiellement ? — *b*) Dans quelles conditions et à quelle date ? — *c*) En a-t-il parlé à diverses personnes ? A Forzinetti, de Vaux, Clisson, Fonbrune, Dumont ? — *d*) A toutes les questions qu'il pourrait être utile de lui poser relativement à l'ensemble des faits dont il s'agit.

M. le commandant Ravary fuit également la cour d'assises comme un endroit dangereux. Lui, il se retranche derrière ses fonctions d'officier judiciaire.

Mᵉ Labori insiste pour entendre cet officier, dont le rapport constate la présence d'une pièce secrète dans le procès Dreyfus. Si une illégalité a été commise par le premier conseil de guerre, elle a été couverte par le second.

Le général Mercier.

Le général Mercier, lui non plus, ne peut pas venir. Il dit qu'il est autorisé à s'abstenir par le ministre la guerre.

Ici, Mᵉ Labori proteste :

M. le général Mercier n'a pas à se faire juge de l'intérêt que pourrait présenter sa déposition.

Quant au ministre de la guerre, il est singulier qu'après avoir été plaignant il veuille empêcher ses subordonnés d'apporter à la justice la lumière dont elle a besoin. Eh bien, M. le général Mercier, d'après M. Zola, a communiqué au conseil de guerre une pièce secrète, d'ailleurs sans valeur. Il s'agit de savoir si c'est vrai ou si c'est faux. C'est la question que nous voulons et que nous avons le droit de lui poser.

Le commandant Rivals, le greffier Vallecalle déclarent qu'ils n'ont pas à comparaître, toujours à raison de leurs fonctions.

Le président du conseil de guerre de 1894, le colonel Maurel, ne vient pas non plus. Les défenseurs insistent encore.

Et la série continue toujours.

Me Labori ne peut s'empêcher de s'écrier :

— N'est-il pas vraiment extraordinaire de voir ces témoins, parce qu'ils sont militaires, juger eux-mêmes s'ils ont à comparaître ou non devant la justice à votre barre ? Est-ce que ces messieurs se croiraient d'une caste à part ?

— Parfaitement, continue Me Clemenceau. D'anciens ministres civils, comme MM. Poincaré, Guérin et Trarieux, ont déféré à la citation, et les militaires ne viennent pas ! Il faut pourtant qu'ils sachent qu'au-dessus de l'armée il y a la justice !

M. Casimir-Perier.

Me Labori dépose encore les conclusions suivantes :

En ce qui concerne M. Casimir-Perier :

Plaise à la Cour,

Attendu que M. Casimir-Perier, ancien président de la République, a bien voulu, dans sa lettre à M. le président des assises, dire qu'il se tenait à la disposition de la cour et du jury si sa présence était jugée nécessaire ;

Attendu que les prévenus estiment que cette présence est utile pour la manifestation de la vérité ;

Par ces motifs,

Donner acte aux concluants de ce qu'ils insistent respectueusement pour l'audition de M. Casimir-Perier.

M. LE PRÉSIDENT. — M. Casimir-Perier comparaîtra sans cela.

Me LABORI. — Alors je retirerai mes conclusions.

Puis celles-ci d'ordre général :

Attendu que les témoins suivants : MM. d'Ormescheville, Ravary, général Mercier, Patron, Vallecalle, Maurel, Autant, Eckmann, de Boisdeffre et capitaine de Comminges, cités à la requête de MM. Zola et Perrenx, n'ont pas répondu à l'appel de leur nom, que, par lettres adressées à M. le président de la cour d'assises, ils déclarent ne pas comparaître, n'ayant rien à déposer dans le procès actuel ;

Attendu qu'aux termes de l'article 80 du code d'instruction criminelle toute personne citée est tenue de comparaître et de satisfaire à la citation ;

Qu'aucun motif quelconque ne peut les en dispenser ; qu'au cas où une raison valable de ne pas déposer pourrait être invoquée par eux ils ne pourraient l'invoquer que devant la cour, après avoir comparu en personne ; que, de même, il ne leur appartient pas de déclarer à l'avance si leur témoignage est utile ou non, s'ils savent ou ignorent les faits sur lesquels ils seront appelés à déposer ;

Que ce n'est, en effet, que sous la foi du serment qu'ils auront à répondre sur les questions qui leur seront posées, qu'ils ignorent les faits sur lesquels leur témoignage est requis ;

Par ces motifs,

Dire et ordonner que les témoins ci-dessus désignés seront contraints par corps à venir devant la cour fournir leur témoignage.

Mademoiselle Blanche de Comminges.

Enfin, ces dernières, grâce auxquelles nous apprendrons peut-être quelque chose sur la dame voilée :

Plaise à la Cour,

Attendu que le témoignage de mademoiselle Blanche de Comminges est absolument indispensable à la manifestation de la vérité;

Par ces motifs,

Ordonner que, sur la réquisition du ministère public, elle sera contrainte par tous moyens de droit de comparaître à l'audience; et, subsidiairement, pour le cas où elle en serait empêchée par la maladie, après que la cour aura vérifié la réalité de cette maladie par un médecin commis,

Ordonner que, par voie de commission rogatoire et par tel de MM. les magistrats qu'il plaira à la cour de commettre, elle sera tenue de répondre aux questions suivantes :

1° Sait-elle qu'on a employé son nom pour écrire au colonel Picquart ?

2° Comment le sait-elle ?

3° Ne donnait-elle pas le sobriquet de « Demi-Dieu » au capitaine Lallemand ?

4° Sait-elle si ce mot n'a pas été employé dans un télégramme argué de faux ?

5° M. le colonel du Paty de Clam n'avait-il pas contre elle et contre sa famille des motifs de rancune ?

6° N'est-il pas à sa connaissance qu'il a eu recours, en 1892, à des manœuvres très graves, notamment à l'emploi de lettres anonymes ?

7° M. Lozé, préfet de police, n'a-t-il pas été saisi de cette affaire ? et M. le général D... n'a-t-il pas eu à intervenir ?

8° Enfin, M. le colonel du Paty de Clam n'a-t-il pas organisé, pour la restitution d'une lettre, une scène qui se passait au Cours la Reine et où il a fait intervenir une dame voilée ?

Sous toutes réserves. Et ce sera justice.

L'arrêt sur ces conclusions fut renvoyé par la Cour à l'audience du lendemain.

CHAPITRE DEUXIÈME

utour de la première audience.— A Rochefort le baiser du cocher.
A Zola la « crapule » de l'étudiant.

A ce compte rendu de la première audience, le *Matin*
joutait les notes suivantes sur la physionomie de ses
bords :

Ceux qui attendent l'ouverture des portes
Manifestations sous la pluie.

Nous avons déjà fait connaître les mesures exception-
elles prises par la préfecture de police pour assu-
er l'ordre aux abords du Palais de Justice. Empres-
ons-nous de déclarer que cet ordre n'a été troublé à
ucun moment et qu'en dépit de la surexcitation des
sprits il n'y a guère eu, dans les parages du temple de
Thémis, que des manifestations individuelles, que des
ris, mais, en somme, exprimant des sentiments per-
onnels. D'ailleurs, la foule n'était pas aussi nombreuse
qu'on pouvait le craindre, et cela grâce à une particula-
ité atmosphérique, à cette bienfaisante pluie qui vien-
ouvent seconder les agents en décourageant les mani-
estants.

Cependant il y avait des curieux, des centaines de

curieux sur la place Dauphine : de braves gens qui, depuis le matin, affrontaient la bise glaciale et les averses
pour voir ce petit quelque chose, ce petit rien du tout
qu'affectionnent les foules désœuvrées.

Des gardiens de la paix, il y en avait partout. Sur les
quais de l'Horloge et des Orfèvres, sur le boulevard du
Palais, rue de Harlay et même sur le pont Neuf, ils
étaient groupés par petits paquets et interdisaient les
rassemblements.

Les brigades de réserve étaient consignées à la caserne
de la Cité ; l'une d'elles avait été dissimulée dans l'une
des cours intérieures du Palais de Justice et se tenait
prête à accourir à la première alerte.

Le service d'ordre s'étendait jusqu'au pont Royal, au
pont d'Arcole, au Châtelet et au boulevard Saint-Germain.
Sur ce dernier point, il était considérable, car l'on avait
prévu, bien à tort, d'ailleurs, une invasion d'étudiants.

M. Mouquin, commissaire divisionnaire, avait assumé
la responsabilité de l'ordre autour du Palais de Justice.
Dans le Palais même, cette tâche incombait naturellement au chef des gardes, le capitaine Perret.

Portes closes.

Il faisait à peine petit jour que la queue commençait
à se former le long de la grille qui protège le double
escalier accédant à la cour d'assises.

Les pauvres gens qui la composaient, transpercés jusqu'aux moelles par la froidure matinale, avaient sans
doute passé leur nuit aux Halles : ils ne s'étaient pas
couchés — cela se voyait à leurs yeux battus — dans
l'espoir d'être admis les premiers dans la salle d'audience, puisque la loi exige que la justice soit rendue
publiquement.

A dix heures du matin, la « queue » se composait de

près de cinq cents personnes. Elle s'allongeait du côté du quai de l'Horloge et était sur le point de tourner l'angle du Palais. Une dizaine de sergents de ville maintenaient en respect cette troupe moutonnière. Oh ! ils n'avaient guère envie de manifester, les pauvres diables, car le froid leur collait les bras au long du corps et leur tenait les dents serrées.

De ce côté, on ne pouvait pénétrer dans le sanctuaire de la justice qu'en montrant patte blanche, c'est-à-dire une citation à témoin, une convocation devant un juge ou une carte de chroniqueur judiciaire. Boulevard du Palais, l'une des portes bâtardes, celle de gauche, était à peine entr'ouverte, de façon à ne laisser passer que les avocats, les employés du parquet, les huissiers, tout le personnel de la basoche. La place Dauphine était barrée à son entrée même, à l'étranglement des deux maisons qui font l'angle du pont Neuf; mais on pouvait y accéder par les quais.

Aussi, vers onze heures, outre les cinq à six cents enragés qui faisaient la queue le long de la grille du Palais, il y avait un millier de personnes environ sur la petite place.

Témoins et prévenus.

Les té moins commencent à arriver. Voici MM. Poincaré, Trarieux, Yves Guyot, Develle, Georges Leygues, tous anciens ministres. Il y a parmi les curieux d'obligeants ciceroni qui les désignent du doigt. Puis voici le général Gonse, en petite tenue ; MM. Leblois, Paul Meyer, le général de Pellieux, etc.

Enfin, à onze heures quarante minutes, un remous se produit dans la foule qui cherche à empiéter sur la chaussée défendue par des agents. Devant la petite grille, entr'ouverte par un garde municipal, M. Zola descend de voiture. On crie alors : « Le voilà ! le voilà ! A bas Zola ! Mort aux traîtres ! » Des voix répondent : « Silence aux camelots ! Vive Zola ! » Le romancier hausse légèrement les épaules pour bien montrer que toutes ces clameurs lui sont indifférentes et pénètre dans le Palais en compagnie de son défenseur, Me Labori, de MM. Georges Clemenceau et Albert Clemenceau, de M. Emile Fasquelle, son éditeur, et de son ami intime le graveur Fernand Desmoulin.

Pendant ce temps, il y a sur la place Dauphine quelques manifestants qui en viennent aux mains. Des chapeaux sont bossués et des nez saignent. Tout cela n'est point grave, en somme, et ce spectacle paraît divertir considérablement les gardiens de la paix. On arrête cependant un énergumène qui crie : « Mort aux juifs ! Vive la Commune ! » Au commissariat de police, on constate qu'il a essayé de combattre le froid qui l'envahissait par l'absorption de nombreux verres d'alcool et on s'empresse de le relâcher.

Nouvelles rumeurs, nouveaux cris... Ce sont MM. Vaughan, Urbain Gohier, Philippe Dubois, de l'*Aurore*, qui arrivent. Ils accompagnent le gérant de ce journal, M. Perrenx, qui, tout à l'heure, sera assis à côté de M. Zola sur le banc des accusés.

Les autres personnalités qui débouchent, à pied ou en voiture, sur la place Dauphine, sont accueillies par des cris variés, et cela dure jusqu'au moment où la petite grille du Palais est définitivement fermée, c'est-à-dire jusqu'à midi.

Cinquante seulement des pauvres diables qui faisaient la queue tout à l'heure ont pu entrer : il paraît que la partie de la salle des assises habituellement réservée au public était déjà aux trois quarts remplie, avant l'ouverture des portes, par des inspecteurs de police en bourgeois.

Après l'audience.

Jusqu'à cinq heures, de nombreux groupes n'ont cessé de stationner dans les parages du Palais de Justice, mais aucun incident sérieux ne s'est produit, et l'on n'a vu poindre aucun monôme d'étudiants.

A l'issue de l'audience, M. Emile Zola a été guidé par M. Mouquin, commissaire divisionnaire, à travers un dédale de couloirs, pour arriver finalement à la porte du n° 32 du quai des Orfèvres, devant laquelle sa voiture avait été amenée.

Cent à cent cinquante personnes environ, parmi lesquelles beaucoup de journalistes, stationnaient à cet endroit. « Vive Zola ! A bas Zola ! » et fouette, cocher !

La voiture gagne rapidement le pont Saint-Michel, tourne à droite pour prendre la rue Saint-André-des-Arts, puis les rues Jacob et de l'Université, et M. Zola met pied à terre devant la demeure de son avocat, 12, rue de Bourgogne.

Il remonte bientôt dans son landau de louage pour rentrer rue de Bruxelles. Les manifestants qui attendaient la sortie de l'illustre romancier, soit pour le conspuer, soit pour l'acclamer, n'y ont vu que du bleu.

Sur les menus incidents de la salle des Pas-Perdus, au cours de la première audience, voici, à titre de document, ce que publiait la *Libre Parole* du 8 février :

Pour conspuer le père de la Mouquette, plusieurs milliers de personnes stationnaient aux abords du Palais-hier, dès sept heures du matin, sous l'œil narquois d'un gardien de la paix.

De temps en temps, un colloque s'engage entre ces braves gens et l'agent :

— C'est-il un gros ou un petit, ce coco-là ?

L'agent sourit.

— Des fois que vous auriez donc pas vu sa binette dans les journaux? — Et, solennel, l'agent ajoute : — C'est un vilain gringalet ni vieux ni jeune, qu'a toujours l'air rageur, kif-kif un ratier.

Huit heures et demie. Les conversations cessent, car voici plusieurs escouades d'agents qui arrivent et font évacuer la place, après avoir dégagé préalablement le boulevard Saint-Michel, le pont Neuf et les environs.

Une centaine de curieux, cependant, obtiennent la grâce de rester près la grille de la place Dauphine, malgré l'avis charitable des inspecteurs de police, qui leur affirment qu'ils n'entreront pas.

A ce groupe, viennent bientôt s'adjoindre nos amis de la Ligue antisémite, Jules Guérin, Dubuc, etc.

Jusqu'à dix heures, l'aspect de la place ne change pas. Avec quelques confrères, on tue l'ennui en fumant force cigarettes et en causant avec les agents.

Antisémites endiablés, les gardiens de la paix !

Je leur désigne une vingtaine d'Hébreux qui se sont faufilés parmi les curieux : « Tenez, celui-ci, celui-là ! Croyez-vous qu'ils sont assez reconnaissables, les mâtins ! »

Au bout d'un quart d'heure, ça devient un jeu ; c'est à qui reconnaîtra un Juif. Se voyant montrés du doigt, et en entendant nos rires, les circoncis font des têtes abominables.

Attention ! voici une demi-douzaine de faces patibulaires, qui ont réussi à forcer le cordon des agents. Un confrère me dit :

— Ce sont des types du Syndicat.

— Par le nombril de Reinach ! le Syndicat ne doit pas les payer cher, ses défenseurs, si j'en juge par leur costume. Il y a surtout quatre Anglais et deux Anglaises, dans le tas, dont les chaussures font peine à voir. Maintenant, ils sont peut-être arrivés de Londres à pied, les pauvres !

Onze heures dix. Une voiture s'arrête et Henri Rochefort en descend.

A peine a-t-il franchi la grille, que les cris de « Vive Rochefort ! » éclatent de tous côtés ; mais à ces acclamations, se mêlent deux ou trois hurlements bizarres. C'est le Syndicat qui proteste. Les quatre Anglais ouvrent des bouches énormes, des pauvres bouches qui ne mangent pas souvent à leur faim !

Narquois, Rochefort se tourne vers la demi-douzaine d'aboyeurs, les compte du bout de sa canne et dit : « Un, deux, trois, quatre, cinq, six, à cent sous par tête, le Syndicat ne s'est pas fendu. »

Sous les huées de la foule, les parasites des Juifs se taisent en faisant claquer, comme des pélicans, leur robuste bec.

L'arrivée des témoins commence :

Voici le général Gonse, sous-chef d'état-major général, et plusieurs officiers ; M. Yves Guyot, le général de Pellieux, etc.

M. Poincaré, les commandants Pauffin de Saint-Morel et L'Hotte ; le colonel Croissandeau ; M. Vallecalle, greffier du premier conseil de guerre, et le commandant Esterhazy, qui est très entouré aussitôt.

Voilà un groin sémite qui apparaît. C'est Joseph Reinach. On pousse des : « Hou ! hou ! » sur son passage. Le sinistre gâteux Scheurer-Kestner le suit, en bavant sur les revers de son pardessus. Quel joli couple, pour faire vis-à-vis aux guenons du Jardin des Plantes !

Une demi-heure se passe à voir défiler de vagues comparses. Tout à coup des cris se font entendre dans la direction du pont Neuf. Une voiture de maître peinte en gros vert, et attelée d'un magnifique mecklembourgeois, s'avance à fond de train et s'arrête devant la grille. Une tête effarée paraît à la portière : c'est Zola qui descend, soutenu par MM. Albert et Georges Clemenceau.

Aussitôt les quatre Anglais et les deux ou trois dépenaillés essaient de pousser de faibles : « Vive Zola ! » mais leurs glapissements sont couverts par des huées formidables : « A bas Zola ! A bas les Juifs ! Vive l'armée. »

Notre ami Dubuc empêche un de ces pauvres dreyfusards d'être assommé par la foule.

Devant Zola qui s'apprête à franchir la grille, un jeune étudiant se place et lui crie à la face : « Crapule ! »

Zola devient verdâtre. Nerveusement il jette des regards autour de lui :

— Répétez donc cela ! — dit-il — en grinçant des dents.

Froidement, et les yeux dans les yeux du barnum de Nana, l'étudiant répète plus énergiquement encore :

— Crapule !

Entre les deux hommes, M. Mouquin, commissaire divisionnaire, place sa large stature, et Zola en profite pour grimper quatre à quatre le large escalier du Palais en gémissant : « C'est malheureux, bien malheureux ! »

Au haut des degrés, M. Georges Clemenceau, dont la figure ravagée fait mal à voir, vitupère contre la police qui, dit-il, « laisse librement insulter les honnêtes gens ».

Derrière Zola, trois agents de la Sûreté, qui suivaient sa voiture dans un simple fiacre, lui forment une escorte fort convenable pour son entrée à la cour d'assises.

Midi. La salle d'audience est archicomble. Mes Daumazy et Mery sont entrés, et me voici dans la grande salle des Pas-Perdus, où grouille une cohue énorme de journalistes, de députés, de policiers, de curieux et de Juifs de tout acabit.

De temps en temps, un de ces Hébreux tente de

pénétrer sans carte dans la salle, et des altercations ont lieu.

— On n'entre pas ! fait le garde.

— Mais je suis M. Mayer.

Et le Youpin passe une carte.

Impassible, le garde repousse d'une main ferme le bout de carton graisseux.

D'autres Youtres essaient deux minutes après de recommencer le truc :

— Je suis M. Golderschmidt.

— Je suis M. Josué.

— Je suis M. Salomon.

En désespoir de cause, les bons Juifs se forment en groupe et parlent à haute voix du procès.

Pour les engager à plus de discrétion, je passe avec plusieurs confrères près de ces échappés du ghetto, en lançant des phrases dans le goût suivant :

— Ah ! nous finirons bien par faire prendre le train de Berlin à tous ces sales nez crochus.

Ou encore :

— Jamais le chanvre n'a donné de si belles espérances. La corde ne manquera pas cette année en France !

Devant l'urbanité de nos manières, les Sémites comprennent, et mettent enfin une sourdine à leurs dialogues.

A être désagréable à Israël, le temps passe vite. Il est quatre heures, des amis arrivent. Voici notre excellent administrateur Charles Devos. Un gros Hébreu qui le connaît sans doute lui lance, derrière le dos, des regards flamboyants, et va se réfugier dans un angle pour prendre des notes.

Un remous se produit. Scheurer-Kestner vient de sortir par la porte des témoins. Le malheureux a le nez encore plus lugubre que de coutume ; il lui est descendu sur la bouche d'un centimètre au moins, depuis l'ouverture des assises. Si ça continue, demain il sera obligé de le relever avec la main, pour pouvoir manger.

On hue quelque peu ce vieil amateur de Haïtienne en puissance de plénipotentiaire. Chose curieuse, sur le passage du Scheurer-Kestner, deux nègres le contemplent d'un air farouche. Seraient-ce les frères de l'Haïtienne aimée ? Non ! ce sont deux confrères de journaux africains ou américains.

Quatre heures et demie. Henri Rochefort sort de la salle d'audience.

Au haut de l'escalier, d'où il fait signe à sa voiture de se ranger près de la grille, Rochefort voit se précipiter dans ses bras un cocher de fiacre qui le serre à l'étouffer en criant : « Vive Rochefort ! »

A grand'peine, le directeur de l'*Intransigeant* se dégage, mais le cocher tient bon. Il a mis dans sa tête — un peu troublée, il est vrai, par des *petits verres* —l'idée touchante d'embrasser Rochefort. En un clin d'œil, c'est fait. Enfin, ne trouvant pas sa voiture, Rochefort se résigne à partir dans celle que lui offre, complaisamment, notre confrère Chincholle, du *Figaro*.

Et l'on entend Rochefort qui prévient d'un ton aimable Chincholle du danger qu'il court, en lui prêtant la moitié de son véhicule

— Vous savez, cher ami, si le *Figaro* apprend que vous m'avez donné l'hospitalité, il ne voudra peut-être pas payer votre sapin.

Cinq heures. — L'audience est levée. La foule s'écoule mais reste sur les marches, attendant Zola. Elle attendra longtemps.

En effet, craignant les huées, le pornographe vénitien a donné l'ordre à sa voiture de venir le chercher à la porte de la Sûreté. Par un escalier dérobé, l'ami des Dreyfus dégringole et arrive sur la rue avec la mine effrayée d'un renard pourchassé.

Il aura son ovation tout de même, car nous l'attendons là, et c'est aux cris de : « A bas Zola ! Vive l'armée ! » qu'il s'enfouit, avec deux de ses amis, dans son coupé, la face plus verdâtre que jamais.

Un ouvrier s'avance vers la portière et crie :

— Ne lui faites pas de mal, il ne mérite que le mépris !

D'autres ouvriers lui montrent le poing et suivent au trot le coupé, malgré les agents, en criant : « A bas Zola ! A bas les Juifs ! » jusqu'à la rue de Buci.

CHAPITRE TROISIÈME

Ce que la première audience avait appris à Drumont. — Rambaud
est le dernier des paltoquets. — Drumont est plus qualifié que Psichari pour conseiller la conscience publique.

En tête du numéro de la *Libre Parole* qui publiait
les impressions précédentes du Palais de Justice, figu-
rait l'article suivant de Drumont :

AUTOUR DU PROCÈS

Il est douteux que les protestations d'une ville entière,
les huées et les paroles de mépris qui ont accueilli Zola
aujourd'hui aient pour lui leur signification véritable.

Il en est de la perversion du sens moral comme de
certaines perversions des sens ordinaires.

Où le Chef des Odeurs suaves souffrirait, le Chef des
Odeurs puantes éprouvera une jouissance maladive. La
Conscience a ses inversés comme la Nature.

La France honnête n'en ressentira pas moins quelque
joie lorsqu'elle sera enfin débarrassée de l'espèce de
choléra juif qui vient de sévir sur nous avec une si extraordinaire intensité.

On a pu voir là, comme à toutes les époques de grands
troubles, des êtres parlant tout haut et nous révélant le
fond de leur pensée.

Le rôle joué par les Universitaires dans cette campagne maudite restera comme une des caractéristiques de ces journées bizarres.

Depuis la révolte des Sofas, on n'avait jamais vu tant d'Ulémas, de Muftis et de personnages quasi-sacerdotaux se jeter dans les bagarres avec une telle frénésie.

Une lettre de M. Psichari, publiée par le *Temps*, montre bien, sous sa forme enveloppante et subtile, la mégalomanie latente, l'ambition secrète qui travaille ce monde ; elle éclaire bien surtout la conception à la fois oligarchique et anarchiste qui hante ces cerveaux compliqués et naïfs en même temps.

Notons, tout d'abord, que M. Psichari n'a aucune qualité pour nous parler du « tempérament national ». M. Psichari, directeur à l'Ecole des Hautes Etudes, est né, je crois, sujet ottoman, et son père, sauf erreur que je suis tout disposé à rectifier, est encore attaché à une Banque de Galata.

Ce littérateur, maintenant naturalisé, peut avoir des sentiments très français, mais ses arrière-petits-fils seuls pourront parler du « tempérament national ».

Les idées que M. Psichari indique plus qu'il ne les formule ont l'avantage de n'être pas des idées allemandes, ce qui est déjà quelque chose à l'heure actuelle; elles ne sont pas non plus des idées tout à fait françaises.

On démêle là-dedans je ne sais quel rêve de lettré byzantin ou chinois, un conseil de Scholaires ou de Grands Logothètes donnant son avis sur les questions du moment et exerçant une espèce de magistère de l'opinion.

« La pensée, écrit M. Psichari, aurait donc, grâce à cette sorte de référendum de l'opinion, non seulement le droit de s'affirmer, mais encore, dans une mesure utile, le pouvoir de guider et de soutenir. »

Je ne sais pas si forcément, comme le dit M. Psichari,

« la politique obnubile », mais le cerveau de M. Psichari me paraît obscurci par des vapeurs plus épaisses que celles qui sortaient de l'antre de Trophonius.

Il me semble ignorer complètement que cette fonction d'éclairer et d'avertir l'opinion a déjà des titulaires, et que les innombrables journalistes de Paris et de la France sont, chacun dans leur genre, dans leur mouvement spécial, dans le cercle plus ou moins étendu de leur action intellectuelle, des représentants de l'esprit public.

S'ils ne représentaient pas l'esprit public à une dose plus ou moins infinitésimale, ils ne seraient lus par personne.

Ce qui donne précisément à ces hommes le droit de parler, c'est qu'ils n'appartiennent à aucun *Tchin*, à aucun service public, qu'ils ne touchent aucun appointement de l'Etat.

Ainsi que je l'ai déjà expliqué, en répondant dans la *Revue bleue* à la question posée par M. Fouillée, ce sont les successeurs des libres prêcheurs du Moyen Age.

Ils ne forcent personne à les écouter, et à ceux qui trouvent du plaisir ou de l'utilité dans leurs propos, ils se contentent de demander un sou pour les frais du culte ; encore ce sou, grâce aux vendeurs, aux marchands et aux dépositaires qui, très légitimement d'ailleurs, prélèvent leur part, est-il réduit à deux centimes quand il arrive au journal.

Sans doute, le Gouvernement, s'il ne rétribue pas ces remueurs d'idées, se charge parfois de les loger dans des bâtiments publics ; mais il les loge tellement mal dans ces cas-là, il les astreint à un régime si désagréable, que les écrivains préfèrent encore habiter en ville.

J'ajoute pour M. Psichari, qui ne paraît pas s'en douter, que les épreuves par lesquelles ont passé des hommes comme Rochefort, Cassagnac et tant d'autres, avant d'exercer une influence quelconque sur l'opinion, sont plus dures que les épreuves de la licence et de l'agrégation.

Il n'est pas un journaliste un peu notable qui n'ait eu au moins une dizaine de duels, et s'il fallait que le bon Psichari reçoive sur la tête la moitié des injures et des calomnies dont j'ai été accablé pour avoir essayé d'éclairer mon pays, sa sérénité philosophique en serait certainement altérée.

Il faut donc que M. Psichari et ses amis fassent leur deuil de la conception à la fois outrecuidante, chimérique et ridicule de paisibles professeurs douillettement installés dans des fonctions rémunératrices, prébendés, nourris et récompensés par l'Etat, et venant, quand l'idée leur en vient, indiquer leur manière de voir au Gouvernement. En parlant ainsi je n'obéis à aucune hostilité contre l'Université.

Quoi qu'en suppose Jaurès, qui s'imagine que tous les Antisémites ont été élevés dans des Jésuitières, j'ai été élevé par l'*Alma mater;* c'est une façon de parler, car, au fond, je me suis élevé moi-même avec les livres de Voltaire, de Rousseau, de Diderot, de Victor Hugo et de George Sand, que mon père me faisait lire.

C'est ce qui m'a donné une façon de penser absolument personnelle et indépendante et conduit à conclure que les Français ayant déjà fait une Révolution qui n'a profité qu'aux Juifs, ils devraient en faire une nouvelle qui leur profiterait à eux-mêmes.

Le lycée Bonaparte et le lycée Charlemagne n'en peuvent pas moins me revendiquer comme externe libre, excessivement libre, je le reconnais.

J'ai conservé le meilleur souvenir de mes maîtres qui étaient plus simples, plus modestes, moins pontifiants que ceux d'aujourd'hui, mais qui les valaient assurément comme dévouement et comme savoir.

Comme ce malpropre Zola dont les Universitaires ont fait leur dieu, ainsi que la Rome de Petrone fit un Dieu de Crépitus, je ne me suis jamais permis de traiter de *pions* des hommes qui consacrent leur vie à instruire une jeunesse parfois bien indocile et trop souvent ingrate.

En revanche, je me trouverai toujours d'accord avec les gens qui ont conservé leur bon sens pour protester contre l'usurpation des mandarins et leur intrusion dans des choses qui ne les regardent pas, dans des domaines qui ne sont pas les leurs.

En y réfléchissant, M. Psichari lui-même reconnaîtra combien est fâcheuse cette tentative, destructive de tout ordre et de toute hiérarchie sociale.

Je pose, en effet, à M. Psichari cette question qui, jusqu'ici, est restée sans réponse :

« Le Gouvernement aurait-il supporté que des professeurs prissent part à un pétitionnement demandant la revision du procès inique fait au général Boulanger, qui était autrement intéressant que Dreyfus ? »

Si certains professeurs ont pu faire cette fois leurs petits insurgés, leurs Ravachols avec traitement et retraite, c'est parce qu'ils marchaient derrière la Juiverie, qu'ils étaient garantis par elle, qu'ils savaient pouvoir compter sur la connivence de certains ministres.

Que M. Psichari m'en croie, cette façon d'intervenir dans les affaires publiques, avec l'approbation du Gouvernement, alors qu'on se serait prudemmeut abstenu dans le cas contraire, n'a pas couvert les Universitaires de gloire aux yeux des gens sans parti pris.

L'estime de tous a toujours été acquise à des hommes comme ceux qui ont donné leur démission au coup d'Etat pour ne pas prêter un serment qu'ils réprouvaient, ou à des hommes comme Sarcey, comme Taine, comme Deschanel, comme Rigault, comme Weiss, comme Paradol, qui ont renoncé à une situation modeste mais sûre, pour affronter tous les hasards de la vie littéraire.

Il n'en est pas de même pour ces Universitaires qui ont feint une indépendance sans danger en se disant :

« Nous avons un Grand-Maître de l'Université qui est le plus vil des paltoquets et le bas courtisan des Juifs ; il nous approuvera et nous nous serons donné, sans courir aucun risque, les airs de fiers esprits, d'intellectuels hardis qui ne reculent devant rien. »

Il faudrait, d'ailleurs, en finir avec cette blague sur les intellectuels.

Il y a des officiers qui sont sortis de l'Ecole Polytechnique ou de Saint-Cyr, qui ont eu l'occasion, que n'ont pas eue les Universitaires, de voir beaucoup de pays plus ou moins étranges et curieux, d'avoir des sensations, des impressions de vie, des notes d'humanité, et qui valent tous les Andrade, tous les Duclaux et tous les Grimaux.

Si au lieu de faire faire l'exercice à leurs soldats, ces officiers se permettaient de protester publiquement contre des décisions du Conseil académique ou contre les résultats d'un examen au baccalauréat, on les flanquerait immédiatement aux arrêts et l'on aurait rudement raison.

Pourquoi M. Rambaud n'a-t-il pris des mesures analogues contre les Universitaires qui ont protesté contre un jugement du Conseil de guerre?

Cet article remuait tout un lot de nouvelles invectives au ministre de l'instruction publique qui était qualifié « le plus vil des paltoquets », parce qu'il ne destituait pas brutalement les professeurs qui en tenaient pour l'innocence de Dreyfus.

Ce n'était pas là un argument tout à fait de nature à satisfaire les imitateurs de Monod, de Duclaux et de

Psichari, dont la conscience était angoissée par les in-
certitudes de la culpabilité du Prométhée de l'île du
Diable.

Sans doute l'opinion de M. Psichari et de chacun
des professeurs de l'Université était discutable et susceptible d'erreur; mais, à moins de supprimer la liberté
de penser, il était difficile aux esprits droits de faire
chorus avec l'auteur de cet article, ou plus simplement
de ne pas le considérer comme atteint de frénésie.

Un bâillon à Monod, un bâillon à Duclaux, un
bâillon à Psichari, cela faisait trois bâillons à autant
de consciences, mais cela ne faisait pas l'ombre d'un
argument sérieux.

CHAPITRE QUATRIÈME

Deuxième audience du procès Zola (8 février). — Encore des témoins récalcitrants : Esterhazy et madame Chapelon. — Comparution muette de madame Dreyfus. — Déposition de Scheurer-Kestner. — Comparution muette de Casimir-Perier. — Déposition de Castro.

La seconde audience du procès Zola eut lieu le 8 février. En voici la physionomie d'après le *Matin :*

Où est la vérité ? — Questions interdites. — Côté militaire et côté civil. — Les grands muets. — Quelques dispositions suggestives.

Quel procès que celui qui peut nous donner une audience comme celle d'hier! Une audience où, de part et d'autre, des gens de bonne foi se livrent une bataille telle, sur le terrain de la loi, qu'il n'est pas d'exemple qu'on se soit jeté à la face, avec une pareille frénésie, les arguments et les textes !

Quel procès que celui qui met aux prises M. Zola, qui veut la lumière, et des magistrats qui estiment qu'elle est faite, accusé et ministère public parlant et agissant tous deux pour ce qu'ils croient être la vérité !

Au nom de cette vérité, M. Zola réclame ses droits, et l'accusation les lui enlève. La cour rend un arrêt qui lui retranche son principal moyen de défense.

Il est poursuivi pour avoir accusé un second conseil de guerre d'avoir couvert l'illégalité commise par un premier, et il lui est interdit de s'expliquer sur cette illégalité-là !

— L'homme se soumet, s'écrie-t-il, mais ma raison se révolte !

Quel procès que celui où l'on voit des avocats, qui ont tout intérêt à entendre proclamer la liberté de la défense, conspuer un homme qui ne se réclame que de cette liberté...

Où un ancien président de la République, tel un simple citoyen, et donnant ainsi une leçon à ce que M⁰ Labori appelait hier la « caste militaire », vient déclarer que le secret constitutionnel qui le lie ne lui permet pas de dire toute la vérité...

Où la cour déclare, à la satisfaction de tous, que les nombreux témoins qui se récusent devront se présenter, mais qui, toujours pour la sauvegarde de la vérité, clôt la bouche de ces témoins, à la stupéfaction universelle, et se refuse à les interroger...

Où l'on voit madame Dreyfus s'avancer à la barre et ne rien dire parce qu'on interdit aux avocats de lui poser des questions...

Où à ces arrêts continuels qui commandent le silence, M⁰ˢ Labori et Clemenceau opposent des conclusions qu'ils savent repoussées déjà...

Où M. Scheurer-Kestner, ex-vice-président du Sénat, se défendant d'être Prussien, expose qu'il a cru à une erreur judiciaire parce qu'un officier d'état-major y a cru lui-même et parce qu'un général a semblé y croire !

Quel procès, enfin, que celui où des hommes de loi, qui sont ses amis, après avoir protégé un homme de lettres de leurs arguments et de leur science du droit dans une salle d'assises, protègent de leur corps et de la force de leurs muscles un client que l'on injurie et que l'on frappe à l'heure où la bataille, commencée dans l'enceinte de la cour, en franchit les portes et se continue dans les couloirs du Palais et sur le pavé de la rue !

C'est là un spectacle sans pareil, mais que, dans notre impartialité, nous jugerions lamentable si cette cause, à jamais célèbre, n'avait été engagée, selon la parole de M. Zola, au nom de l'humanité, de la vérité et de la justice.

Encore la liste des témoins.

Et d'abord, c'est, au début de l'audience, l'éternel incident de procédure qui se produit. On continue de lire la liste des témoins.

Le commandant Esterhazy, cité comme témoin, écrit au président la lettre suivante :

« J'ai été accusé par M. Mathieu Dreyfus du crime de trahison, et j'ai été acquitté par le conseil de guerre. Aujourd'hui, je reçois de MM. Emile Zola et Perrenx, simples particuliers, une citation à comparaître devant la cour d'assises. Il est constant que les prévenus d'aujourd'hui ont pour but de reviser par une voie révolutionnaire l'arrêt qui m'a acquitté et de salir comme des criminels les juges qui l'ont rendu et que je respecte. Dans ces conditions, je refuse de me rendre à la citation. »

Mᵉ Fernand Labori proteste contre l'abstention de M. Esterhazy. Cependant, dit-il, comme, en le citant, on a obéi à un sentiment de haute discrétion, parce qu'en somme les débats rouleront sur sa personnalité, s'il veut absolument ne pas être entendu, les débats continueront sans lui.

Mais Mᵉ Albert Clemenceau ne l'entend pas de cette oreille. Il veut avoir M. Esterhazy à la barre. Finalement, les deux avocats tombent d'accord et déposent des conclusions pour que M. Esterhazy vienne déposer, même, s'il est besoin, contraint et forcé par la « force armée ».

Puis c'est madame veuve Chapelon qui a l'influenza. Les avocats demandent la réassignation. Madame Chapelon serait venue, à l'*Aurore*, demander qu'on ne la fît point comparaître aux débats, car elle attendait du gouvernement une place pour son fils. Les avocats n'ont pas à entrer dans de pareilles considérations.

Ce témoins singulier aurait déclaré que, si on la forçait à comparaître, elle dirait le contraire de la vérité.

On procède enfin à l'appel nominal des témoins.

La lecture de la liste nous a appris quels étaient ceux qui n'ont pas répondu à cet appel.

Arrêt contre témoins défaillants.

La cour se décide à rendre alors son arrêt sur les conclusions déposées la veille et relatives aux témoins défaillants.

Voici cet arrêt :

La cour, statuant sur les conclusions prises par Perrenx et Emile Zola :

En ce qui touche la dame de Boulancy, la demoiselle Blanche de Comminges, le sieur Autant et la veuve Chapelon :

Attendu que ces témoins, régulièrement cités, ont produit des certificats médicaux réguliers constatant qu'ils étaient, en raison de leur état de santé, dans l'impossibilité de venir déposer en justice ;

Qu'il importe toutefois de s'assurer que leur état de santé est tel qu'ils ne peuvent se présenter sans danger devant la cour et qu'il y a lieu de commettre un expert, lequel aura pour mission de se transporter au domicile desdits témoins et de constater leur état de maladie ;

En ce qui touche Lebrun-Renaud, du Paty de Clam, d'Ormescheville, Ravary, général Mercier, Patron, Vallecalle, Maurel, Eichmann, général de Boisdeffre, Esterhazy :

Considérant qu'aux termes de l'article 80 du code d'instruction criminelle, toute personne citée est tenue de comparaître devant la justice ;

Qu'il n'appartient pas aux témoins cités d'apprécier à l'avance les questions qui leur seront posées, sauf par eux à se retrancher à l'audience, s'il y a lieu, derrière le secret professionnel ;

Qu'il y a lieu d'ordonner que les personnes susvisées seront citées à nouveau pour l'audience de demain,

Par ces motifs,

Commet M. le docteur Socquet, lequel, serment préalablement prêté entre les mains du président de la cour, aura pour mission de se transporter au domicile de la dame de Boulancy, de la demoiselle Blanche de Comminges, d'Autant et de la veuve Chapelon, les examinera, dira si, en raison de leur état de santé, ils peuvent ou non se présenter à l'audience de la cour d'assises, fera son rapport verbal à l'audience, pour être ensuite par les parties requis et par la cour statué ce qu'il appartiendra ;

Dit que les sieurs Lebrun-Renaud, du Paty de Clam, d'Ormescheville, Ravary, général Mercier, Patron, Vallecalle,

laurel, Eichmann, général de Boisdeffre et Esterhazy seront
le nouveau cités pour l'audience de demain ;

Dit n'y avoir lieu de statuer, quant à présent, sur le surplus des conclusions, et ordonne qu'il sera passé outre aux
débats.

MM. Zola et Perrenx, gérant de l'*Aurore*, ayant déclaré
qu'ils n'avaient, pour le moment, aucune observation à présenter, on va entendre les premiers témoins.

Madame Alfred Dreyfus. — La femme en deuil. — Un incident.
M. Zola proteste.

Le premier témoin qui s'avance à la barre est madame
Alfred Dreyfus. Nous n'avons point besoin d'insister sur le
sentiment d'ardente curiosité qui se manifeste dans la salle
dès son entrée.

Comme au procès du commandant Esterhazy, madame
Dreyfus est entièrement vêtue de noir et fort simplement. Une
étroite bordure d'astrakan orne sa jaquette. De son chapeau
noir descend une voilette légère, presque imperceptible. Elle
a les mains dans un manchon. Sa démarche est un peu hési-
tante, et le rose qui lui monte aux pommettes est l'unique
symptôme de l'émotion qui doit l'agiter.

Elle lève les yeux vers M. le président Delegorgue et attend.

Elle attendra vainement qu'il lui pose une question, car le
président se refusera à tout interrogatoire du témoin, et cette
femme se retirera sans que nous ayons entendu le son de sa
voix.

Aux questions qu'énumère Me Labori comme devant être
posées à madame Dreyfus le président répond en disant que
cela n'a pas trait à l'affaire Esterhazy et qu'il ne peut les
poser.

Alors, M. Emile Zola se lève et s'écrie:

— Je demande à jouir ici des mêmes droits que les escarpes
et les assassins! Ils assignent des témoins et les font entendre.
On m'injurie dans la rue. On me poursuit jusque chez moi.
On brise mes carreaux. Je voudrais au moins qu'on me laissât
la possibilité de prouver ma bonne foi!

Ce à quoi M. le président répond :

— Mais la loi, que vous connaissez, ne permet pas de poser ces questions. Nous avons rendu un arrêt hier : il faut le respecter !

M. Zola fait alors entendre cette parole, qui est couverte de protestations :

— Je ne connais pas la loi. Je ne veux pas la connaître. Je ne demande que le droit de me défendre.

Tout à l'heure, il expliquera qu'il a voulu dire par là qu'il s'insurgeait contre l'hypocrisie d'une procédure qui le lie et lui ferme la bouche.

Les avocats reviennent alors sur le point de savoir s'ils peuvent parler du premier procès Dreyfus. Comment prouver qu'un conseil de guerre a couvert une illégalité si on ne peut démontrer cette illégalité ? Or l'illégalité a été commise, dès la période d'instruction. C'est M. du Paty de Clam qui a conduit cette instruction, et le président, disent-ils, devrait leur permettre d'interroger sur ce point madame Dreyfus.

Le président répond encore à tout ceci :

— La cour a rendu un arrêt. Vous devez le respecter.

M. Zola prend la parole. Il dit simplement :

— L'homme, chez moi, s'incline devant votre arrêt, mais ma raison se révolte !

Et il se rassied en ajoutant :

— Elle se révolte, car je ne comprends pas !

Conclusions relatives à madame Dreyfus.

Les avocats déposent alors les conclusions suivantes :

Attendu que parmi les passages relevés dans la citation figure le passage suivant :

« J'accuse le second conseil de guerre d'avoir couvert cette » *illégalité* par ordre en commettant à son tour le crime juri- » dique d'acquitter sciemment un coupable » ;

Attendu que, pour faire preuve de l'exactitude de cette allégation, il est indispensable de prouver qu'une illégalité a été commise lors du jugement rendu par le conseil de guerre qui a condamné le capitaine Dreyfus ;

Attendu que madame Dreyfus a été citée comme témoin

pour déposer sur les faits à sa connaissance tendant à établir cette illégalité, que son témoignage est donc éminemment pertinent; que l'audition de madame Dreyfus n'est en aucune façon en contradiction avec l'arrêt de la cour rendu à la date d'hier, qui n'a pu écarter et n'a écarté que la preuve des faits qui seraient en dehors de ceux articulés;

Et attendu que les faits sur lesquels le témoignage de madame Dreyfus est requis portent directement sur les faits expressément articulés, et notamment sur l'illégalité alléguée dans le passage susénoncé;

Attendu en outre que les concluants conservent, malgré l'arrêt de la cour, le droit absolu de prouver leur bonne foi;

Attendu que le refus d'entendre les témoins cités constituerait au premier chef la violation des droits de la défense,

Ordonner, par ces motifs,

Que les questions suivantes seront posées à madame Dreyfus :

1o Qu'est-ce que vous pensez de la bonne foi de M. Zola ?

2o Quelles sont les raisons qui vous ont amenée à croire à cette bonne foi ?

3o Estimeriez-vous, d'après ce que vous en savez, que l'information suivie contre votre mari a été légale ou illégale ?

4o Voulez-vous raconter la première visite du commandant du Paty de Clam à votre domicile ? Quelles étaient les personnes présentes ?

5o M. du Paty de Clam ne proférait-il pas contre votre mari les plus grossières injures ?

6o Ne prétendait-il pas démontrer géométriquement et en traçant des cercles concentriques sa culpabilité ?

7o Ne lui a-t-il pas parlé du Masque de fer ?

8o Ne lui a-t-il pas fait défense expresse de parler de l'arrestation à qui que ce soit, même à sa famille ?

9o Au bout de combien de temps a-t-elle eu le droit d'écrire à son mari ?

10o Au bout de combien de temps a-t-elle revu son mari ?

11o M. du Paty de Clam ne lui a-t-il pas dit : « Il nie, mais j'arriverai bien à lui faire cracher tout ce qu'il a dans le corps » ?

12º M. du Paty de Clam ne lui a-t-il pas fait cependant ([e]
pérer que, peut-être, il y avait une erreur, et cela jusqu'[au]
1er novembre ?

13º M. du Paty de Clam n'a-t-il pas essayé par les moye[ns]
les plus irréguliers, et même par des moyens captieux, de [lui]
arracher des aveux pendant tout le cours de l'information [et]
après la condamnation ?

14º Que pense-t-elle du caractère de son mari et de sa m[o]
ralité ? Quel a été le caractère de leur vie commune dep[uis]
leur mariage ?

15º N'a-t-il pas toujours déclaré, pendant l'information [et]
depuis, que toute cette affaire était incompréhensible et qu[il]
était la victime d'une machination ?

L'avocat général demande aussitôt le rejet de ces conclusion[s.]

Et la cour, obtempérant aux *desiderata* de M. Van Casse[l]

rejette, en effet, les conclusions.

Et l'on prie madame Dreyfus de se retirer.

Mᵉ *Leblois*. — *Le télégramme de Blanche*. — *Le bon Dieu* [et]
Speranza.

On entend ensuite Mᵉ Leblois. On sait quel rôle il joua da[ns]
cette affaire. Ce fut l'ami et le conseil, plus même : l'avoc[at]
de M. le lieutenant-colonel Picquart. Il a donné hier à la co[ur]
d'assises des explications aussi nettes et aussi complètes q[ue]
possible. Mᵉ Leblois parle froidement et méthodiquement, e[n]
avocat d'affaires qui sait la valeur des mots, qui s'emballe r[a]
rement et qui ne se charge d'une cause qu'après y avoir mûr[e]
ment réfléchi.

Il est interrogé sur l'affaire Esterhazy et sur le rôle qu'y jou[a]
le colonel Picquart et qu'il y joua lui-même :

— Le colonel Picquart, dit Mᵉ Leblois, est un ami de long[ue]
date. Nous sommes toujours restés fidèles.

Vers le milieu de 1895, il a été nommé chef du bureau d[es]
renseignements. Il était naturel qu'il me consultât sur le[s]
difficultés juridiques qu'il rencontrait. Il ne me parla toute[]
fois jamais que de deux affaires : une instruction faite à Nan[cy]
et un règlement concernant les pigeons voyageurs.

Quand il partit brusquement du ministère, il ne m'avait ja[]

mais dit un mot des affaires Dreyfus et Esterhazy. Ce n'est qu'en juin 1897, alors qu'il était à Sousse, où il avait reçu une lettre de menace, qu'il vint me consulter comme avocat. C'est au cours de cet entretien qu'il me fit connaître sa conviction de l'innocence de Dreyfus.

Je fus profondément ému de cette révélation, en même temps que par le trouble que pouvait faire naître dans le pays la révélation de cette erreur judiciaire. Je cherchai alors à recueillir des renseignements sur cette affaire et sur la famille Dreyfus. Je sus, au cours de ces démarches, que M. Scheurer-Kestner faisait le même travail, et, comme nous nous rencontrions à dîner dans une maison amie, le vice-président du Sénat me demanda de lui faire connaître tout ce que je savais et de l'éclairer complètement. C'est ainsi que je lui parlai des lettres que le général Gonse avait écrites au colonel Picquart. Il fut convaincu et, certes, il n'abandonna jamais la cause que nous soutenons.

Mais il fallait des preuves matérielles concernant l'écriture du commandant Esterhazy, semblable à celle du bordereau.

C'est alors que nous apprîmes qu'une pièce avait été communiquée secrètement au conseil de guerre qui jugea Dreyfus. Je proposai à M. Scheurer-Kestner de saisir le garde des sceaux d'une demande de revision. Le vice-président du Sénat ne le voulut pas, parce que nous n'avions pas encore de preuves matérielles.

Nous apprîmes également que des machinations terribles étaient préparées contre le colonel Picquart, qui avait reçu deux télégrammes rédigés évidemment au bureau des renseignements du ministère de la guerre. Mon premier devoir était l'instruire le gouvernement de cette situation. Je n'avais pas le moyens directs de m'adresser à lui. Je priai alors M. Trarieux d'être mon interprète auprès du gouvernement. L'ancien garde des sceaux vous fera connaître le résultat de ces démarches à la suite desquelles je déposai, au nom de mon client, une plainte au procureur de la République, plainte dont est saisi M. le juge d'instruction.

Me Labori demande des explications supplémentaires sur les télégrammes :

L'un de ces télégrammes, répond Mᵉ Leblois, disait : « Demi-Dieu demande tous les jours à mademoiselle de Comminges quand il pourra voir le bon Dieu. » Il était signé « Speranza ». Il tendait à faire croire que le lieutenant-colonel Picquart était en relations avec un personnage politique. En réalité, d'ailleurs, « Demi-Dieu » était la désignation du commandant de Lallemand, et le « bon Dieu », celle du lieutenant-colonel Picquart.

L'autre, signé « Blanche », portait : « On a la preuve que le petit bleu signé C. est de Georges. »

Il émanait évidemment des bureaux de la guerre, car comment aurait-on su au dehors que l'on s'occupait de l'affaire Esterhazy ?

Du reste, il a été démontré au conseil d'enquête que le lieutenant-colonel Picquart était absolument étranger à tous ces faux.

Mᵉ Labori demande ensuite si M. du Paty de Clam n'a pas été en relations avec une dame voilée.

— Oui, répond le témoin, il était en relations avec la famille de Comminges.

Et Mᵉ Leblois nous raconte l'histoire que nous narra, hier, Mᵉ Labori et qui se trouve dans les conclusions déposées que nous avons données.

— A quoi tendent toutes ces questions ? demande le président.

— Mais simplement à ceci, répond Mᵉ Labori : nous voulons démontrer que la fameuse Speranza, la célèbre dame voilée qui fut si tutélaire au commandant Esterhazy, est sortie de l'entourage de M. du Paty de Clam, c'est-à-dire des bureaux du ministère de la guerre.

M. Scheurer-Kestner. — *Deuxième attitude — Les lettres du général Gonse.*

M. Scheurer-Kestner a eu, hier, à la barre, une attitude que nous ne lui connaissions pas. Il a abandonné cette réserve que l'on avait jugée sévèrement au conseil de guerre et il s'est expliqué catégoriquement sur les motifs qui avaient déterminé sa conduite. Au conseil, il avait laissé au colonel Picquart le soin de s'expliquer sur les lettres, fort importantes, du général Gonse. Le colonel Picquart fut entendu pendant le huis-clos, et cet incident nous échappa. Nous ne savons ce que dira aujourd'hui M. le colonel Picquart, mais les paroles de M. Scheurer-Kestner ont eu le don d'intéresser fort, hier, l'auditoire tout entier.

Les deux mains appuyées à la barre, le torse rejeté en arrière, M. Scheurer-Kestner, dès le début de sa déposition, a des accents combatifs. C'est presque avec orgueil qu'il nous raconte les anxiétés premières qui s'emparèrent de son esprit relativement à la possibilité d'une erreur judiciaire dans l'affaire Dreyfus. Il nous fait ensuite le récit de son enquête, toutes choses que nous connaissions déjà.

Il nous dit quelle fut son entrevue avec le ministre de la guerre, la façon dont il supplia ce vieil ami de lui dire toute la vérité sur Dreyfus et la bonne foi qu'il mit dans sa démarche. Il nous raconte la demande de surseoir que lui adressa le ministre. Il nous parle de ces quinze jours pendant lesquels il ne voulut rien dire, ayant engagé sa parole, et qui lui valurent tant d'outrages pour, finalement, ne pas recevoir du ministre de la guerre la réponse promise.

Mais le point capital de la déposition de M. Scheurer-Kestner est relatif aux lettres du général Gonse. Il annonce qu'il les a dans sa poche, et qu'il est prêt à les lire.

— Ce sont ces lettres, dit-il, qui, finalement, ont déterminé ma conviction.

Mais, ici, un gros incident se place : le président s'oppose à la lecture des lettres.

M⁰ Labori explique que, si les lettres n'ont pas été versées jusqu'alors aux débats et si on n'a point averti dans les délais légaux le ministère public de leur production, c'est que l'on ne voulait s'en dessaisir que dans des conditions spéciales, c'est que ces lettres ont été apportées une première fois par le lieutenant-colonel Picquart au conseil de guerre qui jugea le commandant Esterhazy. Or le président de ce conseil aurait pris les lettres, les aurait jointes au dossier sans les lire ; bref, les aurait confisquées.

Toujours est-il que M. Scheurer-Kestner ne pourra les lire. Mais, comme il en sait les passages les plus importants par cœur et qu'il nous le dira, nous n'y perdons qu'à moitié :

— C'était le 7 septembre 1896, dit le témoin. Le lieutenant-colonel Picquart reçut du général Gonse, qui était à la campagne en Seine-et-Oise, une lettre lui disant : « Agissez avec prudence, avec la plus grande circonspection ; surtout pas de bruit, ne mettez pas de tiers (experts) dans cette affaire. »

Le lieutenant-colonel Picquart répond :

« Je suivrai vos instructions à la lettre ; mais les personnes intéressées et qui croient qu'on s'est trompé peuvent aller de l'avant, provoquer un scandale. Il faut faire justice à temps. »

Trois jours plus tard, le général Gonse répondait par une autre lettre, la plus importante de toutes, où M. Scheurer-Kestner a relevé cette phrase :

« *Au point où vous en êtes arrivé de votre enquête, il ne s'agit pas d'éviter la lumière, mais de savoir comment on arrivera à la manifestation de la vérité.* »

Cette phrase, qui paraît avoir un sens si précis, a produit une impression profonde.

M. Casimir-Perier. — L'ancien président à la barre. — La vérité impossible.

M. Casimir-Perier fend difficilement la foule, qui se presse autour de lui, pour arriver à la barre. Un ancien président de la République témoignant en cour d'assises est un spectacle rare, que tout le monde tient à voir. Cette qualité de président de la République est tellement présente à l'esprit de tous qu'à plusieurs reprises Mᵉ Labori laisse échapper ces mots : « M. le président de la Rép... » et le président des assises perd aussi son sang-froid : « M. le présid... ». Chacun se reprend :

— M. Casimir-Perier, dit M. Delegorgue, levez la main droite et prêtez serment.

— Avant de prêter serment, dit l'ancien président de la République, je tiens à répéter la déclaration que j'ai faite hier par écrit dans ma lettre à M. le président des assises.

— Il faut, avant de parler, insiste M. Delegorgue, d'abord prêter serment.

Alors, M. Casimir-Perier, plus têtu encore que le président, déclare :

— Je ne peux prêter serment de dire toute la vérité, parce je ne peux pas la dire !

Finalement, comme il faut que l'un des deux cède, M. Casimir-Perrier, qui a le plus grand respect de la justice, prête serment.

Voici, alors, à peu près textuellement, le dialogue qui s'engagea :

Mᵉ LABORI. — M. Casimir-Perier, lorsqu'il était président de la République, a-t-il connu, avant son arrestation, qu'un officier d'état-major était poursuivi et a-t-il connu les charges relevées contre lui?

LE PRÉSIDENT. — La question ne sera pas posée.

Mᵉ LABORI. — A-t-il eu connaissance que, soit relativement à l'affaire Dreyfus, soit relativement à l'affaire Eterhazy, il y eût un dossier secret?

LE PRÉSIDENT. — Pas pour l'affaire Dreyfus.

M. CASIMIR-PERIER. — Je n'ai pas eu connaissance de l'existence d'un dossier Esterhazy.

Mᵉ LABORI. — M. Casimir-Perier n'a-t-il pas eu connaissance que, dans l'affaire Dreyfus, une pièce secrète ait été communiquée hors des débats?

LE PRÉSIDENT. — La question ne sera pas posée.

Mᵉ LABORI. — Si une pièce secrète eût été produite hors de débats quelconques, dans une affaire quelconque, et qu'une condamnation fût intervenue, que penserait M. Casimir-Perier?

LE PRÉSIDENT. — Je ne poserai pas la question. C'est une façon détournée de poser la même question que tout à l'heure.

Mᵉ LABORI. — Je vais déposer des conclusions.

Mᵉ ALBERT CLEMENCEAU. — M. Casimir-Perier n'a-t-il pas dit, tout à l'heure, qu'il ne pouvait pas dire toute la vérité?

M. CASIMIR-PERIER. — Oui, et c'est à raison de l'irresponsabilité constitutionnelle, dont je parlais dans ma lettre au président.

Mᵉ LABORI. — Je demande pardon à M. Casimir-Perier de le

retenir encore, mais je ne puis consentir à ce qu'il s'en aille, avant qu'il soit statué sur mes conclusions.

M. CASIMIR-PÉRIER. — Je suis un simple citoyen et aux ordres de la justice.

Mᵉ LABORI. — M. Casimir-Perier donne ici un illustre exemple, et je prie MM. le jurés de constater que d'autres se font contraindre par justice pour comparaître ici.

Sur ces derniers mots, l'audience est suspendue, et une ovation est faite à M. Casimir-Perier.

Et l'on crie tout au long : « Vive Casimir-Perier ! », bien que quelques méchants esprits aient prétendu jadis que ça l'était un peu trop.

M. de Castro.

Et l'audience est définitivement levée sur une dernière déposition de M. de Castro.

— J'ai fait, dit celui-ci, comme attaché à une banque, plusieurs opérations de Bourse pour le compte de M. Esterhazy, dont je connaissais parfaitement l'écriture, au point que je la reconnaissais parmi les lettres du courrrier.

Quand les camelots publièrent le fac-similé du bordereau, je fus frappé de la ressemblance, de l'identité même existant entre l'écriture du bordereau et celle de M. Esterhazy. J'en fus très troublé.

J'en parlai à quelques amis, qui me conseillèrent de faire part de ma découverte à M. Mathieu Dreyfus. Je l'allai trouver. Je lui apportai des lettres du commandant. M. Mathieu Dreyfus me pria d'aller les communiquer à M. Scheurer-Kestner. Je le fis, et M. Scheurer-Kestner partagea mon sentiment.

La cour n'a pas plutôt quitté le prétoire qu'on commence à hurler : « Vive Zola ! A bas Zola ! » et qu'on s'administre des coups.

CHAPITRE CINQUIÈME

Autour de la seconde audience. — Coup de poing de Genty
à Coutant. — Menaces de mort à Zola.

Occupons-nous maintenant des incidents des abords
de l'audience, avec le cortège de violences, cher aux
agitateurs qui s'y étaient donné rendez-vous. En voici
le récit d'après le *Matin :*

AUTOUR DU PALAIS DE JUSTICE

*Violente manifestation contre M. Zola. — Sifflets, gifles et coups
de poing. — Où est la police?*

La préfecture de police avait cru devoir, hier, se relâcher
de la surveillance rigoureuse qu'elle avait exercée, la veille,
aux abords du Palais de justice. Mal lui en a pris, car les incidents les plus regrettables se sont produits à l'issue de l'audience de la cour d'assises.

Mais commençons par le commencement.

Les amateurs de spectacles judiciaires sont toujours les
mêmes. Nous les avons vus jadis aux procès Pranzini et Prado,
puis à ceux de Ravachol et du marquis de Morès, puis à
l'affaire du petit Pierre, l'enfant martyr, puis encore à celle
du Panama. Ce sont, pour la plupart, des petits rentiers, des
soldats retraités, des employés sans emploi, des ouvriers sans
travail, quand ce ne sont pas des vagabonds trop heureux
d'être admis à se chauffer pendant plusieurs heures aux calo-

rifères que la bonne dame Thémis allume dans son sanctuaire. Nous parlons, bien entendu, du public, du véritable public, celui qui assure la « publicité » légale des débats, et non des belles dames et des élégants messieurs qui ont obtenu de la cour des entrées de faveur.

Le vrai public, celui qui attend patiemment, les pieds dans la boue, l'heure de l'ouverture des portes, n'était guère représenté, hier matin, au long de la grille de la rue de Harlay, que par une soixantaine de braves gens appartenant aux catégories indiquées plus haut. Les premiers se trouvaient même là pour d'autres personnes; plusieurs attendaient un client qui voulût bien acheter leur place pour quelques francs.

On avait jugé inutile de barrer la place Dauphine, de même que les grilles principales du Palais de justice, du côté du boulevard du Palais, étaient restées grandes ouvertes. Çà et là, des groupes de gardiens de la paix, et, un peu partout, des inspecteurs de police en bourgeois. On ne les reconnaît presque pas !

C'est M. Mouquin, commissaire divisionnaire, qui dirige encore le service d'ordre, lequel deviendra, dans l'après-midi, un service de désordre. De temps à autre apparaît M. Touny, directeur de la police municipale; puis M. Charles Blanc, préfet de police, vient se rendre compte de l'exécution des mesures ordonnées par lui.

Arrivée des témoins.

La plupart des témoins, qui, lundi, étaient venus par la place Dauphine, sont arrivés hier par le boulevard du Palais. Les inculpés également.

Voici MM. Charles Dupuy, Trarieux, Delcassé, Develle, Thévenet, Guérin, Joseph Reinach; puis les militaires, presque tous en tenue de ville : le général Gonse, le général de Pellieux; le lieutenant-colonel Picquart, surveillé à distance par des inspecteurs de police; le colonel Bougon, du 1er régiment de cuirassiers, qui siégeait au conseil de guerre devant lequel a comparu le commandant Esterhazy. On remarque beaucoup le commandant Forzinetti, l'ex-directeur de la prison du Cherche-Midi.

Un autre groupe s'avance, composé des membres de la famille Dreyfus : Madame Lucie Dreyfus, toujours en grand deuil ; M. Mathieu Dreyfus, en pardessus et chapeau noirs ; M. Hadamard, le beau-père de l'ex-capitaine ; puis les deux frères de madame Lucie Dreyfus.

Voici encore M⁰ Demange, qui témoignera sans doute aujourd'hui ; M. Ranc, M. Jaurès, M. Mirman, madame Séverine, qui suit les débats comme chroniqueur judiciaire; M. Anatole France, M. Henri Rochefort, qui recueille sur son passage des vivats auxquels il paraît très sensible.

Dans la galerie dite de la Sainte-Chapelle, l'encombrement est tel que les personnes citées ont beaucoup de peine à se frayer un passage; les magistrats eux-mêmes, notamment M. le conseiller Delegorgue, doivent jouer des coudes pour écarter les rangs pressés des stagiaires qui encombrent le monument. Jamais, de mémoire de vieux robin, on n'a vu tant d'avocats en même temps au Palais. Ces messieurs ont même leurs invités ; les employés du parquet, les greffiers et jusqu'aux garçons de bureau ont amené là leurs concierges ou des parents de province.

Le principal inculpé.

M. Zola descend, à onze heures quarante-cinq, devant la grille dorée du Palais. Il traverse rapidement la cour de Mai, accompagné de MM. Georges et Albert Clemenceau, Fasquelle et Dumoulin, et gravit les degrés du grand escalier de pierre. Il est attendu dans la galerie Marchande par M⁰ Labori, MM. Octave Mirbeau et Anatole France. L'auteur de *Pot-Bouille* porte les mêmes vêtements et la même coiffure que la veille. Le groupe cherche à se diriger vers la cour d'assises par la galerie de la Sainte-Chapelle; mais cette voie est tellement encombrée que tout le monde est obligé de recourir à la galerie Marchande, d'où l'on arrive à la galerie de Harlay. On s'écrase littéralement à la porte d'entrée des témoins : impossible de pénétrer par là. Enfin, M. Zola et les personnes qui l'accompagnent réussissent à gagner la cour d'assises en passant par la porte des témoins de la chambre des appels correctionnels, située sur le même palier que la précédente.

A plusieurs reprises, M. Zola est l'objet de manifestations sympathiques de la part d'avocats ; il salue un peu au hasard, car on sait que l'illustre romancier est extrêmement myope

A midi dix minutes, une soixantaine de personnes sont admises à pénétrer dans la partie de la salle des assises réservée au public.

Pendant toute la durée de l'audience, le Palais est resté calme. A l'extérieur, une centaine de curieux se sont obstinés à demeurer sur le terre-plein de la place Dauphine, contemplant les deux aigles impériales qui déploient largement leurs ailes de pierre aux deux angles de l'édifice.

A quatre heures et demie, au moment de la sortie de l'audience, il y a environ deux cents personnes dans la cour de Mai, deux cents autres sont étagées sur les marches de l'escalier monumental. Profitant de l'absence de tout service d'ordre de ce côté du monument, un grand nombre de curieux ont même réussi à pénétrer dans le Palais de justice.

La sortie.

Toujours accompagné de MM<sup>es</sup> Labori et Albert Clemenceau, M. Emile Zola descend de la cour d'assises. Dans la galerie de Harlay et dans la galerie Marchande, deux haies se sont formées. Il y a là des avocats, des journalistes, des employés du Palais et un grand nombre de personnes étrangères. Tout ce monde semble très surexcité. On commence à crier : « Vive Zola ! » Cinquante cris de « A bas Zola ! » répondent à ce vivat, avec accompagnement de sifflets. Le capitaine Perret, commandant des gardes du Palais de justice, cherche en vain à imposer silence aux manifestants. « Quand vous serez dehors, dit-il, vous ferez ce que vous voudrez ; mais, ici, j'ai une consigne, et je la ferai respecter. »

Naturellement, les cris et les clameurs redoublent. Le vieux militaire cherche à empoigner quelques braillards, mais, comme il ne peut étreindre en même temps près de deux cents personnes, force lui est de laisser faire. D'ailleurs, ses hommes sont débordés, lui-même est bousculé.

Derrière M. Zola et ses amis se forme un cortège bruyant. On s'injurie, on va même jusqu'à échanger des gifles. M<sup>e</sup> Coutant, avocat, ancien vice-président de l'Association des étudiants, est souffleté par M. Henri Genty, qui se donne comme préparateur libre aux examens de la Banque de France ; il n'admet pas qu'on vienne lui reprocher sous le nez de manifester en faveur du romancier. M. Genty est, en outre, prévenu d'avoir crié : « A bas la France ! » Aussi on l'empoigne pour le conduire au commissariat de police du quai de l'Horloge.

MM^{es} Labori et Albert Clemenceau sont obligés de s'arrêter quelques instants au vestiaire Boscq pour déposer leur robe et leur toque. M. Zola les attend, et ce répit suffit pour que le romancier soit aussitôt entouré d'une foule hostile et même agressive.

Le préfet de police a fait demander à M. Zola s'il désirait, comme la veille, quitter le Palais par une porte dérobée.

— Je veux sortir comme tout le monde, répondit l'auteur de l'*Assommoir*, en même temps que tout le monde et par la grande porte !

Et M. Zola est, en effet, sorti comme tout le monde ; pas tout à fait, cependant.

La bagarre.

Après avoir franchi la porte à tambour donnant accès sur le vaste perron, il a pu dominer un instant cette foule hurlante, surexcitée au suprême degré, prête à tout, qui avait envahi les marches de l'escalier et la cour de Mai. Il est descendu entre les poings tendus, au milieu des vociférations et de sifflets retentissants. Il était pâle, très pâle ; ses lèvres étaient agitées de tremblements convulsifs, et l'on voyait qu'il faisait un violent effort sur lui-même pour rester debout. D'ailleurs, ses amis le soutenaient.

Dans la cour, ce fut bien autre chose. Un agent de police ayant pris l'initiative de fermer la grille moyenne de gauche, la seule par laquelle on pût sortir, M. Zola se trouva prisonnier au milieu de cette foule qui le serrait de toutes parts, menaçante, les cannes levées. Sur le boulevard du Palais, cinq cents curieux hurlaient.

Enfin, M. Leproust, commissaire de police de la première brigade des recherches, fit ouvrir la grille ; puis des agents, accourus de la caserne de la Cité, dégagèrent le trottoir. Encadré de gardiens de la paix, M. Zola put ainsi traverser le boulevard du Palais et gagner sa voiture, qui stationnait rue de Lutèce, devant le tribunal de commerce. M. Noriot, officier de paix, poussa M. Zola dans son coupé, et l'équipage partit à fond de train dans la direction du pont d'Arcole, cependant que les agents, formés en épais cordon, retenaient les manifestants sur le boulevard du Palais.

Un peu plus tard, sept personnes sont venues affirmer à M. Euriat, commissaire de police, que M. Henri Genty, dont nous annonçons plus haut l'arrestation, avait bien proféré le cri de « A bas la France ! » Un seul témoin à décharge s'est présenté : M. Freigünterler, correspondant parisien de la *Gazette de Genève.*

Bien que M⁰ Coutant ait renoncé à porter plainte, M. Genty n'en a pas moins été gardé provisoirement à la disposition de la justice, car il s'est également rendu coupable d'outrages aux agents. A dix heures, il était relaxé.

M. le préfet de police s'est rendu, hier soir, auprès de M. Bertrand, procureur général, pour lui demander l'autorisation de faire pénétrer des gardiens de la paix dans le Palais, au cas où, aujourd'hui, les scènes violentes d'hier se reproduiraient. Il est évident qu'en présence d'un pareil déchaînement de passions les gardes ordinaires du capitaine Perret sont impuissants à maintenir l'ordre.

Sur les mêmes incidents, voici la relation de la *Libre Parole* du lendemain :

Ce n'est que la deuxième journée du procès Zola, et déjà l'exaspération populaire grandit dans des proportions qui semblent bien inquiétantes pour Israël.

Dès neuf heures du matin, hier, cette exaspération se manifestait par la présence, aux abords du Palais, d'une foule moitié plus considérable qu'avant-hier, et ce n'était plus de la raillerie et des paroles gouailleuses qui s'élevaient de cette foule, mais bien des cris de haine vociférés, les poings tendus sur le passage des Juifs.

Sur le trottoir de la place Dauphine, devant la grande grille, MM. Touny, chef de la police municipale, et Mouquin, inspecteur divisionnaire, vont et viennent, visiblement ennuyés. On les entend qui donnent des ordres aux agents :

— Surtout veillez au grain quand *il* va arriver.

Il, on s'en doute, c'est ce méprisable Zola.

A onze heures moins le quart, le public n'a pu contempler, jusque-là, que des personnages de minime importance ; mais voici Joseph Reinach.

Le petit monstre hébreu traverse le trottoir en sautillant et en jetant autour de lui des regards inquiets. De temps en temps, il se retourne convulsivement comme un gamin qui sent son postérieur menacé. Ah ! les pieds vengeurs ne manquent pas autour de lui ! Quelle joie on aurait à crever une bottine sur ce fond de culotte !

Il passe, il est passé. Sur la dixième marche Reinach s'arrête et souffle. Il n'a plus peur et son mufle immonde de bête sabbatique se plisse d'une façon horrible :

— Ah ! la sale bête — crie un loustic ; il a du poil même sur les yeux !

Les agents se tordent de rire.

Mais la foule crie : « A l'eau, le Youtre ! A mort les Juifs ! »

Un peu de calme se produit. C'est la femme de l'ex-capitaine Dreyfus qui arrive au bras de M. Hadamard, en compagnie des frères Dreyfus. On salue Gyp, la grande et bonne Gauloise, et Henri Rochefort.

Sur le passage du général Gonse en tenue, on acclame l'armée.

Zola commence à se faire désirer, et il est onze heures et demie. Presque ensemble, entrent MM. Delcassé, Poincaré, Charles Dupuy, Develle, Anatole France, Trarieux, Guérin, plusieurs représentants des ambassades et MM. Jaurès, Mirman et Ranc.

— Tiens, voilà Scheurer; comment vas-tu, ma vieille ? clame un petit commis, en dansant une gigue effrénée.

C'est en effet Scheurer-Kestner. Le libidineux vieillard n'a sans doute pas absorbé, ce matin, une dose suffisante de ce *vin du sénateur* qu'on lui tient en réserve dans les caves d'un restaurant *cascher* de la rue Blanche, car ses jambes sont de coton. Son nez, tel un ongle incarné, s'efforce de plus en plus de s'introduire dans sa bouche. Un beau matin, il le tranchera d'un coup de chicot, c'est certain, s'il n'y prend garde.

Quelques cris de : « A bas les traîtres ! » saluent l'entrée de l'impudique législateur.

Un long murmure s'élève. La voiture de Zola vient d'apparaître et stoppe devant la grille.

Le paternel de mademoiselle Satin traverse le trottoir, prudemment encerclé de MM. Clemenceau, Octave Mirbeau, Fasquelle et Desmoulins. On dirait qu'il ne s'est pas lavé la figure, tant sa peau est terreuse. Il marche presque renversé sur les talons, la semelle des souliers appuyant à peine. L'ataxie guette ce sadique. Une immense clameur l'enveloppe au passage :

— A bas Zola ! Enlevez-le ! A l'eau ! A bas les Juifs !

Clemenceau roule des yeux terribles, Octave Mirbeau prend l'air du monsieur qui voudrait être autre part, et l'éditeur Fasquelle semble peu rassuré :

— C'est pas ça qui fera monter le tirage des livres de mon auteur, semble-t-il penser.

Dans la salle des Pas-Perdus, nouvelles avanies.

On ne veut pas laisser entrer à la Cour d'assises le groupe dreyfusard ; ce sont de nouveaux gardes républicains qui sont de service et Zola est obligé de montrer sa carte à deux reprises.

— Passez alors ! — font les braves soldats — d'un air de dégoût.

— Maintenant que la fouine est passée, brûlons du

icre — pour chasser l'odeur — propose un confrère.

Il s'agit maintenant d'attendre la sortie dans l'immense estibule.

Les heures passent gaiement quand même. Aujour-'hui le piquet de service a reçu l'ordre d'empêcher de umer, et naturellement tout le monde s'empresse de ouler, plus que jamais, des cigarettes. — Voyons, mes-eurs, puisque c'est la consigne ! supplient les gardes.

— Empêchez alors les Juifs qui sont là de sentir mau-ais — leur disons-nous.

De fait, les Hébreux sont plus nombreux qu'à la der-ière audience, ce qui n'est pas peu dire.

Il y a le Juif souriant, M. Fuchs, du *Berliner Lokal nseiger*. Il y a le Juif cossu et rondouillard, M. Gold-ann, de la *Gazette de Francfort*. Il y a surtout un Juif ale, qui est correspondant d'une feuille allemande don ai oublié le nom.

Oh! ce Youtre! joie de nos longues heures oisives ! êtu d'une longue lévite rousse et coiffé d'un chapeau isant de crasse, il est partout, baragouinant un patois idische extraordinaire. Sa chaussure qui claque sur les alles avec un bruit de guenilles mouillées est un véri-ble poème. Figurez-vous d'énormes bottes à plis, en-uies dans des *snow-boots* trop larges. De temps en emps un coreligionnaire lui passe un *tuyau*, et il fait :

Pon, pon, très pon ! » tandis que sa face se creuse de ille petits plis, comme une coiffe angevine.

Un grand remue-ménage se produit. C'est M. Casimir-erier qui vient d'entrer. Quelques amis lui font une iscrète ovation, et il pénètre dans la salle des assises ar la porte dite des magistrats et des jurés.

Les heures se succèdent remplies de papotages et de n-dit. M. Gustave Hubbard, député de Pontoise, déclare ue Scheurer a été « épatant » et les amis d'Hubbard ux-mêmes en semblent estomaqués. Mais voici que la

nouvelle est démentie : Scheurer épatant ! allons donc !
il a bafouillé lamentablement, au contraire ! Nous sau-
rons ça à la sortie.

Les nègres de la première audience sont revenus avec
des serviettes monumentales. Bons jeunes gens ! la défense de fumer les a terrorisés et ils roulent entre leurs
doigts sombres de blanches cigarettes qu'ils n'osent allumer. Pour tuer le temps, le plus jeune de ces Africains
fait *tam-tam* avec ses pieds, et des confrères accompagnent ce menu tapage en chantonnant :

> Arbi, arba, arbo,
> Macache bono !

Ah mais ! ah mais ! que se passe-t-il ?

Les gardes républicains dégringolent l'escalier de la
cour, à toute vitesse.

Il n'est que cinq heures et c'est déjà la fin de l'audience.
Une énorme bousculade se produit, Zola paraît et on
entend un cri : « Vive Zola ! A bas la France ! »

Un avocat en robe, Mᵉ Coutant, s'écrie : « Quel est le
misérable qui vient de crier : « A bas la France ! » et
comme personne ne dit mot, Mᵉ Coutant continue : « Ce
ne peut être qu'un vendu », et il va se diriger vers le
vestiaire, quand un homme bondit sur lui, et lui assène
un coup de poing sur l'épaule. Mᵉ Coutant se retourne,
saisit son agresseur par le bras, et l'envoie tomber sur
un garde républicain.

En un clin d'œil, l'homme est saisi et emmené au
poste, où il déclare s'appeler Henry Genty, préparateur
libre aux examens de la Banque de France. Dix témoins
interrogés déclarent alors avoir parfaitement entendu ce
misérable pousser le cri de : « A bas la France ! » Seul,
un Juif, du nom de Freigeinteiler, correspondant de la
Gazette de Genève, affirme le contraire. Mais on sait le
cas qu'il faut faire d'une affirmation d'un Hébreu.

Pendant ce temps, Zola descend l'escalier, entouré d'une foule énorme qui l'insulte furieusement. Le cordon des agents est rompu et le maître des pornographes, bousculé de toutes parts, trébuche à chaque pas. Quelques bourrades bien senties parviennent même à destination.

Zola va passer décidément un mauvais quart d'heure, mais le capitaine des gardes du Palais veille, et le fait rentrer dans la salle des assises. Finalement, au milieu des huées qui éclatent, farouches, immenses, il parvient jusqu'au vestiaire Bosc, où, entouré de Clemenceau, de Mirbeau, d'un groupe de Dreyfusards et de gardes, il attend qu'on protège sa sortie.

A cinq heures moins dix, Zola se décide à quitter la place. On ouvre les grandes portes donnant sur le boulevard du Palais et le *Vendu aux Juifs*, blême, claquant des dents, les yeux hagards, franchit la première marche, soutenu par Mirbeau, Henry Houssaye, M⁰ Labori et Clemenceau, qui vocifèrent : « Vive Zola ! » avec des voix étranglées.

Dans la cour et derrière la grille, des milliers d'ouvriers, d'avocats, de journalistes et d'étudiants tendent vers le défenseur du traître des bras menaçants. Et, devant cette fureur du peuple, Zola chancelle. C'est une loque qu'on entraîne. A cette minute, il fait vraiment pitié. Certainement la vision de la mort doit obscurcir ses yeux, car ses mains s'agitent convulsivement comme celles d'un agonisant.

Sans discontinuer, la foule clame : « A mort ! A mort ! A bas les Juifs ! » Zola est traîné par ses amis jusqu'à une voiture de place qu'entoure une escouade d'agents, et on l'y jette en hâte.

— Partez ! mais partez donc ! — crie M. Touny au cocher.

Oh ! oui, qu'il parte !... Autour du fiacre, la foule se

rue, hurlante, dispersant les agents et les gardes républicains qui leur prêtent main-forte. Des coups de canne
frappent la capote, cinq ou six Juifs sont malmenés
d'importance.

Et c'est dans une clameur immense, effroyable de
huées et de malédictions, que s'éloigne à toute vitesse le
véhicule où gît, quasi-mourant, le défenseur du Juif de
l'île du Diable.

CHAPITRE SIXIÈME

Ce que la seconde audience avait appris à Drumont. — Zola est un coprologue, un mangeur d'excréments. — Il vomit, il flaque, il éructe à travers notre littérature.

En tête du même numéro de la *Libre Parole*, figuraient les réflexions suivantes de Drumont :

LE CHATIMENT

A mesure que le procès Zola prend figure, il apparaît de plus en plus vilain et de plus en plus malpropre.

C'est un Walter Scott sans lumière, situé au fond d'un dédale de corridors, dans une maison suspecte et mal famée.

On ne saurait donc trop louer les officiers qui ont eu assez le sentiment de leur dignité pour refuser d'accepter le papier breneux qu'on leur présentait sous forme d'assignation.

Il faut espérer qu'ils persisteront dans cette attitude.

Billot mérite au moins une parole de félicitation pour ne pas avoir exigé de braves gens qu'ils s'engagent dans une affaire de laquelle ils sortiraient tous salis par le seul fait de s'être prêtés aux manœuvres du Syndicat.

Sans nul doute, c'est une obligation à des témoins de répondre à l'appel qui leur est adressé ; mais encore faut-il qu'un procès se produise dans des conditions ordinaires et normales.

Les lois ont été faites pour des Français jouissant de ce bon sens qui fut si longtemps la caractéristique de notre race; elles n'ont pas été faites pour servir de prétexte et d'encouragement à toutes les imaginations délirantes qui peuvent éclore dans des cerveaux de Juifs soudoyés par l'étranger.

Il pourrait passer demain par la tête de Guillaume II qui, paraît-il, est assez mal équilibré, de mettre un ou deux millions à la disposition d'un agent quelconque qui assignerait tous les commandants de corps d'armée, tous les généraux de division, tous les généraux de brigade, tous les colonels et tous les lieutenants-colonels, sous prétexte de répondre à une interrogation plus ou moins saugrenue.

Oserait-on prétendre que tous ceux qui auraient reçu cette assignation extravagante devraient abandonner leur service pour venir figurer dans une parade de foire destinée à déshonorer l'armée ?

Si un Anarchiste poursuivi pour outrage envers l'armée se permettait une facétie pareille, vous devinez comment ce pauvre diable serait rembarré par les journaux du Syndicat Dreyfus.

Voyez-vous d'ici les haussements d'épaules de Zola si on était venu lui demander de protester contre le refus d'officiers de comparaître dans des procès d'anarchistes ?

La Cour me paraît donc avoir sagement agi en limitant le champ où pourrait s'exercer la malfaisance de Zola et de ses amis.

Tous ces sentimentaux et ces intellectuels qui s'attendrissent dans toutes les langues, et même dans tous les patois, sur le sort de ce misérable traître qui ne manque de rien à l'île du Diable et qui est infiniment mieux nourri que la plupart de nos ouvriers, montrent contre ceux qui n'ont rien fait une férocité sans égale.

C'est une infamie sans nom de la part de Zola, que de vouloir traîner aux assises cette malheureuse mademoiselle de Comminges qui n'a jamais vu de sa vie l'ignoble père de la Mouquette, qui n'a jamais été mêlée à l'affaire Dreyfus et qui n'a jamais eu entre les mains les plans de mobilisation.

Quant à l'énigmatique Boulancy, elle paraît avoir éprouvé un tardif remords du rôle affreux qu'on lui a fait jouer.

Elle a pris le parti de disparaître, ce qui était certainement ce qu'elle pouvait faire de plus honnête et de plus sage. Franchement, est-ce qu'on ne pourrait pas la laisser tranquille aussi celle-là ?

Les vrais Français, qui souffrent si cruellement du spectacle honteux que nous offrons à l'Europe depuis quatre mois, ne comprendront-ils pas la leçon qui s'en dégage ?

Quand on réfléchit un peu, on trouve ce que fait Zola très logique et très naturel, étant donné son type.

Il existe d'innombrables Français qui ont l'inoffensive manie d'écrire et qui écrivent souvent de belles pages, touchantes, généreuses, savantes, inspirées par le génie de la Patrie, évocatrices des souvenirs glorieux de notre histoire.

Personne ne fait attention à eux ; ils ont de temps en temps la petite joie de lire dans un journal quelques lignes qu'a glissées la main d'un camarade.

C'est tout. La trompette de la Renommée est pour eux une pauvre trompette de deux sous comme en ont les enfants ; ils n'osent même pas entrevoir dans leurs rêves les plus lointains ce bout de ruban rouge qui, je ne sais pourquoi, exerce une incroyable fascination sur tous les Français.

Voilà, au contraire, un fils d'étranger qui vomit, qui flaque, qui éructe à travers notre littérature.

Il souille, il avilit, il prostitue tout ce que les hommes respectent, tout ce qui représente un idéal ou une foi : la maternité, qu'il nous décrit sous des aspects dégoûtants ; l'amour, qu'il ravale au rang d'une chiennerie.

Il va, dans sa folie de coprologue, de mangeur d'excréments, jusqu'à donner à un personnage immonde le nom que des centaines de millions d'êtres humains ne prononcent qu'avec vénération et tendresse.

Cet homme a été couvert par nous d'honneurs, de louanges, d'argent. Il s'est trouvé un ministre pour attacher à la boutonnière de ce pornographe cette rosette d'officier de la Légion d'honneur que beaucoup d'officiers très braves n'obtiennent pas après trente ans de services.

Ce ministre n'est point un vieux polisson tombé en enfance ; il est en pleine possession de son intelligence ; c'est le *chouchou* et l'espoir des conservateurs.

Pourquoi voulez-vous que ce Zola ait la moindre considération pour vous, puisque toutes les ignominies qui auraient dû le faire chasser comme un malappris ont été pour lui des occasions de triomphe et des causes de succès ?

Vous l'avez gavé, et, quand il a besoin de se vider, il se soulage dans votre drapeau.

Content de lui, il appelle ses petits confrères de l'étranger pour venir admirer son exploit.

« Hein ! s'écrient les compères, ces Français si fiers autrefois, si susceptibles, si prêts à défendre leur dignité ! Voyez-vous comme on les traite aujourd'hui ! Ce Zola ! En voilà un qui ne se gêne pas ! »

Ils ont raison jusqu'à un certain point. Les vrais coupables c'est vous.

Quand je circulais un peu, j'entendais, dans des mai-

ons très convenables, des femmes honnêtes, des femmes
« très bien », comme on dit, qui, par perversion intellec-
uelle, par raffinement maladif, peut-être uniquement
ar esprit de singerie, pour faire comme tout le monde,
antaient le talent de Zola.

Quand je répondais : « Je vais vous donner un échan-
illon de ce talent, employer les mots que vous admirez
ant », elles me suppliaient de me taire. Cela me semblait
l'une tartuferie intolérable.

Comme je n'aime pas me disputer, j'ai cessé de fré-
quenter les maisons où l'on comprenait la « littérature de
cette façon » et je suis resté chez moi à attendre la fin.

Quand les Français auront été dépouillés jusqu'à l'os,
nis tout nus comme des petits Saint-Jean, barbouillés
le fiente et de crachats par les Juifs, les cosmopolites,
es étrangers, les forains, les nomades qui se sont rués
ur notre infortuné pays, les Français viendront nous
rouver, moi ou mes amis.

Alors nous nettoyerons ce pays, comme tant de grands
ommes l'ont fait avant nous ; nous tâcherons d'avoir la
nain aussi vigoureuse que ceux qui nous ont précédés
lans cette œuvre patriotique et salubre, et cent ans
près nous, on parlera encore de ce nettoyage énergique
t mémorable.

Les intellectuels et les sentimentaux de toutes les
ations s'attendriront là-dessus en prose et en vers.

Mais, à part eux, ils diront : « Faut-il que ces Français
oient bons garçons et même bonnes filles pour avoir
atienté si longtemps avant de procéder à un récurage si
égitime, si nécessaire et si urgent ! »

Cet article de Drumont avait été écrit après la se-
onde audience du procès Zola.

Pas plus que celui de la veille, il ne paraît avoir
enu de compte de ce que les deux audiences, impar-

tialement résumées plus haut d'après le *Matin*, avaient présenté de tragique.

Le polémiste de la *Libre Parole* y avait vu, en revanche, beaucoup de choses qui n'avaient été aperçues d'aucun des témoins.

Il y avait vu un coprologue, un mangeur d'excréments, un pornographe, « qui vomit, qui flaque, qui éructe à travers notre littérature ».

Cela, c'était de l'hallucination ! Avoir retenu sous sa plume ce croquis, après les scènes tragiques des 7 et 8 février, c'était le comble du « repli » sur soi-même.

Dément était le spectateur du procès Zola qui voyait encore le coprologue, le mangeur d'excréments, derrière le protagoniste du drame qui se jouait au Palais de Justice.

Il fallait une rare puissance sur soi-même pour penser à de pareilles inutilités en un pareil moment, et beaucoup de confiance dans l'anémie cérébrale de ses lecteurs pour leur servir enfantillages de cet acabit.

CHAPITRE SEPTIÈME

Troisième audience (9 février). — Dépositions Boisdeffre et Gonse, Lauth et Gribelin, Mercier et Trarieux.

La troisième audience du procès Zola eut lieu le 9 février.

En voici le compte rendu d'après le *Matin :*

Procès dans les ténèbres.

Les jours se suivent, et les incidents se multiplient. C'est toujours la défense qui veut dire quelque chose, et l'accusation qui ne veut rien entendre. Toutes les deux sont dans leur rôle : l'accusation, parce quelle se base sur un arrêt de la cour qui défend de parler de l'affaire Dreyfus ; la défense, parce quelle se base sur ce que l'on poursuit M. Zola relativement à une illégalité commise lors du procès Dreyfus.

Mais il n'y a pas d'affaire Dreyfus. M. Méline l'a déclaré à la tribune. M. le président des assises ayant déclaré à son tour, hier, qu'il n'y avait pas d'affaire Zola, on se demande ce qu'il y a à la cour d'assises. Ce n'est pas l'affaire Esterhazy, puisqu'elle a été jugée et qu'il faut respecter la chose jugée.

La vérité, en effet, est que nul ne sait ce qui se passe

en ce moment-ci à la cour d'assises, pas même ceux qui assistent à ce rare spectacle ; surtout ceux-là. Quel nom donner à cet ensemble d'incidents, de protestations, de huées, d'acclamations, de dépôt de conclusions, de dépositions où des témoins déposent sous réserve, et d'autres sans réserve, où tout le monde argue de sa bonne foi, où l'on jure que l'on est honnête homme, où des soldats en uniforme reprochent à des avocats en robe de tendre des traquenards, où le bâtonnier juge utile de venir à la barre défendre les droits de la défense violés, où un avocat général se tait quand il n'a qu'un mot à dire pour faire cesser des manifestations trop violentes et parle quand on ne ne manifeste plus, où le président des assises reproche à l'avocat de conduire les débats, et où l'avocat fait des appels aussi virulents que réitérés à un jury qui ne l'entend pas, mais qui somnole, dans l'attente du dernier incident qui marquera la dernière heure de la dernière audience ?

Quelles ténèbres dans ce procès, où il n'est question que de lumière, et que de désordre ! M. Van Cassel, par une maladresse incompréhensible de la part d'un représentant du ministère public qui n'arrive pas de province, par un entêtement presque puéril et qu'il regrette quand il est trop tard, par une attitude d'enfant rageur qui stupéfie tout le monde, ajoute à ce désordre et fait le jeu des manifestations.

Qui aurait jamais pu prévoir qu'un incident comme celui qui fut soulevé par une parole du général Gonse serait susceptible d'atteindre un tel degré de violence ?

Le général Gonse, parlant en soldat, avec la franchise d'un soldat, mais aussi avec sa brutalité, et exprimant en des termes qui toujours la dépassent son intime pensée, a un mot malheureux.

Ce mot soulève une tempête. Une réplique de deux minutes du ministère public peut remettre les choses au point. Mais à l'invitation qui lui est faite, M. Van Cassel ne répond pas. Il a la tête dans sa main et son coude sur la table et il a l'air d'un écolier têtu.

C'est que, dans ce procès, nul ne semble connaître d'une façon bien précise ni ce qu'il a à faire ni ce qu'il a à dire. On va à l'aveuglette.

Les débats.

Dès le début hier, comme avant-hier, comme demain, c'est un incident qui ouvre l'audience. Le président parle à Mᵉ Laborie de ses conclusions relatives à l'audition de madame Dreyfus. Il veut bien qu'on interroge madame Dreyfus sur la bonne foi de M. Zola dans le procès Esterhazy, mais pas dans le procès Dreyfus.

Mᵉ Labori réplique qu'il ne s'agit point de la bonne foi de M. Zola dans tel ou tel procès, mais de la bonne foi de M. Zola dans l'affaire Zola.

— Il n'y a pas d'affaire Zola! s'écrie le président.

Cette déclaration est accueillie par un étonnement universel. On s'exclame.

Puis Mᵉ Clemenceau fait observer que l'audience est ouverte et que des témoins sont encore dans la salle. D'où des conclusions qui tendent à un cas de cassation.

Pour clore cette première série d'incidents, Mᵉ Labori explique à MM. les jurés que les brochures qui leur sont distribuées relatives à l'affaire Dreyfus ne viennent ni des défenseurs de Dreyfus ni de sa famille.

M. le docteur Socquet vient nous donner des nouvelles des malades, de mademoiselle de Comminges, qui a une maladie de cœur, et de madame de Boulancy, qui éprouve également des troubles cardiaques.

Quant à madame Chapelon, elle n'était pas chez elle quand s'y présenta le docteur. M. Autant, lui, est rétabli et viendra.

Le général de Boisdeffre. — Le serment avec réserves.
— La dame voilée. — Refus de témoignage en ce qui
touche Dreyfus.

C'est M. le général de Boisdeffre qui est entendu le premier des témoins militaires. M. le général de Bois-deffre, comme tous les officiers qui suivront, déclarera, quand on lui demandera de prêter serment :

— Sous la réserve du secret professionnel, je jure de dire la vérité !

Mᵉ Labori pose sa question :

— Quel est le document que M. le commandant Esterhazy a fait parvenir au ministère de la guerre avant son pro-cès ?

— Le document dont il est question a trait à l'affaire Dreyfus. Je ne puis en parler sanc violer l'arrêt de la cour.

— Je retiens que le document se rattache à l'affaire Dreyfus. Et, cependant, il se rattache aussi à l'affaire Esterhazy, puis-que lui-même l'a appelé le « document libérateur ». Quel est ce document libérateur?

— Je persiste à dire que le secret professionnel ne me permet pas d'en parler.

— Ce n'est pas le secret professionnel derrière lequel se re-tranche M. de Boisdeffre : c'est le secret d'Etat. Hier, M. Ca-simir-Perier a invoqué ce secret d'Etat; il en avait le droit, car il est déclaré, de par la Constitution, irresponsable. Mais M. de Boisdeffre n'est qu'un haut fonctionnaire : il ne peut se retran-cher derrière le secret professionnel. Nous saluons l'armée, mais tout soldat doit, comme un simple citoyen, donner à la justice et au jury les explications qu'on lui demande. Je pose à nouveau la question à M. de Boisdeffre.

— Pour moi, dit le général, qui ne sais point faire de dis-tinction juridique entre le secret professionnel et le secret d'Etat, je me retranche derrière l'un ou derrière l'autre, mais je me tais.

Mᵉ Labori continue :

— M. le général de Boideffre a-t-il eu connaissance de la dame voilée qui a remis le fameux document à M. Esterhazy ?

— Je ne la connais pas. Mon service de renseignements n'a pu la connaître. Tous mes efforts ont été inutiles.

— Comment le « document libérateur » est-il sorti du ministère et a-t-il pu se promener dans Paris et y revenir ensuite, apporté par M. Esterhazy, grâce à l'intermédiaire d'une femme voilée ?

— Je n'en sais rien.

— Savez-vous quelque chose sur les imputations qui ont été dirigées contre le colonel Picquart ?

— Oui. Il y a eu plusieurs points répréhensibles dans la conduite du colonel Picquart. Ainsi il a fait publier hier des lettres (celles du général Gonse), chose qu'il ne devait pas faire. Les autres points sur lesquels il serait répréhensible ont été jugés à huis clos par le conseil d'enquête. Je me tais encore.

— M. Picquart a été envoyé en mission ?

— Oui.

— C'était une disgrâce ?

— Ce n'est pas une disgrâce qu'une mission.

— Pardon! Toutes les paroles qui sortent de la bouche d'un général n'intéressent pas nécessairement la défense nationale. Pourquoi a-t-on éloigné M. Picquart de Paris ?

— Parce que son état d'esprit ne lui permettait plus de faire son service au ministère de la guerre.

— Et pourquoi ? Quel était cet état d'esprit ?

— Je ne puis répondre. C'est l'affaire Dreyfus.

— Vous avez répondu...

Convaincu de la culpabilité.

M. le général de Boisdeffre explique que le lieutenant-colonel Picquart avait des doutes sur la culpabilité de Dreyfus et soupçonnait Esterhazy. Lui, il est persuadé de la culpabilité de Dreyfus et ne pouvait croire qu'un autre officier fût coupable du même crime.

On applaudit.

— Sur quoi fondez-vous votre conviction ?

— Sur les faits de 1894, qui ont été jugés par le conseil de guerre ; sur des faits aussi, antérieurs et postérieurs, qui confirmaient...

Ici, une hésitation.

— (... *confirmaient* n'est pas le mot... Le jugement n'avait pas besoin d'être confirmé) mais qui pouvaient plus encore prouver la culpabilité de Dreyfus.

— Antérieurs et postérieurs ! s'écrie Me Labori. Je demande à la cour de prendre acte de ces paroles.

— La cour ne le peut pas, dit le président.

— N'importe. La sténographie fait son œuvre !

M. le général de Boisdeffre déclare, en terminant sa déposition :

— Les officiers d'état-major sont de braves gens qui font leur devoir, tout leur devoir, qui n'ont qu'un souci : faire ce devoir et servir leur pays !

De vifs applaudissements accueillent ces paroles, prononcées avec une grande chaleur et une grande émotion.

Me Labori dépose ensuite des conclusions tendant à ce que le général de Boisdeffre n'ait pas le droit de se retrancher derrière le secret professionnel.

Voici ces conclusions :

Plaise à la cour,

Attendu que le général de Boideffre, cité comme témoin, présent à la barre, déclare se retrancher derrière le secret professionnel et refuse de déposer ;

Attendu que tous les citoyens doivent la vérité à la justice lorsqu'ils sont interpellés par elle ; que ceux mêmes qui, aux termes de l'article 378 du code pénal, sont dépositaires, par état ou profession, des secrets qu'on leur confie, ne sont pas dispensés d'une manière absolue de cette obligation générale ;

Qu'il ne suffit pas, dès lors, à la personne citée qui se refuse à déposer d'alléguer, pour justifier ce refus, que c'est dans l'exercice de ses fonctions que le fait sur lequel sa déposition est requise est venu à sa connaissance ; qu'il faut, en outre, que le fait ait été révélé au témoin sous le sceau du secret et à raison de sa profession ;

Attendu que la faculté de déposer n'est pas laissée à la volonté ou à l'arbitraire du témoin, que c'est à la cour qu'il appartient de décider ;

Attendu que le secret professionnel ne peut être invoqué que par les personnes qui ont reçu une confidence forcée et contrainte en quelque sorte et déterminée par le caractère professionnel et non par le caractère personnel de celui qui l'a reçue ;

Attendu qu'un fonctionnaire ne reçoit aucune confidence à raison de sa profession ;

Attendu que le secret professionnel n'existe que pour empêcher de pénétrer trop aisément dans la vie privée des citoyens ; qu'il ne saurait exister pour les actes des fonctionnaires ;

Attendu que cela est si vrai que M. Casimir-Perier, pour refuser de répondre aux questions qui lui étaient posées, a invoqué non pas le secret professionnel, mais son irresponsabilité constitutionnelle ;

Pour ces motifs,

Dire que c'est à tort que le général de Boisdeffre se retranche derrière le secret professionnel pour ne pas répondre aux questions à lui posées.

Le général Gonse. — Le mot malheureux. — Tempête dans la salle. — Le sabre et la toque.

L'entrée du général Gonse est accueillie avec plus de curiosité encore que celle du général de Boisdeffre. Tout le monde attend des explications relatives aux fameuses lettres qui ont été publiées le matin même.

— Quel est le document que M. Esterhazy a fait parvenir au ministre de la guerre ? demande Mᵉ Labori.

— Je n'ai pas à répondre.

— Je déposerai, dit Mᵉ Labori, des conclusions comme pour
M. le général de Boisdeffre. Pourquoi ce document était-il appelé le « document libérateur » ?

Le général fixe Mᵉ Labori et lance ces mots, qui sont
couverts immédiatement d'une protestation générale :

— Je ne répondrai pas. Ce sont des traquenards.

Cinq minutes se passent dans un tumulte indescriptible. Quand le bruit s'est un peu calmé, Mᵉ Labori
s'écrie :

— Je n'ai pas de question à poser après une telle réponse !
J'ai une observation à faire ! M. le général Gonse s'est permis
de dire que je lui tendais des traquenards ! Je ne veux plus
rien dire que ceci : M. l'avocat général va-t-il prendre la parole pour faire respecter les droits de la défense ?

Mais, à cette question directe, le ministère public ne
répond pas. Il conserve cette attitude dont nous parlions
tout à l'heure. Et, comme Mᵉ Labori réitère sa question,
disant qu'il ne s'asseoira pas avant que le ministère public ait répondu, M. Van Cassel fait le sourd et se détourne
vers les murs.

Le tumulte reprend, plus violent que jamais. Et le président se voit dans la nécesité de s'écrier :

— Gardes, faites évacuer la salle !

L'audience est suspendue. La cour se retire en chambre
du conseil.

Immédiatement une manifestation éclate, et cent avocats crient : « Vive Labori ! »

On reprend l'audience une demi-heure plus tard. La
salle n'est pas évacuée. C'est une besogne au-dessus des
forces des quelques gardes républicains qui se trou
vent là.

M. Van Cassel prend immédiatement la parole et dit

les deux mots qui eussent été si favorablement accueillis une demi-heure plus tôt.

— J'ai, dit-il, deux observations à présenter. D'abord, le mot prononcé par l'honorable témoin a dû dépasser sa pensée. Ensuite si je me suis tu, c'est que je n'ai pas cru devoir répondre à des sommations dans la forme où elles m'étaient adressées. Quant au barreau, il ne peut se méprendre sur mes profonds sentiments d'estime et de sympathie, que M. le bâtonnier connaît bien.

Le bâtonnier de l'ordre des avocats s'avance lui-même à la barre, aux côtés du général Gonse, et remercie M. Van Cassel des paroles qu'il vient de prononcer. Comme M. Van Cassel, M. le bâtonnier estime que les paroles du général ont dû dépasser sa pensée, et il espère que le général voudra bien lui-même le reconnaître et donner les explications que réclament le barreau tout entier et son chef.

M. le général Gonse dit alors :

— Monsieur le président, sous l'empire d'une émotion profonde, que vous comprendrez, ma parole a dépassé ma pensée. Ma présence ici prouve mon respect pour la justice...

Le bâtonnier remercie.

— Au nom du barreau tout entier, je remercie le général Gonse des paroles qu'il vient de prononcer.

Mᵉ Labori remercie lui-même, et l'incident est clos.

Le général Gonse explique que le lieutenant-colonel Picquart croyait avoir trouvé un traître autre que Dreyfus. Il l'incita à suivre sa piste, séparant bien l'affaire Dreyfus de la nouvelle qui allait naître :

— Mes lettres n'avaient qu'un but : c'est de pousser le lieutenant-colonel à la recherche de la vérité. Je le suppliais également de ne commettre aucune imprudence, car M. Picquart voulait faire arrêter le commandant Esterhazy avant d'avoir les preuves suffisantes !

M. le général Gonse se retire en répétant que, dans sa pensée, l'enquête sur Esterhazy ne détruisait pas la certitude qu'il avait de la culpabilité de Dreyfus.

Le commandant Lauth.

Le témoin qui suit a une grande importance, car il a déposé sur des faits qui paraissent très graves, relativement à l'attitude du lieutenant-colonel Picquart aux bureaux de la guerre.

Nous retrouverons, aujourd'hui encore, le commandant Lauth, qui sera confronté avec le lieutenant-colonel Picquart.

Le témoin est invité à s'expliquer sur le maquillage de lettres dont se serait rendu coupable le lieutenant-colonel Picquart, au dire du rapport Ravary.

— M. Picquart a gardé des fragments de lettres, en effet, mais pendant six jours. Il me fit, en effet, la proposition de reconnaître l'écriture de ces fragments quand il les aurait recollés. « Jamais de la vie, lui dis-je. Vous savez bien d'ailleurs que ce n'est pas l'écriture de la personne que vous m'avez nommée ; vous avez plus de vingt pièces qui vous prouvent le contraire. Les deux écritures ne sont pas comparables. »

Le bruit de cette discussion a passé par les murs, car, au sortir du bureau de mon chef, deux camarades m'ont demandé ce qui s'était passé. Je les ai mis au courant.

— Mais n'avez-vous pas dîné chez lui en octobre 1896 ?

— Parfaitement. Je l'ai invité aussi. Je n'avais aucune raison de lui tourner le dos.

— Quand a-t-on commencé à photographier de l'écriture du commandant Esterhazy ? demande l'avocat général.

— En mai 1896. Quand on me remettait une lettre du commandant Esterhazy, on me recommandait de dissimuler

:ertains mots, de cacher le commencement ou la fin de la
ettre à l'aide de plaques, de « caches » ; j'ai encore les clichés.
Rumeurs.) Je remettais le travail au lieutenant-colonel Pic-
[uart.

*L'archiviste Gribelin. — Confrontation avec Leblois.
— Délit commis à l'audience. — L'avocat général reste
muet.*

Après M. Lauth, M. Gribelin. Il a le grade d'adjudant
t est archiviste principal au ministère de la guerre.

— J'ai vu Mᵉ Leblois à plusieurs reprises dans le bureau du
olonel Picquart. Une fois, en automne 1896, la lampe était
llumée devant deux dossiers secrets, sur la table du lieute-
ant-colonel. L'un de ces dossiers se rapportait au service des
igeons voyageurs.

— Et l'autre ?

— L'autre était relatif à Dreyfus. J'en ai reconnu l'enve-
oppe parce que c'est moi qui, quelque temps auparavant,
vais remis ce dossier au lieutenant-colonel. Sur cette en-
eloppe, il y avait un paraphe : celui du lieutenant-colonel
lenry. Il ne voulait pas que ce dossier fût ouvert en son
bsence. Quand j'ai vu le dossier devant Mᵉ Leblois, l'enve-
oppe était ouverte, mais le dossier n'en était pas sorti.

On confronte Mᵉ Leblois et le témoin.

— Il est exact, dit Mᵉ Leblois, que je suis allé au mois de
ovembre faire une visite au lieutenant-colonel Picquart. Pour
out le reste, c'est inexact. Je donne au témoin le plus formel
émenti.

— Devant Dieu, je le jure.

— Eh bien, moi aussi !

— Vous êtes entré là pour allumer les lampes ? dit le pré-
ident.

Explosion de rires.

— J'entrais pour chercher les ordres de mon supérieur,

Suit une longue discussion sur la date où ces choses se seraient passées. Le témoin n'en est pas bien sûr, et Mᵉ Leblois affirme qu'elles n'ont jamais existé.

— Le rapport Ravary, dit Mᵉ Leblois, constate que le dossier, à cette époque, n'était pas entre les mains du lieutenant-colonel Picquart; par conséquent, je ne pouvais le voir dans son bureau. M. le commandant Ravary lui-même est de mon avis et a déclaré qu'il ne fallait tenir aucun compte des déclarations de M. Gribelin.

Là-dessus, les deux témoins se disent des choses désagréables.

Mᵉ Clemenceau se lève et dit :

— Un délit vient d'être commis à l'audience. Deux témoins ont fait, sous serment, des dépositions contradictoires. Il faut savoir qui a menti. Il faut faire venir ici les pièces du dossier militaire qui établiront qui a menti.

M. Van Cassel se refuse à intervenir pour l'apport des pièces qui se trouveraient dans le dossier du conseil d'enquête, statuant à huis clos.

Mᵉ Labori dépose des conclusions pour que le président ordonne l'apport des pièces.

Mᵉ Clemenceau insiste pour que l'on sache quel est celui des deux témoins qui ment.

Le général Mercier. — Insinuation monstrueuse. — Sa rétractation. — Equivoque sur la pièce secrète.

M. le général Mercier apparaît à la barre.

— Le témoin pourrait-il nous dire s'il a pris connaissance du rapport Ravary dans l'affaire Esterhazy ?

— Non.

— Dans ce rapport, il est question d'un « document libérateur », — M. le général Mercier connaît-il cette pièce ? — où se trouvent ces mots : « Cet animal de D... » ?

— Je ne la connais pas.

Viennent des questions sur l'affaire Dreyfus. Refus de répondre,

Mᵉ Labori demande si le témoin a eu connaissance de certaines publications d'un journal du matin.

— J'ai vu des renseignements confidentiels publiés par un journal, au début de l'affaire Dreyfus. Je ne sais pas d'où ils pouvaient venir. Je ne suis pour rien dans cette publication. Toutes ces publications ont été faites malgré moi, malgré les bureaux de la guerre.

— Si les renseignements ne venaient pas du ministère, puisqu'il s'agissait d'une enquête secrète, d'où venaient-ils ?

— Je n'en sais rien. Cela pouvait venir de madame Dreyfus.

— Je demande la confrontation du général et de madame Dreyfus.

— Voilà que vous parlez encore de l'affaire Dreyfus ! s'écrie le président d'un air navré.

M. le général Mercier s'explique :

— Ce n'est de ma part qu'une supposition. Madame Dreyfus a peut-être parlé, mais je n'en suis pas sûr.

A propos de la pièce secrète, Mᵉ Labori pose la question suivante :

— On a publié que le général Mercier avait reconnu lui-même qu'une pièce secrète avait été communiquée au conseil de guerre, et je suis sûr que, si on lui posait cette question, il ne le nierait pas.

Le général Mercier. — Pardon ! pardon ! Ce n'est pas vrai ! (*Applaudissements prolongés.*)

Mᵉ Labori. — Il ne faut pas qu'il y ait d'équivoque. Le général Mercier veut-il dire qu'il n'y a pas eu de pièce secrète ou qu'il n'a jamais déclaré qu'il y en eût une ?

Le général Mercier. — Je n'ai pas à répondre à la première question. Mais, sur la seconde, je réponds : Non, ce n'est pas vrai !

Mᵉ Labori insiste vainement pour obtenir une réponse à la première question. Refus absolu.

— On ne douterait pas, s'écrie Mᵉ Labori, de votre parole de soldat !

LE GÉNÉRAL. — Puisqu'on me demande ma parole de soldat, je la donnerai pour dire : C'était un traître, et il a été justement et légalement condamné. (*Applaudissements.*)

Mᵉ LABORI. — Nous savions quelle est votre opinion là-dessus, mais ce n'est pas cela que je vous demande. Ce que je vous demande, c'est ceci : Oui ou non, y a-t-il eu une pièce secrète ?

LE GÉNÉRAL. — Je n'ai pas à répondre. (*Exclamations. — Bruits divers.*)

Nouvelle suspension d'audience. Cris et tumulte. Des avocats montent sur un des bancs :

— C'est l'aveu de la communication de la pièce secrète ! s'écrient-ils.

Ce à quoi d'autres répondent :

— Vive la pièce secrète !

Quelqu'un crie encore :

— Vive l'illégalité !

Mais celui-là a été arrêté.

A quatre heures un quart, la cour revient avec un arrêt qui décide que madame Dreyfus sera interrogée sur la bonne foi de M. Zola en ce qui concerne l'affaire Esterhazy.

Pour ce qui regarde la présence des témoins au début de l'audience, la cour donne note à la défense de cet incident.

En troisième lieu, la cour décide que c'est à bon droit que le général de Boisdeffre et le général Mercier se sont retranchés derrière le secret professionnel.

Pour le surplus des conclusions, il sera statué aujourd'hui.

M. Trarieux. — L'affaire Esterhazy. — A la recherche de la vérité. — Qui est ce D...?

Puis M. Trarieux, ancien garde des sceaux, est introduit.

M⁰ Labori le prie de raconter tout ce qu'il sait de l'affaire Esterhazy.

La déposition de M. Trarieux est fort longue et très intéressante.

— Messieurs, dit-il, si je me suis occupé du procès Esterhazy, c'est que je voyais derrière ce procès une autre cause, qui était, à mes yeux, une cause d'humanité et de justice. Si j'avais cette opinion, c'est qu'elle se basait, sans doute aucun, sur des choses fort sérieuses. Je dois vous dire sur quoi. En 1895 et 1896, des divulgations graves m'inquiétèrent. J'entendis parler de l'existence de documents secrets qui auraient joué un rôle dans le procès en question. Il y avait là une illégalité telle qu'aucune raison d'Etat ne pourrait l'expliquer. C'est une des bases du droit qu'on ne peut condamner un homme sur des pièces qui ne lui ont pas été soumises et qu'il ignore peut-être.

J'eus ensuite connaissance du bordereau et des pièces de comparaison. Entre l'un et les autres, il y avait des dissemblances telles qu'on ne les expliquait qu'en disant qu'elles avaient été voulues par Dreyfus. C'était là mon appréciation. Le bordereau et cette partie... légale du procès ne furent point suffisants à éclairer ma religion relativement à la culpabilité de l'homme qui avait été condamné.

Tout ceci me troubla, Je m'occupe des questions de justice, comme c'est mon droit. C'est l'honneur d'un pays libre que les citoyens de ce pays puissent s'occuper en liberté de ces questions.

C'est alors que j'appris que M. Scheurer-Kestner allait intervenir dans cette affaire et qu'il croyait avoir la preuve de la culpabilité d'un autre. J'interrogeai mon ami M. Scheurer-Kestner. Il me répondit qu'il était tenu au silence pour le moment, car il espérait bien que le gouvernement l'aiderait dans l'œuvre de justice qu'il avait entreprise.

Il y eut une interpellation au Sénat relative à cette question. J'entrai dans le débat. Je montai à la tribune pour dire que ce n'était point s'attaquer à l'armée que de réclamer la réparation d'une erreur judiciaire et que ce n'était point là mépriser la chose jugée, puisque la loi elle-même prévoyait cette possibilité de l'erreur et cette nécessité de la réparation.

Les écritures.

Je revis ensuite M. Scheurer-Kestner. Et alors il me dit tout ce qu'il savait.

Il m'apprit qu'en 1896, il s'était trouvé au ministère de la guerre un commandant, le commandant Picquart, à la tête du service des renseignements, lequel aurait eu la conviction que le bordereau était d'un autre que Dreyfus, du commandant de troupe Esterhazy.

Et M. Trarieux nous raconte tout ce que nous savons déjà, ce que nous a dit M. Scheurer-Kestner à propos de l'écriture du commandant Esterhazy et de son identité — selon son expression et celle de M. Bertillon — avec l'écriture du bordereau.

M. Trarieux, lui aussi, put comparer les écritures qu'on lui soumit.

— Ce fut, dit-il, un voile qui se déchira. C'était la vérité. Cette écriture était celle du bordereau. Il n'y avait aucune différence. Les experts eux-mêmes qui se sont prononcés dans l'affaire Dreyfus n'ont-ils point déclaré que l'écriture du bordereau était d'une ressemblance effrayante avec l'écriture d'Esterhazy ?

Je dis alors à M. Scheurer-Kestner :

« Voici pour le bordereau ; mais qui me dit qu'il n'y a point d'autres preuves de la culpabilité de Dreyfus ? Des pièces secrètes peut-être. »

C'est alors que M. Scheurer-Kestner me montra les lettres du général Gonse. J'y trouvai la preuve incontestable que cet officier général a émis des doutes sérieux sur la culpabilité de Dreyfus, a admis la possibilité d'une revision et a commenté les actes du lieutenant-colonel Picquart. Le général Gonse n'aurait pas eu cette attitude si les pièces secrètes avaient été aussi probantes.

M. Trarieux étudie la conduite du général Gonse et montre que celui-ci s'est occupé de la façon la plus sérieuse, quoique la plus prudente, de l'enquête à laquelle se livrait le lieutenant-colonel Picquart. Et le témoin commente les lettres du général Gonse et les réponses du lieutenant-colonel.

— Le lieutenant colonel avait pensé que si le gouvernement lui-même ne prenait pas l'initiative d'un procès de revision, il en résulterait une agitation colossale dans le pays.

Les lettres du général Gonse, conclut sur ce point M. Trarieux, ne sont pas celles d'un homme qui est persuadé de la culpabilité d'Esterhazy, mais bien celles d'un homme dont le cœur est troublé, dont l'âme est emplie d'anxiété devant le problème, qui se posait à nouveau à lui, de la culpabilité ou de l'innocence de Dreyfus.

La dernière explication que je demandai à M. Scheurer-Kestner fut celle-ci :

« Comment expliquez-vous qu'au ministère de la guerre on ait ainsi couvert tout d'abord le lieutenant-colonel Picquart et admis, en quelque sorte, la possibilité de la revision pour frapper ensuite de disgrâce l'officier ? »

Le cas du colonel.

M. Scheurer-Kestner m'expliqua qu'au moment où le colonel Picquart faisait son enquête, l'*Eclair* et le *Matin* publiaient, le premier un renseignement sur la pièce secrète, le second le bordereau, et que la publication de ces articles avait tellement retourné l'opinion publique qu'au ministère on jugea bon d'éloigner le lieutenant-colonel Picquart, qui avait admis la possibilité d'une innocence que l'opinion publique n'admettait pas.

Mais nous nous demandâmes alors qui avait eu intérêt ainsi à barrer la route au colonel Picquart. Dans tous les cas, comme l'*Eclair*, parlant de la pièce secrète, donna ce texte : « *Cet animal de Dreyfus* », alors que la pièce ne comporte que « *Cet animal de D...* », il y avait là une altération d'écritures, un véritable crime.

Oui, répète avec force M. Trarieux, le document dont j'affirme l'existence et dont j'affirme le texte ne porte pas : « *Cet animal de Dreyfus* », mais « *cet animal de D...* » D..., nous ne savons qui ça désigne. D... peut ne pas être Dreyfus.

Ce ne fut pas tout. Quelque temps après, M⁰ Leblois crut devoir me rendre visite et me demander mon concours éventuel pour son ami. Il me parla des pièges tendus au lieutenant-colonel Picquart. On voulait l'empêcher de déposer, de raconter ce qu'il savait. On le menaçait. M⁰ Leblois me dit que le lieutenant-colonel fut reçu par M. le général de Pellieux comme un accusé. Celui-ci plaça sous les yeux de M. Picquart quatre documents. C'était d'abord une lettre qu'on avait arrêtée, ouverte et, qui était adressée à lui.

Et nous entendons reparler du « demi-Dieu ».

Bref, cette lettre semblait prouver que le lieutenant-colonel se livrait à des manœuvres louches et condamnables.

— Les autres documents étaient deux dépêches signées l'une *Speranza*, l'autre *Blanche*, dont il a été parlé hier.

Ces témoignages étaient accablants pour le lieutenant-colonel. Mais il n'eut point de mal à prouver qu'il était victime d'une mystification. Sa justification fut complète. Et, de ces documents, il ne fut plus question.

Mais qui était l'auteur de cette mystification ? Le lieutenant-colonel soupçonnait quelqu'un. Il le dit. Et M⁰ Leblois me le fit savoir.

Le 18 décembre dernier, j'allai chez le ministre de la justice et je lui exposai les faits. Il me promit d'en entretenir le président du conseil. Je reçus bientôt l'avis que le président du conseil avait résolu de faire comparer les écritures des télégrammes et des lettres avec celle de l'officier que nous soupçonnions. On m'a répondu que la chose avait été faite et que nous nous étions trompés. L'enquête s'arrêta là. Alors, le lieutenant-colonel Picquart déposa une plainte au parquet. M. Bertulus est chargé de l'instruction.

Quant à moi, j'avais fait un dernier effort et j'avais écrit une lettre au ministre de la guerre, lui demandant de compléter, sur le point qui nous occupait, une procédure qui avait été jusqu'alors singulièrement négligée.

J'allai enfin au conseil de guerre qui jugea Esterhazy. Je vis tout de suite que je n'allais pas assister à un procès ordinaire. La famille demandait à intervenir. On écarta cette intervention. On donna ensuite lecture de l'acte d'accusation, qui est un plaidoyer pour l'accusé et un réquisitoire contre le plaignant. C'est tout ce que j'ai vu de ce procès. C'est tout ce que je sais de cette affaire.

Et l'audience est levée, et les hurlements de la veille reprennent avec une force nouvelle.

CHAPITRE HUITIÈME

Autour de la troisième audience. — Injures du journaliste Méry au témoin Leblois. — Menaces de Jules Guérin au témoin Yves Guyot.

Quant aux incidents des abords de la troisième audience, en voici la version d'après le *Matin* :

Appel à la préfecture. — La garde municipale.
Les barrages.

M. le procureur général Bertrand et M. le premier président Périvier s'étant rendu compte, après les regrettables incidents de mardi, qu'ils ne disposaient ni des moyens ni des forces nécessaires pour assurer l'ordre dans le Palais de Justice, la préfecture de police a été chargée de ce soin, à la demande expresse de M. Barthou, ministre de l'intérieur.

Cependant les gardiens de la paix n'ont point été admis dans le Palais : ce sont des gardes municipaux qui ont facilité l'accès de la cour d'assises aux prévenus et aux témoins, et les barrages avaient été établis de façon que nul ne pouvait pénétrer dans les galeries. Les lignes de gardes municipaux formaient comme autant de cloisons humaines entre lesquelles il fallait passer pour aller d'un point précis à un endroit déterminé.

Les personnes venant par la place Dauphine se trouvaient, aussitôt qu'elles avaient pénétré dans la galerie de Harlay, entre deux haies de municipaux leur indiquant l'unique chemin à suivre pour se rendre à la salle d'audience.

Dans les galeries Marchande, de la Sainte-Chapelle, et dans la galerie de la cour de Mai, le même système de canalisation avait été établi. Quatre commissaires divisionnaires, ceints de leur écharpe, veillaient à l'exécution des consignes très sévères données aussi bien aux gardes municipaux qu'aux gardes du Palais.

La veille des grands procès, il y a des gens qui se souviennent tout à coup qu'ils sont avocats.

Ils ont vite fait de louer une robe et une toque à l'un des vestiaires quelconques du Palais, et les voilà qui s'entassent à la porte qui leur est réservée. Hier, ils étaient au moins quatre cents; mais, comme le prétoire était bondé bien avant l'ouverture de l'audience, ils ont dû attendre que des confrères en sortissent pour y pénétrer eux-mêmes.

De là des réclamations, des récriminations, des objurgations, des injures même adressées aux gardes qui ne voulaient point leur accorder le libre accès de la cour d'assises. Des stagiaires vont même jusqu'à défendre leurs prérogatives à coups de poing. L'un d'eux est conduit devant Me Ployer, le bâtonnier, qui l'admoneste vertement.

Grande mobilisation.

Passons sur tous les autres incidents, peu graves, en somme, qui se sont produits dans les galeries.

A l'extérieur, c'est un déploiement extraordinaire de police. Plus de trois mille gardiens de la paix ont été mobilisés pour contenir une foule qu'on pouvait évaluer, à cinq heures du soir, à près de trente mille personnes.

Dans un rayon de plus d'un kilomètre, tous les ponts sont barrés par des cordons de gardiens de la paix. Les voitures et les omnibus peuvent circuler librement, mais les piétons ne passent que s'ils exhibent une carte ou un papier démontrant qu'ils habitent dans la partie protégée ou que leurs affaires les y appellent. Pour aller du quai de la Mégisserie au boulevard du Palais en passant par le pont Neuf, il faut franchir cinq barrages d'agents. Les personnes qui vont prendre le bateau au quai de l'Horloge trouvent cela fort désagréable. Mieux vaut pour elles rentrer à pied.

Les témoins arrivent par la place Dauphine. Ce sont toujours les mêmes. On les acclame ou on les hue, suivant qu'ils ont pris parti contre ou pour M. Emile Zola. Beaucoup d'uniformes défilent. Voici le général Mercier, en petite tenue, puis le général de Boisdeffre, puis encore le général Gonse, en grande tenue de service, le général de Luxer, le commandant du Paty de Clam, le commandant Esterhazy, le capitaine Lebrun-Renault, etc.

Quant à M. Zola, il est descendu de voiture, à onze heures trente-cinq, devant le n° 34 du quai des Orfèvres, toujours accompagné de Mᵉ Labori et de MM. Georges et Albert Clemenceau. Dans une autre voiture se trouvaient MM. Octave Mirbeau, Desmoulins, Fasquelle et Henry Leyret.

M. Zola, son défenseur et ses amis, gagnent la cour d'assises sans être remarqués. Ils ne suivent, d'ailleurs, que des galeries à peu près vides.

Feu de joie.

Rien de saillant à signaler pendant l'audience. Au dehors, tout est calme également. Cependant un léger brouhaha se produit vers quatre heures sur le quai de la Mégisserie : ce sont des jeunes gens qui font un feu de joie alimenté par des journaux. Comme ils refusent d'obéir aux injonctions des agents, une dizaine d'entre eux sont arrêtés et conduits au commissariat de police du quai de l'Horloge. On les relaxe après procès-verbal.

Grâce aux mesures prises par le préfet de police, M. Zola a pu quitter le Palais sans encombre à six heures dix minutes. Il a été conduit par M. Touny, directeur de la police municipale, dans la cour du numéro 34 du quai des Orfèvres, où l'attendait sa voiture. Quand le coupé a paru sur le quai, les cent cinquante à deux cents personnes qui avaient réussi à se faufiler entre les cordons d'agents ont crié, les uns « Vive Zola! », les autres « A bas Zola! A bas le traître! » Des individus ont tenté de suivre la voiture en hurlant : «A l'eau! A mort!»; mais les gardiens de la paix leur ont aussitôt barré le passage.

Par le quai du Marché-Neuf et la place du Parvis-Notre-Dame, M. Zola a réussi à gagner le pont d'Arcole. Son équipage a passé complètement inaperçu sur le quai de Gesvres; il est revenu jusqu'à la place du Châtetelet, a pris la rue de Rivoli, la place du Palais-Royal et la rue Richelieu. A sept heures, l'auteur de l'*Assommoir* était rentré rue de Bruxelles.

Quelques incidents.

Une centaine d'élèves sortant du lycée Charlemagne se sont formés en monôme, à six heures trente du soir, rue des Rosiers, en criant : « A bas les juifs! » Ils se sont arrêtés devant le numéro 11 de cette rue et ont brisé les vitres de la boutique de M. Friedmann, ciseleur. Des gardiens de la paix prévenus sont accourus et ont dispersé les manifestants.

Un peu plus tard, une dizaine d'individus ont parcouru la rue de l'Ecole-de-Médecine en criant : « Vive Zola! A bas l'armée! » Deux cents étudiants se sont précipités sur les manifestants. Une bagarre s'en est suivie, qui a nécessité l'intervention des gardiens de la paix.

Trois arrestations ont été opérées : celles des nommés Marcel Lemaigne, âgé de vingt ans, employé, 42, rue Berthe ; Emile Maillié, dit Meillet, âgé de vingt-neuf ans, ciseleur, rue Michel-Ange, et Eugène Renard, dit Michel Stern, correcteur d'imprimerie, 53, rue des Trois-Frères, à Montmartre.

Ces trois individus, anarchistes militants, ont été envoyés au Dépôt par M. Lagaillarde, commissaire de police du quartier de l'Odéon.

Voici la relation des mêmes incidents d'après la *Libre Parole* :

Les mauvais jours sont décidément proches pour la racaille israélite.

Ce n'est pas cinq ou six mille personnes comme les jours précédents, mais trente mille au moins, qui entouraient hier le Palais de Justice en conspuant les Juifs et leurs défenseurs.

L'orage est dans l'air de plus en plus et Israël aurait tort de s'entêter à exaspérer les honnêtes gens de France.

Cependant, il est probable qu'Israël ne rentrera pas dans l'ombre, malgré tous les avertissements, car c'est dans l'esprit de cette race de ne jamais savoir s'arrêter à temps. C'est la raison de ces irruptions subites du bon peuple de Paris dans les *ghetto*, quand les Juifs avaient trop saigné à blanc les *goym* au Moyen Age.

C'est fini. Dans la France entière, le seul cri qui trouve partout un écho, c'est celui de : « A bas les Juifs ! »

Dès dix heures, hier matin, ce cri était poussé par plus de vingt mille personnes massées aux abords du Palais de Justice, et c'est tout juste si les gardiens de la paix

chargés de maintenir les manifestants ne font pas chorus avec tout le monde ; quant aux gardes républicains,
la façon dont ils regardent passer les Youtres suffit pour
nous renseigner sur ce qu'ils pensent. Avec quel bonheur
ces vaillants soldats coffreraient en vingt-quatre heures,
si on leur en donnait l'ordre, toute la fripouillerie
hébraïque !

A dix heures et quart, le défilé des témoins et des curieux
de marque commence. Voici le général Gonse, le commandant de Rivals, le capitaine Lebrun-Renault, le commandant Ravary.

Sur le passage des officiers, les cris de « Vive l'armée ! »
retentissent de tous côtés, mais ils redoublent sur le
passage du général Mercier, qui entre suivi du général
Le Mouton de Boisdeffre et du commandant Esterhazy.
Ce n'est pas de l'enthousiasme, c'est du délire. On entoure les généraux presque à les étouffer.

En costume d'officier de tirailleurs, paraît le colonel
Picquart, et les vivats cessent subitement.

Le défilé continue : Arrivent le général de Pellieux,
MM. Jaurès, Le Provost de Launay, Gyp, M. Mirman,
madame Alfred Dreyfus et M. Mathieu Dreyfus, Delcassé,
Poincaré, Anatole France, Leygues, Hadamard, Guérin.

La face sinistre du vieux huguenot Scheurer-Kestner
se profile, et aussi celle de Ranc.

On conspue énergiquement ces deux misérables, et
sous les injures, Scheurer baisse la tête en bafouinant,
tandis que Ranc a l'air de compter les milliers de taches
graisseuses qui constellent son pantalon.

A ce moment, une altercation a lieu devant l'escalier
des avocats au sujet d'une mesure d'ordre. Un avocat
qui proteste plus violemment que ses collègues est
arrêté, puis relâché quelques minutes après sur l'intervention du capitaine Perret. L'incident n'aura pas de
suites.

Mais, pendant ce temps, Zola est arrivé. Redoutant d'être houspillé comme la veille, le grand lèche-pied des Juifs est passé par la porte du président, au 34 du quai des Orfèvres. Dans la voiture qui l'a amené, se trouvaient M. Georges Clemenceau et Mᵉ Labori ; dans une autre qui suivait, étaient entassés MM. Octave Mirbeau, Desmoulins, Fasquelle et Henry Leyret.

Un garde républicain que j'interroge quelques minutes plus tard me dit :

— C'était vraiment un coup d'œil « crevant », monsieur ; le vilain porc est entré comme s'il avait eu un bouchon de paille quelque part. Il devait déjà être rendu dans la salle d'audience, alors que ses amis n'étaient pas à mi-chemin du couloir.

L'audience vient de commencer. Il n'y a plus rien à voir et, cependant, au dehors, sur le quai de l'Horloge, la foule grossit de plus belle. On peut évaluer maintenant à vingt-cinq mille le nombre des manifestants que retient un cordon de gardiens de la paix.

Pour l'instant, la paix règne. Rentrons dans la salle des Pas-Perdus qui est archi-comble.

Si cela continue, samedi on comptera dans cette salle les Hébreux par centaines. Lundi, on en voyait une dizaine ; hier, on en constatait une vingtaine ; aujourd'hui, il y en a au moins cinquante. C'est l'odeur de Zola qui les attire, comme la charogne attire les mouches.

On laisse librement fumer cet après-midi, heureusement.

Signe des temps. Si les Juifs sont plus nombreux que les jours précédents, en revanche ils ont des têtes navrées. Plus que jamais ils baragouinent en allemand ou en patois judische, pour ne pas se faire comprendre. Un de ces circoncis, porteur d'un pardessus café au lait, paraît anxieux. A chaque personne qui franchit la porte de sortie des témoins, il s'accroche, la bouche fendue en tirelire :

— Qu'est-ce qu'il y a? Que se passe-t-il? — demande-t-il.

La plupart des gens que ce Youpin happe ainsi au passage sursautent aussitôt en apercevant cette tête de rat musqué dont le nez leur entre presque dans les yeux. Ils tournent le dos.

L'affreux bonhomme ne se décourage pas. Simplement, il fourre ses doigts sales dans ses narines, se livre à un récurage complet et va tendre ensuite aimablement la main à des coreligionnaires aussi répugnants que lui.

Pour tuer le temps, on discute beaucoup l'absence de Reinach. Les uns prétendent que la conduite faite hier à son complice Zola l'a épouvanté au point de lui donner la fièvre; d'autres affirment qu'il est parti le matin pour Berlin.

La vérité est qu'il doit trembler dans sa peau, et qu'il a eu peur aujourd'hui d'être passé à tabac par la foule.

Allons prendre un peu l'air sur la galerie.

Quatre heures viennent de sonner. Sur le quai de l'Horloge, les manifestants sont légion. En face, de l'autre côté de l'eau, le quai est également noir de monde. En vain les agents essaient de refouler cette invasion, et c'est à grand'peine qu'ils arrivent à empêcher ce flot humain de déborder sur la place.

Énervés par l'attente, ouvriers, employés, petits rentiers, font des autodafés de journaux dreyfusards. Par centaines on entasse ces feuilles immondes et on y met le feu en chantant :

> Zola c'est un gros cochon,
> Plus il devient vieux, plus il devient bête.
> Zola c'est un gros cochon,
> Quand on l'attrapera, nous le flamberons.

De grandes flammes se tordent au milieu des groupes,

des bouts de papier à moitié consumés s'envolent à une grande hauteur, avec des aspects de gros papillons noirs. Les gardiens de la paix essaient d'empêcher ces incendies pour rire, mais, pour un bûcher qui s'éteint, dix autres s'allument.

Cinq heures. Cinq heures et demie. On discute entre confrères la question de la sortie de Zola. Les uns affirment qu'il sortira par la Sainte-Chapelle, d'autres croient qu'il s'enfuira par la Sûreté. En fait, personne ne sait, et la foule, qui elle aussi se pose la même question, s'énerve de plus en plus.

Des amis, qui ont traversé les groupes, nous rapportent l'impression du public. La déposition du général Mercier, affirmant sur l'honneur que Dreyfus a été justement condamné, a produit le meilleur effet.

La nuit tombe, et aux chansons succèdent les cris de : « Mort aux Juifs ! Mort aux Juifs ! »

Mais voilà un monsieur, qui file courbé en deux. C'est le misérable individu qui a nom Leblois. Mery le poursuit en le huant : « A bas le traître ! A bas le Syndicat ! »

Leblois se courbe de plus en plus ; il arrive à l'escalier et dit à un garde républicain quelques mots que nous n'entendons pas.

Le garde se retourne, crache presque sur les pieds du coquin, et répond tranquillement :

— Voulez-vous bien vous cacher !...

Quel est donc cet homme qui fuit, lui aussi, le col de son pardessus relevé jusqu'aux oreilles. Veine de veine ! c'est encore un fripouillard du Syndicat, c'est Yves Guyot.

Aussitôt, le directeur du *Siècle* est entouré et on lui claironne aux oreilles des aménités. Le Guyot ouvre des gros yeux effarés et dit :

— Oh ! ça m'est égal, les injures, ça me connaît.

Jules Guérin intervient : — Donner une carte à ça ! —

fait-il avec mépris, il en profiterait pour se faire payer double demain.

Guyot bondit : — Qui êtes-vous ?

Je m'appelle Jules Guérin, répond notre ami, et vous êtes une vieille fripouille !

L'ex-ministre des travaux publics baisse le nez.

A ce moment, un jeune gandin s'approche :

— Prenez mon bras, dit-il à Yves Guyot. Mais ce dernier, affolé, sursaute vivement en criant : « Ne me touchez pas, ne me touchez pas ! »

La scène devient grotesque. Finalement, le gommeux passe son bras sous celui du Dreyfusard et l'entraîne, en lui disant à mi-voix : « N'ayez pas peur, je suis l'ami de Reinach ! »

Au trot, les deux gredins gagnent la rue, les manifestants les suivent et c'est au milieu des clameurs d'une foule furieuse qu'ils grimpent dans un fiacre, plus morts que vifs.

Remontons. Zola n'est pas sorti, la plupart des témoins non plus. Formant la haie, des gardes républicains et des gendarmes gouaillent, et notre administrateur Devos leur fait causette :

— Quand Trarieux va passer — leur dit-il — laissez-nous le conspuer un peu ?

Et, comme un monsieur lui crie à la face : « Eh ! va donc, vendu ! » l'ami des Dreyfus lui demande sa carte.

Un des gendarmes se retourne :

— Ah ! vous pouvez bien les eng... tous — fait-il — ce n'est ni moi, ni mes camarades qui vous en empêcheront.

Trarieux passe, et on l'accueille vigoureusement.

Et voici que sort également le capitaine Lebrun-Renault. Quel est ce chimpanzé qui bondit vers cet officier ? Miséricorde ! c'est l'abominable petit Juif au pardessus café au lait, et il a le toupet de l'interroger, qui plus est !

Devos n'y tient plus !

— Ah ! le sale Juif ! le sale Juif ! — clame-t-il à deux pouces de la hure de l'Hébreu.

Le capitaine Lebrun-Renault comprend. Il regarde le Juif, et retire avec répulsion sa main que le macaque circoncis lui a saisie.

Dans les groupes, l'Hébreu se dissimule et disparaît en une seconde. Il a senti que l'heure était grave pour certains fonds de culotte.

Mais, il faut un peu nous occuper de Zola. Nous nous rendons sur le quai des Orfèvres, juste au moment où le coupé du complice des Dreyfus s'élance à toute vitesse hors la porte cochère du n° 34.

Zola a bien fait d'embarquer dans la cour de l'immeuble, car cette fois il échappe à la colère populaire.

Au grand galop le véhicule arrive au parvis Notre-Dame, escorté d'un millier de manifestants qui vocifèrent : « Mort au traître ! A l'eau ! A l'eau ! » Des gens, au risque de se faire écraser, s'approchent de la portière et crachent sur les vitres, et seule, la présence d'un gardien de la paix sur le siège, près du cocher, empêche la foule de renverser la voiture.

LIVRE QUATRIÈME

SECOND ACTE DU PROCÈS ZOLA

CHAPITRE PREMIER

La quatrième audience du procès Zola eut lieu le 10 février. En voici la relation d'après le *Matin* :

La question de la pièce secrète. — Une illégalité a-t-elle été commise? — Tout le procès est là.

Sur cette mer houleuse qu'aura été le procès Zola, surnagera peut-être une épave à laquelle les défenseurs de Dreyfus et les partisans de la revision essaieront de s'accrocher désespérément. Cette épave, ce sera la pièce secrète, cette pièce qui aurait été illégalement communiquée au conseil de guerre.

En effet, de ces quatre audiences, débordantes d'inci-

dents dont on ne comprenait tout d'abord que difficilement la raison et le but, de tant de paroles échangées de
la barre des avocats à celle des témoins, de tant d'efforts,
de tant de conclusions, de restrictions, de protestations
et d'obstructions il ne restera peut-être que la minute
silencieuse qui suivit la déposition de M. le général Mercier, quand on le questionna sur la fameuse communication et qu'il ne répondit point, et que le mutisme de
M. Salles à cette autre question de Mᵉ Clemenceau, qui,
au fond, était la même : « Un officier du conseil de guerre
ne vous a-t-il point avoué qu'il y avait eu communication
d'une pièce secrète en chambre du conseil ? »

On sent que tout le procès est là, dans cette illégalité,
et que les auteurs de la campagne actuelle en faveur du
déporté de l'Ile du Diable cherchent à aboutir à cela : la
constatation d'une illégalité. Avec la plus haute impartialité, c'est un fait que nous constatons, sans le com-
menter, sans en déduire un pronostic quelconque au
point de vue des suites juridiques que les défenseurs de
M. Zola pourraient vouloir lui donner, sans apprécier les
moyens par lesquels ils espèrent y arriver.

Lettre de Madame Alfred Dreyfus.

Voici quels furent les débats d'hier :

Au début de l'audience, on vide encore quelques incidents et on lit quelques conclusions. Puis il est question
de la déposition de madame Dreyfus. Celle-ci a envoyé
une lettre au président et une lettre à Mᵉ Labori. Ce dernier lit :

« Cher maître,

» J'ai répondu à l'appel de mon nom à l'audience de
mardi, malgré la violente émotion que j'éprouvais et qui
m'a profondément ébranlée.

» Je me suis imposé cet effort parce que j'espérais dire

devant la cour et devant les jurés ma profonde reconnaissance et mon admiration pour M. Zola, qui, obéissant à la voix de sa conscience, s'est dévoué pour la justice et la vérité avec un sublime dédain des injures et des menaces qu'il s'attirait. J'espérais dire aussi ma foi absolue en l'innocence de mon mari, innocence qui, j'en ai la conviction, ne tardera pas à être prouvée, et enfin ma sincère gratitude pour vous, cher maître, qui, pour faire triompher la vérité, déployez chaque jour tant de courage et de talent.

» Les angoisses de ces trois journées, s'ajoutant à tout ce que j'ai souffert depuis trois ans, m'ont mise hors d'état de supporter une nouvelle épreuve. Permettez-moi donc de ne plus me présenter à la barre et veuillez recevoir, je vous en prie, l'expression de mes sentiments très distingués.

» L. DREYFUS.

» 10 février 1898. »

Fin de la déposition de M. Trarieux.

M. Trarieux est rappelé à la barre pour terminer sa déposition de la veille. Mᵉ Labori lui pose des questions relatives à l'affaire Dreyfus et à une visite qu'il reçut, au ministère, de Mᵉ Demange, toujours à propos de cette affaire. Aussi les questions ne sont-elles pas posées.

Puis M. Trarieux expose son opinion sur la procédure de la revision :

— En s'adressant au ministre de la justice au lieu de s'adresser au ministre de la guerre, comme l'avait fait d'abord M. Scheurer-Kestner, on n'aurait pas fait avancer les choses d'un pas. Le ministre de la justice, du moment que le fait nouveau invoqué était la probabilité de la culpabilité de M. Esterhazy, eût été obligé d'en référer à son collègue de la guerre, qui eût dû faire mettre en jugement le commandant Esterhazy.

Au surplus, j'estime que le ministère de la justice n'avait pas à attendre, pour agir, la requête d'un tiers. Il pouvait agir d'office. Je crois avoir ainsi répondu à la question posée.

M. le commandant Forzinetti vient ensuite. Mais, toujours au nom de l'affaire Dreyfus, on ne peut l'interroger et on ne l'interroge pas. On renonce ainsi à la déposition de MM. Forzinetti, Lebrun-Renaud, Merzbach, Clisson, Fonbrune, Dumont, madame Chapelon, MM. Urbain Gohier et Dubois.

Vient ensuite le docteur Socquet, qui s'est transporté chez madame de Boulancy. Madame de Boulancy est souffrante. On sait qu'elle ne pourra venir.

Me Clemenceau demande si, au cours de la conversation, le nom du commandant Esterhazy n'a pas été prononcé.

— Oui, ce nom a été prononcé, dit M. Socquet. Madame de Boulancy m'a raconté les ennuis qu'elle éprouvait, m'a parlé d'une plainte déposée par elle au parquet au sujet de lettres qu'elle aurait remises à une personne qui en aurait fait un usage abusif en les confiant au *Figaro*.

D'après madame de Boulancy, il y avait six lettres plus une, la fameuse où il y a le mot « uhlan » et qu'elle a dite authentique.

M. Zola prend la parole :

— Madame de Boulancy ne vous a pas parlé des deux lettres dans lesquelles M. Esterhazy parle en termes outrageants de l'armée et de la France ?

— Je répète que non.

Me CLEMENCEAU. — Nous demandons à la cour de désigner trois médecins experts pour aller examiner madame de Boulancy, à la déposition de laquelle nous tenons beaucoup. Je ne mets pas en doute l'opinion de M. Socquet. Mais, comme il l'a dit, c'est affaire d'opinion. Je demande celle de trois médecins.

Mutisme du lieutenant-colonel du Paty de Clam.

D'allure presque exagérément militaire, saluant la cour et saluant les jurés comme un soldat salue son supérieur, M. du Paty de Clam vient à la barre. Me Labori veut l'interroger sur ses relations avec la famille de Comminges, après s'être expliqué sur ce qui a été dit jusqu'alors sur mademoiselle Blanche de Comminges et l'estime dans laquelle il tient cette demoiselle de cinquante-huit ans.

Mais M. le commandant du Paty de Clam refuse de répondre. C'est là un secret « privé ».

Me Labori proteste. On se retranche derrière le secret d'État, puis derrière le secret professionnel, puis derrière le huis-clos, puis, enfin, derrière le secret privé.

— Les témoins sont devenus inutiles, dit Me Labori. M. du Paty de Clam peut se retirer. Je n'ai plus rien à lui demander.

Le lieutenant-colonel Henry.

Me Labori pose la question suivante :

— Qu'y a-t-il d'exact dans le rapport de M. Ravary disant que M. Picquart aurait ouvert une armoire de votre cabinet et pris un dossier ?

— J'étais absent lorsque le dossier a été pris par le lieutenant-colonel Picquart. C'est M. Gribelin qui lui a remis ce dossier sur son ordre. A cette époque, j'étais sous les ordres du commandant Picquart. Mais, si j'avais été présent, j'aurais fait observer à mon chef que j'avais reçu une consigne du colonel Sandherr. Je ne devais rendre ce dossier que devant le chef d'état-major.

— Mais le colonel Sandherr était malade alors?

— Oui.

— Et le chef de service était donc le colonel Picquart. Qui a succédé au colonel Picquart au ministère de la guerre?

— Le général Gonse. C'est le chef actuel.

— Qui est-ce qui est directement sous les ordres du général Gonse ?

— Moi.

On fait venir le général. On lui demande des explications sur ses lettres.

Rappel du général Gonse.

— Ces lettres, dit le général, ont été provoquées par des conversations et des visites du colonel Picquart. Il disait avoir des preuves contre le commandant Esterhazy. Et je lui dis alors de continuer son enquête sur M. Esterhazy sans songer à Dreyfus. C'est dans cet ordre d'idées que nous avons causé et que nous nous sommes écrit.

Dans une première lettre, il me dit qu'il faut continuer à faire la lumière. Je lui réponds : « Continuez ! »

Le lieutenant-colonel me répond en me parlant d'un gros scandale qui se prépare et me disant qu'il faut agir. Je lui réponds alors par une lettre qui lui recommande toujours le silence et d'éviter des démarches irréparables. Je ne trouvais pas suffisantes les preuves qu'il possédait. Voilà quel fut le sens de ma correspondance. Une chose m'étonne, et je le répète : c'est que le lieutenant-colonel ait pu communiquer mes lettres à des tiers. Jamais la pensée ne me serait venue de livrer celles du colonel Picquart. Ce sont là des lettres de service, et, quand on est au service des renseignements au ministère de la guerre, on doit conserver pour soi les lettres de ses chefs. Agir autrement, c'est manquer à son devoir.

— Quels sont les documents dont il s'agit dans l'une de vos lettres ?

— Le colonel Picquart m'avait dit que le commandant Esterhazy allait sur les champs de tir et qu'il posait des questions indiscrètes aux officiers. Il me disait encore que le commandant faisait copier par un sous-officier des documents confidentiels. C'est de ces renseignements et de ces documents que je parlais, et c'est là-dessus que je lui disais de faire son enquête. Il ne m'en a jamais donné le résultat.

— Une enquête a-t-elle été commencée sur les écritures?

— Il n'y a pas eu d'enquête.

— Pourquoi dites-vous, dans une lettre : « La continuation de l'enquête sera dangereuse? »

— Cela signifiait que l'étude des documents devenait difficile. Je parlais ainsi vaguement des renseignements recherchés par le colonel Picquart.

— Et qu'entendez-vous par la comparaison des écritures?

— Celles d'Esterhazy et du bordereau!

— Cela suffit! Je n'ai plus rien à demander au général Gonse! s'écrie Mᵉ Labori.

Une discussion s'engage ensuite sur les conditions dans lesquelles Mᵉ Leblois est allé au ministère de la guerre.

Le lieutenant-colonel Henry déclare qu'il a vu plusieurs fois Mᵉ Leblois dans le cabinet du ministère de la guerre, où le lieutenant-colonel Picquart l'avait présenté comme pouvant être très utile dans les questions délicates, en sa qualité d'avocat habile.

— Quant à moi, dit-il, il n'a jamais eu à conférer avec moi.

Confrontation de M. Leblois avec le lieutenant-colonel Henry.

Mᵉ Leblois est rappelé. Il affirme que, pendant plus de deux heures, il a conféré avec le lieutenant-colonel Henry au sujet d'une affaire Boulot.

Le lieutenant-colonel Henry. — Je ne m'en souviens pas du tout.

Mᵉ Leblois. — Mais vous l'avez reconnu au conseil de guerre.

Le lieutenant-colonel Henry. — Moi?

Mᵉ Leblois. — On pourrait faire appel à la mémoire des membres du conseil de guerre.

Sur invitation de Mᵉ Labori, Mᵉ Leblois fait la description du cabinet du lieutenant-colonel Henry.

Mais celui-ci persiste à déclarer qu'il n'a nul souvenir d'avoir eu une conférence avec Mᵉ Leblois, seul, dans son bureau.

—Maintenant, ajoute-t-il, Mᵉ Leblois peut être entré dans mon bureau seul, en mon absence.

M. EMILE ZOLA. — On parle toujours du dossier paraphé. Qu'est-ce que ce dossier ?

— Un dossier secret.

M. EMILE ZOLA. — Relatif à quoi ? N'était-ce pas à l'affaire Dreyfus ?

— Ce n'était pas le dossier Dreyfus. Ce dossier a été mis sous scellés en 1895.

Conclusions sur l'audition de Madame de Boulancy.

Il est deux heures. L'audience est suspendue.

A la reprise, la cour rend l'arrêt suivant, relativement à madame de Boulancy :

Statuant sur les conclusions prises,

Considérant que, sur la demande de la défense, le docteur Socquet a été commis par la cour pour examiner l'état de santé de la dame de Boulancy et dire s'il lui est possible de comparaître devant la cour d'assises ;

Considérant qu'aux audiences d'hier et de ce jour le docteur Socquet a déclaré que l'état de santé de la dame de Boulancy était tel qu'il ne lui était pas possible de comparaître ;

Que l'avis du docteur est basé non seulement sur l'opinion de son confrère qui a donné des soins au témoin, mais encore sur l'examen auquel il a procédé ;

Qu'il n'y a donc lieu de procéder à une nouvelle expertise et de désigner trois autres médecins, ainsi qu'il a été demandé dans les conclusions ;

Par ces motifs,

Rejette les conclusions prises par Emile Zola et Perrenx et dit qu'il sera passé outre aux débats.

Puis Mᵉ Clemenceau prend les conclusions suivantes :

Plaise à la cour,

Attendu que madame de Boulancy est, à raison de son état de santé, dans l'impossibilité de comparaître devant la cour d'assises;

Attendu que son témoignage a la plus grande importance, tant pour la manifestation de la vérité que pour établir la bonne foi du prévenu,

Ordonner que, par commission rogatoire, elle sera interrogée sur les questions suivantes :

1º Avez-vous entre les mains ou déposées chez des tiers des lettres du commandant Esterhazy ?

2º Avez-vous reçu récemment deux télégrammes du commandant Esterhazy ?

3º Ces télégrammes ne contenaient-ils pas, sous forme de menaces, la demande de restitution des lettres qui sont ou ont été récemment entre les mains de ses conseils ?

4º Ces lettres contiennent-elles des invectives ou des outrages à l'armée ou à la France ?

5º Consentez-vous à les faire remettre à M. le président de la cour par les tiers qui les détiennent ?

Donner acte aux concluants de ce qu'ils se désistent des conclusions précédemment prises concernant madame de Boulancy.

M. de la Batut

député, qui a été sous les ordres de M. du Paty de Clam en 1876, déclare qu'une punition de quinze jours de prison lui a été infligée pour avoir, à propos d'une composition sur « les guerres du premier Empire », opiné que ce fut l'intelligence et non le canon qui gouvernât le monde. La punition fut levée le lendemain, mais remplacée par une privation de permission pendant un mois.

La punition fut infligée par le lieutenant-colonel, levée par le colonel, et les copies corrigées — sans doute — par M. du Paty de Clam.

M. d'Ormescheville

vient ensuite. Mais, la défense voulant l'interroger sur l'affaire Dreyfus, le président s'y oppose.

Dans ces conditions, la défense renonce à l'audition de MM. Vallecalle, Gallet, Patron, Morel, Echemann, Roche.

M. Ravary,

chef de bataillon, est ensuite interrogé sur ce qu'il a dit dans son rapport relativement au dossier secret placé sous les yeux de Mᵉ Leblois dans le cabinet du lieutenant-colonel Picquart :

— A quelle affaire se référait ce dossier ?

— Je ne sais pas... La pièce ne m'intéressait pas.

— Alors, les instructions militaires sont faites d'une façon à laquelle nous ne sommes pas habitués.

— Je vous demande pardon : nos instructions sont faites avec conscience et avec la plus grande honnêteté. Quant à mon rapport, il est l'expression sincère des dépositions. Qu'on demande le dossier.

M. de Pellieux. — L'enquête Esterhazy. — Blâme au colonel Picquart.

Voici la déposition de M. de Pellieux, qui fut chargé de l'enquête Esterhazy :

— Profondément respectueux de la justice de mon pays, je n'ai pas voulu me retrancher derrière le secret professionnel. Je vais faire l'histoire de mon instruction dans l'affaire Esterhazy. Je répondrai ensuite à toutes les questions qui me seront posées.

J'ai fait deux enquêtes. L'une était une enquête militaire.

M. le général de Pellieux nous rappelle les faits de la dénonciation Mathieu Dreyfus :

— Je fis venir M. Mathieu Dreyfus. Il ne m'apporta aucune preuve d'aucune sorte : rien que des allégations. Cependant je ne m'arrêtai pas là. Je voulus entendre M. Scheurer-Kestner, vice-président du Sénat. Je lui demandai son dossier. Il me répondit qu'il n'en avait pas, mais que Me Leblois en avait un et qu'il me le communiquerait.

M. Scheurer-Kestner me fit encore la déclaration suivante :

« Je ne connais pas le colonel Picquart; je ne l'ai jamais vu, je n'ai jamais eu avec lui de relations directes ou indirectes. Mais, si l'on ne fait pas venir le lieutenant-colonel, l'enquête ne sera ni complète ni sérieuse. »

Je fis venir Me Leblois. Son dossier consistait en des fac-similés d'écriture d'Esterhazy et quatorze lettres du général Gonse; puis des brouillons de lettres du colonel Picquart. Me Leblois me fit l'historique de ses relations avec M. Picquart.

Me Leblois me fit aussi savoir qu'il y avait au ministère de la guerre un dossier concernant une enquête sur la trahison du commandant Esterhazy et une pièce accusant formellement cet officier de trahison.

Me Leblois savait tout cela par le lieutenant-colonel Picquart !

Et le général de Pellieux blâme sévèrement la conduite de M. Picquart.

Après cette première enquête, voici les conclusions que j'ai fournies au gouverneur : Contre Esterhazy, aucune preuve ; mais, contre le colonel Picquart, une faute grave à relever. Il a mis entre les mains d'un tiers des lettres de service et a donné des renseignements secrets à Me Leblois. Il doit être frappé. Mais il faut l'entendre auparavant. On sait quelle fut la décision du ministre de la guerre.

Le 21 novembre, je reçus l'ordre de commencer mon enquête comme officier de police judiciaire. Ma première opération consista dans une perquisition chez le colonel Picquart. On m'a vivement attaqué, mais j'étais dans mon droit, et c'était mon devoir. Cette perquisition fut régulière. On m'apporta un scellé, que je n'ai ouvert qu'en présence du colonel Picquart. Je n'en conservai qu'une lettre de mademoiselle

Blanche de Comminges qui me paraissait avoir un intérêt subséquent.

La carte-télégramme.

Le témoin entre ensuite dans les détails de son enquête.

Au cours de l'interrogatoire du colonel Picquart se produisit un incident. Celui-ci me parla d'une carte-télégramme, un petit bleu qui, d'après lui, avait la même origine que le bordereau. Cette pièce avait été déchirée et recollée.

Cette pièce semblait prouver que le commandant Esterhazy avait avec un agent d'une puissance étrangère des relations louches. Je voulus connaître l'authenticité de cette carte-télégramme. Elle n'avait pas, en tout cas, été envoyée au destinataire et ne lui était pas parvenue. Elle n'avait pas été mise à la poste.

La déposition des témoins m'apprit que des tentatives avaient été faites pour donner à cette pièce un caractère d'authenticité. On a voulu y faire mettre le timbre de la poste et la photographier en faisant disparaître les traces des déchirures.

Pour moi, cette pièce n'avait aucun caractère de vraisemblance. Je me suis étonné que le chef du service des renseignements d'une grande puissance eût été assez naïf pour croire qu'un attaché militaire d'une grande puissance pût ainsi correspondre avec un agent secret à l'aide d'un télégramme déposé chez un concierge!

M. le lieutenant-colonel Picquart a fait plus. Il m'a avoué avoir fait saisir pendant huit mois toute la correspondance d'Esterhazy, et cela sans mandat. Il a avoué que, toujours sans mandat, il a fait faire une perquisition chez cet officier. On a forcé un meuble, qu'on n'a pu refermer. C'étaient là des manœuvres inavouables, et j'avoue que, quand le conseil de guerre a acquitté le commandant Esterhazy, je n'en ai pas été étonné.

Si j'ai participé à cette œuvre d'acquittement, j'en suis fier.

Je suis arrivé à prouver qu'il n'y avait pas deux officiers traîtres dans l'armée française, qu'il n'y en avait qu'un.

Quant à Dreyfus, je demande à dire un mot, comme l'a fait hier le général Mercier.

— Jamais! dit le président.

— J'insiste! fait M⁰ Labori.

— Jamais!

— Mais le témoin a déjà commencé. Il a parlé d'un traître. C'est de Dreyfus qu'il parlait. On n'en parle ici que pour l'accuser sans preuves, et nous ne pouvons le défendre.

Un grand tumulte éclate.

M⁰ Clémenceau demande :

— Pourquoi le général de Pellieux a-t-il fait perquisitionner chez le lieutenant-colonel Picquart et non point chez M. Esterhazy ?

— C'est que cela avait été fait pendant huit mois par M. Picquart lui-même !

Explosion de rires.

M. Charles Dupuy,

ancien président du conseil.

M⁰ Labori pose des questions sur l'affaire Dreyfus. Refus du président d'entendre le témoin.

On renonce pour la même raison aux dépositions de MM. Guérin, Develle, Poincaré, Leygues, Delcassé.

M. Thévenet,

ancien garde des sceaux.

— Je ne connais aucun fait particulier dans le procès Esterhazy. En ce qui touche la bonne foi de M. Zola, je suis convaincu de sa bonne foi. Et voici pourquoi : Dans l'instruction de l'affaire Esterhazy, on avait été frappé d'une lacune. Une femme voilée aurait apporté au commandant Esterhazy un document libérateur. Or, on n'a pas approfondi ce point, qui avait une extrême importance. Il n'y a pas eu d'enquête approfondie. Je me suis étonné — et je ne suis pas le seul dans le Parlement — que l'enquête militaire n'ait point pris de mesures sérieuses et se soit à peine étonnée que des documents intéressant la défense nationale puissent quitter les coffres-forts du ministère de la guerre avec une pareille facilité.

J'ajoute que, si la femme voilée était une légende, si elle n'existait pas, la question n'en était pas moins grave. La question, en effet, se posait de savoir comment cette pièce avait été communiquée à M. Esterhazy alors qu'on l'avait cachée à Dreyfus, lui qu'elle accusait.

Cette lacune, donc, a troublé bien des consciences. Et je comprends alors que M. Zola ait pu douter de l'excellence d'un jugement rendu dans des conditions pareilles, sur un rapport aussi incomplet que celui de M. Ravary.

M. Thévenet parle ensuite de la communication illégale de la pièce secrète :

Il est regrettable que cette question n'ait pas été tranchée. Elle touche à la liberté de la défense. Elle touche au droit imprescriptible qu'a tout accusé de savoir sur quels documents on l'a frappé.

Qu'on éclaire l'opinion publique. Qu'on dise oui ou non.

Si l'on dit oui, est-ce que Dreyfus sera innocent pour cela ? Mais non. La cour de cassation aurait statué. On eût à nouveau examiné les pièces, et, au moins, Dreyfus aurait pu se défendre sur des pièces qu'il aurait pu lire. La dignité humaine eût été sauvegardée.

Si c'est non, s'il n'y a pas eu communication, pourquoi ne pas le dire ? Tout le monde se serait incliné devant la parole d'honneur du général Mercier, et l'opinion publique eût été calmée. Eh bien, ce « non », qu'on le dise ! Et l'on se tait ! Que faut-il penser ?

En quel pays vivons-nous ? Y a-t-il un magistrat, y a-t-il un avocat, y a-t-il l'un de vous qui ne comprenne l'anxiété où nous sommes quand on songe qu'un condamné a pu l'être sans savoir pourquoi ?

Je termine d'un mot : La bonne foi de M. Zola est à la hauteur de son talent !

— Je n'ai plus rien à dire, s'écrie Me Labori, après l'admirable plaidoyer que vous venez d'entendre, non point pour Dreyfus, dont il n'a pas été question, mais pour la dignité humaine, pour la liberté des citoyens et pour l'honneur d'un pays !

Confrontation de MM. de la Batut et du Paty de Clam.

Au moment où le témoin se retire, M. de la Batut annonce que M. du Paty de Clam vient de lui dire : « Vous en avez menti ». On appelle M. du Paty de Clam qui affirme que les faits à lui reprochés dans la déposition du député sont inexacts.

M. de la Batut reconnaît d'ailleurs qu'il n'a jamais reproché à M. du Paty d'avoir corrigé la composition.

M. Pauffin de Saint-Morel.

commandant d'artillerie.

Il explique que, s'il a fait une communication à M. Henri Rochefort, ça a été entièrement et uniquement de son initiative.

— J'ai agi sous l'influence de l'émotion que me causaient les attaques qui étaient dirigées contre l'état-major.

— Mais qu'avez-vous dit à M. Henri Rochefort ?

— Ce qu'on disait autour de moi. J'ai affirmé auprès de M. Henri Rochefort la conviction où était l'état-major de la culpabilité de Dreyfus et de l'impossibilité où tout le monde était nécessairement de lui substituer Esterhazy. Je n'ai donné aucune preuve à M. Rochefort. Je n'ai pas communiqué de dossier. C'était une simple conversation.

— Mais sur quoi fondiez-vous cette conviction que vous portiez chez M. Rochefort ?

— La conviction de l'état-major est absolue! se contente de répondre le témoin.

Mutisme de M. Salles.

M. Salles, avocat, n'a rien dit, mais son passage à la barre a été marqué d'un incident des plus vifs.

M° LABORI. — M. Salles peut-il nous dire ce qu'il pense de la bonne foi de Zola?

LE PRÉSIDENT. — Sur quoi? Sur l'affaire Esterhazy?

M° LABORI. — Sur l'affaire Zola.

LE PRÉSIDENT. — Je ne laisserai poser de questions que sur l'affaire Esterhazy. (Au témoin.) Que saviez-vous sur cette affaire?

LE TÉMOIN. — Rien.

M° LABORI. — Je n'admets pas que la question de bonne foi soit ainsi posée. Vous ne pouvez préjuger quelle sera la réponse du témoin, à moins que vous n'avouiez que vous nous voulez faire un procès de tendance.

Eh! quoi? ces militaires pourront venir ici apporter leurs affirmations accusatrices, de nature à faire impression, et, quand nous voulons, nous, montrer l'illégalité commise, on nous ferme la bouche!

De l'affaire Dreyfus, eux, ont pu parler à leur gré. Nous, nous devons garder le silence.

Qu'est-ce à dire, si ce n'est qu'on a peur de la lumière?

LE PRÉSIDENT. — Je ne poserai pas de questions sur l'affaire Dreyfus.

M° LABORI. — Nous allons prendre des conclusions.

LE PRÉSIDENT. — Prenez celles que vous voudrez.

M° ALBERT CLEMENCEAU. — Oui, nous allons en prendre. Mais le témoin sait d'un juge du conseil de guerre qu'une pièce secrète a été communiquée. Voilà ce que je veux dire au jury! Si je ne dis vrai, que le témoin nous démente. Il suffit d'un mot. (*Agitation.*)

M. Salles garde le silence.

M° LABORI. — Je demande une suspension pour rédiger mes conclusions.

LE PRÉSIDENT. — L'audience est suspendue.

Conclusions sur le mutisme du témoin Salles.

A la reprise, les conclusions suivantes sont déposées :

Plaise à la cour,

Attendu que la déposition du témoin Salles est indispensable à la manifestation de la vérité et aussi pour établir la bonne foi des prévenus ; que refuser de l'entendre serait violer les droits de la défense ;

Attendu que la question mentionnée au dispositif intéresse au plus haut point le droit de la défense, qu'elle n'est susceptible de porter aucune atteinte à l'autorité de la chose jugée, que rien ne pourrait justifier dans ces conditions le refus de la poser ;

Par ces motifs,

Donner acte aux concluants de ce que M. le président a refusé de poser au témoin les questions suivantes :

Ordonner que lesdites questions seront posées au témoin, savoir :

M. Salles connaît-il un fait qui soit de nature à établir la bonne foi de M. Emile Zola et se rapportant au paragraphe 3 des faits visés dans la citation du procureur général et ainsi conçu : « J'accuse le second conseil de guerre d'avoir couvert cette illégalité par ordre en commettant à son tour le crime juridique d'acquitter sciemment un coupable. »

Conclusions pour M. Perreux :

Donner acte au concluant de ce que le défenseur de Perreux a affirmé qu'un témoin, M. Salles, présent à la barre, tenait de la bouche même de l'un des juges du conseil de guerre qui a jugé Dreyfus que des pièces non communiquées à l'accusé ou à son défenseur avaient été produites en chambre du conseil pendant la délibération.

Que le témoin, présent à la barre, n'a pas démenti cette affirmation ;

Donner acte de ce que le président a refusé de poser la question indiquée par les défenseurs et permettant au témoin de répondre par oui ou par non.

A la reprise de l'audience, la cour a rejeté les conclusions ci-dessus en ces termes :

Attendu que la question posée est complexe, portant à la fois sur la bonne foi de M. Emile Zola relativement à l'affaire actuelle, au procès Dreyfus et au procès Esterhazy et que le défenseur n'a pas accepté la limitation de la question à l'affaire Esterhazy ; que, dans ces conditions, les admettre serait porter atteinte à l'autorité de la chose jugée...

CHAPITRE DEUXIÈME

Autour de la quatrième audience. — La voiture de Zola secouée au cri de « Mort aux traîtres ». — Drumont acclamé à la *Libre Parole*.

Quant aux incidents tumultueux des abords de la quatrième audience, en voici la relation d'après le *Matin :*

Toujours la même chose. — La foule sur les quais. — La sortie de M. Zola.

Nous ne pouvons recommencer tous les jours à faire la description du service d'ordre, service qui a été jeudi ce qu'il avait été la veille.

Depuis que la préfecture de police est chargée d'assurer la tranquillité et le calme tant à l'intérieur du Palais de justice qu'à l'extérieur, il ne s'est rien produit de particulièrement révolutionnaire ; les manifestations sont d'autant plus isolées que la foule, maintenue fort loin par les agents, n'est guère en mesure d'y participer.

A l'exception du boulevard du Palais, sur lequel on pouvait circuler librement, toutes les autres voies aboutissant à la Cité étaient barrées, hier, par des gardiens de la paix renforcés de gardes municipaux à cheval.

N'étaient admises à passer sur le pont Neuf, le pont d'Arcole et le pont Notre-Dame que les personnes pouvant justifier de leur besoin absolu de traverser la Seine à ces endroits.

Aussi de quintuples rangs de curieux s'alignaient-ils sur les quais du Louvre, de la Mégisserie, de Gesvres et, du côté de la rive gauche, sur les quais Saint-Michel, des Grands-Augustins et de Conti.

Pour voir quoi? Rien, absolument rien, à moins que ce ne soit pour regarder la Seine couler et voir passer les bateaux-mouches, spectacle dont on peut se rassasier tous les jours, surtout lorsqu'il n'y a point de procès Zola.

C'est l'éternelle badauderie parisienne.

M. Zola arrive à midi moins un quart, toujours accompagné de MM. Labori, Clémenceau et Fasquelle. On fait pénétrer sa voiture dans la courette du n° 34 du quai des Orfèvres.

Dans un groupe, on l'acclame chaleureusement; dans un autre, on le conspue avec violence. C'est toujours la même chose, et cela devient fastidieux à la longue.

De même, lorsque le lieutenant-colonel Picquart monte l'escalier de pierre conduisant à la galerie de Harlay, laquelle précède la cour d'assises, les uns crient: « Vive la lumière! Vive la justice! » et d'autres : « Mort aux juifs! A bas les vendus! » De même pour le commandant Esterhazy : « A bas le uhlan! » ou « Vive l'armée! Gloire à l'innocent! »

Et il en sera ainsi jusqu'à la fin du procès.

Histoire de s'amuser.

A l'intérieur, dans la galerie de Harlay, la seule qui soit accessible aux personnes ayant pu pénétrer dans le Palais par la place Dauphine, c'est un indescriptible brouhaha. On y pérore bruyamment et on y fume en dépit de toutes les défenses.

On se croirait dans le grand hall de la gare Saint-Lazare. Avocats, journalistes, témoins civils ou militaires, porteurs de dépêches, gardes municipaux, officiers de paix, agents de police, tout le monde se presse, s'écrase pendant les suspensions d'audience.

On cause fort, mais on ne manifeste guère. Notre confrère Chincholle est violemment pris à partie par une femme, une folle, dont il a beaucoup de peine à se débarrasser. C'est la note gaie.

La note sinistre est donnée par un reporter qui affirme que l'un des principaux témoins cités par M. Zola s'est suicidé. Le fait est d'autant plus invraisemblable que le personnage en question a été vu tout à l'heure dans la salle des témoins.

Puis l'on raconte que le commandant Forzinetti et le capitaine Lebrun-Renault en sont venus aux mains dans l'un des couloirs de la cour d'assises et qu'ils se sont flanqué une vigoureuse trépignée. C'est aussi exact que le bruit, répandu avant-hier, que Mᵉ Labori avait, en pleine audience, souffleté le général Gonse.

Cela fait tout de même passer le temps.

Attention!

A cinq heures, il est absolument impossible de traverser les ponts conduisant à l'île de la Cité. Cependant M. Zola ne quitte le Palais qu'à six heures un quart, toujours par la porte du quai des Orfèvres. Pour ne pas en perdre l'habitude, on crie, les uns : « Vive Zola! » les autres : « A bas Zola! A mort, Zola! A l'eau, Zola! » La voiture du romancier traverse la Seine sur le pont Neuf.

A l'angle du quai du Louvre, on arrête un ouvrier maçon, Jean-Baptiste Dabeyzies, demeurant, 35, rue des

Deux-Ponts, qui a crié : « Vive la révolution sociale ! »

Il est près de sept heures quand M. Zola arrive rue de Bruxelles. Près de deux cents manifestants ont réussi à rejoindre sa voiture qu'ils secouent en criant : « Mort aux traîtres et aux vendus ! Vive l'armée ! » La police a eu beaucoup de peine à dissiper les perturbateurs.

Voici la version des mêmes faits d'après la *Libre Parole* :

Ceux qui n'ont pas vu rire des Juifs, ce qui est un bien vilain spectacle entre parenthèses, n'ont qu'à se presser. Depuis hier, l'Hébreu hilare est devenu à Paris presque aussi rare que la pudeur chez Albert Cahen d'Anvers.

A vrai dire, les Youtres n'ont pas tous les torts d'avoir la *frousse*, car l'affaire Dreyfus-Zola est en train de finir très mal pour eux.

Pour protéger, en effet, le défenseur du traître, la police parisienne était hier matin entièrement mobilisée. Pour protéger le sinistre Zola, de braves gens, d'anciens soldats de cette armée qu'il cherche à salir, sont sur pied, sans trève ni repos, depuis l'aube jusqu'aux heures les plus avancées de la nuit.

Aussi fallait-il entendre, hier, les réflexions qu'échangeaient entre eux les gardiens de la paix, en service autour du Palais :

— Ah ! les canailles !

— Ah ! les bandits !

— Ah ! les sales Juifs !

Histoire de jeter un peu d'huile sur le feu, j'insinue de temps en temps que le procès pourrait bien durer encore une bonne partie de la semaine prochaine, et les imprécations recommencent de plus belle :

— Alors, ils veulent nous faire crever ! Pour sûr ils auront notre peau !

Les vieux brigadiers eux-mêmes ont le mot pénible
pour Israël :

— Si c'est pas une pitié d'être obligé de protéger des
filous et des amis de filous, quand on est payé pour faire
justement le contraire.

Cet avis semble aussi joliment partagé par les grands
chefs de la police qui, nous devons le reconnaître, font
preuve d'une véritable obligeance envers les représentants de la presse depuis le commencement du procès.
Certes, ils font exécuter des mesures d'ordre sévères,
mais c'est avec énormément de tact qu'ils procèdent à
leur exécution.

Comme d'habitude, c'est seulement vers dix heures,
hier, que le défilé des personnalités de l'affaire a commencé. Mais les cris d'enthousiasme ou les sifflets sont
rares, la place ayant été évacuée dès la première heure,
et c'est tout au plus si il y a devant la grille une cinquantaine de personnes.

Aux abords, en revanche, il y a encore plus de monde
que la veille ; les quais et les ponts ressemblent à de
véritables fourmilières humaines. Bien qu'il soit impossible au bon peuple de voir quoi que ce soit, des camelots louent des petits bancs et des échelles « pour être
mieux placés », ainsi qu'aux grands jours de fêtes.

Il y a un coin cependant où le public est mieux partagé,
c'est le fond de la rue Dauphine jusqu'au pont Neuf. En
se hissant sur la pointe des pieds, les conspueurs des
Juifs peuvent apercevoir un peu les arrivants.

A signaler l'arrivée du commandant Pauffin de Saint-
Morel, madame Gyp, le commandant Lauth, le colonel
de Ramel, Charles Dupuy, Bertillon, le colonel Maurel,
le général de Pellieux, le général de Luxer, le général
Gonse, le commandant Ravary, le commandant d'Ormescheville, le Provost de Launay, et du commandant
Esterhazy qui est très acclamé.

Voici également Yves Guyot qui entre, en roulant des yeux effarés. Reinach le suit à quelques pas, la face gonflée d'une façon extraordinaire. Que cache dans ses bajoues ce gorille ? Est-ce une pièce secrète, ou de la nourriture qu'il emporte ainsi, pour collationner sur les quatre heures ? Ce monstre aurait-il des faiblesses d'estomac, comme une petite maîtresse ?

Arrivent encore le commandant Rivals, Develle, le capitaine Lebrun-Renault, MM. Guérin, Jaurès, Poincaré, Trarieux, Delcassé, le greffier Vallecalle.

Onze heures et demie : la voiture d'Emile Zola pénètre dans une des cours du Palais par le quai des Orfèvres. Le service d'ordre a été si bien compris, qu'en dehors de quelques journalistes, il n'y a personne près de la porte. Le défenseur de Dreyfus est néanmoins salué par une fusée de cris et d'imprécations variées : « A bas Zola ! A bas les Juifs ! Mort aux traîtres ! »

L'audience est ouverte.

Faisons notre tour ordinaire dans la salle des Pas-Perdus. Un tour qui va durer cinq bonnes heures au moins.

Contrairement à ce que je croyais hier, le nombre des Juifs a diminué cans cette salle. J'en compte cependant quelques douzaines, mais quelles pauvres binettes, dieu d'Ezéchiel !

Pour avoir quelques renseignements, les infortunés Sémites ont pris le parti de dire pis que pendre de Zola et des Dreyfus. Ils se glissent dans les groupes, et tout à coup on entend une voix qui crie : « C'est une indignité ! insulter l'armée! c'est horrible! horrible! » On se retourne, et avec stupéfaction, on se trouve en face d'un museau de tapir indécent.

Des gens aussitôt vont causer plus loin ; d'autres, moins pacifiques, envoient négligemment dans les yeux du circoncis une énorme bouffée de fumée de cigare ou de cigarette.

Cinq minutes après, on voit l'Hébreu enfumé se glisser, souriant, dans un autre groupe, avec des paupières enflammées de lapin russe.

Quatre heures. Des cris aigus de femme en colère se font entendre. C'est une dame entourée d'un cercle d'avocats, de journalistes et de curieux, qui a pris un de nos bons confrères pour un Juif, et l'écrase d'injures diverses.

— Eh ! va donc, vendu !... rognure dreyfusienne ! fleur de Syndicat ! et d'autres qualificatifs d'allures plus fin de siècle.

Le bon confrère, estomaqué, cherche à se dégager.

Rouge comme pivoine en été, la dame se cramponne ; les affirmations les plus véhémentes de nous tous ne la dissuadent point, et on est obligé de recourir au capitaine des gardes, pour l'emmener dans un couloir moins animé.

Pour achever de tuer le temps, on commente les déclarations du général de Pellieux, si écrasantes pour la bande Dreyfus, Zola et Cⁱᵉ.

La nuit arrive. La séance est levée ; il est six heures. On fait garder militairement la galerie Saint-Louis que traversera Zola. Six gardes républicains à cheval viennent se ranger devant la grille de la place Dauphine, et une brigade d'agents va se former en cercle devant le 34 du quai des Orfèvres.

A six heures cinq, un fiacre de l'Urbaine, n° 13071, entre sous le porche du 34, et ressort quelques minutes après, emmenant le colonel Picquart et le dreyfusiste Yves Guyot.

A travers les vitres du fiacre on aperçoit le directeur du *Siècle* qui se dissimule le plus possible dans une encoignure, ce qui ne l'empêche pas d'être hué d'importance.

Un quart d'heure s'écoule, les portes du Palais s'ouvrent de nouveau et, au galop, comme la veille, le coupé du Chef des odeurs puantes traverse la rue. A côté de Zola se trouvent MM. Clemenceau, Labori et Fasquelle.

Trois cents personnes environ, journalistes et officers en civil, qui ont pu avoir libre accès devant la porte, accompagnent le véhicule jusqu'au pont Neuf, en criant : « A mort ! à mort ! Enlevez le traître ! A l'eau ! à l'eau ! »

Quelques mètres avant le pont Neuf les agents barrent la route et arrêtent les manifestants.

Mais pendant que s'éloignait Zola, une violente manifestation se produit rue de Lutèce : Plus de deux mille personnes crient : « Conspuez Zola ! A mort les Juifs ! » Ils forcent les doubles cordons d'agents, et se répandent sur la place Victoria en conspuant les Juifs plus frénétiquement encore. Un individu qui crie : « Vive Zola! » est à moitié écharpé.

Et j'entends dire à un confrère :

— Mais pourquoi la police ne reconduit-elle pas simplement Zola dans le panier à salade qui stationne toujours dans la rue de la Sainte-Chapelle? Personne ne s'en douterait, et pour charmer les ennuis de la route du pornographe vénitien, on pourrait lui donner, comme compagne de voyage, une Nana de bonne volonté.

Bref, à six heures et demie, les manifestations se dispersent cependant; mais une bonne partie prend les Halles et la rue Montmartre, pour venir acclamer Edouard Drumont à *La Libre Parole*.

A LA « LIBRE PAROLE »

Coupée en plusieurs endroits, la manifestation arrive cependant au boulevard Montmartre au nombre de cinq ou six mille personnes, et, pendant une demi-heure, une immense et formidable acclamation terrorise les Juifs des maisons de commerce et des magasins voisins.

Cinq ou six jeunes Youtres, qui prennent des bocks à

la terrasse des grands cafés, se réfugient dans les salles du fond, glacés de terreur par les cris de : « Vive Drumont ! Vive la France ! A bas les traîtres ! Mort aux Juifs ! »

Edouard Drumont paraît au balcon du journal et les acclamations redoublent d'intensité. Les manifestants agitent leurs chapeaux, leurs casquettes ou leurs mouchoirs au bout des cannes.

— Je vous remercie, mes amis ! dit Drumont. Vous aver raison ; criez : « Vive la France ! Vive l'armée ! »

Des agents interviennent, mais sans brutalité : « Allons, messieurs, circulez, circulez ! »

On sent que les agents ont envie de crier eux-mêmes : « Vive l'armée ! A bas les traîtres ! »

Aussi est-ce sans résistance aucune que la manifestation se disperse, poussant une dernière fois le cri cher à tous les bons Français :

— A bas les Juifs !

Une transposition dans la relation des incidents relatifs à la troisième audience a changé complètement le sens d'un passage.

C'est au moment où notre excellent administrateur Charles Devos prie un gendarme de le laisser conspuer énergiquement le répugnant Trarieux.

A cette demande, le gendarme répond :

— Ah ! vous pouvez bien les eng... tous ; ce n'est ni moi, ni mes camarades qui vous en empêcherons.

La phrase : « Eh ! va donc, vendu ! » intercalée avant la réponse du brave gendarme, s'appliquait naturellement au misérable Yves Guyot.

CHAPITRE TROISIÈME

Article de Drumont injurieux pour le barreau parisien. — Question de boutique. — La *Libre Parole* invite le juré Leblond à quitter le jury. — L'idée et les huées.

En tête du numéro où figuraient les lignes qui précèdent, Drumont publiait ces réflexions :

LA VÉRITABLE REVISION

Le Syndicat n'a vraiment pas de chance. Il a insisté pour qu'on entende les officiers, et comme on n'a rien à lui refuser, on a entendu les officiers.

Leurs dépositions ont souligné une fois de plus la démence et la scélératesse des coquins qui ont mis toute la France en émoi sans pouvoir apporter l'ombre d'une preuve pour appuyer leurs mensonges et leurs calomnies.

Quels braves gens ! Tel sera, je crois, le mot qui résumera l'impression d'ensemble qu'on aura de ces dépositions.

Ce mot de braves gens aura bien dans la circonstance le sens qu'il a dans la vie ordinaire, où il s'applique à de bonnes natures faciles à vivre et qui ne sont ni trop raides ni trop susceptibles.

La vérité est qu'on eût volontiers pardonné à des militaires, qu'on dérangeait de leur service pour venir jouer un rôle dans l'ignoble parade du *Père J'accuse*, une parole un peu énergique, un peu brutale, un peu hautaine. Cette parole, on n'a pas eu à la leur pardonner, puisqu'elle n'a jamais été prononcée.

Ces pauvres officiers laissent traîner dans la boue tout ce qui leur est cher, leurs amis, leurs parents, leurs sœurs, et ils gardent toujours la même attitude calme.

Si l'on avait mis en cause, à propos d'une affaire quelconque, la sœur d'un membre du Barreau, comme on a mis en cause mademoiselle de Comminges, la moitié de la France serait sourde à l'heure qu'il est, tant le Syndicat aurait fait de vacarme.

« La pudeur d'une femme ! l'honneur d'une famille ! Qu'est-ce que vient faire le nom d'une jeune fille digne de tous les respects au milieu de nos luttes? Ah ! je frémis d'indignation. Nous frémissons... Vous frémissez ! »

Sans doute, le général Mercier a dit ce qu'on attendait de lui, lorsqu'il a affirmé une fois de plus, sur sa parole de soldat, que le misérable Dreyfus avait été justement et légalement condamné. L'ovation qui lui a été faite par la salle tout entière a dû lui prouver qu'il avait répondu au sentiment de tous.

Malgré tout, malgré la déposition du général de Pellieux, écrasante pour le Syndicat, le cri de réprobation et de dégoût qu'on eût aimé à voir sortir de la bouche d'un soldat n'a pas retenti encore.

Rien n'est plus significatif sous ce rapport que cet incident du général Gonse dont notre ami Albert Monniot a déjà parlé hier avec la netteté un peu rude qui lui est habituelle.

« C'est un traquenard qu'une telle question », s'écrie le général.

Là-dessus, M⁰ Labori proteste et l'on voit arriver M⁰ Ployer, qui intervient dans cette question on n'a jamais su pourquoi, et qui exige que le général, qui a près de soixante ans, fasse des excuses au Barreau.

L'idée n'est pas venue une minute à ce général qui n'a rien à craindre, qui est sûr d'avoir sa retraite quand même, de répondre tranquillement :

« Je ferai des excuses aux membres du Barreau quand Zola en aura fait aux représentants de l'Armée, qu'il a indignement outragés. »

Jamais Byzance n'a vu cela : un vaillant soldat qui a servi trente ans son pays obligé de s'humilier devant l'immonde écrivain qui a gagné la fortune et la notoriété à remuer des excréments, à décrire toutes les ignominies humaines, à peindre des filles, des tribades, des lupanars et des sentines.

Connaissez-vous quelque chose de plus insolemment grotesque que cette intervention de Ployer au nom du Barreau ?

Le Barreau ? Qu'est-ce que c'est que ça ?

C'est une réunion de citoyens privilégiés qui ont eu assez d'argent pour faire des études de droit.

A côté d'hommes avilis comme Pouillet, il y a là-dedans beaucoup d'hommes très remarquables, très charmants, très distingués, très instruits, très spirituels, beaucoup même qui sont parmi nos meilleurs amis.

Quoi qu'il en soit, ce n'est pas une institution d'Etat.

Barboux, de sa bouche édentée, a craché dans le dernier procès Reinach quelques injures sur Rochefort.

Qu'est-ce que le président du tribunal aurait dit si Hébrard ou le syndic d'une association quelconque de journalistes était venu dire : « Je demande qu'on fasse des excuses à la Presse. »

Les droits de la défense... Farceurs ! Vous avez vu la désopilante histoire des câbles de la marine dont on éprouvait la solidité avec des poids en carton. C'est notre histoire des Asphaltes dans un autre genre.

Un conseiller municipal, zélé pour le bien public, a dénoncé courageusement les fraudes dont la Ville de Paris était la victime. Le préfet de la Seine a fait son devoir comme le ministre de la Marine vient de faire le sien. Mon journal s'est occupé de ce sujet à propos duquel je n'ai pas eu l'occasion de dire un mot moi-même.

On me poursuit et on m'interdit de faire la preuve dans un débat sur des Asphaltes, neufs ou vieux, où il n'y a aucun secret militaire ni quoi que ce soit qui puisse déchaîner une guerre européenne.

Ecoutez ! Ecoutez !

« Des preuves ! Toutes les preuves ! La lumière ! La pleine lumière ? »

Soyez tranquilles, mes enfants, ce n'est pas pour moi qu'on réclame la lumière; c'est pour l'abominable traître, le Youddi de malheur qui a déjà coûté plus de quinze millions au pays pour refaire le plan de mobilisation qu'il avait livré et qui mange des conserves de choix et fume des cigares exquis à l'île du Diable, pendant que nos ouvriers n'ont souvent pas un morceau de pain à se mettre sous la dent.

Si, le jour de mon procès, je m'avisais d'envoyer chercher Ployer sous prétexte que ma défense n'est pas libre, il est probable qu'il ne se dérangerait pas.

S'il venait, ce serait pour dire à Pouillet : « Mens le plus possible ! Tâche de te faire donner la forte somme, et si Drumont proteste un peu trop fort contre ton cynisme et s'obstine à prouver son innocence, fais-moi signe : je mets ma toque en bataille et je demanderai qu'on te fasse des excuses au nom du Barreau. »

Tas de blagueurs !

C'est l'amour de la Patrie sans doute qui domine dans ces foules qui, chaque jour plus nombreuses, déferlent comme des vagues autour du Palais de Justice en criant :

« Vive l'armée ! A bas les Juifs ! A bas les traîtres ! »

On pourrait, cependant, démêler encore dans ces âmes de patriotes un autre sentiment. L'amour de l'égalité entre bien pour quelque chose dans ces démonstrations bruyantes de tout un peuple.

« Est-ce qu'on aurait fait tout cela pour moi? se dit le plébéien, si j'avais été jugé et condamné par un conseil de guerre? Est-ce que pour m'arracher à la prison, on aurait prodigué l'or, organisé des syndicats, fondé des journaux? »

Alors la pensée de cet homme s'agrandit et il voit que nous sommes gouvernés par une oligarchie nouvelle : oligarchie de financiers, oligarchie d'avocats, oligarchie de mandarins et de professeurs...

Cantonnier, tu serais révoqué demain si tu tenais un propos qui paraîtrait inconvenant, non point même sur un jugement de conseil de guerre, mais seulement sur un député gouvernemental.

En revanche, les professeurs bien payés par l'Etat peuvent protester publiquement contre une sentence régulièrement rendue « au nom du Peuple français ».

Ouvrier, tu serais jugé en cinq minutes si on t'accusait de quelque délit, et le président t'enverrait promener si tu réclamais une audience pour toi tout seul.

Lorsqu'il s'agit d'un Juif riche, on peut tout oser impunément.

Les avocats peuvent forcer les vieux généraux à leur faire des excuses. Pour tirer d'affaire un protégé du grand-rabbin, on a le droit, comme l'a fait le lieutenant-colonel Picquart, de faire cambrioler un domicile sans aucun mandat et de faire saisir toutes les lettres qu'il vous plaît; on a le droit d'affoler le pays et de mettre toute la France en l'air.

Ce n'est jamais impunément, a-t-on dit, qu'on remue le fond d'une nation. Une Revision pourrait bien sortir du procès, mais ce n'est pas la Revision de l'affaire

Dreyfus, ce n'est pas même la Revision que réclament les hommes politiques.

C'est la Revision que nous demandions dès la fondation de la Ligue antisémitique ; c'est la Revision de la Révolution française en faveur des vrais Français.

Confisquée par la Bourgeoisie d'abord, puis par les Juifs qui ont mis la Bourgeoisie sous leurs pieds, la Révolution a fait des Français la proie de tous les mercantis, de tous les cosmopolites et de tous les étrangers.

Qu'on la revise, cette Révolution, au profit des nationaux, et qu'on donne à tous leur part de droits et leur part de bien-être dans une terre qui est à tous !

Cet article de Drumont était suivi de la question suivante, posée sous forme d'un entrefilet :

Est-il vrai que parmi les jurés du procès Zola se trouve un entrepreneur dont le baron de Rothschild est le principal client ? Nous tenons ce renseignement d'une bonne source. On nous affirme même que ce juré connaît quelques-uns de ses collègues sur lesquels il peut avoir une influence. Comment ce juré ne s'est-il pas récusé ?

Ce reproche ressemblait à une injonction au juré désigné d'avoir à disparaître.

Le juré le comprit ainsi : il ne se le fit pas dire deux fois.

Le lendemain, il se trouva indisposé et ne fit d'ailleurs pas mystère que son indisposition avait eu pour cause l'émotion produite sur lui par la question de la *Libre Parole*.

Voici sa déclaration, telle qu'elle fut enregistrée par un reporter de la *Presse* :

Je souffre depuis longtemps d'une maladie d'estomac. A la suite de l'article de la *Libre Parole* dans lequel on mettait en doute mon indépendance de juré, j'ai éprouvé, je vous l'avoue, une vive contrariété, qui a provoqué l'indisposition dont je souffre actuellement.

Déjà, à l'audience de vendredi, j'ai eu deux étourdissements et, dans la soirée, j'ai dû m'aliter à la suite de vomissements. J'avais l'intention de me rendre, hier, devant le président pour lui expliquer mon cas, mais mon médecin a jugé prudent de me faire garder la chambre. Il a donc fait parvenir un certificat à M. le président des assises.

Depuis quarante années, je suis dans la fabrication, m'efforçant de réaliser une situation dans les affaires loyalement faites. Jamais je n'ai cherché la réclame, au contraire. Vous comprendrez donc que mon émotion a été grande, quand j'ai vu mon nom livré à la publicité dans les conditions regrettables que vous connaissez.

Certainement, j'ai exécuté des travaux pour M. de Rothschild, j'en ai exécuté également pour la maison Deutsch, la grande raffinerie de pétroles, comme j'en ai effectué pour diverses communautés religieuses. Quoi de plus naturel dans les relations commerciales ?

Je regrette beaucoup d'avoir été éloigné des débats qui se poursuivent en ce moment à la cour d'assises. Durant les cinq audiences auxquelles j'ai assisté, j'ai suivi les incidents multiples qui s'y sont déroulés avec un intérêt chaque jour croissant.

Mais, comme on a mis en doute ma liberté d'action comme juré, je ne puis vous donner mon appréciation sur le caractère qu'ont revêtu les débats. Il ne s'en était d'ailleurs encore dégagé que des impressions.

Les polémiques de la *Libre Parole* n'étaient pas sans effets, puisque le compte rendu annonçait « qu'à partir de la sixième audience, M. Jourde, juré suppléant, avait remplacé M. Leblond, juré titulaire, malade ».

Ces effets étaient d'ailleurs des effets de terreur, des effets « physiques » surtout, du genre « bâillon ». Faute d'avoir pu poser ce dernier à Monod, à Psichari et à Duclaux, la *Libre Parole* se rattrapait avec succès sur des personnages du commun.

M. Auguste Leblond, entrepreneur de couvertures, 53, rue Rochechouart, ne se doutait pas, lorsqu'il avait été appelé le 7 février comme juré titulaire, que cette désignation lui vaudrait des désagréments, peut-être des coups, tout comme à Yves Guyot ou à Leblois, suspects eux aussi de ne pas faire leur devoir et d'exercer une influence antipatriotique.

Sans doute, c'était là une victoire pour la *Libre Parole* ; c'était la reconnaissance de la terreur qu'elle inspirait.

Mais terreur n'est pas persuasion : on cède parce qu'on a peur. On n'est pas converti pour cela. Ni Monod, ni Duclaux, ni même Leblond, n'étaient le moins du monde dupes des procédés de persuasion de la *Libre Parole.*

Ce journal avait désigné Leblond aux violences de Guérin et consorts : il avait ainsi provoqué une défaillance physique d'un travailleur beaucoup plus soucieux de sa propre guenille et de ses intérêts personnels que des intérêts moraux et sociaux liés à la bonne foi de Zola.

L'effet des polémiques de la *Libre Parole* ne se borna pas d'ailleurs à celui qui se manifesta par une mutation dans le jury.

Sur les principaux coreligionnaires de Zola, et, en particulier, sur Monod, sur Duclaux, sur Psichari, les effets de la polémique de Drumont étaient médiocrement appréciables.

Ce serait d'ailleurs exagérer dans l'autre sens qu'émettre qu'ils étaient négligeables, car les violences du Palais de Justice que célébraient avec emphase les journaux antizolistes étaient de nature à donner la chair de poule au Parisien le plus gobeur.

C'étaient des perspectives « plus dures que les épreuves de la licence et de l'agrégation », ainsi que

Drumont avait pris soin lui-même de l'expliquer à Psichari, en lui faisant la leçon.

Aussi faut-il convenir que la campagne de la *Libre
Parole*, efficace sur les jurés et sur certains témoins,
bref sur les hôtes « plus ou moins malgré eux » du Palais de Justice, exerçait une action purement physique,
que l'on peut, sans prétention mathématique outrée,
considérer comme inversement proportionnelle au
carré de la distance du foyer d'agitations et de huées
qu'était devenu le Palais de Justice.

Ce qui empêcha le succès de la campagne de la *Libre
Parole*, ce fut le veto anarchiste. Ce veto avait éteint
tous les foyers secondaires d'agitations et de huées
qu'avait tenté d'allumer la *Libre Parole*, depuis la soirée
mémorable de Tivoli Vaux-Hall.

Bref, la campagne de la *Libre Parole* était révolutionnaire et anarchiste, quant à ses procédés d'intimi-
dation ; mais elle n'avait qu'un centre d'action, ce qui
était à peine suffisant pour produire l'illusion que Paris voulait le sang de Zola.

Quant à la propagande intellectuelle, elle était des
plus minimes.

Nous avons reproduit *in extenso* les articles de Drumont, consécutifs aux quatre premières audiences du
procès Zola.

C'est le néant, au point de vue de l'exposition d'un
argument quelconque du procès.

Nous avons tenu à reproduire ces articles ; car ils
ont, au point de vue de ce néant, une importance considérable.

De concert avec Rochefort, Drumont avait exercé une
influence prépondérante sur le développement du
procès Dreyfus en novembre 1894.

Il en exerçait encore une considérable, en février
1898, sur le développement du procès Zola.

Mais, en 1896, ce ne fut pas une influence de remueur d'idées : ce fut la pression d'un déchaîneur de huées.

Si commode que puisse paraître la confusion de l'un à l'autre, la huée n'est qu'un pastiche grossier de l'idée. Elle a la vie courte, tandis que l'autre lui survit et la voit périr sans en avoir cure.

Un mois, une année, c'est une longue vie pour la huée ; c'est à peine un instant pour l'idée.

Aussi Zola, poursuivi par les huées de Rochefort, de Drumont, et des consorts de Guérin, pouvait-il braver les ouragans du quai des Orfèvres, appuyé qu'il était sur l'idée que Dreyfus était innocent.

Quatre audiences s'étaient déjà déroulées en débats virulents sous la direction du président Delegorgue.

Ces quatre audiences avaient à peine ébauché la besogne imposée à Zola par ses adversaires.

Elles avaient tout juste effleuré les problèmes juridiques dont le procès Dreyfus de 1894 avait été la base.

Que penser des débats de ces quatre premières audiences du procès Zola? La parole du président Delegorgue : « La question ne sera pas posée », venait clore chacune des enquêtes particulières, dont chacun des personnages qui avaient été acteurs au procès Dreyfus était l'objet de la part de Zola !

Ces débats tiennent surtout dans les conclusions posées par le défenseur de Zola. La lecture de ces conclusions donne l'impression qu'il y a pour le président Delegorgue quelque chose qu'il faut cacher à tout prix dans le procès de 1894.

Ce « quelque chose », c'est d'abord l'illégalité, dite de la pièce secrète. C'est ensuite une grande partie de la procédure d'alors, où tout prête à équivoque. Le procès Zola aurait été restreint à ces quatre premières audiences que tous les doutes, tous les soupçons sur l'impéritie des enquêteurs et des juges de 1894 seraient admissibles.

Mais les débats de ces quatre audiences n'étaient pas tout le procès.

CHAPITRE QUATRIÈME

Cinquième audience du procès Zola (11 février). — Déposition de Pel-lieux. — Rappel des témoins Gonse, Gribelin et Lauth. — Déposition Picquart. — Confrontation avec les témoins Gribelin, Ravary, Lauth et Pellieux.

La cinquième audience du procès Zola eut lieu le 11 février. En voici le compte rendu d'après le *Matin* :

M. de Pellieux et le conseil de guerre.

Le fait unique de l'audience d'hier est la déposition du lieutenant-colonel Picquart. On l'attendait avec une grande impatience, et elle a donné lieu à des manifestations qui ne devraient point trouver place dans une salle de cour d'assises.

On fait venir, au début de l'audience, M. le général de Pellieux, qui a demandé à compléter sa déposition.

— Le colonel Picquart a-t-il reconnu l'authenticité de la lettre du 27 novembre 1896 qui était écrite en espagnol et qui était signée Z... ?

— Ce n'était qu'une copie. Elle commençait ainsi : « Enfin, le grand œuvre est terminé, et Cagliostro est devenu Robert Houdin » et finissait ainsi : « Tous les jours le Demi-Dieu demande s'il pourrait vous voir. »

— Le colonel a accusé quelqu'un d'avoir fabriqué ces lettres ?

— Le colonel, dans sa première déposition, a accusé le commandant Esterhazy, puis des amis du commandant Esterhazy, d'avoir fait écrire ces lettres, d'avoir commis ces faux. Puis il a renoncé à accuser le commandant Esterhazy. Il avait été prouvé que l'un des télégrammes était de l'ex-agent Souffrain.

— De qui était la lettre signée Z... ? demande M. Van Cassel.

— De M. Germain Ducasse, secrétaire de mademoiselle Blanche de Comminges. Il serait peut-être utile de l'entendre. Il demeure, 13, avenue La Motte-Picquet.

— J'ai donc demandé, continue M. de Pellieux, à compléter ma déposition. Je trouve que tout est étrange dans cette affaire. Le ministre de la guerre a poursuivi M. Zola pour avoir accusé le conseil de guerre d'avoir acquitté par ordre M. le commandant Esterhazy. On n'a pas encore parlé de ces choses.

— C'est M. le président qui dirige les débats, fait Mᵉ Clemenceau.

— Laissez-moi déposer, réplique le témoin. Le conseil de guerre, je puis le dire, n'a pas eu à juger un accusé, un accusé formel. Le commandant Esterhazy avait été l'objet d'une proposition d'ordonnance de non-lieu. Le général Saussier, mon regretté chef, qui a été mon soutien dans toute cette affaire, n'a pas voulu rendre cette ordonnance. Il a voulu un débat contradictoire. Je regrette que les débats de ce procès n'aient pas été entièrement publics. Le ministre a demandé le huis clos, et la meilleure preuve que le conseil de guerre a été indépendant, c'est qu'il l'a refusé. Il a voulu que la lumière fût au moins partiellement faite aux yeux de tous.

Peut-on accuser les officiers du conseil de guerre, qui ont versé leur sang sur des champs de bataille pendant que d'autres étaient je ne sais où...

— Je demande la parole ! s'écrie M. Zola. (Tumulte.)

— ... peut-on les accuser d'avoir jugé contrairement à leur conscience ? Nous avons jugé en soldats, en honnêtes gens !

J'ai, maintenant, à revenir sur un incident de l'audience

d'hier. Mᵉ Leblois a déclaré ici que M. le lieutenant-colonel Henry avait reconnu devant le conseil de guerre qu'il aurait eu une conférence de plusieurs heures au ministère avec lui, Mᵉ Leblois. J'assistais au conseil et je donne à Mᵉ Leblois le démenti le plus formel. C'est M. le lieutenant-colonel Picquart qui a affirmé cela, et ce n'est pas la même chose.

M. Emile Zola se lève, voyant que M. le général de Pellieux se tait.

— Il y a, dit-il, différentes façons de servir la France !...

— Non ! Non ! pas de phrases ! s'écrie le président. Une question.

— La question ? continue M. Zola. Je demande à M. de Pellieux s'il n'y a point deux façons de servir la France. M. le général de Pellieux a pu gagner des batailles ; moi, j'ai porté la renommée de la langue française dans tous les coins du monde. Je lègue à la postérité le nom du général de Pellieux et de M. Emile Zola : elle choisira !

M. de Pellieux s'incline à la barre.

— Je ne réponds pas, monsieur le président.

L'enquête Esterhazy.

M. le général de Pellieux s'explique sur les détails de son enquête.

— Je ne me suis pas cru le droit tout d'abord de faire faire une nouvelle expertise du bordereau. C'était rouvrir l'affaire Dreyfus. Le bordereau attribué à un autre, c'était la revision. Du reste, les experts se mirent en grève. Ils ne consentirent point à expertiser le bordereau, disant que c'était douter de la chose jugée. Il fallut un ordre du ministre de la guerre, que fit exécuter M. le commandant Ravary, pour que les experts se livrassent à la comparaison d'écritures qu'on leur demandait.

Mᵉ Labori interroge M. de Pellieux sur son attitude pendant le procès Esterhazy. M. de Pellieux était derrière le président et serait intervenu plusieurs fois.

— Il est exact, dit le témoin, que j'ai demandé au président, au ministère public, à la défense de faire préciser la déposition de Mᵉ Leblois. Cela me fut accordé.

— M. le général de Pellieux n'est-il pas intervenu spontanément pour rectifier une erreur matérielle commise par le général de Luxer ? demande Mᵉ Labori.

— Non. Je ne sais pas de quoi vous voulez parler.

— N'est-il pas intervenu encore une fois lors d'une question posée par Mᵉ Leblois et paraissant de nature à motiver un supplément d'enquête ? Et, comme le général de Luxer se levait pour consulter ses collègues, n'a-t-il pas empêché qu'il fût donné suite à cet incident, en disant : « C'est inutile » ?

— Je ne répondrai pas. Il y avait huis-clos.

Mᵉ Clemenceau demande :

— Le général a avoué être intervenu pendant le huis-clos. Pourquoi, maintenant, refuse-t-il de parler en se retranchant derrière le huis-clos ?

Je demande qu'il réponde à la question.

Comme le général ne répond pas, il s'ensuit une longue discussion sur le secret professionnel.

Les avocats annoncent qu'ils déposeront encore des conclusions.

— Je terminerai ma déposition, fait le général, en disant : Si on s'en tient à l'accusation qui est déférée à la cour d'assises, c'est-à-dire au fait de savoir si le conseil de guerre a acquitté par ordre et sciemment un coupable, la réponse des jurés ne saurait être douteuse.

M. le général Gonse.

M. le général Gonse revient à la barre pour s'expliquer sur les avocats du ministère de la guerre.

— Pouvez-vous nous dire à quelle condition un avocat peut entrer au bureau des renseignements ?

— Ils n'ont pas à entrer dans les bureaux. Ils le font tout à fait exceptionnellement, et toujours par l'intermédiaire du service du contrôle.

— Sur les affaires d'espionnage, consulte-t-on les avocats du ministère ?

— Jamais. Quand il y a des complices civils dans une affaire d'espionnage, on remet ce point de l'affaire aux soins du parquet.

— Je retiens votre déclaration que jamais un chef de bureau des renseignements ne doit de lui-même introduire un avocat dans les bureaux et qu'on ne consulte point d'avocat sur l'espionnage.

Sur la demande du président, le général Gonse donne des renseignements favorables sur la confiance qu'on peut avoir dans la parole de M. l'archiviste de la guerre Gribelin.

Mᵉ Clemenceau revient alors sur l'incident Leblois-Gribelin, qui s'est produit la veille, et demande encore à la cour de prendre les dispositions nécessaires pour que l'on sache qui des deux a menti, puisqu'un délit a été commis.

M. Gribelin

est rappelé à la barre par le président pour sa déposition d'hier :

— Je vais vous poser une question très grave. Le colonel Picquart ne vous a-t-il pas demandé de faire timbrer d'une date antérieure par les bureaux de la poste une certaine carte-télégramme ?

— Il m'a demandé un jour, à deux heures de l'après-midi, si je ne pouvais pas obtenir de la poste qu'on timbrât une enveloppe à une date antérieure. Je m'y suis refusé.

M. le commandant Lauth.

Pour le même motif, on fait revenir le commandant Lauth.

— Je vais vous poser une question très grave. Le colonel Picquart ne vous a-t-il pas proposé de faire disparaître certaines parties d'une carte-télégramme qu'il vous donnait à photographier?

— C'est exact, monsieur le président. Le lieutenant-colonel Picquart me tendit un jour cette carte-télégramme, et je dus la photographier. Mes photographies ne le satisfaisaient point. Il voulait que les traces de déchirures diparussent. Après de nombreuses tentatives qui n'aboutissaient point complètement, je lui demandai la raison de sa conduite.

« — Oh ! me répondit-il, c'est pour faire croire là-haut que je l'ai interceptée à la poste. »

Alors, je lui dis : « Mais il n'y a pas de timbre de la poste. » « Il est possible, me répondit-il, qu'à la poste ils vous la timbrent tout de même. »

Puis il me demanda que je certifiasse, le moment venu, que c'était là l'écriture de telle personne. C'est alors que je me récriai et que je protestai!

Le lieutenant-colonel Picquart. — L'affaire Esterhazy Relations louches. — Une enquête.

Un grand mouvement se produit dans l'auditoire à l'appel du lieutenant-colonel Picquart. Le lieutenant-colonel, dans son uniforme des tirailleurs algériens, arrive à la barre et salue la cour.

— Votre nom !
— Picquart, Georges, quarante-trois ans.
— Domicile ?
— Mont Valérien.
— Monsieur le président, voulez-vous demander d'une façon générale au témoin ce qu'il sait de l'affaire Esterhazy?
— Vers le mois de mai 1896, des fragments d'une carte-télégramme sont tombés entre mes mains. Le commandant Lauth les rassembla. Quand il eut fait cette opération, il vint m'apporter la carte. Elle était adressée au commandant Esterhazy. Des termes mêmes de cette carte, il résultait que des relations louches existaient entre le commandant et l'expéditeur. Pour avoir des renseignements sur le commandant, je m'adressai à un officier qui le connaissait. Ces renseignements, sur lesquels

je n'insisterai pas, n'étaient point favorables. Ils me poussèrent à continuer mes investigations. Le commandant était un homme à court d'argent, qui avait eu quelques accrocs dans son existence. Et puis il avait des allures étranges. Il manifestait beaucoup de curiosité pour certains documents. Je dis alors à mes chefs qu'un officier était gravement soupçonné. Mes chefs m'encouragèrent à continuer mon enquête. Dans des cas semblables, nous prenons certaines précautions. Nous nous procurons des écritures du soupçonné et nous comparons nous-mêmes.

Avec l'assentiment de mes chefs, j'allai trouver le colonel du régiment de M. Esterhazy et je lui demandai de ses lettres. Immédiatement, je fus frappé de la ressemblance de cette écriture et de celle du bordereau. Mais je n'avais pas le droit de m'en référer à mes seules impressions. Je fis faire des photographies. Ainsi je fis cacher certains mots qui pouvaient désigner le commandant Esterhazy et je soumis ces photographies à M. Bertillon et à M. du Paty de Clam. M. Bertillon me dit : « C'est l'écriture du bordereau. D'où tenez-vous cela?... C'est d'avant la trahison ? » « Non, c'est postérieur, lui dis-je. » « Eh bien ! répliqua-t-il, les juifs exercent quelqu'un à imiter l'écriture de Dreyfus ! » Je laissai également cinq minutes une épreuve entre les mains de M. du Paty de Clam. Celui-ci me dit : « C'est l'écriture de Mathieu Dreyfus.» Le commandant du Paty de Clam croit, en effet, que Dreyfus a mêlé de son écriture à celle de son frère dans la fabrication du bordereau.

Entrons maintenant dans la période où j'ai été chargé par le général Gonse de savoir si les documents énumérés dans le bordereau avaient été copiés par des sous-ordres du commandant Esterhazy.

La chose était très délicate. J'avoue qu'à ce moment-là je croyais ma tâche presque terminée. J'avais des indices fort sérieux.

Dans le rapport Ravary, il y a cette phrase : « La conviction de cet officier parut complète lorsqu'il se fut rendu compte qu'un document du dossier Dreyfus s'appliquait à Esterhazy. » C'était exact.

Conformément aux ordres du général Gonse, j'essayai de savoir si les secrétaires d'Esterhazy avaient copié les documents énumérés dans le bordereau. Je me suis arrêté à la première personne, car cela devenait trop grave : il me fallait divulguer mes soupçons à trop de personnes. C'était un nommé Mulot, qui me dit, en effet, qu'il avait copié quelque chose.

A ce moment, il se produisit un incident désagréable pour moi : l'article de l'*Eclair* où parut le document secret ; puis un autre événement : la publication du bordereau par le *Matin*. On me soupçonna d'avoir communiqué ces pièces secrètes, et je demandai même une enquête.

On avait bien publié le fac-similé du bordereau, mais pas le fac-similé de la lettre de Dreyfus qui avait servi de point de comparaison. Peut-être, alors, la comparaison de ces écritures eût-elle fait émettre des doutes dans le public.

Quelque temps après survint l'interpellation Castelin. C'est alors que l'on m'éloigna de Paris et que je partis en mission.

Je dois dire qu'après la publication du bordereau par le *Matin*, Esterhazy revint à Paris, où il eut une attitude extraordinaire. Il courait dans les rues comme un fou. M. Weil, ami de M. Esterhazy, reçut une lettre anonyme annonçant que lui et Esterhazy seraient accusés de complicité dans l'affaire Dreyfus. M. Esterhazy reçut, lui aussi, paraît-il, une lettre de ce genre. Il y a là un témoin qui pourra s'expliquer sur l'attitude de M. Esterhazy à cette époque.

J'étais donc parti en mission. Jusque-là, mes relations avec le général Gonse étaient parfaites. Et je vais parler maintenant d'une chose que je n'ai sue qu'ici et qui prouvera combien on avait changé de sentiment à mon égard. Tout mon courrier passait au ministère de la guerre et était décacheté.

Lettres et télégrammes.

Le lieutenant-colonel Picquart parle ensuite des lettres qu'on lui mit plus tard sous les yeux et dans lesquelles il était parlé du « bon Dieu » et du « Demi-Dieu ». Nous connaissons l'histoire de ces lettres et le but dans lequel elles avaient été écrites.

— J'étais en Tunisie pendant que ces lettres arrivaient au ministère. Je vis bien, je sentis bien qu'il se passait quelque chose contre moi. J'écrivis au lieutenant-colonel Henry une note que voici : « Je voudrais bien que l'on dise une bonne fois aux gens s'ils sont toujours à la tête de leur service. Qu'on me dise que l'on me l'a enlevé. Je n'en rougirai pas. »

Puis le lieutenant-colonel nous fait l'historique des machinations dont il fut alors victime et que nous connaissons.

Le lieutenant-colonel Picquart revient à Paris. Il va voir M° Leblois. Il lui remet les lettres du général Gonse pour sa défense, car on semblait l'accuser de s'être occupé de l'affaire Esterhazy en dehors de ses chefs.

— J'avais eu le soin de détruire, dit le témoin, les lettres qui avaient trait au service pur.

Je retournai ensuite en Afrique. J'allai à Sousse. Alors, le bruit courut de l'intervention de M. Scheurer-Kestner. Et à cette époque, je reçus une lettre du commandant Esterhazy.

Le lieutenant-colonel parle ensuite des deux télégrammes signés « Speranza » et « Blanche » et qu'il remit au général commandant à Tunis.

Je fus également interrogé sur les communications que j'avais pu faire de diverses pièces.

Arrivé à Paris, je ne pus voir M° Leblois qu'après avoir comparu devant le général de Pellieux. J'étais d'ailleurs sous la surveillance directe de la police. Deux estafiers étaient toujours derrière moi.

La première séance d'interrogatoire roula sur la perquisition pratiquée sur l'indication contenue dans une lettre anonyme qu'on pourrait trouver chez moi des choses intéressantes. Mais il n'y avait rien. Je n'ai pas emporté une seule note du ministère.

Il n'y avait que des lettres de famille. On n'a retenu qu'une lettre signée « Blanche ».

Dans une autre séance, on s'occupa d'élucider la question

18.

des télégrammes. Je ne sais pas qui avait renseigné le général sur mon caractère. Mais il me demanda si je m'occupais d'hypnotisme, de tables tournantes, de relations avec des dames voilées.

On me parla d'une dame de Beaumont. Que sais-je? On ajoutait que mademoiselle de Comminges avait dit : « Surtout que Picquart n'avoue jamais ! » Nous en avons bien ri tous deux. C'étaient des rapports de police fantaisistes.

M. le colonel Dubuch m'avait dit, à Tunis, qu'Esterhazy avait commis des malversations. Un autre m'a dit qu'à Constantine il avait failli passer en conseil de guerre, mais que diverses interventions l'avaient sauvé. Je dis cela à M. Ravary, mais il ne parut guère enclin à faire citer les témoins que je lui désignais. Il ne tenait aucun compte de mes indications.

Eh bien, on m'a reproché d'avoir gardé les fragments du petit bleu dans mon armoire quelque temps. J'ai changé la manière de procéder. Avec le colonel Sandherr, c'étaient MM. Henry et Lauth qui faisaient tout. J'ai voulu tout faire par moi-même.

Si j'ai voulu faire disparaître les déchirures, c'était dans le but de rendre le document plus clair. Je ne voulais pas, d'autre part, que la photographie indiquât aux personnes sous les yeux desquelles elle passerait quelle en était l'origine. N'y avait-il pas, d'ailleurs, l'original? Du reste, on n'avait pas agi autrement pour le bordereau Dreyfus.

Quant à ma demande au commandant Lauth de certifier la provenance, il me dit : « Oh! non, je ne puis pas faire ça. » Et ce n'eut pas d'autre importance. Nos relations ne furent pas altérées.

Quant au cachet de la poste, jamais il n'a été question de le faire apposer. On a dit simplement : « La pièce n'a pas un caractère d'authenticité : il faudrait le cachet de la poste. » En arrangeant les faits, on peut leur faire dire autre chose. Enfin, jamais je n'ai eu, dans mes entretiens avec Mᵉ Leblois, le dossier secret sous les yeux.

Grand tumulte.

On suspend l'audience, et le départ de la barre du

lieutenant-colonel Picquart est le signal d'un grand tumulte.

On acclame le colonel Picquart et l'on crie : « A bas Zola ! »

Il y en a pour tout le monde.

A la reprise de l'audience, le président prend la parole, et, faisant allusion à la manifestation qui s'est produite à la sortie du colonel Picquart :

— Je viens d'être informé, dit-il, que parmi les personnes qui sont revêtues de la robe d'avocat, plusieurs n'appartiennent pas au barreau. Demain, des mesures très sévères seront prises contre elles.

Le président lit ensuite l'arrêt de la cour sur les conclusions déposées relativement à madame de Boulancy.

Un peu partout.

On rappelle le lieutenant-colonel Picquart.

Me Labori demande :

— M. le lieutenant-colonel Picquart peut-il nous dire quel est le rôle exact, au ministère de la guerre, du chef du bureau des renseignements ?

— D'une façon sommaire, oui. Je ne peux pas donner de détails. Ce rôle consiste à se renseigner sur les forces des puissances étrangères et à s'occuper des questions d'espionnage.

— Est-ce que M. le lieutenant-colonel Picquart n'a pas assisté, comme délégué du ministre, au procès Dreyfus ?

— Je ne puis répondre.

— Existe-t-il au ministère de la guerre une pièce secrète qui pourrait rendre impossible la culpabilité du commandant Esterhazy ?

— Non, je n'en connais pas.

— A-t-on dit au colonel, lors de son enquête sur Esterhazy, qu'il existait au ministère des preuves telles qu'Esterhazy ne saurait être l'auteur du bordereau et le coupable ?

— On ne l'a jamais dit.

— Pourquoi a-t-on monté contre le colonel certaines machinations ?

— Ceci a été fait pour mettre obstacle à la démonstration possible de la culpabilité du commandant Esterhazy.

— Estime-t-il que ces machinations émanent du commandant Esterhazy tout seul ? ou a-t-il des complices ?

— Il a des complices.

— Dans les bureaux de la guerre ?

— Il y en a eu certainement un dans les bureaux de la guerre.

La connaissance que pouvait avoir quelqu'un du télégramme signé Blanche et de la lettre Speranza prouvent que ces renseignements sortaient du ministère de la guerre.

On parle encore des faux et des lettres.

— J'ai déposé une plainte. Je n'en ai pas de nouvelles. J'ai d'abord voulu faire vider la question par le commandant Ravary avant la comparution d'Esterhazy devant le conseil de guerre. « Si vous n'agissez vous-même, dis-je à M. Ravary, je saisirai la justice civile. » Il me répondit qu'il n'y voyait pas d'inconvénient.

— La mission dont a été chargé le colonel était-elle importante ?

— Elle n'était pas indispensable. Je partis. Je vis bien par la suite que ma présence à Paris n'était pas souhaitée. Le général Leclerc avait reçu l'ordre de m'envoyer jusqu'à la frontière tripolitaine. Cela parut extraordinaire au général, qui demanda de nouvelles instructions.

— Le point où on envoyait le colonel Picquart était-il dangereux ?

— Heu !... il n'était pas sûr...

— A son retour, des mesures n'ont-elles point été prises pour qu'il ne communiquât avec personne ?

— Oui. On envoya quelqu'un à Marseille. Mais j'étais arrivé déjà et débarqué.

— Le commandant Esterhazy avait été prévenu de l'enquête qu'on faisait contre lui ?

— Oui.

— Qui pouvait être au courant de cette enquête !

— Il n'y avait que le personnel restreint des bureaux.

— Est-ce que le colonel ne pense pas que toute enquête ainsi exécutée est rendue illusoire ?

— Oui.

— Est-ce qu'il n'attribue pas l'absence de preuves suffisantes recueillies contre M. Esterhazy à ce fait de la divulgation ?

— Parfaitement.

Le petit bleu.

On parle du petit bleu et de sa gravité.

— Comment a-t-on pu contester la gravité de ce petit bleu ?

— Ce qui le rend grave, c'est son origine. Or c'est son origine que l'on conteste.

— Et comment cela ?

— Il y a dans le rapport Ravary les raisons qui ont amené l'accusation à penser que cette origine était contestable.

— L'origine de cette carte est la même que le bordereau ?

— Oui. En mon âme et conscience, j'affirme qu'il a bien l'origine que j'indique. J'ai eu le télégramme du même agent qui apporta le bordereau.

— Et les renseignements sur Esterhazy que vous recueilliez comme chef du service des renseignements, pouvez-vous les préciser ?

— Il y en avait de diverses natures. Les renseignements en général étaient mauvais. M. Esterhazy faisait partie du conseil d'administration d'une société anglaise. C'est défendu en France pour les officiers.

— Le colonel sait-il que des notes extrêmement favorables à Esterhazy, ont été lues au conseil de guerre ?

— J'en ai été étonné. Je sais que le général Guerrier a fait rayer des états de service de cet officier une mention qui s'y trouvait indûment. C'est une citation pour faits de guerre en Tunisie. C'était faux. Le général Guerrier est prêt à en témoigner.

— Un document du dossier secret s'applique à Esterhazy et non à tout autre. Il y a donc un dossier secret ?

— Le rapport Ravary en parle.

— Depuis quand existe-t-il ?

— Je ne pourrais vous le dire. J'en ai pris connaissance pour la première fois à la fin d'août 1896, quand M. Gribelin me l'apporta.

— Est-ce qu'il existait en 1894.

— Je le crois ; mais le colonel Henry vous donnera des renseignements plus précis.

— Je ne demande pas ce que contient ce document, mais quelle était sa nature.

— Ce sont des pièces absolument secrètes. Je voudrais bien en parler, mais je ne le pourrai faire que si le ministre de la guerre me délie du secret professionnel.

— Je prie M. l'avocat général de porter officiellement ce désir à la connaissance du ministre de la guerre. Avez-vous vu le bordereau ? l'original ?

— Je ne me le rappelle pas exactement, mais j'ai vu des photographies officielles.

Le bordereau publié par le « Matin ».

Il en diffère si peu que l'on se demandait d'où pouvait venir l'indiscrétion.

— En combien de morceaux était déchiré le petit bleu ?

— Très nombreux. Il y a des morceaux plus petits que l'ongle.

— Est-ce que le colonel connaît le document libérateur ?

— Le général de Pellieux me l'a montré. C'est celui que le colonel Henry affirme avoir vu sur ma table.

— N'est-il pas le même que celui qui a paru en partie dans le journal l'*Eclair ?*

— Oui. C'était celui où il y avait : *Cet animal de D...*

— Vous avez demandé une enquête ?

— Même une perquisition dans les bureaux du journal.

— La phrase « Cet animal de Dreyfus »...

— Trop complète.

— L'enquête a-t-elle été faite ?

— Elle ne l'a pas été.

— Est-ce que le colonel ne s'est pas toujours opposé à la publication des lettres du général Gonse ?

— Toujours. J'ai agi de la façon la plus énergique pour qu'on ne publie pas ces lettres.

— Quand avez-vous vu Me Leblois, pour la première fois, sur cette affaire ?

— En 1896. Je jure que je ne lui en ai pas parlé au ministère de la guerre.

— Pourquoi êtes-vous allé chez Me Leblois ?

— Parce qu'on m'accusait de faits extrêmement graves et que je songeais à ma défense.

— Vos relations avec le général Gonse ?

— Excellentes. Au ministère, on avait les plus grands égards pour moi. A ce moment, le commandant Henry m'envoya une lettre de menaces. Je compris qu'il y avait quelque chose de très grave contre moi, car le colonel Henry était mon subordonné.

— Est-ce que, à ce moment, l'arrestation du commandant Esterhazy n'était pas nécessaire pour que l'on pût faire une instruction complète ?

— C'était mon avis, mais il n'a pas prévalu.

— Pouvait-on le surveiller ?

— On le devait. On pouvait même lui donner des arrêts de forteresse.

— Vos chefs étaient toujours au courant de ce que vous faisiez ?

— Toujours.

— M. le colonel Picquart, d'après le général de Boisdeffre, était dans un état d'esprit qui ne lui permettait pas de s'occuper de son service et il avait une idée fixe.

— On a dit que j'avais une idée fixe, mais j'ai prouvé que je pouvais m'occuper d'autre chose.

— Pourquoi vous occupiez-vous de cette affaire avec persistance ?

— Parce que c'était un devoir de conscience.

— Vous sentiez que vous alliez contre votre avenir, contre votre carrière ?

— Oui, mais mon devoir de soldat était d'obéir, et, si l'on m'avait ordonné de cesser, j'aurais cessé. Cet ordre formel, je ne l'ai jamais reçu.

— Connaissez-vous les explications que le général Gonse donne de vos lettres ?

« Mes lettres, dit-il, n'avaient qu'un but : rechercher si le commandant Esterhazy était réellement coupable ; mais je désirais que le colonel Picquart n'en laissât pas moins de côté l'affaire Dreyfus. »

Eh bien, je demande au témoin si le bordereau sur lequel fut condamné Dreyfus n'était pas la base de l'enquête contre Esterhazy ?

— C'était la principale !

— Alors, comment le général Gonse peut-il dire que l'on puisse disjoindre les deux affaires ?

— Il me l'a dit, mais je n'ai jamais bien compris cette disjonction.

— Est-ce que vous avez eu des rapports directs avec le général Billot ?

— Un chef du service des renseignements a toujours des rapports avec le ministre de la guerre.

— A propos de cette affaire ?

— J'aime mieux ne pas répondre !

— M. le commandant Lauth vous reproche d'avoir conservé trop longtemps par devers vous le dossier.

— J'étais chef de service. J'avais le droit de le conserver autant de temps que je voulais.

— M. Lauth vous a accusé hier d'avoir commis des faux !

— Comment cela ? Des faux ?

M⁰ Labori lit le passage de la déposition du commandant Lauth, où celui-ci accuse le colonel d'avoir connu l'écriture du petit bleu et d'avoir déclaré qu'il était d'une autre écriture

— Cela est absolument inexact ! Il n'y a, du reste, qu'à lire ma demande au commandant.

Incident.

Le président pose à son tour diverses questions au sujet du dossier qui aurait été ouvert en présence de Mᵉ Leblois, puis au sujet du petit bleu.

M. Gribelin, puis le commandant Lauth, le commandant Ravary sont successivement rappelés.

Le lieutenant-colonel Picquart affirme de la façon la plus énergique que jamais pareil dossier n'a été mis sous les yeux de Mᵉ Leblois.

Mais M. Gribelin maintient son affirmation.

— J'ai vu, dit-il, l'enveloppe paraphée par le lieutenant-colonel Henry entre M. Picquart et Mᵉ Leblois. Le dossier était dedans.

Le lieutenant-colonel Picquart. — La mémoire fait défaut à M. Gribelin, comme cela lui est arrivé plusieurs fois.

Le Président *au colonel Picquart.* — Et l'incident de la poste?

— Je ne me souviens pas du tout.

M. Gribelin. — Voyons, mon colonel, rappelez-vous.

Il était deux heures, et, en enlevant votre pardessus, vous m'avez dit : « Pensez-vous que la poste mettrait un timbre à une date autre que celle d'aujourd'hui? » C'est tout ce que vous m'avez dit. Sur l'honneur, sur ma conscience de soldat, je le jure, mon colonel.

— Je ne me souviens pas du tout de l'incident.

M. Lauth, rappelé à son tour, maintient sa déclaration contre le lieutenant-colonel Picquart.

M. Lauth. — Vous m'avez dit : « Je demande à faire disparaître les déchirures pour faire croire là-haut que la lettre a été interceptée. »

Le lieutenant-colonel affirme qu'il n'a pas tenu ce propos.

Après une confrontation du général de Pellieux sur

des faits que nous connaissons et sur lesquels nous savons son opinion, le commandant Lauth fait les déclarations suivantes :

— Connaissez-vous l'origine du petit bleu ? demande Mᵉ Labori à M. Lauth.

— Oui.

Et le témoin indique dans quelles conditions le triage des papiers intéressant la défense se passa entre les trois officiers : le capitaine, le commandant, le colonel.

— J'ai été étonné cependant de le trouver dans le paquet du colonel, étant donnée la nature du document.

— Mais est-ce que vous accuseriez le colonel de l'avoir mis dans le paquet, ce petit bleu ?

— Je n'ai pas de preuves.

— Mais vous le pensez?

— Je n'ai pas à parler.

— Mais depuis quand auriez-vous cette opinion ?

— Depuis l'automne 1896.

— Vous maintenez le récit de la demande que vous aurait faite M. Picquart, relative à l'hypothèse où la poste serait disposée à apposer un cachet?

M. LAUTH. — Certes, je le répète et vous m'avez dit : « C'est pour faire croire là-haut que j'ai intercepté ça à la poste.

M. PICQUART. — Mais... je nie... Est-ce que j'aurais eu cette habitude, d'après vous, de faire apposer de faux timbres ?

— C'est précisément parce que vous n'avez pas l'habitude que j'en ai été étonné.

L'audience est levée. Les manifestations reprennent de plus belle. On s'administre des coups et l'on pousse des cris.

CHAPITRE CINQUIÈME

Autour de la cinquième audience. — Manifestations contradictoires du barreau. — L'avocat Courot crie « Vive l'armée ! A bas les chefs ! »

Les incidents des abords de l'audience pendant la journée du 11 février ont été ainsi racontés dans le *Matin.*

Manifestations d'avocats. — Le cas de M Courot.*
Excuses du bâtonnier.

Hier, les manifestations ont eu lieu à l'intérieur du Palais, et ce sont principalement des avocats qui y ont pris part. Au fur et à mesure que les débats avancent, les esprits s'échauffent davantage, les cerveaux se surexcitent. Après les gros mots, les injures, les menaces, on devait arriver aux coups. On y est arrivé.

Tout d'abord, parlons des multiples manifestations qui ont suivi la déposition du lieutenant-colonel Picquart. Dans la salle, ce furent d'innombrables vivats ; ceci n'est point contestable, et nous sommes bien obligés de l'enregistrer.

Aussi, pendant la suspension de l'audience, alors que public et témoins se trouvaient confondus dans la galerie du Harlay, les officiers en général, et M. le greffier Vallecalle en particulier, exprimèrent la surprise que leur avait causée cette manifestation en l'honneur du lieutenant-colonel Picard, qui se trouve sous le coup d'une mesure disciplinaire extrêmement grave pour avoir manqué à ses devoirs de militaire.

Les manifestants étaient pour la plupart de jeunes avocats; un certain nombre de membres du barreau exprimèrent leurs regrets au greffier Vallecalle, ainsi qu'aux généraux de Pellieux et Delanne. L'un d'eux dit même :

— Le général Gonse avait raison l'autre jour en disant qu'on vous avait attirés dans un guet-apens.

— Certainement, répondit le général de Pellieux.

Sur ces entrefaites, on avait informé Me Ployer de l'incident. Le bâtonnier vint alors dans la galerie de Harlay, s'approcha du groupe formé par les officiers-témoins et prononça ces paroles, la tête découverte :

— Le barreau tout entier ne peut être rendu responsable des actes de quelques jeunes imprudents. Au nom de ce même barreau, je tiens à exprimer aux représentants de l'armée française qui se trouvent ici toute mon admiration et tout mon respect.

Ce fut alors une indicible ovation faite au bâtonnier et aux officiers. On cria : « Vivent les généraux ! Vive l'armée ! Vive la France ! » L'émotion était telle que les uns pleuraient ; d'autres s'embrassaient.

Les officiers se dérobèrent avec modestie à cette manifestation inattendue.

Me Ployer a, paraît-il, l'intention d'adresser aux généraux une protestation écrite contre l'attitude de ses confrères du jeune barreau qui ont acclamé le lieutenant-colonel Picquart.

Grave incident.

La sortie de la cour d'assises s'est effectuée plus bruyamment encore. Elle a été marquée par un incident

les plus déplorables. Le public et les témoins défilaient
entre un quintuple rang de curieux pour gagner la
grande porte s'ouvrant sur l'escalier de pierre de la place
Dauphine. Quand ce fut au tour des officiers de passer,
on clama : « Vive l'armée ! Vive la France ! » mais plus
particulièrement : « Vive la République ! » Soudain, un
cri perçant s'éleva : « Vive l'armée ! A bas les chefs ! »

Le commandant Rivals se précipita sur le jeune avocat en robe qui avait proféré ce double vivat, et, le saisissant par son rabat, il le secoua en disant : « Vous
n'êtes qu'un drôle ! Répétez donc ce que vous venez de
dire ! »

L'avocat cria de nouveau : « A bas les chefs ! »

Au même moment, un monsieur en redingote, portant
à sa boutonnière la rosette d'officier de la Légion d'honneur, appliqua un vigoureux coup de canne sur le visage
du jeune robin, qui n'était autre que Mᵉ Courot, le fils
de l'un des vice-présidents du tribunal civil. On se précipita sur l'imprudent Mᵉ Courot fils, qui avait la figure
ruisselante de sang. Des gardes municipaux arrivèrent
et le conduisirent dans le cabinet de M. le président
Delegorgue. Que se passa-t-il entre le vieux magistrat et
le jeune avocat ! On le devina aisément quand on vit, au
bout de quelques instants, reparaître Mᵉ Courot, puis
s'approcher du commandant Rivals et lui faire, en
termes émus, des excuses aussi complètes que possible.

Le procureur de la République a été saisi de l'incident. Il est possible que des poursuites soient exercées
contre Mᵉ Courot pour injures à l'armée, bien que le
commandant Rivals ait déclaré qu'il renonçait à porter
plainte, après les excuses du jeune homme.

Sur la place Dauphine, les officiers ont été chaleureusement acclamés.

Bien que l'audience ait été levée à cinq heures quarante minutes, il était près de sept heures moins un

quart quand M. Zola a quitté le Palais de justice, toujours par la porte du n° 34 du quai des Orfèvres. L'équipage du romancier, poursuivi par les clameurs les plus
variées, les cris de : « A mort ! A l'eau ! », etc., a suivi
le quai du Marché-Neuf pour prendre ensuite le pont
d'Arcole, revenir par la rue de Rivoli et suivre la rue
Richelieu. M. Zola est rentré chez lui par la rue de
Clichy et la rue Vintimille.

Madame Zola était sortie à six heures moins dix
minutes, par l'annexe de la préfecture de police, 36, quai
des Orfèvres.

Le *Matin* a rapporté comme il suit divers autres incidents consécutifs à l'audience :

DANS LA SOIRÉE

Manifestations dans la rue. — Sus aux Juifs !
Grêle de pierres et coups de revolver.

A l'issue de l'audience et dans la soirée, des incidents,
dont quelques-uns assez graves, se sont produits sur
divers points de Paris.

C'est ainsi que, vers dix heures et demie, un kiosque
de journaux a été dévalisé quai de la Mégisserie.

Des manifestants, ayant à la main un journal allumé
en guise de torche, se sont dirigés vers le pont au
Change. Arrêtés par un barrage de gardiens de la paix,
ils ont rebroussé chemin vers le pont Neuf ; mais, là, ils
ont été dispersés par les gardes républicains à cheval et
refoulés rue de Rivoli. A ce moment, des jeunes gens se
formèrent en bande et se dirigèrent vers le boulevard
de Sébastopol en chantant la *Marseillaise*.

Soudain, de l'impériale d'un tramway Montrouge-Gare
de l'Est, venant de Montrouge, partit un cri strident de
« A bas la France ! A bas l'armée ! » poussé par un sieur

Lucien Demarre, coiffeur. Les manifestant entourèrent
le véhicule en poussant des cris de « A mort ! A l'eau ! »
On arriva ainsi en face du numéro 34 du boulevard, où
est situé le magasin de MM. Salomon Schill, Dreyfus
et Cⁱᵉ, fabricants de cache-nez. Des pierres furent lancées
dans les vitres, et deux coups de revolver furent tirés du
haut d'un autre tramway descendant de la gare de l'Est.
Une bagarre des plus sérieuses eut lieu sur le boulevard
entre partisans et adversaires de M Zola. M. le préfet
de police, M. Laurent, secrétaire général, et Touny,
directeur de la police municipale, se rendirent aussitôt
boulevard de Sébastopol et firent évacuer la chaussée
par les gardes à cheval.

Les manifestants se séparèrent alors en deux bandes.
L'une prit la rue Notre-Dame-de-Nazareth, où un anarchiste nommé Frédéric Lauzun, âgé de dix-sept ans, qui
criait : « A bas-l'armée ! » fut arrêté. L'autre se dirigea
par la rue des Francs-Bourgeois, vers la place des
Vosges, où elle fut obligée de rétrograder. Elle suivit
alors le boulevard Voltaire ; arrivée devant le numéro 208,
elle assaillit à coups de pierres la façade des ateliers de
MM. Bernheim frères, fabricants de jerseys. Toutes les
vitres furent brisées, et la femme d'un employé de la
maison fut légèrement blessée.

La bande put être dispersée.

Un autre groupe a manifesté rue Montmartre, devant
les bureaux de l'*Intransigeant* et ceux de l'*Aurore*. Une
dizaine d'arrestations ont été opérées au cours de ces
diverses manifestations.

La *Libre Parole* donna de son côté la version suivante
des incidents qui s'étaient produits autour de l'audience :

Israël vient de jeter enfin le masque.

Deux fois dans la journée d'hier, les cris de : « A bas

l'armée ! A bas la France! » ont été poussés par les Juifs. La première fois devant la cour d'assises, la seconde, en pleine rue, à la sortie d'Émile Zola.

Dès le matin on pouvait se rendre compte de ce qui allait se passer. Dans la salle des Pas-Perdus, bien avant l'arrivée des témoins, des groupes d'Hébreux péroraient avec fureur, et on pouvait entendre des bouts de conversation dans le goût suivant :

— Ne vous inquiétez pas, nous aurons dans la salle des amis qui se chargent de l'affaire.

— Avez-vous pu vous procurer des cartes d'entrée ?

— Soyez sans crainte, nos amis entreront même en robe.

Effectivement, vers onze heures et demie, une dizaine de jeunes Juifs pénétraient à la cour d'assises, revêtus pour la plupart d'une robe d'avocat.

Je demande à plusieurs confrères : — Connaissez-vous ces avocats-là? et d'un commun accord ils me répondent : — Jamais de la vie !

Il y a décidément quelque chose d'anormal dans l'air, car voici le colonel Picquart qui fait son entrée et, sur son passage, quinze à vingt individus louches, ni avocats ni journalistes, se mettent à beugler des : « Vive Picquart! » qui sont couverts aussitôt par des : « A bas Picquart! » bien nourris.

Plusieurs de ces dreyfusistes entourent l'officier bizarre, et lui crachouillent en allemand de vagues questions à l'oreille. On croit comprendre que le colonel Picquart déclare *qu'il va casser les vitres.*

Curieux ! quand cet homme ne fait pas cambrioler les appartements de ses collègues, il parle de casser les vitres au Palais de justice. Qu'il prenne garde d'être cassé un beau jour.

Le défilé ordinaire des témoins et des spectateurs de marque s'opère comme d'habitude.

Nous voyons entrer successivement madame Gyp, Anatole France, le général Delanne, accompagné d'un lieutenant-colonel dont l'arrivée est saluée des cris énergiques poussés de « Vive l'armée ! »

Nous notons encore la présence de M. Yves Guyot, très affaissé ; de Mᵉ Demange, du commandant Ravary, du capitaine de Comminges, frère de mademoiselle de Comminges ; du général Gonse, accompagné d'un lieutenant-colonel ; du commandant Du Paty de Clam, de M. Guérin, du commandant Lauth, de l'archiviste Gribelin, etc.

Et voici encore une trentaine d'Allemands et de Juifs munis de cartes de presse, et qui bousculent tout le monde pour arriver plus vite. Au passage, j'en entends un qui dit :

— Ça va chauffer, tout à l'heure !

On n'attend plus que l'arrivée de Zola l'Immonde.

Malgré toutes les mesures d'ordre, une centaine de journalistes se sont postés près de la porte du 34 de la rue des Orfèvres, où le sauveteur de Judas doit pénétrer dans le palais.

Comme il tarde à venir, on crie : « *Il arrive ! Il arrive !* », sur le ton des marchandes de « poisson bleu » et les agents marquent la mesure en tapant des pieds.

Enfin le voilà ! La voiture s'engouffre dans le couloir et l'huis se referme, mais derrière la porte cochère, le gredin doit entendre nos malédictions, et ça suffit.

A travers les vitres du véhicule on a eu suffisamment le temps d'apercevoir Mᵉ Labori, masquant son infâme client et Mᵉ Clemenceau. Sur le siège, servant de groom, on a remarqué également un monsieur Henri Layret qui n'avait guère l'air d'être à la noce.

Mais point de Scheurer-Kestner, point de Joseph Reinach. Les deux coquins prennent l'habitude de ne venir au Palais que tous les deux jours. C'est une grande joie de moins pour nous, pauvres journalistes !

Regagnons la salle des Pas-Perdus. Les Youtres sont en nombre encore plus considérable que le matin, et ils ont l'air anxieux en diable. Quand on apprend que le colonel Picquart est en train de déposer, ils ne tiennent plus en place, et se frottent les mains à les rendre presque propres.

Mais voici qu'une suspension d'audience a lieu. Plusieurs avocats descendent dans un état d'exaspération effrayant, et ils racontent qu'une bande de voyous revêtus de robes d'avocat viennent de crier : « A bas la France ! Vive Picquart ! »

Ça y est, ce sont les Juifs et les Allemands embauchés le matin par le Syndicat.

Le bâtonnier, Me Ployer, très ému, arrive dans la galerie du Harlay, en grand costume, et suivi d'une délégation du barreau. Aussitôt les cris de : « Vive l'armée ! » éclatent de tous côtés. Nous voyons là Me Comby, notre ami Me Émile de Saint-Auban et Me Ferré.

Me Ployer s'avance vers les généraux de Pellieux et Delanne, qui se disposent à se retirer, et il proteste au nom du Barreau tout entier contre l'infamie qui vient d'être commise.

Les yeux pleins de larmes, les généraux serrent affectueusement toutes les mains qui se tendent vers eux, tandis que Me de Saint-Auban, en recommandant le calme à ses confrères, leur assure qu'il sera un des premiers à signer toutes les protestations nécessaires pour faire respecter l'honneur du Barreau.

L'enthousiasme devient indescriptible ; les chapeaux, les toques, les cannes s'agitent en l'air et c'est aux cris mille fois répétés de « Vive l'armée ! A bas les Juifs ! » que les vaillants officiers regagnent la salle d'audience.

La manœuvre des Juifs a tourné une fois encore contre eux. On entoure Me de Saint-Auban, et un avocat, petit, sec

et jaune, dont le nez indique clairement la race, en profite pour lui dire : « Vous avez raison, l'armée est sacrée »,
et plus fort que tout le monde, il piaille avec une voix
de vieux coq enroué : « Fife l'armée ! Fife l'armée ! »

Un incident comique fait diversion. Un homme de
peine traverse la salle chargé de plusieurs balais neufs,
et aussitôt chacun de s'écrier : « Voilà ce qu'il faut pour
chasser les Juifs. »

— C'est un symbole, font les uns.

— Du balai! du balai! — chantent en chœur les autres.

Dans tous les cas, la légende du dreyfusisme du Barreau parisien est morte.

La gaieté est tout à fait revenue. En attendant la fin
de l'audience, on blague Israël, on prête des mots au
président des assises, entre autres celui-ci :

A un témoin qui aurait parlé longtemps sans arriver
au fait, M. Delegorgue aurait dit :

— Je dois circoncire les débats, mon ami, tâchez de
passer youtre.

C'est sans prétention, et ça fait tant enrager Israël.

Mais voici qu'une grande clameur nous arrive du dehors. On se précipite sur la galerie.

De l'autre côté de l'eau, sur le quai de la Mégisserie,
plus de trente mille personnes sont massées et chantent
à tue-tête le refrain à la mode :

> Émile Zola est un cochon,
> Plus il devient vieux, plus il devient bête.

Un kiosque de journaux vient d'être dévalisé de toutes
les feuilles dreyfusiennes. En longues torches, les manifestants ont tordu ces journaux et, après les avoir en-
flammés, se promènent de long en large. On dirait une
retraite aux flambeaux, si les cris de : « A mort les Juifs !
A bas Zola ! » ne renseignaient pas sur le caractère de
cette illumination improvisée.

Des patrouilles de gardes républicains à cheval em-
pêchent la foule de se répandre sur le pont Neuf et le
pont au Change.

Comme les Youtres rédacteurs des journaux du Syndicat nous ont suivis sur la galerie, nous leur servons
quelques bonnes paroles.

— Voilà enfin les bûchers qui s'allument.

— Ça doit sentir bigrement mauvais, le Youpin grillé.

— Ça ne fait rien, il paraît que la graisse de porc
n'éclaire pas si bien que le suif à chandelle.

Les Hébreux deviennent verdâtres, et l'un d'eux va
converser longuement avec un commissaire de service
près la grille. Il a l'air de lui donner des ordres, parole
d'honneur !

L'audience est terminée, les grandes portes de la
galerie du Harlay s'ouvrent à deux battants pour laisser
passer la foule. Généraux, commandants et autres officiers supérieurs descendent le grand escalier au milieu
d'un tonnerre d'acclamations enthousiastes.

Partons vivement dans la direction du quai des
Orfèvres, pour assister à la sortie du maître, souteneur
d'espions. Un cordon d'agents nous barre le passage.
Mais l'aimable M. Mouquin est là, et il nous laisse le
champ libre sur la présentation de notre carte. Pourquoi
donc laisse-t-il passer également cinq ou six Youtres,
qu'il sait pertinemment être venus pour faire du scandale ?

Nous voilà devant le numéro 34 du quai des Orfèvres,
attendant l'ami des traîtres.

'Une double haie d'agents encadre le portail et ces
braves gens ont l'air fortement navrés :

— Dire que ce salaud va nous faire coucher encore à
deux heures du matin, grogne furieusement un brigadier.

Un simple agent ajoute : — Vous allez voir qu'il va
nous faire poser une demi-heure ici, ce soir.

— Que voulez-vous, dis-je ingénument, il faut bien que ce pauvre homme prenne un « consommé » avant de partir.

— Vous croyez qu'il est en train de manger, maintenant ?

— Mais comment donc, et il ne se presse pas, encore ! Il sait que vous êtes payés pour le garder, alors...

Les gardiens de la paix serrent les poings.

— Oh ! la crapule ! et nous sommes là, nous, le ventre vide, à l'attendre faire sa digestion !

La porte s'ouvre enfin, la voiture de Zola franchit le seuil au grand trot, et part vers le parvis Notre-Dame.

Au galop, nous nous précipitons derrière le coupé, en criant : « A bas Zola ! A bas le traître ! »

A cent mètres, les agents nous arrêtent et, à ce moment, les cinq ou six Youtres que M. Mouquin a laissé passer se mettent à hurler : « A bas la France ! A bas l'armée ! Vive Zola ! »

Les misérables !

En un clin d'œil, ils sont entourés. On leur crie à la face :

— Sales Juifs ! A l'eau ! à l'eau !

Les Juivaillons prennent peur, et se plaquent, tels des punaises, le long des magasins, tant la crainte d'être jetés à la Seine leur travaille les entrailles.

Heureusement les agents arrivent pour les protéger, oh ! sans le moindre entrain, par exemple !

Un grand Juif, brun et barbu, porteur d'une épaisse tignasse crépue comme celle d'un nègre, fait résistance et ne doit son salut qu'à ces mêmes agents qu'il insultait quelques minutes avant. Un autre Youtre, brun et barbu, pousse également des glapissements d'hyène. Notre ami Charles Devos s'approche de lui et, comme par enchantement, la voix s'étrangle dans la gorge du coquin qui prend la fuite en bramant :

— Je suis mort ! je suis mort !

De braves agents l'aident à déguerpir, en lui bourrant le dos de leurs robustes poings et en vociférant :

— Ah ! chameau, tu cries : « A bas l'armée ! » ah ! tu cries : « A bas la France ! » chaffouin ! (*Sic.*)

A sept heures, les manifestants quittent les environs du palais, et remontent en masse vers le boulevard Sébastopol en criant plus fort que jamais : « Vive la France ! à bas les Juifs ! »

En « dernière heure », on verra que la manifestation n'était pas près de s'apaiser.

On ne crie pas impunément : « A bas la France ! » devant des Français, qu'Israël se le tienne pour dit.

CHAPITRE SIXIÈME

Ce que la cinquième audience du procès Zola avait appris à Drumont. — Laporte n'a jamais craché sur le drapeau.

Le même jour, *La Libre Parole* publiait l'article suivant de Drumont :

DEUX HOMMES

Cela m'a fait plaisir de recevoir la nouvelle brochure du père Laporte sur Zola.

Vous savez bien, le père Laporte, le bouquiniste qui, semblable à son ancêtre Gilles Corrozet, l'auteur de notre première histoire de Paris, de libraire se fit libriste ?

Laporte sauva l'Académie qui, après avoir eu Lesseps et Freycinet, faillit un jour avoir Zola.

Le courageux bouquiniste se fit passer une corde autour des reins, comme les puisatiers, et il descendit dans la fosse pleine de gaz délétères et de miasmes méphytiques qui constitue l'œuvre de Zola.

Il en rapporta une gerbe d'extraits qui n'étaient pas précisément odorants, et ces *selectæ* d'un genre particulier firent reculer l'Académie.

Laporte avait cité Zola, ce qui généralement fait plaisir à un écrivain ; mais Zola, furieux, au contraire, d'avoir été cité, cita Laporte devant la Police correctionnelle pour l'avoir diffamé, en reproduisant ce qu'il avait écrit.

Ce procès est certainement ce qu'on a jamais vu de plus extraordinaire dans la vie littéraire.

Sauf quelques exceptions, toute la Presse fut pour Zola. Songez donc! L'homme méprisé, repoussé et conspué de tous à l'heure présente était alors, sinon une gloire nationale, du moins une gloire boulevardière.

Laporte nous remercie dans sa brochure d'avoir été le seul à le défendre. Il n'y a pas de quoi.

C'est notre honneur et notre habitude aussi que de combattre toujours pour les faibles.

Depuis les Religieux persécutés jusqu'aux malheureux souscripteurs du Panama, depuis les employés de chemins de fer, les parias de la voie ferrée, jusqu'aux allumettières et aux sucrières, nous avons défendu tous ceux qu'on voulait opprimer.

Nous avons défendu même les Anarchistes, qui étaient intéressants lorsqu'on les traquait comme des fauves, et qui le sont moins depuis que quelques-uns, disons quelques-uns pour ne pas être injustes même envers l'Anarchie, se sont embrigadés dans le Syndicat Dreyfus, en reconnaissance sans doute de ce que Zola avait fait pour Jean Grave.

Quoi qu'il en soit, le père Laporte fut acquitté et, en présence du scandale actuel, il n'a pu s'empêcher de dire à Zola sa façon de penser et même sa pensée sans la façon.

Il l'a fait dans une brochure qui a pour titre : *Émile Zola et les Dreyfus* ou la *Débâcle des traîtres : Lettre ouverte à l'Italien Zola dit le Père la Trouille, le Papa la Mouquette, le Pétomane, officier de la Légion d'honneur, candidat perpétuel à l'Académie française, par l'auteur acquitté de « Zola contre Zola ».*

De la brochure elle-même, je ne dirai rien. Elle est moins concluante, d'ailleurs, que la déposition du général Mercier, du général de Boisdeffre et du général de

ellieux. Ce qui me semble intéressant, c'est le contraste
e ces deux êtres.

Laporte est le type du brave homme, du bon Français
e condition modeste. Il a fait deux congés militaires,
uis il s'est établi bouquiniste pour nourrir sa famille ;
. a subi toutes les intempéries des saisons, il a vu la
rôle ou la pluie tomber, et il a été obligé de fermer ses
oîtes, au moment où il espérait réaliser une bonne re-
ette...

Le soir, à la lueur de la lampe, il a étudié les livres
[u'il vendait et il a publié des plaquettes très recherchées
)ar les bibliophiles.

Moi je trouve cela très intéressant ; c'est peut-être
)arce que je ne suis pas un intellectuel, ainsi que le
lisait un des journaux du Syndicat.

C'est évidemment un grand malheur pour moi, mais
.l faut plutôt me plaindre que me blâmer. Avec quelques
volumes j'ai réussi, non pas à créer, mais à faire éclore
un des mouvements les plus féconds et les plus bienfai-
sants de ce siècle.

Jugez, dans ces conditions, ce que j'aurais pu faire si
j'avais été un intellectuel ! Je me serais appelé alors
Bjoernson ou Nymenwuis et mon nom, qui est malheureusement obscur aujourd'hui et connu de quelques
rares initiés, aurait rayonné sur le monde.

Zola forme une saisissante opposition avec Laporte.
Semblable à certaines filles célèbres qui n'ont acquis
leur ignominieuse fortune qu'en ruinant moralement et
physiquement une génération tout entière, l'auteur de
Nana n'a conquis la renommée et la richesse qu'en per-
vertissant, en dépravant, en hébétant des milliers et des
milliers de lecteurs. Il a tout ce qui fait l'objet des con-
voitises humaines : l'argent, l'hôtel à Paris, la maison
aux champs.

Et cependant je suis convaincu que parmi ceux qui me

lisent, pas un n'éprouverait une minute d'hésitation, si on lui posait cette question :

— Qui voudriez-vous être aujourd'hui : Laporte ou Zola ?

Laporte, le pauvre et l'obscur, peut aller partout et partout il trouvera des mains empressées à serrer sa main d'honnête homme, d'homme qui n'a corrompu personne, qui n'a jamais fait de mal à sa Patrie, qui n'a jamais craché sur le drapeau, qui n'a jamais vomi sur l'armée.

Zola, le fameux et le riche, ne peut aller nulle part sans qu'on lui jette à la figure le dégoût qu'il inspire à tous.

Blanc, Mouquin et Perret, que je loue, d'ailleurs, de protéger un accusé, quelque méprisable qu'il soit, contre les colères de la foule, ont déployé en vain les ressources d'une imagination variée pour trouver des issues.

Ils ont successivement fait passer le *Père J'accuse* par la porte du quai de l'Horloge, par la porte du quai des Orfèvres et par la porte du Jury d'expropriation... Partout le porte-parole du Syndicat a trouvé devant lui des hommes pour crier : « Vive l'armée ! A bas les traîtres ! A bas les Juifs ! »

Il a été décidé en haut lieu, paraît-il, que le jour du verdict, pour lequel on redoute des manifestations exceptionnellement tumultueuses, on ferait faire à Zola la promenade que l'on fait faire aux étrangers munis d'un passeport et de quelques références diplomatiques; on les conduit en bateau sur les égouts depuis la Madeleine jusqu'à l'Hôtel de Ville, avec embranchement sur le Châtelet et le Palais de Justice.

Voulez-vous parier que lorsqu'on lèvera la plaque au débarcadère de la place de la Madeleine, l'auteur de la Mouquette trouvera, en gravissant la dernière marche de l'escalier en colimaçon, des gens qui crieront plus fort que jamais : « A bas Zola ! A bas les Juifs ! Vive l'armée ! »

Aujourd'hui moi je crie : « Vive Laporte, » c'est-à-dire : Vive la foule anonyme des modestes, des courageux et des simples, qui trouvent sans doute que tout n'est pas parfait dans nos institutions militaires, mais qui ne prétendent pas faire casser le jugement régulier d'un conseil de guerre uniquement parce qu'il s'est permis de condamner un Youpin, et qui ne font pas de leur pays un objet de scandale et de risée pour l'Europe qui nous regarde !

C'est surtout à titre documentaire que nous avons enregistré cet article ainsi que les précédents.

Le lecteur peut ainsi juger « sur pièces » quels furent les arguments de l'un des rois de la polémique parisienne pendant les audiences du procès Zola.

La faiblesse en est si manifeste que l'on se prend à croire à quelque gageure.

Piètre argument que celui des huées qui poursuivaient Zola !

C'était pourtant là le plus clair de l'argumentation quotidienne de Drumont, depuis l'ouverture du procès.

Après le réverbère de Foulon et le bâillon aux intellectuels, c'était maigre.

CHAPITRE SEPTIÈME

Sixième audience du procès Zola (12 février). Confrontation
« Picquart, Lauth ». — Confrontation « Picquart, Leblois, Henry,
Gonse ». — Outrage commis par Henry contre Picquart. — Dé-
positions Ranc, Quillard, Jaurès, Bertillon.

La sixième audience du procès Zola eut lieu le
12 février. En voici la relation, d'après le *Matin* :

SIXIÈME AUDIENCE

Confrontation de MM. Leblois, Picquart et Henry. — La
question du bordereau. — Encore le petit bleu. —
Pourquoi le timbrer ? — Le démenti. — Violent inci-
dent.

La manifestation des avocats qui avait produit, la
veille, au Palais une si grande sensation ne risquait pas
de se répéter hier. On avait permis à une trentaine d'avocats à peine de pénétrer dans la salle d'audience, et les
autres bancs étaient occupés par les témoins, mais surtout par des militaires en grand nombre, par des officiers
en tenue.

Dès le début de l'audience, le colonel Picquart revient
à la barre, appelé par Me Labori. Il demande à faire une
déclaration :

— Je tiens à dire deux mots pour expliquer l'esprit dans lequel j'ai fait ma déposition hier

Je crois que l'expression employée par M. Emile Zola a dépassé un peu sa pensée. Le second conseil de guerre n'a pas acquitté par ordre. Ce que je crois, c'est que M. le général de Pellieux, par respect pour la chose jugée, n'a pas cru devoir faire porter son enquête sur le bordereau, c'est que le commandant Ravary n'a point fait les recherches indispensables. En vain lui ai-je dit : « Les témoins ne sortiront de terre que lorsque vous aurez fait arrêter le commandant Esterhazy. » Il ne tint aucun compte de mes paroles.

Les juges du conseil de guerre se sont trouvés en face d'une instruction extraordinairement incomplète, et c'est ainsi que l'un d'eux a dit : « Je vois que le véritable accusé ici est le lieutenant-colonel Picquart. »

· Quels sont les points sur lesquels M. le colonel Picquart a été poursuivi devant un conseil d'enquête ? demande Mᵉ Labori.

— C'est secret, fait observer le président. N'oubliez pas le huis-clos !

— C'est si bien secret, reprend Mᵉ Labori, qu'une note de l'agence Havas a passé, reproduite par tous les journaux, sur l'audience du conseil. Est-ce exact ? Est-ce faux ?

Et il lit la note.

— Les notes de la presse ne nous regardent pas.

M. le commandant Lauth.

On fait venir le commandant Lauth.

— Quelle aurait été l'utilité de l'apposition d'un timbre sur le petit bleu, à supposer que la proposition eût été faite ?

— Cela prouvait que le petit bleu était arrivé à destination. Sans timbre, cela ne pouvait que prouver que le petit bleu avait été écrit, mais rien n'indiquait qu'il avait été réellement envoyé au commandant Esterhazy.

— Le petit bleu venait de la même source que le bordereau ?

— Oui. Je devais le croire. Mais ce petit bleu me paraissait en réalité de seconde main, du colonel Picquart.

— Est-ce que le bordereau a été aussi déchiré en morceaux ?

— Oui. Je l'ai vu une fois dans ma vie.

— A-t-il été photographié ?

— Pas dans nos bureaux.

Mᵉ Clemenceau :

— Par quel procédé a-t-il été reconstitué ?

— Avec du papier transparent coupé en lanières excessivement minces, qui suivaient les déchirures.

— De quel côté a-t-il été recollé ?

— Du côté de l'adresse.

— Si le petit bleu venait du cornet dans lequel on l'a apporté, n'était-il point nécessaire qu'il ne fût point timbré ?

— Oui.

Mᵉ Clemenceau résume les déclarations du témoin et en tire cette conséquence que le colonel Picquart ne pouvait avoir l'intention de faire timbrer le petit bleu.

Le colonel Picquart reprend la parole :

— Rien ne prouve mieux la fausseté des intentions que l'on me prêtait que la démonstration qui vient d'être faite et qui prouve que ce que j'aurais voulu faire était illogique.

Le président demande :

— Combien de fois avez-vous reçu Mᵉ Leblois au ministère ?

— J'ai reçu Mᵉ Leblois une douzaine de fois, mais une seule à l'époque qui nous intéresse : c'était le moment où venait de paraître le fac-similé du bordereau dans le *Matin*.

M. le lieutenant-colonel Henry.

M. le lieutenant-colonel Henry vient rejoindre à la barre le colonel Picquart. Il reprend la déposition qu'il a faite il y a deux jours à cette barre et répète qu'il a vu, dans le bureau du lieutenant-colonel Picquart, Mᵉ Leblois. Le dossier secret était entre eux. Il en a parlé quelques jours plus tard au général Gonse. Il lui dit qu'on l'avait ouvert devant un tiers et il invita le général à y jeter un coup d'œil.

M. Gonse.

Le général Gonse s'avance.

— Quand vous avez revu le dossier secret, lui demande le président, était-il en désordre?

— Autant que je puis me rappeler, il était un peu en désordre, répond le général.

— Qu'avez-vous à répondre, monsieur Picquart?

— J'affirme que je n'ai jamais eu le dossier, ouvert ou fermé, sur mon bureau du ministère de la guerre, devant Mᵉ Leblois.

Le lieutenant-colonel Henry affirme que Mᵉ Leblois a avoué l'entrevue dont il parle avec le colonel Picquart, devant le conseil de guerre.

M. le président fait venir Mᵉ Leblois et lui pose la question :

— Avez-vous reconnu devant le conseil de guerre que vous étiez avec le lieutenant-colonel Picquart, alors que le document se trouvait sur la table ?

— Non, je ne l'ai pas reconnu. Voici ce qui s'est passé. Le colonel Henry a dit simplement qu'il y avait un dossier sur la table, une enveloppe sur laquelle étaient inscrits les mots « Dossier secret. » Il n'a pas parlé de la photographie « Cette canaille de D... », et il a été dans l'impossibilité de préciser la date.

Je lui ai dit : « Je crois que vous vous trompez » ; mais, comme je n'ai pas l'habitude de faire l'inventaire des pièces qui se trouvent où je suis, j'ai ajouté : « Je ne veux pas vous infliger de démenti, mais c'est au colonel Picquart, mieux éclairé que moi, à vous répondre. »

— Je maintiens ma déposition, dit le colonel Henry.

— Et moi, je dis que vous n'avez pas dit au conseil de guerre qu'il y avait une pièce secrète portant les mots « Cette canaille de D... »! s'écria Mᵉ Leblois.

— J'en ai parlé.

Grave incident.

Cette triple confrontation de Mᵉ Leblois, du colonel Picquart et du colonel Henry tourne bientôt à l'aigre et se termine par un incident des plus graves entre le deux colonels.

Le colonel Picquart, reprenant les déclarations du colonel Henry relativement à l'incident Leblois, s'écrie :

— J'oppose un démenti formel à M. Henry!... Et, maintenant, est-il exact que M. Henry n'a pas indiqué au conseil de guerre une date précise et que j'en ai demandé acte en signalant cela comme un fait grave?

LE COLONEL HENRY. — J'ai toujours dit que c'était en octobre.

LE COLONEL PICQUART. — La photographie, qui est si obscure, si embrouillée que, lorsque le général de Pellieux me l'a montrée, moi qui la connaissais, j'ai dû me pencher, comment M. Henry l'a-t-il vue ? A quelle distance se serait-il approché de moi ?

LE COLONEL HENRY. — Je n'ai pas mesuré. En tout cas, moi, je la reconnaîtrais bien à dix pas, cette photographie. Les yeux ne sont pas les mêmes.

LE COLONEL PICQUART. — Je vous donne de nouveau le démenti le plus formel.

LE COLONEL HENRY. — Le colonel Picquart en a menti !

Des exclamations partent de tous les points de la salle. Le lieutenant-colonel Picquart, qui est devenu d'une pâleur extrême, se retourne brusquement vers le colonel Henry.

Les avocats veulent intervenir. Le président déclare :

— Vous êtes en désaccord, voilà tout.

Et le colonel Picquart, s'adressant aux jurés, s'écrie :

— Je demande à dire à MM. les jurés ce que signifie tout cela. Vous avez vu ici des hommes comme le colonel Henry, le commandant Lauth, M. Gribelin porter contre moi des accusations abominables. Eh bien, messieurs, savez-vous pourquoi cela se fait? Vous le comprendrez quand vous saurez que ceux qui ont travaillé à une affaire précédente, intimement liée à celle d'Esterhazy, étaient probablement ceux-ci, ces hommes qui se dressent aujourd'hui devant moi! Ils défendent leur œuvre, cette œuvre que le regretté colonel Sandherr, en mourant, a léguée à l'honneur du bureau!

Eh bien, moi, j'ai pensé autre chose. J'ai eu des doutes. J'ai pensé qu'il ne fallait pas se renfermer dans une foi aveugle. Et j'ai cherché.

Voilà des mois que je suis abreuvé d'outrages; je suis, à cette heure, dans une situation affreuse. Demain, je serai peut-être chassé de l'armée, à laquelle j'ai donné vingt-cinq ans de ma vie. J'ai perdu mon avenir, ma vie, et tout cela pour avoir fait ce que j'ai cru, ce qui devait être mon devoir!

— Jamais, réplique le colonel Henry, il n'a été question de cela entre le colonel Sandherr et les officiers du bureau. Nous faisions notre devoir comme nous l'entendions. Je vous jure que jamais ce petit bleu n'a été reçu par moi, et c'est moi qui recevais les papiers.

Explications.

Le général Gonse confirme les paroles du lieutenant-colonel Henry.

— Nous n'avons jamais cherché à falsifier la vérité.

Et c'est pour cela que je n'ai pas été contraire à l'enquête sur M Esterhazy. Quant au petit bleu, M. Picquart ne me l'a montré, à moi son chef, que quatre mois après l'avoir trouvé. Cette conduite est inexplicable.

— Mes explications seront brèves, reprend le colonel Picquart. C'est au mois de mai que le petit bleu a été trouvé. J'ai dit qu'un deuil de famille, qu'un voyage et que divers événements m'ont empêché de m'occuper activement de l'affaire. Si je n'en ai pas parlé alors au général Gonse, j'en ai parlé, au mois de juillet, au général de Boisdeffre.

— Pourquoi n'a-t-on pas relevé plus tôt les faits que l'on reproche à M. Picquart? demande Me Labori.

— Nous ne les connaissions pas encore, reprend le général Gonse.

— Vous les connaissiez quand vous écriviez vos lettres si pleines d'encouragements. Comment expliquez-vous cette double attitude?

— C'est que, peu à peu, nous nous sommes aperçus que le lieutenant-colonel était hypnotisé par une sorte d'idée fixe. C'est pourquoi nous l'avons envoyé en mission. Nous espérions qu'il reprendrait pied et qu'il nous reviendrait ce qu'il a toujours été, c'est-à-dire un bon officier.

Suit une discussion assez confuse sur la question de la date où se serait passé l'incident Leblois au ministère de la guerre.

Allons-y !

Comme on revient à parler du dossier secret et des pièces secrètes, le lieutenant-colonel Henry s'écrie :

— Eh bien, allons-y. En 1894, au mois de novembre, un jour, le colonel Sandherr entra dans mon bureau et me dit: « Recherchez tout ce qui a trait aux affaires d'espionnage. › Parmi ces pièces, il y en avait une qui avait une importance extrême. Je remis le tout au colonel.

Vers le 15 ou le 16 décembre, le colonel vint me trouver et me dit : « Voilà votre dossier : je n'en ai plus besoin. » Je remis ce dossier dans une enveloppe; j'écrivis, au crayon bleu : « Dossier secret », et j'y mis mon paraphe.

Il faut vous dire que, quelques jours après, j'eus une explication avec le colonel Sandherr et je lui demandai pourquoi il m'avait dit qu'il n'avait plus besoin du dossier secret, en me le remettant.

« — Ah! me dit-il, c'est que j'en ai un autre dans lequel il y a deux lettres. »

Et il me montra ces lettres d'une extrême importance. Ces lettres, il me dit qu'il les gardait par devers lui pour les produire un jour, s'il le jugeait nécessaire. Le colonel Sandherr est mort, et je n'ai plus jamais entendu parler du dossier secret du colonel Sandherr ni des lettres qu'il me montra.

Il ressort donc de cette partie de la déposition du colonel qu'il y a deux dossiers secrets : celui qui se trouve dans le coffre-fort du ministère de la guerre, et que put voir le chef du bureau des renseignements, et l'autre qu'il n'a pas vu.

L'audience est suspendue.

M⁰ Demange. — L'illégalité. — La pièce secrète.
L'interwiew du « Matin ».

M⁰ Demange, qui défendit Dreyfus, vient à la barre, à la reprise de l'audience.

— M⁰ Demange voudrait-il nous dire ce qu'il pense de la bonne foi de M. Zola dans l'affaire Esterhazy ?

— Messieurs, dans les derniers jours du mois d'octobre, j'appris que M. Scheurer-Kestner allait entreprendre la réhabilitation de Dreyfus. J'écrivis à M. Scheurer-Kestner pour lui demander de faire connaître publiquement les preuves sur lesquelles il basait sa conviction.

Et M⁰ Demange entre dans les détails de l'affaire Esterhazy depuis cette époque.

Parlant de son attitude personnelle, il raconte qu'ayant appris de M. Salles qu'une illégalité aurait été commise lors du premier procès, il avait songé à soumettre le fait au ministre de la justice pour demander l'annulation du jugement en vertu de l'article 44 du Code d'instruction criminelle. Mais on lui persuada qu'il ne rencontrerait pas alors dans le gouvernement l'appui nécessaire et on lui conseilla d'attendre.

Ici se place un incident auquel les défenseurs attachent une extrême importance.

M⁰ LABORI. — Que pense M⁰ Demange du rapport Ravary disant que le jugement de Dreyfus avait été légalement et justement rendu? Que pense-t-il de cette expression *légalement?*

R. Mais, puisque je viens de dire que je voulais demander l'annulation, pour violation de la loi, de ce jugement...

M⁰ LABORI. — Pourquoi?

— J'avais su par M. Salles qu'une violation de la loi avait été commise.

Me LABORI. — Laquelle ?

LE PRÉSIDENT. — Maître Demange, ne répondez pas. Il s'agit là de l'affaire Dreyfus.

Me CLEMENCEAU. — Il s'agissait de la communication de la pièce secrète ?

Me DEMANGE. — Mais oui ! (*Sourires.*)

Me LABORI. — En dehors de la défense de l'accusé ?

R. Oui, parbleu ! Puisque, moi, je n'ai jamais vu que le bordereau.

Me Labori demande à Me Demange s'il reconnaît l'exactitude des renseignements publiés dans une interview du *Matin*. le jour même où débuta le procès Zola.

Me Demange reconnaît qu'il n'a pas été interviewé directement, mais que tous les détails de l'article sont absolument exacts.

Me Labori demande des explications à Me Demange sur la publication du bordereau dans le *Matin* :

— Me Demange a-t-il vu le bordereau ?

— Mais oui.

— En original ?

— Certainement.

— Et en photographie ?

— Oui : il a été distribué des photographies au conseil de guerre, faites, je crois, par M. Bertillon. Ces photographies ont été restituées. Je pense qu'elles ont dû être brûlées par le président. Mais je ne pourrais pas l'affirmer.

— Me Demange connaît-il le fac-similé du bordereau publié par le *Matin* ?

— Je le crois, que je le connais ! Il m'a même causé assez d'émotion. Car je me suis dit : « On va dire que c'est moi qui l'ai communiqué. » Mais je me suis rappelé que j'avais rendu mon exemplaire.

— Cette reproduction ressemblait-elle à l'original ?

— C'était saisissant. Mais, du reste, est-ce que vous n'avez pas le bordereau ?... Non ?... Vous auriez pu comparer. (*Sourires.*)

— Mᵉ Demange s'explique-t-il que le général de Pellieux ait pu déclarer que cette reproduction était une sorte de faux ?

— Cela prouve que deux hommes de bonne foi peuvent avoir des manières différentes de voir.

On suspend cinq minutes l'audience, et Mᵉ Labori dépose les conclusions suivantes relativement à l'incident entre les deux colonels :

Plaise à la Cour,

Attendu que la déposition du lieutenant-colonel Picquart a été interrompue par M. le lieutenant-colonel Henry, qui s'est écrié : « Vous en avez menti ! »

Attendu que, malgré les observations de la défense, M. l'avocat général n'est pas intervenu pour relever et réprimer les injures proférées à l'égard d'un témoin, militaire aux arrêts ;

Attendu que, dans ces conditions, l'autorité des témoins cités par la défense peut, dans l'esprit du jury, se trouver atteinte ;

Que, par suite, la valeur du témoignage est diminuée ; que ce fait porte le plus grave préjudice aux intérêts de la défense ;

Par ces motifs,

Donner acte aux concluants de ce que le lieutenant-colonel Picquart a été interrompu dans sa déposition par M. le lieutenant-colonel Henry, qui s'est écrié : « Vous en avez menti ! » et de ce que, malgré les observations de la défense, M. l'avocat général n'est pas intervenu pour relever et réprimer les injures proférées à l'égard d'un témoin, injures d'autant plus graves que ce témoin, militaire, est aux arrêts.

Le président remet à lundi l'arrêt.

M. Ranc.

— Pour moi, messieurs, dit M. Ranc, la bonne foi de M. Zola est entière et absolue. Je sais que vous ne me laisserez pas parler de la violation de la loi dans le procès de 1894 par la communication d'une pièce secrète en dehors de la présence de l'accusé. Je ne parlerai donc que du procès Esterhazy. La façon dont ce procès a été conduit, la prohibition qui a été faite à la famille Dreyfus d'y être représentée, l'absence de contre-expertise d'écriture, le réquisitoire que fut le rapport Ravary, tout, enfin, a pu révolter sa conscience.

Ce qu'il a fait là est l'acte d'un homme qui a montré un grand cœur et un grand courage !

M. Pierre Quillard,

homme de lettres. On lui demande ce qu'il pense des audiences du conseil de guerre qui a acquitté M. Walsin-Esterhazy. En d'autres termes, il dit ce que nous avons entendu déjà dans la bouche de MM. Ranc, Demange, Trarieux et Thévenet. Il énumère divers incidents d'audience qui prouvent suffisamment, à son dire, toute la partialité dont le président fit preuve et dont devait bénéficier M. Esterhazy.

— On était venu là pour chercher la lumière, et j'affirme que nulle personne de bonne foi n'est sortie de ces débats sans se dire que les officiers du conseil se soumettaient au désir qu'avaient leurs chefs que les ténèbres fussent épaissies.

M. Emile Zola appartient à une génération littéraire autre que celle à laquelle j'appartiens, et, quant à moi, j'ai fait plus d'une fois de grandes réserves sur son œuvre. Aussi je n'en suis que plus libre pour vous dire que la conduite de M. Zola a été belle, généreuse et héroïque. Il aurait pu se taire, il aurait pu écouter ce que Victor Hugo appelait, en 1871, la complaisance à la colère publique ! Il a parlé ! Et je lui apporte mon admiration.

M. Jaurès. — L'acte de M. Zola. — Le pouvoir militaire et le pouvoir civil.

Le député de l'extrême gauche a assisté à la partie publique du procès Esterhazy, et c'est pour cela qu'il vient affirmer « la haute valeur et la beauté de l'acte » de M. Zola.

— Quand on a assisté à un pareil procès, dit-il, c'est un devoir de protester pour tous ceux qui ne veulent pas que le pouvoir militaire se dresse au-dessus de toute loi et de tout contrôle !

Dans l'affaire Esterhazy, trois faits décisifs m'ont particulièrement frappé.

D'abord, pourquoi le huis-clos a-t-il été prononcé en ce qui touche l'expertise d'écriture ? C'était là la question la plus intéressante, la plus palpitante, et qui est l'une des causes principales de l'agitation de l'opinion publique.

On avait sans doute à cacher les contradictions qui existaient entre les expertises de 1894 et celles de 1898. On a fait le huis-clos parce que le public avait déjà trop entendu parler du bordereau.

Je puis affirmer ici que M. Esterhazy a prononcé sur le bordereau des paroles d'une gravité extrême. Voici ce que j'ai entendu dire deux fois par M. Papillaud, rédacteur à la *Libre Parole*. Il m'a fait cette déclaration, à moi, et publiquement, dans les couloirs de la Chambre :

« Je crois profondément à la culpabilité de Dreyfus, m'a dit M. Papillaud. J'y crois parce que des officiers français n'auraient pas condamné Dreyfus sans des charges accablantes. Mais, en ce qui touche le bordereau, j'ai la conviction absolue qu'il est d'Esterhazy. Et voici pourquoi : Dans les deux jours qui ont suivi la dénonciation de M. Mathieu Dreyfus, M. Esterhazy se rendit dans les salles de rédaction, et, à la *Libre Parole*, il a dit : « Oui, il y a entre l'écriture du bordereau et » la mienne une similitude effrayante, et, lorsque le bordereau » a été publié par le *Matin*, je me suis senti perdu ! »

Je parlerai ensuite, continue M. Jaurès, de l'attitude que les pouvoirs publics ont eue contre le lieutenant-colonel Picquart. Ce fut lui qui, en réalité, fut l'accusé, et il a été traité comme tel !

Et M. Jaurès rappelle les conditions dans lesquelles se fit l'enquête du général de Pellieux, les sévérités qu'on eut pour celui qui accusait et les faveurs qu'on prodigua à l'accusé.

M. Zola a ressenti comme d'autres, plus que d'autres, l'indignation d'un pareil procédé !

Je parlerai enfin de l'absence d'enquête sur le fait de la pièce secrète qui fut remise à M. Esterhazy.

Comment? s'écrie M. Jaurès, cette pièce intéressant la défense nationale est enfermée dans un coffre-fort, au fond d'une pièce reculée du ministère de la guerre! Une photographie de cette pièce court les rues, et l'on ne s'en préoccupe pas! Et l'on ne fait pas d'enquête!

Et pourquoi n'a-t-on pas fait l'enquête? Parce qu'elle aurait démontré que cette photographie ne pouvait être remise au commandant Esterhazy que par les soins des officiers de l'état-major. S'il n'y avait pas eu une connivence évidente entre l'état-major et le commandant, on eût arrêté le commandant Esterhazy pour avoir eu en sa possession une pièce secrète intéressant la défense nationale et dont il ne pouvait dire l'origine!

Et, maintenant, se demande M. Jaurès, à quoi donc pouvait lui servir cette communication de la pièce secrète? On ne l'attaquait alors que sur le bordereau, et cette pièce n'avait nullement affaire avec le bordereau. Alors? Alors, elle était simplement destinée à rassurer le commandant qui s'affolait, à lui permettre de reprendre pied et lui prouver qu'en haut lieu on veillait sur lui. Ce n'était pas une cartouche que l'on donnait au commandant Esterhazy : c'était un cordial !

Les deux palais.

M. Jaurès s'étonne que tous les citoyens ne protestent point contre une illégalité qu'il juge désormais constatée, et il se demande où va un peuple dont « la loi n'est respectée ni dans le palais où on la fait, ni dans le palais où on l'applique ».

— Il n'y a pas quarante députés qui doutent de cette violation de la loi. Quand j'ai parlé, j'ai parlé dans le silence passif de la séance, quelques amis à peine m'appuyant. Dans les couloirs, où se transforme l'âme parlementaire, on s'est de tous côtés précipité vers moi, en me disant : « Vous avez raison ! Mais quel dommage que cette affaire ait éclaté quelques mois avant les élections ! » Je crois qu'ils se trompent sur les sentiments du pays et qu'il est encore épris de son ancien idéal de justice et de vérité.

Mais, si la vérité doit être vaincue, il vaut mieux être vaincu avec elle que de se faire le complice de toutes les équivoques et de vaincre avec elles. Je vais violer le secret professionnel... des autres. J'ai entendu dire par M. Dupuy, par M. Delcassé, ministres avec le général Mercier, qu'il n'avait jamais été question au conseil des ministres que du bordereau et que jamais il n'avait été fait allusion à aucune autre pièce secrète.

Et le général Mercier, homme sujet à erreur, malgré ses services et ses galons, n'a pas craint de prendre sur lui de faire condamner un accusé en produisant contre lui, sans lui permettre de se défendre, une pièce secrète — en violation de la loi, en violation des règles les plus élémentaires du droit.

Eh bien, je dis que, si de pareilles mœurs, si de pareilles habitudes étaient tolérées, ce serait fait de toute liberté et de toute justice dans ce pays !

Et voilà pourquoi des citoyens comme Zola ont bien fait de protester.

Ah ! je sais bien quelles haines il soulève et quelles haines s'acharnent aujourd'hui après lui.

On poursuit en lui l'homme qui a donné l'explication rationnelle et scientifique des miracles, l'homme qui, dans *Germinal*, a décrit la poussée du prolétariat et annoncé l'éclosion d'une société nouvelle ; l'homme qui dénonce les chefs qui préparent inconsciemment les désastres de la patrie. On peut le traquer, on peut le poursuivre : nous nous inclinons respectueusement devant lui !

Après la déposition de M. Jaurès, il se fait un grand silence dans l'auditoire.

Puis M⁰ Labori dépose des conclusions tendant à ce que le bordereau original soit versé aux débats.

M. Bertillon.

Le dernier témoin entendu fut M. Bertillon.

Il est chef du service de l'identité judiciaire et domicilié au Palais de justice.

— Est-ce que M. Bertillon n'a pas connu le bordereau ?

— Je l'ai connu.

— Qu'en pensez-vous ? Quelles furent les conclusions de votre expertise ?

— J'affirme que ce bordereau n'a pu être écrit que par celui qui a été condamné pour l'avoir écrit.

On arrivera peut-être à la revision, et cette revision sera peut-être suivie d'un acquittement, mais rien ne pourra prouver que ce n'est pas Dreyfus qui a écrit le bordereau. Il n'a pu être écrit qu'au domicile du condamné !

— Et pourquoi ?

— Cette opinion ne se base point seulement sur des pièces graphiques, que je juge toujours insuffisantes. Je n'ai qu'une confiance très limitée dans l'expertise en écriture. Ma conviction est née d'une équation géométrique qui se trouve dans le buvard de Dreyfus.

Faites-moi remettre les pièces à conviction saisies, et je ferai une démonstration.

C'est une théorie assez difficile à saisir, mais la pratique est aisée. Vous verrez.

Mᵉ LABORI. — Voici un plan qui a été publié par l'*Aurore* et qui représente un élément de votre démonstration devant le conseil de guerre. Est-ce de vous ?

M. BERTILLON. — Oui, c'est un schéma pour un point spécial de ma déposition. Mais il est incomplet. Le reste se trouve dans le buvard.

LE PRÉSIDENT. — Il faudrait nous dire ce que c'est que ce plan, maître Labori.

Mᵉ LABORI. — Je serais bien embarrassé de le dire. Je demande des renseignements moi-même.

M. BERTILLON. — L'intérêt de ce plan est une preuve matérielle de la sûreté de ma démonstration.

Mais je ne veux rien dire que sur les pièces : buvard et pièces à conviction.

Mᵉ LABORI. — Qu'est-ce que ces pièces ?

— C'est ce qu'on appelle des pièces de comparaison, habituellement. Ça m'est indispensable. Ma méthode est sûre.

Au point de vue historique, après ma mort, on verra. On ne

peut pas douter de ma bonne foi. Mais il me faut les pièces. Ce sera long : peut-être deux séances, mais je ne demande pas mieux que de faire la démonstration.

Me LABORI. — Deux jours de plus ou de moins au point où nous en sommes ! Quelles sont ces pièces ?

R. — C'est une note de ci, de ça.

On commence à se regarder dans l'auditoire. On se demande ce que tout cela peut bien vouloir dire. La stupéfaction augmente quand M. Bertillon déclare que le lieutenant-colonel Picquart lui apporta de l'écriture semblable à celle du bordereau. Il a pensé d'abord que c'était de l'écriture de Dreyfus. On lui a dit que c'était de l'écriture d'un autre.

— Mais ça m'est bien égal ! fait M. Bertillon.

... Eh ! oui, j'ai eu la preuve que le bordereau ne pouvait être que de Dreyfus. Alors, qu'est-ce que ça me fait qu'il y ait des écritures semblables ? Il y aurait cent officiers qui écriraient de la même façon, qu'est-ce que ça me ferait ?

Revenons à ce qui s'est passé au conseil de guerre.

Me LABORI. — Vous pouvez bien nous indiquer la théorie de vos opérations, votre méthode, sans les pièces.

M. Bertillon affirme qu'il ne peut rien faire sans les pièces. Il en a les photographies chez lui. Il demandera à ses chefs la permission de les produire.

Et le président lève l'audience en nous donnant rendez-vous pour lundi.

CHAPITRE HUITIÈME

Autour de la sixième audience. — Manifestations incohérentes du barreau. — La voiture de madame Blanc secouée par la lie parisienne.

Voici, d'après le *Matin*, le récit des divers incidents qui se passèrent en dehors de l'enceinte judiciaire, en même temps que les débats de la sixième audience :

Calme relatif. — Protestation des avocats.

Les gardiens de la paix des brigades de réserve qui avaient concouru pendant cinq jours au service d'ordre étant fourbus, on les avait remplacés, hier, par des gardes municipaux à pied et quelques escadrons de gardes à cheval. Ils étaient renforcés par des agents pris parmi ceux des arrondissements excentriques.

Disons tout de suite que les excès de la veille ne se sont pas renouvelés. A l'intérieur du Palais, les fonctionnaires de la préfecture de police chargés de maintenir l'ordre avaient reçu et transmis à leurs subordonnés des consignes d'une extrême sévérité.

On n'a plus revu de calicots et de garçons épiciers affublés de la robe d'avocat ; seuls, les véritables membres du barreau, les chroniqueurs judiciaires et les nouvellistes munis de leur insigne corporatif ont pu circuler librement.

On raconte même que M. le premier président Périvier a failli être victime de la sévérité de la consigne. Il s'est vu refuser par un garde l'accès de la porte d'entrée des avocats. Loin de manifester son dépit, il a eu le bon esprit de féliciter chaleureusement M. Orsatti, commissaire divisionnaire, de l'exécution des mesure ordonnées par lui.

Les avocats s'occupaient encore de l'incident de la veille, et nous devons à la vérité de déclarer qu'ils ne se montraient guère indulgents pour leur jeune confrère Courot.

Hommage à l'armée.

Les deux documents suivants se couvraient de signatures.

Le premier :

« Les avocats soussignés, inscrits au barreau de la cour d'appel, adressent à M. le bâtonnier Ployer l'expression de leurs plus respectueux remerciements pour avoir, au nom de l'ordre tout entier, porté devant M. le président de la cour d'assises une protestation patriotique indignée contre les acclamations adressées à un témoin, qui, dans les circonstances de la cause, ne pouvaient être considérées que comme une insulte à l'armée nationale et à ses chefs respectés. »

Le second :

« Les avocats de la cour d'appel de Paris soussignés déclarent qu'ils regrettent vivement les manifestations qui se sont produites hier à l'audience de la cour d'assises.

« Ils n'acceptent aucune solidarité avec les auteurs de ces manifestations et saisissent cette occasion d'affirmer leur plus profond respect pour l'armée et pour ses chefs. »

Il en circulait même un troisième, lancé par un

groupe de protestataires et à peu près conçu en ces termes :

« Les soussignés, avocats à la cour d'appel de Paris, protestent contre les pétitions, qui ne tendent qu'à aggraver la situation présente. Ils ont confiance dans la fermeté de M. le bâtonnier Ployer pour faire cesser toute agitation et prévenir les manifestations.

« Ils invitent M. le bâtonnier à ne pas approuver la publicité de toute pétition. »

Les avocats qui avaient pris l'initiative de pétitions félicitant Mᵉ Ployer de sa conduite à l'égard des généraux, faisaient enfin placarder, dans la galerie de Harlay, l'affiche manuscrite suivante :

« Moins de deux heures après avoir rédigé l'adresse dont vous avez eu connaissance, plus de deux cents signatures étaient apposées au bas de cette adresse. M. le bâtonnier, informé, fit demander l'un de ceux qui avaient répondu par cette manifestation au secrétariat général et le pria d'arrêter le mouvement commencé.

« D'abord, lui dit-il, je n'ai point à être remercié pour
« avoir fait mon devoir, pour avoir salué, hier, respec-
« tueusement les généraux que j'ai trouvés sur ma route
« en allant voir M. le président des assises au sujet des
« regrettables incidents qui s'étaient produits.

« Et puis, ce matin, encore tout à l'heure, les généraux
« sont venus, en leur nom, au nom de l'armée, saluer
« en ma personne le barreau et rendre hommage aux
« sentiments qui avaient dicté mes démarches. »

« Dans ces conditions, l'adresse n'avait plus de raison d'être, et les avocats qui recueillaient les signatures se sont inclinés devant le désir de leur bâtonnier. »

La journée de M. Zola.

Revenons maintenant à M. Zola.

L'illustre romancier a quitté son hôtel de la rue de

Bruxelles à onze heures. Des agents barraient la rue à ce moment ; mais une dizaine de jeunes gens réussirent à se faufiler et ils suivirent la voiture au pas de course en criant : « A bas Zola ! »

Peu à peu, des passants se joignirent à ces manifestants, et, rue d'Anjou, le coupé fut arrêté par une foule de deux cents personnes environ.

Alors, les agents de la Sûreté qui escortaient M. Zola descendirent de leur fiacre et, aidés de gardiens de la paix, firent face aux tapageurs. La voiture de M. Zola put achever sa course sans autre incident. Le romancier alla prendre, comme d'habitude, son défenseur, Me Labori, à son domicile, 12, rue de Bourgogne.

M. Zola est arrivé au Palais toujours par le n° 34 du quai des Orfèvres ; il a été accueilli par les cris hostiles auxquels ses oreilles doivent maintenant être accoutumées.

Dix minutes après, le colonel Picquart paraissait, en uniforme de tirailleur algérien. Cris habituels de « A bas Picquart ! » et de « Vive Picquart ! »

Rien de particulier à signaler à l'extérieur pendant la durée de l'audience sinon que, sur la place Saint-Michel et au quai de la Mégisserie, des jeunes gens arrachent à l'étalage des kiosques des journaux qu'ils disent être vendus au Syndicat et en font des feux de joie.

Çà et là, quelques arrestations sont opérées pour refus de circuler. On s'écrase littéralement sur le boulevard du Palais, la seule voie par laquelle on puisse traverser la Cité sans être arrêté tous les cent mètres par des barrages de gardes de Paris.

A cinq heures, les témoins commencent à sortir du Palais par la grande porte de la galerie de Harlay. Les officiers passent entre une quadruple haie de curieux étagés sur les marches de l'escalier. On crie : « Vive

l'armée ! Vive la France! » Mais le cri qui domine est
toujours celui de « Vive la République ! »

A six heures vingt minutes, M. Zola et ses amis sortent
par le quai des Orfèvres. La voiture se dirige au gran-
dissime galop vers le pont Neuf; elle prend le quai de
Conti, les quais Voltaire et d'Orsay et dépose Me Labori
rue de Bourgogne. Puis l'auteur de *Pot-Bouille* se fait
reconduire rue de Bruxelles. Son hôtel est gardé par
des forces respectables de police, afin de prévenir les
incidents de la matinée.

Madame Blanc en danger.

Quelques instants avant le départ de M. Zola du Palais
de justice, il s'est produit un malentendu qui a failli
avoir des conséquences fort désagréables pour madame
Blanc, la femme du préfet de police.

Une foule considérable attendait au coin du quai des
Orfèvres et du pont Saint-Michel, ignorant que M. Zola
était parti par le pont Neuf. Une voiture a débouché du
quai des Orfèvres.

Le public a pris cette voiture pour celle de M. Zola.
La foule s'est précipitée et, avant que la police ait eu le
temps d'intervenir, elle a secoué la voiture, et trois
dames qui s'y trouvaient ont été l'objet de menaces.

D'autres allaient dételer les chevaux quand les gardes
municipaux sont intervenus, et la voiture a pu pénétrer
sous la voûte de l'hôtel de la préfecture de police. Dans
cette voiture se trouvaient madame Blanc et deux de ses
amies.

Les brigades centrales sont sorties et ont refoulé les
manifestants, qui étaient au nombre d'un millier.

Suite de manifestations.

En rendant compte des incidents qui se sont produits
dans la soirée de vendredi, nous avons mentionné celui

qui s'est passé boulevard Voltaire, où des manifestants
ont assailli à coups de pierres la façade des ateliers de
MM. Bernheim frères, fabricants de jerseys, scène au
cours de laquelle la femme d'un employé a été blessée
par un éclat de vitre.

Dans l'après-midi d'hier, l'un des frères Bernheim
s'est rendu à la Chambre et a fait demander M. Lockroy,
député de la circonscription du onzième arrondissement
où se trouve sa fabrique, qui l'a ensuite présenté à
M. Barthou.

M. Bernheim a exposé au ministre de l'intérieur qu'il
occupait deux mille ouvriers et ouvrières et que, dans
l'intérêt même de ces derniers, il était nécessaire de prévenir le retour des violences exercées contre ses ateliers.

Le ministre a promis de faire exercer une surveillance
sur la maison.

Une plainte.

D'autre part, M. Milliard, garde des sceaux, a communiqué au conseil des ministres, hier matin, le procès-
verbal de l'incident provoqué, vendredi soir, à l'issue de
l'audience de la cour d'assises, par M. Courot, avocat,
fils de l'un des vice-présidents du tribunal de la Seine.

Il a été décidé que le ministre de la guerre déposerait
une plainte contre M. Courot pour « insultes à l'armée ».

Une nuit au poste.

Avant-hier soir, à la sortie du lycée Janson-de-Sailly,
les jeunes écoliers s'amusèrent à manifester assez
violemment. Ils criaient : « A bas Zola ! A bas Dreyfus !
Vive l'armée ! »

Deux d'entre eux se faisaient particulièrement remarquer par leur vigueur à pousser le cri de « Vive l'armée ! » :
le jeune Caplain, fils du conseiller municipal de la
Muette, et le jeune de Selves, fils du préfet de la Seine.

Des agents, attirés par les cris et ne pouvant faire taire les petits manifestants, s'élancèrent sur eux. Le jeune Caplain, très alerte, put échapper, mais le fils du préfet de la Seine et quatre de ses camarades restèrent aux mains des agents qui les conduisirent au poste.

Le jeune de Selves ne voulut pas faire connaître son nom. On le garda ; les autres furent relaxés. Et le fils du préfet passa la nuit au poste. Ce n'est qu'hier matin, à neuf heures, qu'il fut relâché, lorsqu'on eut établi son identité, son père ayant signalé son absence à son collègue le préfet de police.

Aux Mille-Colonnes.

Hier soir avait lieu aux Mille-Colonnes, rue de la Gaieté, une réunion anarchiste au cours de laquelle divers orateurs, dont M. Sébastien Faure, ont pris la parole et ont violemment attaqué l'armée.

A la sortie, une vingtaine d'arrestations, motivées par des cris séditieux, ont été opérées.

Voici, d'autre part, la version de la *Libre Parole* sur les mêmes incidents « d'à côté de l'audience » :

Plus s'éternise le procès, plus les esprits se montent, et la salle des Pas-Perdus présentait, dans la journée d'hier, l'aspect d'une cage remplie de fauves en fureur. On n'en est pas encore aux coups, mais c'est tout juste, l'insolence des Youtres devenant de plus en plus manifeste.

La matinée, du reste, a été moins que calme. Aussi, en prévision d'altercations possibles, on avait même établi une consigne à la porte des avocats. A partir de dix heures du matin, défense d'y stationner.

Le brouillard jaunâtre qui flotte sur Paris depuis l'aube, n'a point empêché les témoins et spectateurs privilégiés d'arriver à l'heure exacte de l'audience. Quant à la foule, elle est massée en rangs serrés depuis neuf heures.

Les forces de police ont été augmentées d'une façon de plus en plus formidable. Dans la cour de la cité, un escadron de gardes républicains à cheval est consigné comme d'habitude.

Voici MM. Marcel Habert, Le Senne, Jullien, députés.

Il est midi moins un quart et nous voyons Mathieu Dreyfus et son beau-père Hadamard qui viennent en parlant avec Mᵉ Guyon, avocat, des divers incidents de la veille et des divers cris poussés par la foule. Ils sont accueillis par les cris de : « A bas Dreyfus ! A bas le Syndicat ! »

C'est ennuyeux tout de même de voir Zola pénétrer dans le Palais en cachette, comme un voleur. Même chose que les autres jours, même cordon d'agents, mêmes cris : « Conspuez Zola ! » à l'arrivée du misérable au quai des Orfèvres.

Et cependant, il devait y avoir une manifestation sympathique pour l'ami des Juifs... Dès huit heures du matin, un grand Hébreu enveloppé d'une riche fourrure avait garni d'or une vingtaine d'individus pour hurler : « Vive Zola ! »

Hélas ! Le Syndicat est mal vu même chez les fripouilles. Sur les vingt souteneurs, quinze seulement étaient à leur poste pour glapir un « Vive Zola ! » absolument anémique.

Que dire de la longue attente passée de midi à cinq heures et demie dans la salle des Pas-Perdus ? Plus surexcités que les autre jours, les Sémites semblent méditer quelque mauvais coup. Lequel ? Voilà !

On raconte que Mᵉ Demange se livre, pour tuer le temps, à des « à peu près », avec des avocats amis. Il aurait dit : « Quelles sont les trois personnes qui forment entre elles le nombre « six », et, n'obtenant pas de réponse, il aurait dit : ces trois personnes sont Méphisto, Ophélie et Faure, parce que Méphisto fait l'S, O, fait l'I, et Faure fait l'X.

Horrible ! Chincholle colporte ces infamies, et que voulez-vous ! on trouve ça amusant tout de même. Ça fait passer le temps en tout cas, car voici cinq heures déja et l'audience est levée.

A grand fracas les portes s'ouvrent. Le flot des spectateurs et des témoins s'écoule. On salue les officiers : « Vive la France ! Vive l'armée ! » Cré matin ! pourquoi Joseph Reinach et Scheurer-Kestner ne sont-ils pas là !

Enfin, ayant franchi le cordon d'agents, nous voici devant le numéro 34 du quai des Orfèvres.

Plus que jamais, les agents de la paix sont furieux après Zola :

— Non ! mais jusqu'à quand faudra-t-il protéger ce cochon-là ?

— Ah ! sapristi, si nous avions seulement dit sur un caporal la dixième partie de ce qu'il a dit sur nos généraux, ce que nous aurions écopé !

— Ah ! fichtre oui, crie un troisième, ce qu'on nous aurait envoyés à Biribi.

Enfin ! la porte s'ouvre. Le coupé de Zola file au galop et, tout de suite, nous voilà derrière le véhicule en criant :

« A bas Zola ! Vive l'armée ! A bas les traîtres ! »

CHAPITRE NEUVIÈME

Condamnation de Rochefort à cinq jours de prison. — Rochefort se
compare à Pauffin. — Il reprend pour son compte le mot de
Zola : « condamné par ordre ».

Tels avaient été les débats de la première semaine de
ce procès extraordinaire, où se concentrait la vie de
Paris.

Tandis que s'étaient déroulées les premières audiences
du procès Zola, le mercredi 9 février, était intervenue
la solution du procès intenté par Reinach à Rochefort
devant la neuvième chambre correctionnelle.

Voici en quels termes *l'Intransigeant* du 11 février
avait rendu compte de ce jugement :

La neuvième chambre correctionnelle a rendu hier
après-midi son jugement dans le procès intenté à *l'Intransigeant*, par le sieur Joseph Reinach, le gendre et
neveu du célèbre escroc Jacques de Reinach, qui après
avoir volé des millions à la Compagnie de Panama, se
suicida au moment où les gendarmes allaient l'empoigner.

Notre rédacteur en chef, Henri Rochefort, est condamné à cinq jours de prison et 1,000 francs d'amende ;
Delpierre, gérant de *l'Intransigeant*, à 1,000 francs
d'amende, et tous les deux solidairement à 2,000 francs
de dommages-intérêts et à l'insertion du jugement dans

21.

l'*Intransigeant* et cinq journaux au choix du sieur Reinach.

Voici les principaux considérants de ce jugement, que nous laissons à l'opinion publique le soin de qualifier :

Attendu que Joseph Reinach a assigné devant la neuvième chambre Delpierre et Henri Rochefort à raison d'articles parus dans les numéros des 25, 26 et 27 décembre 1897 du journal l'*Intransigeant*, Delpierre en qualité de gérant, Henri Rochefort comme signataire des articles, à raison des injures et diffamations que contiendraient à l'égard des demandeurs lesdits articles ;

Attendu que, dans le nᵒ du 25 décembre, signé Henri Rochefort, on lit sous le titre : « l'Aveu des faussaires » (assignation A) ; attendu qu'après avoir traité Reinach « d'odieuse fripouille », l'article continue (assignation B) ;

Attendu que l'article du nᵒ du 26 décembre intitulé « De la lumière », revient sur la fabrication de la lettre signée Otto et sur les machinations que le signataire attribue au « Syndicat Dreyfus », mais que Reinach n'y est pas l'objet d'une imputation directe et précise ;

Attendu que, dans l'article du nᵒ du 27, on lit sous la signature de Henri Rochefort, les passages suivants (assignation C. D. E. F.) ;

Attendu que ces articles, dans lesquels le demandeur est traité de « drôle, chef des faussaires, d'odieuse fripouille, de Boule de Juif, de professionnel du faux », renferment des injures graves que n'excuse aucune provocation directe de Reinach par parole ou par écrit ;

Attendu que l'accusation qui y est itérativement formulée contre le demandeur d'avoir provoqué et payé la fabrication frauduleuse d'une pièce, d'y avoir prêté son concours en faisant de sa main une copie du faux, d'avoir tenu la pièce en réserve pour la produire en temps opportun et déterminer ainsi la condamnation d'un innocent, constitue évidemment la plus grave des diffamations, ce délit étant : « toute allégation ou imputation d'un fait » — vrai ou faux — qui porte atteinte à l'honneur et à la considération de la personne auquel il est imputé « et étant passible d'une peine de

cinq jours à six mois d'emprisonnement et de 25 à 2,000 francs
d'amende...

. . . .

Attendu que Rochefort déclare qu'à la fin du mois de décembre, il reçut la visite d'un individu qu'il ne connaissait
pas, disant s'appeler Durand, et qui lui remit sans aucune
rémunération la copie d'une lettre signée Otto, et compro-
mettante pour le commandant Esterhazy : qu'il lui raconta
qu'elle avait été fabriquée à Bruxelles, payée 9,000 marks et
que l'original en était entre les mains de Reinach...

Attendu que Rochefort déclare en outre qu'ayant contrôlé et
reconnu vrais certains dires de Durand relatifs à des réunions
qui avaient lieu chez Reinach, il avait cru pouvoir considérer
comme exactes les autres assertions de cet individu et dénoncer l'existence de la pièce entre les mains de ce qu'il appelait « le Syndicat Dreyfus » ;

Attendu que, les circonstances de fait étant ainsi établies, il
en résulte que les allégations des articles ainsi incriminés en ce
qui touche la participation de Reinach à un faux sont contraires à la vérité ; que Reinach n'a été, ni comme auteur, ni
comme complice, ni comme inspirateur, mêlé à la fabrication
de la lettre Otto ;

Mais, attendu qu'à l'époque où les articles incriminés ont
paru, les esprits étaient vivement surexcités par les entre-
prises dirigées contre l'autorité de la chose jugée et les procédés obliques et irréguliers employés pour la battre en
brèche ;

Attendu qu'il n'était alors question que de dénonciations,
de soustractions de documents... qu'il soufflait comme un vent
de falsifications, de truquages, de maquillages de pièces ;
qu'on s'explique dès lors dans quel état d'esprit la communication du soi-disant Picard dut trouver Rochefort et l'accueil
qu'il lui fit ;

Que Rochefort, qui savait que Reinach était un agent actif et
tout dévoué de la campagne en faveur de Dreyfus... put trouver surprenant et suspect que Reinach l'eût gardée au lieu de la
remettre à l'autorité judiciaire, et appréhender qu'on ne la tînt
en réserve pour une production ultérieure ;

Qu'aussi on doit considérer que l'état de l'opinion publique et la disposition d'esprit de Rochefort lorsque les articles ont été écrits apportent une atténuation assez notable au délit par lui commis, sans toutefois faire perdre de vue l'extrême gravité des accusations émises évidemment avec l'intention de nuire, réitérées dans les articles retenus et que les débats ont démontrées être sans fondement;

Par ces motifs :

Condamne Rochefort à cinq jours d'emprisonnement et 1,000 francs d'amende,

Delpierre à 1,000 francs d'amende,

Tous deux solidairement, sur les conclusions de la partie civile, à 2,000 francs de dommages-intérêts et à l'insertion du jugement dans l' « *Intransigant* » et dans cinq autres journaux au choix de M. Reinach.

Le même numéro de l'*Intransigeant* reproduisait une interview prise par un de ses confrères du *Jour* au condamné du 9 février. Ce dernier y maudissait ses juges en ces termes :

— Que pensz-vous, mon cher maître, de la condamnation que la neuvième chambre vient de prononcer contre vous?

— Je pense qu'elle est l'œuvre du ministre de la justice, ami de Reinach, de Scheurer-Kestner, de Trarieux, de Billot, également sénateur, et, avec eux, protecteur du Syndicat des Traîtres.

» Le président Richard avait, en outre, à se venger d'un de mes articles où, à propos de la condamnation d'Etiévant à la relégation pour un article de journal, j'avais appelé ce magistrat : « L'infâme président de la neuvième chambre. »

» C'est lui, en effet, qui, en condamnant le rédacteur du *Libertaire* à la relégation, c'est-à-dire à la mort, l'acculait presque inévitablement au crime et qui est la cause directe de l'assassinat des deux sergents de ville frappés par Etiévant.

» Il a également voulu venger son ami Zola des huées qui l'ont accueilli pendant ces trois jours d'audience. En effet, pas un seul des défenseurs de Dreyfus n'a été frappé. Seul, le commandant Pauffin de Saint-Morel, qui passait pour être venu me donner des preuves de la culpabilité du détenu de l'île du Diable, a été frappé de trente jours d'arrêts.

» Moi qui ai pris la défense du pays en démasquant la fausse lettre signée « Otto », je suis également frappé de cinq jours de prison, 1,000 francs d'amende et 2,000 fr. de dommages-intérêts.

» C'est la campagne en faveur de la revision du procès du traître que Billot, il y a déjà sept mois, avait promise au Syndicat, qui continue, malgré les éclatantes manifestations de l'opinion publique.

« A ce titre, je suis enchanté de ma condamnation. Elle démontre irréfutablement à la France dans les mains de quels traîtres et de quels bas serviteurs de l'Allemagne elle est tombée.

» Au suffrage universel à profiter de cette leçon suggestive pour rejeter impitoyablement tous les candidats officiels des Méline et des Barthou.

— Avez-vous l'intention de faire appel ?

— Jamais de la vie ! Attendu que ayant été condamné par ordre, c'est par ordre aussi que ma condamnation serait confirmée. Dès que les stricts délais seront épuisés, je me constituerai prisonnier.

» J'ai déjà subi seize ans de prison, de déportation et d'exil. Cinq jours de plus, vous le comprenez, cela ne signifie pas grand'chose pour mon casier judiciaire.

CHAPITRE DIXIÈME

I.e député Roche demande à interpeller le ministre de la guerre au
sujet de ses relations avec la famille Dreyfus. — Ajournement de
l'interpellation. — Drumont dénonce la complicité de Billot avec
Dreyfus.

Le jugement condamnant Rochefort était passé
presque inaperçu du grand public, au milieu de la tré-
nésie qui régnait autour de la Cour d'assises. Zola
accaparait toute l'attention : Rochefort n'était plus
qu'un comparse de second plan dans l'assaut entrepris
par le nouvel Hercule contre les écuries de la rue Saint-
Dominique.

Les débats de la Cour d'assises n'avaient cependant
pas suffi aux « frénétiques de la trahison », pour manifester leur fureur.

Le 12 février, au moment où se déroulait la sixième
audience du procès Zola, au moment où Jaurès, devenu
l'allié de Zola, lui avait apporté devant la Cour d'assises
le plus éloquent des concours, le Palais-Bourbon avait
retenti de nouvelles querelles provoquées sur le syndicat de trahison par un ami de Rochefort.

Voici la physionomie de cet incident parlementaire.

M. LE PRÉSIDENT. — J'ai reçu de M. Ernest Roche la demande
d'interpellation suivante :

« Monsieur le président,

» J'ai l'honneur de vous informer que j'ai l'intention d'adres-
er au début de la séance de demain samedi 12 février, une
nterpellation à M. le ministre de la guerre au sujet de ses
elations avec la famille du condamné Dreyfus. »

Pour réserver tous les droits, je dois ajouter que M. de
Beauregard m'a remis hier une demande d'interpellation sur
e même sujet, en me priant de n'en donner connaissance à la
Chambre que lundi.

J'ai reçu, en outre, de M. André Castelin une demande d'in-
erpellation au Gouvernement sur l'application qu'il entend
aire des dispositions de l'ordre du jour du 18 novembre 1896.

Je reviens à l'interpellation de M. Ernest Roche. Quel jour le
Gouvernement entend-il fixer pour la discussion de cette inter-
ellation?

M. LE GÉNÉRAL BILLOT, *ministre de la guerre*. — Je demande
la parole.

M. LE PRÉSIDENT. — La parole est à M. le ministre de la
guerre.

M. LE MINISTRE DE LA GUERRE. — Avant que l'interpellation
de M. Ernest Roche fût déposée, j'avais reçu la visite de M. de
Beauregard, qui m'avait fait connaître son intention de m'in-
erpeller sur le même sujet.

J'ai dit à M. de Beauregard que j'étais aux ordres de la
Chambre, mais que, dans ma pensée, une interpellation de
ette nature ne pouvait être discutée qu'après le procès qui se
poursuit devant la cour d'assises en ce moment. (*Très bien!
Très bien! au centre.*)

Toutefois, en présence des allégations que j'ai lues dans un
journal, allégations d'après lesquelles le général Billot, ministre
de la guerre, aurait fait demander à la famille Dreyfus de lui
envoyer secrètement des documents susceptibles d'amener la
revision du procès, ni la Chambre, ni le pays, ni l'armée, ni le
ministre ne peuvent attendre plus longtemps qu'un démenti
ormel et absolu soit donné à des insinuations aussi infâmes.
Applaudissements au centre.)

Je n'ai jamais connu la famille Dreyfus; je ne la connais
pas. Jamais personne, de la part du ministre de la guerre, n'a

été chargé de faire à la famille Dreyfus aucune communication d'aucune nature. (*Très bien! très bien! au centre.*)

Et s'il était était besoin de rappeler l'attitude du ministre de la guerre, attitude que certains journaux ont qualifiée de louche, je dirais que, depuis le 18 novembre 1896, c'est la sixième fois qu'il répète que Dreyfus a été régulièrement et légalement condamné, à l'unanimité des voix, par des juges militaires, ses pairs.

Je répète qu'en mon âme et conscience de soldat et de chef de l'armée, Dreyfus est un traître, Dreyfus est coupable. (*Applaudissements au centre.*)

Et j'ajoute que si jamais, dans l'affolement des passions, oubliant les intérêts sacrés de la patrie, on parlait de la revision du procès, vous pourriez chercher un autre ministre de la guerre, le général Billot ne resterait pas vingt-quatre heures au ministère. (*Vifs applaudissements au centre.*)

Je demande qu'on fixe le jour après la fin du procès qui se déroule en ce moment devant la cour d'assises (*Interruptions à l'extrême gauche.*); mais qu'on n'ignore pas que le général Billot est prêt à répondre aux infamies dirigées contre lui. (*Nouvelles interruptions.*) Il y a quatre mois déjà qu'on insulte un homme irréprochable, aussi bien dans sa vie privée que dans sa vie publique.

Je suis prêt à faire justice de ces insinuations calomnieuses. Je suis ici comme chef de l'armée. Et, je le dis encore, je n'y resterais pas une minute de plus si j'avais quelque chose à me reprocher. (*Applaudissements au centre et à droite. — Interruptions à l'extrême gauche et à gauche.*)

M. Ernest Roche. — Des termes mêmes de la déclaration de M. le ministre de la guerre, il ressort que la discussion de l'interpellation doit avoir lieu immédiatement. (*Très bien! très bien! à l'extrême gauche. — Interruptions au centre et à droite.*)

M. Jules Méline, *président du conseil.* — Le Gouvernement demande que la fixation de l'interpellation soit renvoyée après le procès en cours.

M. Paulin-Méry. — Je demande la parole pour un rappel au règlement.

M. LE PRÉSIDENT. — La parole est à M. Paulin-Méry.

M. PAULIN-MÉRY. — M. le ministre de la guerre est venu en quelque sorte répondre par avance à l'interpellation. Or, on a toujours le droit de répondre à un ministre, et je demande que, conformément au règlement, la parole soit donnée à M. Ernest Roche pour répondre à son tour à M. le ministre de la guerre. (*Mouvements divers.*)

M. LE PRÉSIDENT. — Le Gouvernement demande que la date de la discussion des diverses interpellations soit fixée le lendemain de la clôture du procès.

M. CASTELIN. — Je demande la parole.

M. LE PRÉSIDENT. — La parole est à M. Castelin, comme auteur d'une des interpellations.

M. CASTELIN. — Je ne m'oppose pas à ce que l'interpellation soit discutée dans quelques jours. Mais il me semble qu'on peut avoir dès aujourd'hui connaissance de la date de la clôture du procès. (*Interruptions.*) Il est impossible d'admettre que nous restions indéfiniment en présence des accusations, des injures et des insanités qu'on trouve dans les journaux. *Nouvelles interruptions.*) Je demande, étant donné qu'il est certain que le procès sera terminé la semaine prochaine, qu'on fixe la discussion des interpellations à samedi prochain.

M. LE PRÉSIDENT DU CONSEIL. — Nous demandons à la Chambre de vouloir bien prendre le temps de la réflexion pour discuter une interpellation qui n'a aucune raison d'être, et qu'elle attende au moment où le verdict du jury sera rendu. Il importe que la Chambre n'ajoute pas à la fièvre générale par une intervention aussi intempestive, que le législateur donne l'exemple du calme et du sang-froid, qu'il n'assume pas la responsabilité d'augmenter encore l'agitation. La France est attristée, mais non affolée, comme on veut le faire croire. *Applaudissements au centre et à droite. — Interruptions à l'extrême gauche.*)

Le rôle du Gouvernement, et nous y tenons, est de ne pas agir avec précipitation, et nous demandons à la Chambre de suivre le conseil que nous lui demandons en ce moment. (*Très bien! très bien! au centre et à droite. — Interruptions à l'extrême gauche et sur divers bancs à gauche.*)

M. Ernest Roche. — Vous parlez de responsabilités? Elles incombent à ceux qui, devant le pays, proclament la culpabilité du traître et qui, en dessous main, entretiennent des relations avec la famille de ce traître. Nous en avons les preuves. (*Vives interruptions au centre et à droite — Cris : A l'ordre.*)

M. le président. — M. le général Billot, dont nous avons pris durant trente ans l'habitude de respecter la parole (*Vifs applaudissements.*), a suffisamment protesté il y a un instant contre de pareilles allégations, pour qu'il ne soit pas besoin de sévir par un vain rappel à l'ordre. (*Vifs applaudissements au centre et à droite. — Interruptions à l'extrême gauche. — Bruit.*)

Je mets aux voix la proposition du Gouvernement.

A la majorité de 478 voix contre 72, sur 550 votants, la proposition du Gouvernement est adoptée. (*Applaudissements.*)

Le débat parlementaire du 12 février était ainsi apprécié par Drumont :

LE ROLE DE BILLOT

On ne peut nier que la déclaration du général Billot à la Chambre ne soit très ferme et très nette.

« *Je répète qu'en mon âme et conscience de soldat et de chef d'armée, Dreyfus est un traître, Dreyfus est coupable.*

« *Et j'ajoute que si jamais, dans l'affolement des passions, oubliant les intérêts sacrés de la patrie, on parlait de la revision du procès, vous pourriez chercher un autre ministre de la guerre, le général Billot ne resterait pas vingt-quatre heures au ministère.* »

Pourquoi le général Billot n'a-t-il pas fait, il y a quatre mois, cette déclaration qui, faite aujourd'hui, clôt le débat et qui, venue plus tôt, l'aurait empêché de s'ouvrir ?

Telle est la question que chacun se pose.

Il serait à désirer, pour l'honneur même de Billot, que les interpellations de M. de Beauregard et de M. Ernest

loche soient discutées le plus tôt possible et fassent la
umière sur ce point.

Billot s'est-il ressaisi devant la manifestation unanime
u pays?

C'est possible et cette énergique déclaration tendrait à
e faire croire.

Ce qui est malheureusement certain, c'est que jusqu'en
es derniers temps il semblait être plutôt du côté des
oquins, des traîtres et des malfaiteurs publics, que du
ôté des patriotes et des honnêtes gens.

Ce qu'on dit partout, ce que les officiers murmuraient
éjà il y a quelques mois, ce qu'ils crient maintenant
out haut, c'est que Billot a eu, dans les scandales qui
ont de nous la risée du monde, la responsabilité la plus
ourde; c'est qu'il est honteux de voir un homme tel que
ui s'obstiner à rester à la tête de l'armée dans des cir-
onstances aussi graves.

Mille indices se réunissent pour démontrer qu'il était
e connivence avec ceux qui ont organisé ce complot
nternational.

La conduite qu'il a tenue à propos de la déposition
es témoins militaires est une démonstration écrasante
e la fourberie et de la duplicité du ministre de la
uerre.

On connaît notre opinion à ce sujet.

Il nous aurait semblé tout naturel que des officiers re-
usent de se prêter aux pitreries d'un saltimbanque
omme Zola.

Encore aurait-il fallu agir dans cette circonstance avec
ermeté et dignité.

Or, qu'a-t-on fait? On a convoqué les officiers chez le
ouverneur de Paris et on leur a donné l'ordre de ne pas
omparaître.

— C'est un ordre? ont demandé ces officiers.

— C'est un ordre.

— Alors, donnez-nous cet ordre par écrit, donnez-nous au moins la formule exacte de la lettre de réponse que nous devons envoyer.

— Jamais de la vie ! Écrivez des lettres individuelles, chacun de votre côté et selon votre inspiration, et invoquez les motifs que vous voudrez.

On avouera qu'il est difficile, pour un ministre de la guerre, de tenir moins de compte de la dignité de tous ces braves gens que Paris acclamait spontanément l'autre jour en criant : *Vive l'armée !*

La conduite du général Billot envers le colonel Picquart est plus inexplicable encore.

Le lieutenant-colonel Picquart a été convaincu, par des témoignages écrasants, d'avoir commis les actes les plus délictueux et les plus graves.

Il est avéré qu'il a demandé à un de ses subordonnés de se prêter à un véritable faux en faisant apposer le timbre de la poste sur un petit bleu qui pouvait perdre un officier et qui n'avait jamais été expédié au destinataire.

Il est prouvé que, sans mandat, sans autorisation de ses chefs, le lieutenant-colonel Picquart a fait saisir des lettres du commandant Esterhazy et fait prendre une carte de visite qui traînait chez lui par un agent qui s'était introduit dans l'appartement sous prétexte qu'il aurait pu être à louer.

Et cet officier n'est pas encore traduit devant le conseil de guerre, tandis qu'on y traduit impitoyablement un malheureux soldat qui s'est oublié jusqu'à adresser une injure à son caporal !

Que conclure de cette impunité qui excite dans l'armée une véritable stupeur, sinon ce qu'en concluent beaucoup d'officiers parmi les meilleurs ? Picquart est coupable certes, mais il l'est peut-être moins qu'il ne le paraît ?

Il a agi à l'insu de ses chefs directs, mais il était sûr de ne pas déplaire au ministre qui était de mèche avec les aigrefins cosmopolites qui composent le Syndicat.

J'ignore ce que contiennent les lettres dont parle Rochefort, et qui auraient été écrites par le négociateur chargé de la part de Billot d'aller prendre langue avec Mathieu Dreyfus, négociateur qui n'est autre, évidemment, que M. Martinie.

Je vous avoue qu'étant naïf et disposé par nature à ne jamais voir le mal nulle part, j'ai eu une bonne impression de la visite que nous fit M. Martinie.

Ce qui m'étonne, c'est qu'il m'écrive pour me prier de ne pas parler de lui chaque fois que je le félicite des sentiments de haine et de mépris qu'il nous a manifestés pour les Juifs et particulièrement pour Mathieu Dreyfus, qu'il nous a dépeint comme un misérable qui avait cherché à le prendre dans un traquenard.

Il n'y a rien que de très légitime dans cette indignation, rien qui ne fasse honneur à M. Martinie, et j'avoue que je suis un peu surpris de cette modestie qui ne veut pas être louée de ce qui est louable.

D'après le récit que nous a fait M. Martinie, Billot, apprenant par de vagues rumeurs que Mathieu Dreyfus prétendait avoir des documents nouveaux sur l'affaire Dreyfus, aurait chargé M. Martinie de s'informer à ce sujet.

La démarche en soi n'avait rien de trop anormal.

La situation changerait si c'était de l'aveu même de Billot que Picquart eût tripatouillé le dossier avec Leblois pour fournir des armes à Mathieu.

L'obstination que met Billot à ne pas frapper un officier qui a incontestablement commis des actes très répréhensibles, semblerait justifier cette dernière hypothèse ; et, dans ce cas, la démarche de M. Martinie apparaîtrait sous un jour tout à fait différent.

Ce qui est hors de doute, c'est que le général Billot est désormais impossible comme ministre de la guerre.

A-t-il, comme quelques-uns le racontent, reçu un service pécuniaire quelconque d'un des affiliés du Syndicat? Est-il pris par un autre côté?

Le fait indiscutable est que le ministre de la guerre a un clou dans son soulier.

Le devoir, dans ces cas-là, est d'aller se déchausser à l'écart et de laisser la place à des hommes plus indépendants et moins gênés.

Yves Guyot, en effet, a fait rire tout Paris lorsqu'il a parlé de poursuites qui seraient décidées contre Rochefort.

Ce n'est pas Rochefort seulement qu'il faudrait poursuivre si on s'engageait dans cette voie-là; c'est Paul de Cassagnac, c'est moi-même, c'est tous ceux qui ont dit de Billot ce que tout le monde en pense.

La solution n'est pas là.

La solution nécessaire serait d'avoir au ministère de la guerre un véritable soldat, un soldat qui ne serait pas arrivé par la politique, un soldat qui ne serait qu'un soldat. Ce serait surtout d'avoir un gouvernement qui mette chacun à sa place : Mathieu Dreyfus et Reinach à Mazas, les avocats dans leurs robes, les professeurs dans leurs chaires et les militaires dans leurs régiments...

CHAPITRE ONZIÈME

e que la sixième audience avait appris à Drumont. — Première
affirmation de Drumont pertinente au procès Zola. — Elle est
fausse comme un jeton.

Pour la première fois, après la sixième audience,
)rumont entrait dans le vif des faits révélés par le
procès Zola.

C'était pour flétrir la conduite du général Billot, à
égard du colonel Picquart.

Selon Drumont, « le lieutenant-colonel Picquart a été
onvaincu de... Il est avéré que... Il est prouvé que...
t cet officier n'est pas encore traduit devant le conseil
e guerre, tandis qu'on y traduit impitoyablement un
halheureux soldat qui s'est oublié jusqu'à adresser
ne injure à son caporal ! »

Quelle était la véracité de la triple affirmation : « Le
olonel a été convaincu de... ; il est avéré que... ; il est
rouvé que... » ?

Cette affirmation n'avait aucune exactitude. Pour le
cteur des comptes rendus du *Matin*, elle constituait
mensonge le plus impudent. Mais le fait en vaut la
eine. Examinons par le détail cette affirmation :

Premièrement : « Il est avéré que le colonel Picquart
demandé à un de ses subordonnés de se prêter à un
éritable faux, en faisant apposer le timbre de la poste

sur un petit bleu, qui pouvait perdre un officier et qui n'avait jamais été expédié au destinataire. »

Cette affirmation est de tout point contraire à l'impression de M. Gaston Leroux, l'auteur du compte rendu du *Matin* sur le même sujet.

Cette impression de M. Leroux résultait de la confrontation du colonel Picquart avec le « subordonné » en question, au commencement de la sixième audience.

Cette confrontation avait été, en effet, la démonstration éclatante que ledit subordonné, ou bien avait inventé de toutes pièces un propos qu'il avait placé dans la bouche du colonel Picquart, ou bien avait interprété « dans un sens absolument impossible à justifier » un propos réellement tenu par le colonel Picquart.

Au reste, rien de plus aisé que de prouver que l'impression du *Matin* est fondée sur la confrontation des témoins. Voici, en effet, le compte rendu sténographique de l'incident :

I. — But de la fraude imputée à Picquart par Lauth : le petit bleu est arrivé à destination.

Me Labori. — Monsieur le Président, je voudrais demander à M. le commandant Lauth quelle aurait été, dans sa pensée, à supposer que la chose eût été faite, l'utilité d'un timbre de la poste et de son apposition sur la carte-télégramme, qu'on a appelée ici le *petit bleu ?*

M. le commandant Lauth. — L'utilité que cela aurait pu avoir ? Cela aurait montré que la chose était arrivée à destination, tandis que, sans timbre de la poste, elle n'était pas arrivée et devait être forcément restée à l'endroit d'où elle devait partir.

Me Labori. — Pourquoi « à destination » ? Est-ce qu'on a demandé à M. le commandant Lauth de certifier que le commandant Esterhazy avait reçu le *petit bleu ?*

M. le commandant Lauth. — Non pas, les deux choses

étaient connexes. Cela prouvait d'autant plus son authenticité, si le *petit bleu* avait été d'une écriture bien connue et si on avait su qu'il était arrivé à destination ; étant d'une écriture connue, la personne pouvait s'être ravisée et ne pas l'avoir envoyé à celui à qui il était adressé. Il arrive à des personnes d'écrire des lettres, puis de se raviser et de ne pas les envoyer.

Mᵉ LABORI. — Est-ce que M. le colonel Picquart et M. le commandant Lauth lui-même n'ont pas confirmé qu'il avait été constaté que l'origine du *petit bleu* était la même que l'origine du bordereau ?

M. LE COMMANDANT LAUTH. — Au moment où j'ai reçu le *petit bleu*, je ne peux pas dire que je pensais que l'origine ne fût pas la même, puisque je l'ai de deuxième main.

Mᵉ LABORI. — Eh bien ! qu'est-ce que M. le colonel Picquart a dit : A-t-il dit...

M. LE COMMANDANT LAUTH. — Cela ressortait d'enquêtes.

Mᵉ LABORI. — Je vais poser la question d'une manière telle que M. le commandant Lauth me donnera satisfaction, j'en suis sûr. Est-ce que les fragments de papier qui venaient de la sorte avaient la même origine ?

M. LE COMMANDANT LAUTH. — Parfaitement.

Mᵉ LABORI. — Est-ce que ces cornets, ces paquets, ou le bordereau ont jamais, à aucun moment, été considérés comme ayant été saisis chez M. le commandant Esterhazy ?

M. LE COMMANDANT LAUTH. — Non.

Mᵉ LABORI. — Cela me suffit. Alors, je voudrais savoir comment le *petit bleu*, ayant la même origine que le bordereau ou que les fragments de papier mêlés au *petit bleu*, aurait pu être considéré comme venant de chez M. le commandant Esterhazy ?

M. LE PRÉSIDENT, *au témoin*. — Vous entendez ? (*Le témoin fait signe qu'il n'a pas très bien compris.*) Veuillez répéter la question, maître Labori.

II. — *L'origine inéluctable du petit bleu exclut l'arrivée à destination.*

Mᵉ LABORI. — Oui, monsieur le Président, je vais surtout préciser. J'ai demandé à M. le commandant Lauth ceci : Pourquoi eût-il été efficace et utile, à un point de vue quelconque, d'apposer un timbre sur le *petit bleu?* M. le commandant Lauth m'a dit : « Parce qu'il aurait ainsi pu provenir du lieu de sa destination. » Or, il faut que MM. les jurés sachent qu'il n'a jamais été question que le *petit bleu* fût de la main de M. le commandant Esterhazy, et que l'écriture dont on aurait prié M. le commandant Lauth de certifier l'origine, n'était pas du tout de M. le commandant Esterhazy ; le *petit bleu* était adressé à M. le commandant Esterhazy, et il s'agissait de savoir quel était l'auteur de ce *petit bleu* et quelle était la main qui l'avait tracé. Sur la main, vous savez ce qui a été dit. En ce moment, je m'occupe de l'origine. M. le commandant Lauth dit : « L'utilité de l'apposition du timbre, c'était d'établir que le *petit bleu* était arrivé à domicile, c'est-à-dire chez M. le commandant Esterhazy. » Alors, passant par-dessus les questions successives que j'ai posées, je dis à M. le commandant Lauth : « Est-ce que le bordereau ou les papiers contenus dans le paquet où se trouvait le *petit bleu*, ou les papiers de la même provenance, ont été considérés comme venant de chez M. le commandant Esterhazy ? »

M. LE COMMANDANT LAUTH. — Non.

III. — *Lauth acculé. Il ne peut assigner un but plausible à la fraude de Picquart.*

Mᵉ LABORI. — Par conséquent, comment M. le commandant Lauth concilie-t-il l'affirmation que le *petit bleu* avait l'origine que lui avait donnée M. le colonel Picquart, et celle qu'il avait été placé dans le cornet que la Cour connaît ?

M. LE COMMANDANT LAUTH. — Je n'ai pas à donner d'explications sur ce que le colonel Picquart pouvait ou devait croire. Je n'ai pas à donner d'explications, car je ne lui en ai pas demandé à ce moment-là.

Mᵉ LABORI. — C'est entendu, je retiens cette première déclaration. Quelle était maintenant l'utilité de « caches » apposées sur la photographie, pour cacher certaines choses et même faire disparaître des traces de déchirures ?

M. LE COMMANDANT LAUTH. — Pardon, je n'ai jamais dit que j'eusse mis des « caches » pour faire disparaître des traces de déchirures. Il est question d'une chose tout à fait différente, qui s'est passée quelques semaines après. C'était autre chose. J'ignorais absolument de chez qui provenaient les spécimens d'écriture et, chaque fois que j'ai dû faire une photographie, le colonel Picquart m'a demandé tantôt de masquer quelques lignes, tantôt quelques mots avec une ligne au milieu. J'ai chaque fois fait les clichés en masquant une partie. Il ne m'a pas donné l'explication du but qu'il poursuivait.

Me LABORI. — Je suis très heureux de la réponse, car elle précise ce point qui m'avait échappé : c'est que jamais M. Lauth n'a entendu dire qu'une opération singulière eût été faite en ce qui concerne la photographie du *petit bleu*.

M. LE COMMANDANT LAUTH. — Pardon, je dis que je n'ai rien masqué du texte. J'ai dû faire disparaître sur le cliché les traces de déchirures, de manière à donner l'apparence d'un *petit bleu* absolument neuf et intact.

IV. — *Les traces de déchirure du petit bleu étaient ineffaçables.*

Me LABORI. — Est-ce qu'on a jamais demandé à M. le commandant Lauth de faire disparaître les apparences de déchirures sur l'original ?

M. LE COMMANDANT LAUTH. — Oh ! cela n'aurait pas été possible.

Me LABORI. — La réponse me suffit. Une dernière question à M. Lauth : Est-ce que le bordereau n'a pas été lui-même en morceaux ?

M. LE COMMANDANT LAUTH. — Je l'ai vu une fois dans ma vie ; à l'heure qu'il est, je serais incapable de dire s'il y en avait beaucoup ou peu ; je sais qu'il a été en morceaux.

Me LABORI. — Est-ce qu'il a été photographié ?

M. LE COMMANDANT LAUTH. — Pas par moi, pas par notre service.

Me LABORI. — L'a-t-il été ?

M. LE COMMANDANT LAUTH. — Je crois que oui, je n'en sais rien.

Me LABORI. — En présence des déclarations de M. le commandant Lauth je n'ai, en ce qui me concerne, aucune question à poser à M. le colonel Picquart, car M. Lauth m'a donné satisfaction sur tous les points.

M⁰ CLEMENCEAU. — J'aurais une question à poser. M. Lauth voudrait-il nous dire de quelle manière le *petit bleu* était déchiré ; était-ce en petits morceaux ?

M. LE COMMANDANT LAUTH. — Il y en avait peut-être une soixantaine.

M⁰ CLEMENCEAU. — Des morceaux simples, le *petit bleu* déplié ?

M. LE COMMANDANT LAUTH. — Oui, déplié.

M⁰ CLEMENCEAU. — Qu'est-ce que cela donnait comme grandeur pour *le plus grand* morceau ?

M. LE COMMANDANT LAUTH. — Peut-être le tiers d'un centimètre, un peu plus, pas tout à fait un centimètre carré.

M⁰ CLÉMENCEAU. — M. le commandant Lauth voudrait-il nous dire comment on a recollé les morceaux ? comment matériellement on a reconstitué le *petit bleu* ?

M. LE COMMANDANT LAUTH. — Je n'ai pas d'explications à donner à ce point de vue.

M⁰ CLÉMENCEAU. — Sans doute le témoin ne comprend pas ma question, car je veux parler d'un fait matériel qui ne peut pas intéresser la défense nationale.

Quand on trouve dans le cornet un *petit bleu* déchiré comme dans l'espèce, et qu'on veut le reconstituer, je demande, matériellement, par quel procédé on arrive à recoller les morceaux pour en faire un tout, un *petit bleu* entier ? Je ne sais si je suis clair ?

M. LE COMMANDANT LAUTH. — Il n'a été recollé que lorsque je l'ai eu reconstitué. Au moment où M. le colonel Picquart me l'a donné, c'étaient des fragments inertes de papier mélangés avec bien d'autres.

M⁰ CLEMENCEAU. — Quand le colonel Picquart a demandé à M. Lauth, d'après la version de ce dernier, s'il ne pourrait pas faire mettre le cachet de la poste, dans quel état était le *petit bleu ?*

M. LE COMMANDANT LAUTH. — Le *petit bleu* était reconstitué.

M⁰ CLEMENCEAU. — Par quel procédé de collage a-t-on fait, de tous les morceaux, un *petit bleu* entier?

M. LE COMMANDANT LAUTH. — Avec un papier transparent coupé en lanières très minces, qui suivaient à peu près les traces des déchirures.

Me CLEMENCEAU. — Comme M. Lauth a dit que le plus grand morceau avait peut-être un tiers de centimètre...

M. LE COMMANDANT LAUTH. — J'ai dit : peut-être un centimètre.

V. — *Rafistolage du petit bleu par bandes transparentes recouvrant l'adresse.*

Me CLEMENCEAU. — J'accepte un centimètre. Je demande alors à M. Lauth de bien vouloir nous expliquer de quel côté le *petit bleu* a été recollé.

M. LE COMMANDANT LAUTH. — A l'inverse, du côté de l'adresse.

VI. — *Un timbre de la poste était inapposable, sinon sur les dites bandes.*

Me CLEMENCEAU. — Alors que monsieur Lauth veuille bien nous expliquer, dans le cas improbable où il aurait voulu céder au désir de M. le colonel Picquart, sur quelle partie il aurait fait apposer le timbre de la poste ?

M. LE COMMANDANT LAUTH. — D'abord, il ne m'a pas demandé de faire apposer le timbre de la poste, il m'a dit : « Croyez-vous qu'on en mettrait un ? » ou « qu'on en mettrait un ensuite ? » Je n'ai pas à chercher comment il voulait faire pour cela ; cela ne me regarde pas.

VII. — *Lauth à quia. Il ne peut assigner un sens répréhensible au propos imputé par lui à Picquart et invoqué devant Pellieux comme frauduleux.*

Me CLEMENCEAU. — Je voudrais savoir de M. Lauth comment il pourrait s'expliquer que le colonel Picquart ait demandé de faire apposer, par un tiers quelconque, un timbre de la poste destiné à donner de l'authenticité au document, alors que, d'après la déposition de M. Lauth, il n'y avait pas, sur ce *petit bleu*, la place nécessaire pour apposer le timbre de la poste, à moins qu'on ne l'apposât pour partie sur les bandes de papier gommé, ce qui eût dénoncé la supercherie.

M. LE COMMANDANT LAUTH. — Je n'ai pas d'explications à donner, je dépose sur les faits tels qu'ils se sont passés ; c'est au colonel Picquart à expliquer comment il s'y serait pris pour réaliser ce dont il parlait.

Mᵉ CLEMENCEAU. — Je n'ai pas besoin d'explications non plus ; tout le monde m'a compris. Je me borne à résumer la question : M. le colonel Picquart — dit l'accusation — a trouvé dans le cornet des morceaux de *petit bleu* qu'il y avait mis lui-même ; il a dit au commandant Lauth et à un autre officier : « Voilà des morceaux de *petit bleu* qui viennent du cornet. » Donc M. le colonel Picquart a, dans son bureau, deux officiers qui savent que ce *petit bleu* vient du cornet, et l'on affirme qu'il voulait faire apposer le cachet de la poste sur ce *petit bleu!* Demandez-vous ce qui se serait passé, si le colonel Picquart s'était présenté *en haut*, comme on dit au ministère, chez ses chefs, et leur avait dit, après avoir fait apposer le timbre de la poste : « Voici un *petit bleu* venant du cornet qui a une authenticité certaine, puisqu'il y a le timbre de la poste », est-ce que ses supérieurs ne lui auraient pas répondu : « Puisqu'il y a le timbre de la poste, c'est que votre *petit bleu* ne vient pas du cornet, parce qu'il n'est pas d'usage que les employés de la poste aillent apposer leurs cachets dans des endroits — pour ne pas les nommer — où on prend les *petits bleus.* »

M. LE COMMANDANT LAUTH. — Il était alors inutile de me demander de certifier que c'était l'écriture de telle personne et je crois que le colonel Picquart l'a reconnu dans sa déposition.

VIII. — *Résumé des aveux arrachés mot par mot à Lauth.*

Mᵉ CLEMENCEAU. — J'ai voulu me mettre, pour donner plus de force à mon raisonnement, dans la plus mauvaise situation. Il ne faut pas cependant croire que j'aie véritablement pensé, même un instant, que M. le colonel Picquart eût mis le *petit bleu* dans le cornet, après avoir commis un faux. Je vous ai montré, avec la théorie de l'accusation, que les sentiments que ses adversaires prêtent au colonel Picquart n'ont jamais existé dans sa pensée, parce qu'il se serait démenti lui-même. Je voudrais résumer la situation, sur la question du *petit bleu* déchiré, timbré. Ma question s'adresse d'abord à M. Lauth et nsuite à M. Picquart ; car je demande que M. le colonel Picquart parle le dernier. Eh bien ! si le *petit bleu* venait du cornet, n'était-il pas *indispensable* qu'il ne fût pas timbré ?

M. LE COMMANDANT LAUTH. — Oui.

Me CLEMENCEAU. — Bien. Si le *petit bleu* avait été arrêté à la poste, ne devait-il pas être timbré, mais non déchiré ?

M. LE COMMANDANT LAUTH. — C'est précisément pour cela — parce que moi je n'ai pas d'explications à donner — que le colonel Picquart a voulu, sur la photographie et sur le tirage sur papier, faire disparaître les traces de déchirures, ce qu'il ne peut pas nier, et qu'il m'a dit, quand je lui ai demandé les explications : « C'est pour pouvoir dire que je l'ai saisi à la poste. »

IX. — *Lauth au pied du mur. Original et photographie ne sont pas kif kif bourrico.*

Me CLEMENCEAU. — Quand un officier du service des renseignements vient trouver le chef de l'Etat-major et lui dit : « J'ai trouvé dans le cornet un *petit bleu* qui concerne un officier », je demande si le chef d'Etat-major se laisse représenter seulement une copie et s'il ne demande pas l'original ?

M. LE COMMANDANT LAUTH. — Il est assez probable qu'il l'aurait demandé, et c'est pour cela que la chose m'a beaucoup étonné à ce moment-là.

Me CLÉMENCEAU. — Je me résume...

X. — *Emoi du président Delegorgue assistant à l'effondrement de l'échafaudage calomnieux édifié contre Picquart.*

M. LE PRÉSIDENT. — Voyons...

Me CLÉMENCEAU. — Ah ! je suis désolé d'être désagréable à la Cour...

M. LE PRÉSIDENT. — Vous n'êtes désagréable à personne, seulement vous êtes un peu long.

Me CLEMENCEAU. — J'ai la prétention d'être extraordinairement désagréable à l'accusation en ce moment ; c'est pour cela que je demande respectueusement la permission de continuer. Si le *petit bleu* vient du cornet, il est déchiré et pas timbré; — s'il vient de la poste, il est timbré mais non dé-chiré. Quand le chef d'Etat-major se fera représenter l'original, si on lui représente l'original déchiré, et timbré parce que venant de la poste, il demandera pourquoi il est déchiré. — Troisième hypothèse? Pour qu'on trouve le *petit bleu* déchiré et timbré, il ne peut avoir qu'une origine, il faut qu'il vienne de chez le commandant Esterhazy, parce que, timbré, il a passé à la poste; déchiré, il a été déchiré par le commandant Esterhazy. Or, M. le commandant Lauth a dit tout à l'heure: « On n'a jamais prétendu que le *petit bleu* vînt de chez M. le commandant Esterhazy. »

M⁰ LABORI. — J'ai, quant à moi...

(*M. l₂ Président fait un geste et semble vouloir arrêter M⁰ Labori.*)

M⁰ LABORI. — Oh! monsieur le Président...

M. LE PRÉSIDENT. — Je n'ai rien dit; continuez.

XI. — *Spirituelle transition de Labori.*

M⁰ LABORI. — Si vous saviez combien il est douloureux de vous faire souffrir de la sorte !.... Je reprends la question de la déchirure. M. le commandant Lauth, pour lequel cependant il me semble que nous faisons des raisonnements extrêmement clairs, insiste sur ceci: « C'est précisément, dit-il, parce que le colonel Picquart m'avait demandé de faire disparaître ou avait songé à faire disparaître la trace des déchirures sur la photographie que j'ai été étonné. » Est-ce que M. Lauth n'a pas dit tout à l'heure qu'il était impossible de faire disparaître ces traces sur l'original ?

M. LE COMMANDANT LAUTH. — Parfaitement.

M⁰ LABORI. — Qu'est-ce qui constitue une pièce authentique? Est-ce une photographie ou un original ?

M. LE COMMANDANT LAUTH. — C'est un original.

XII. — *Lauth renonce à maintenir l'imputation de fraude.*

M⁰ LABORI. — Alors la question des déchirures n'a plus d'in-térêt ?

M. LE COMMANDANT LAUTH. — C'est possible. Vous me deman-dez des explications pour savoir pour quel motif le colonel

Picquart a voulu faire telle ou telle chose, ce qu'il avait l'intention de faire; c'est à lui de l'indiquer.

M⁰ LABORI. — Puisque M. le commandant Lauth nous indique quelle est sa pensée...

M. LE PRÉSIDENT. — Vous n'avez pas à discuter avec le commandant Lauth ; vous lui posez des questions, il y répond.

M⁰ LABORI. — C'est entendu, et je trouve qu'il y répond d'une telle manière que je n'ai en effet rien à ajouter.

M. LE COLONEL PICQUART. — J'aurais un mot à dire. Je trouve que rien ne prouve mieux l'inexistence des intentions qu'on n'a prêtées, que la démonstration qui vient d'être faite par la défense, et qui montre plus parfaitement que ç'aurait été illogique ; il ne peut entrer dans l'esprit de personne que j'aurais voulu faire une chose qui était impossible.

Jamais démonstration plus limpide ne fut offerte. L'inanité de la « demande d'un véritable faux à l'un de ses subordonnés par le colonel Picquart » est établie d'une façon péremptoire.

Ce subordonné était, ou un menteur qui avait créé le propos pour perdre son chef, ou simplement une mauvaise langue qui, ayant retenu un propos de son chef, avait eu l'idée de l'interpréter comme susceptible de préparer un faux.

Cependant, même dans l'hypothèse la plus naturelle, celle de l'irréflexion du subordonné, il faut convenir que la manie du personnage est bien dangereuse.

Prêter à un de ses chefs des intentions perfides qui sont incompatibles avec la teneur de ses dires, suppose une belle dose non seulement d'irréflexion, mais encore d'imagination pour le mal.

Irréflexion et imagination pour le mal sont l'une et l'autre de fâcheux auxiliaires pour un officier chargé d'un service, tout de confiance.

Reprenons le *Secondement* de l'affirmation de Drumont :

« Il est prouvé que sans mandat, sans autorisation de ses chefs, le lieutenant-colonel Picquart a fait saisir des lettres du commandant Esterhazy et fait prendre une carte de visite qui traînait chez lui par un agent qui s'était introduit dans l'appartement, sous prétexte qu'il aurait pu être à louer. »

Cette affirmation porte sur deux faits : 1° une saisie de lettres sans mandat ; 2° la saisie d'une carte de visite qui traînait, par un agent venu sous prétexte de louer l'appartement.

Le premier fait est une sottise, qui ne résiste pas à l'examen. Le colonel Picquart, comme chef du service des renseignements au ministère, avait mandat. Il avait, en outre, l'autorisation de ses chefs pour la saisie des lettres d'Esterhazy, et il opérait avec leur assentiment.

Quant au second fait, l'initiative en avait appartenu à un agent qui n'avait pas cru commettre un acte délictueux, en s'emparant de la dite carte de visite. Cette carte de visite fut d'ailleurs restituée immédiatement par cet agent, sur l'observation spontanée du colonel Picquart.

Quant à la troisième affirmation de Drumont : « Le lieutenant-colonel Picquart a été convaincu par des témoignages écrasants d'avoir commis les actes les plus délictueux et les plus graves... » qui a pour base les deux assertions qui viennent d'être réfutées, elle s'écroule piteusement avec son corollaire tapageur, la comparaison rochefortiste du malheureux « soldat qui a battu son caporal » avec le « colonel qui a... »

Il y a quelque embarras à terminer honnêtement la comparaison, car la vérité est que le lieutenant-colonel Picquart n'a fait, en somme, que déplaire à Esterhazy.

Ce dernier a su faire accepter son opinion par le général de Pellieux, véritable autruche qui endossait

veuglément tous les dires d'Esterhazy, ainsi que par
e commandant Ravary, fidèle imitateur de son précur-
eur étoilé.

Pour être juste, il faut observer qu'Esterhazy avait
encontré un auxiliaire précieux dans sa tâche, à l'égard
le Pellieux et de Ravary, en la personne du comman-
lant Lauth, le subordonné qui avait bénévolement
ffirmé que son chef lui avait donné l'ordre de com-
nettre un faux, affirmation que le général de Pellieux
vait prise pour argent comptant sans l'approfondir.

Quel dommage que le général de Pellieux ou le
ommandant Ravary n'aient pas eu quelques grains de
a sagacité qui avait permis à Mᵉˢ Clemenceau et Labori
le mettre en évidence l'inanité des propos malveillants
lu commandant Lauth à l'égard de son ancien chef!

CHAPITRE DOUZIÈME

L'affirmation du lieutenant-colonel Henry au commandant Ravary
« M⁰ Leblois compulsait le dossier secret avec le lieutenant colonel Picquart » est fausse de par la déposition même du lieutenant colonel Henry à la sixième audience.

La confrontation de la sixième audience fut décisive
pour déterminer le degré de véracité que présentait
l'affirmation du commandant Lauth, au sujet du timbre
de la poste à apposer sur le petit bleu.

La confrontation du colonel Henry avec le colonel
Picquart, au sujet des dires contradictoires de ces deux
officiers relativement à l'enveloppe, dite « du dossier
secret », d'où sortait la pièce « Ce canaille de D... »,
avait-elle été moins décisive?

Pour se faire une opinion à cet égard, il faut se référer
aux débats très touffus du compte rendu sténographique.

*Confrontation de M. le colonel Picquart, de M. le colonel
Henry et de M. le général Gonse.*

M. LE PRÉSIDENT, *au colonel Picquart.* — Combien de fois
avez-vous reçu M. Leblois au ministère ?

M. LE COLONEL PICQUART. — C'est assez difficile à préciser,
mais enfin mettons de dix à quinze fois en tout, dans l'espace
d'un an.

1. — Erreur matérielle du Président Delegorgue.

M. LE PRÉSIDENT. — Vous nous avez dit hier vingt à trente fois.

Me CLEMENCEAU. — C'est une erreur matérielle que je me permets de vous signaler ; le témoin n'a jamais dit cela : c'est un autre témoin, le général de Pellieux, je crois.

M. LE PRÉSIDENT. — Je dis qu'un témoin, je ne me rappelle plus si c'est le général de Pellieux ou un autre, avait dit vingt ou trente fois, mettons dix ou quinze.

M. LE COLONEL PICQUART. — Je ne peux pas préciser.

M. LE PRÉSIDENT. — L'avez-vous reçu, notamment en novembre 1896, c'est-à-dire entre son retour à Paris et votre départ ?

M. LE COLONEL PICQUART. — Oui, monsieur le Président, je me souviens très bien qu'il est venu une fois.

M. LE PRÉSIDENT. — C'est-à-dire entre le 7 et le 16 novembre ?

M. LE COLONEL PICQUART. — Il faudrait limiter ceci entre le 9 et le 14, parce que le 8 était un dimanche, jour auquel je ne me rendais pas au ministère, et que le 14 est le jour où j'ai cessé mon service. Dans l'intervalle de ces deux dates, je l'ai reçu une fois ; il est venu sans s'asseoir, autant que je m'en souviens, pour me dire : « Je suis rentré. » Il songeait à faire une démarche dont il m'a parlé. Je me vois le reconduisant à la porte — je crois qu'il ne s'était pas assis — et lui disant : « Je suis très occupé. » En effet, à ce moment-là venait de paraître le fac-similé du bordereau dans le *Matin*, et j'avais un tas de choses sur les bras.

M. LE PRÉSIDENT, *au colonel Henry, rappelé à la barre.* — Monsieur le colonel Henry, voulez-vous nous édifier plus complètement sur les circonstances dans lesquelles vous avez surpris l'entretien du colonel Picquart et de M. Leblois, à l'automne de 1896. Avez-vous vu le dossier secret et la pièce commençant par ces mots : « Cette canaille de D... » ?

M. LE COLONEL HENRY. — Voici ma déposition au Conseil de guerre... Je vous demande la permission de m'appuyer sur la barre, je suis souffrant.

M. LE PRÉSIDENT. — Voulez-vous une chaise ?

II. — *C'était dans le courant d'octobre.*

M. LE COLONEL HENRY. — Merci, comme ceci, je suis très bien. C'était, je crois, dans le courant d'octobre, — je n'ai jamais pu préciser exactement, tout ce que je sais et que je me rappelle très bien, c'est qu'il y avait du feu dans la cheminée du bureau du colonel ; le colonel était assis sur la jambe gauche, il avait la main, je crois, comme ceci.. ; à sa gauche était M. Leblois, et devant eux plusieurs dossiers sur le bureau, entre autres le dossier secret sur lequel j'avais écrit « *dossier secret* », et au verso duquel j'avais mis ma signature ou plutôt mon paraphe au crayon bleu dont j'ai parlé avant-hier. J'ai reconnu les mots « dossier secret ». L'enveloppe était ouverte, et de l'enveloppe était sortie la pièce dont vous venez de parler...

M. LE PRÉSIDENT. — Sur laquelle il y avait : « Cette canaille de D... »

M. LE COLONEL HENRY. — Parfaitement. Me rappeler exactement la date, ce n'est pas possible ; ce que je sais, ce que je peux indiquer comme date, c'est que, à ce moment certainement, il y avait du feu dans la chambre. Quelques jours après, — peut-être le général Gonse pourra-t-il mieux préciser que moi — j'ai rencontré le général Gonse qui m'a dit : « Comment cela va-t-il ? Comment va le colonel Picquart ? » Je lui dis : « Cela va un peu cahin-caha ; le colonel Picquart est toujours absorbé par son affaire Esterhazy. » — « Ah ! c'est fâcheux, parce que les affaires du bureau périclitent un peu. » — « Et les indiscrétions continuent ! » — « Ah ! les indiscrétions ! cela ne me regarde pas. » — Je lui dis : « En fait d'indiscrétions, vous feriez peut-être bien de reprendre le *dossier secret*, car je l'ai vu il y a quelques jours sur son bureau en présence d'une tierce personne. » — Je n'ai pas indiqué la personne. Je crois que deux ou trois jours après, le général a dû le reprendre ou se le faire donner ; je ne sais pas dans quelles conditions. L'a-t-il repris lui-même ou se l'est-il fait remettre par le colonel Picquart ! Je n'en sais rien. Le colonel Picquart pourra vous le dire lui-même. Voilà ce que je puis dire, jurer et affirmer en ce qui concerne le *dossier secret*.

M. LE PRÉSIDENT. — Lorsque vous êtes entré dans le bureau et que vous avez trouvé le colonel Picquart s'entretenant avec M. Leblois, pensez-vous qu'on s'entretenait de ce dossier ?

M. LE COLONEL HENRY. — Ces messieurs causaient comme je vous le disais ; le dossier était devant eux ; le colonel Picquart était comme ceci... et avait plutôt l'air d'être tourné du côté de M. Leblois. Je ne peux pas dire qu'ils causaient de ce dossier ; je n'ai fait qu'entrer et sortir.

M. LE PRÉSIDENT. — Vous avez vu le dossier des pigeons voyageurs ?

M. LE COLONEL HENRY. — Pas ce jour-là.

M. LE PRÉSIDENT. — C'était à quelle époque, ce dossier des pigeons voyageurs ?

M. LE COLONEL HENRY. — Oh ! ce dossier a été remis au colonel Picquart bien longtemps auparavant, et je ne l'ai plus revu qu'après son départ ; par conséquent, il a dû rester entre ses mains pendant de longs mois.

M. LE PRÉSIDENT, *au général Gonse, rappelé à la barre*. — Monsieur le général Gonse, ce dossier secret dont je viens de parler était-il ou n'était-il pas en désordre quand il vous a été rendu ?

M. LE GÉNÉRAL GONSE. — Autant que je peux me rappeler, il était un peu en désordre.

M. LE PRÉSIDENT, *au colonel Henry*. — Monsieur le colonel Henry, vous souvenez-vous dans quel état était ce dossier quand il a été rendu au général Gonse ?

III. — *Henry n'avait pas vu le dossier secret depuis* 1894.

M. LE COLONEL HENRY. — Je ne l'ai jamais revu. Il m'a été remis par le colonel Sandherr en 1894 ; depuis, je ne l'ai jamais revu que sur le bureau du colonel Picquart, qui l'avait demandé pendant mon absence, le jour dont je vous parle.

M. LE PRÉSIDENT, *au général Gonse*. — Alors, général, ce dossier était en désordre quand il vous a été rendu ?

M. LE GÉNÉRAL GONSE. — Oui, en désordre.

M. LE PRÉSIDENT, *au colonel Picquart*. — Monsieur le colonel Picquart, qu'avez-vous à répondre à toutes ces questions ?

M. LE COLONEL PICQUART. — J'ai à répéter que je n'ai jamais eu le dossier ni ouvert ni fermé sur ma table, en présence de M. Leblois. Du reste, d'après la déposition du colonel Henry, il semble matériellement bien difficile que la chose ait pu avoir lieu, si M. Leblois prouve qu'il est rentré à Paris le 7 novembre. Le colonel Henry vient de vous dire que, quelques jours après avoir vu cette scène, il en a parlé au général Gonse, qu'il lui a conseillé de me redemander le dossier, et que le général Gonse me l'a redemandé, en effet, quelques jours après. Or, le général Gonse a également, dans des occasions précédentes, certifié qu'il m'avait repris le dossier quelques jours avant mon départ. En additionnant tout cela, je crois qu'il est difficile de trouver un nombre de jours tel que j'aie pu matériellement communiquer le dossier.

M. LE PRÉSIDENT, *au colonel Henry.* — Vous entendez, monsieur le colonel Henry; aviez-vous ce dossier secret?

IV. — *Equivoque grossière de Henry : « Leblois a reconnu au conseil de guerre... »*

M. LE COLONEL HENRY. — M. Leblois l'a reconnu au Conseil de guerre, les membres du Conseil de guerre pourraient venir l'affirmer. Il a dit : « Devant les affirmations précises du colonel Henry, je ne peux pas lui donner un démenti. » Vous pouvez faire appeler les membres du Conseil de guerre.

Mᵉ LABORI. — Je demande qu'on fasse appeler d'abord M. Leblois.

M. LE COLONEL HENRY. — M. Leblois a dit ceci : « Devant les affirmations précises du colonel Henry, je ne puis pas lui donner un démenti. »

M. LE PRÉSIDENT, *à M. Leblois, rappelé à la barre.* — Maître Leblois, vous avez entendu la déclaration du colonel Henry : pouvez-vous répondre?

Mᵉ LEBLOIS. — Je réponds, tout d'abord, sur la question des dates, que je suis allé...

M. LE PRÉSIDENT. — Non, répondez tout simplement à cette question : avez-vous reconnu devant le Conseil de Guerre que vous étiez à côté du colonel Picquart, et qu'à côté de lui, il y avait deux dossiers, le dossier des pigeons voyageurs et, à côté, le dossier secret?

Me LEBLOIS. — Non, je ne l'ai pas reconnu. Voici ce qui s'est passé au Conseil de guerre. Le colonel Henry a gardé envers moi l'attitude la plus courtoise ; il a dit seulement, devant le Conseil, qu'il y avait sur la table du colonel Picquart un dossier ; il n'a pas du tout parlé du dossier des pigeons voyageurs : je démontrerai tout à l'heure que ce dossier ne pouvait pas se trouver sur la table du colonel Picquart à ce moment. Il a dit qu'il y avait un dossier, une enveloppe sur laquelle se trouvaient les mots « *dossier secret* », et il n'a pas dit qu'une photographie était sortie de cette enveloppe.

M. LE PRÉSIDENT. — Le colonel Henry vous donne un démenti.

M. LE COLONEL HENRY. — Je n'ai pas parlé du dossier des pigeons voyageurs. M. Leblois a dit devant le Conseil de guerre : « En présence des affirmations précises du colonel Henry, je ne puis pas lui donner un démenti. »

M. LEBLOIS. — J'étais en train d'expliquer...

M. LE COLONEL HENRY. — Vous avez dit : « Je ne puis pas lui donner un démenti. »

M. LE PRÉSIDENT, *au colonel Henry*. — N'interrompez pas.

Me LEBLOIS. — J'expliquais que le colonel Henry avait simplement dit qu'il y avait un dossier et une enveloppe sur laquelle se trouvaient écrit ces mots « *dossier secret* ». Il n'a pas parlé de photographies. Il était dans l'impossibilité absolue de préciser la date de cette scène.

M. LE COLONEL HENRY, *s'adressant à la Cour et aux jurés*.

— Vous voyez, il répond bien à ma question ; il y avait un *dossier secret*. Je n'ai pas pu préciser la date et je ne peux pas préciser encore. Il a reconnu devant le Conseil de guerre qu'il ne pouvait pas me donner un démenti.

V. — *Leblois rectifie l'équivoque.*

M. LEBLOIS. — Je demande à terminer ma déposition. Je dis donc que le colonel Henry n'a pas parlé de photographies et n'a pas précisé la date, et que je lui ai dit : « Colonel, je crois que vous vous trompez. Mais, comme je n'ai pas l'habitude de faire l'inventaire des pièces qui se trouvent sur la table des gens, quand je vais les voir, j'estime que ce n'est pas à moi, mais plutôt au colonel Picquart de dire si, à un moment quelconque, à une date quelconque, il y eu a sur sa table une enveloppe portant les mots « *dossier secret* ».

J'ai ajouté d'un ton ferme, car j'étais certain d'être dans la vérité, j'ai dit d'un ton très ferme au colonel Henry : « Je ne veux pas vous infliger de démenti, non pas par politesse seulement, mais parce que j'estime que c'est au colonel Picquart qu'il appartient de démentir ce fait, s'il est inexact. Mais si vous précisiez, ou si vous ajoutiez quoi que ce fût, je vous opposerais une contradiction absolue. »

VI. — *Persistance d'Henry dans sa prétention.*

M. LE COLONEL HENRY. — Je donne le démenti le plus absolu à Mᵉ Leblois. Voici ce que j'ai dit devant le Conseil de guerre :

« Il y avait devant ces messieurs un dossier secret et une pièce photographiée, pièce sortie à demi, comme je l'ai indiqué tout à l'heure, et qui commençait par ces mots : Cette canaille de D... »

M. LE PRÉSIDENT, *au colonel Henry*. — Avez-vous vu la pièce ?

M. LE COLONEL HENRY. — Oui.

Mᵉ LEBLOIS. — Mais le colonel vient de reconnaître qu'il a dit que la photographie n'avait pas quitté l'enveloppe !

M. LE COLONEL HENRY. — J'ai dit ceci : « Il y avait un dossier secret, et en dehors de l'enveloppe, il y avait une photographie de la pièce qui sortait de l'enveloppe. Je maintiens ma déposition telle que je l'ai faite devant le Conseil de guerre.

M. LE PRÉSIDENT, *au colonel Henry*. — Nous n'avons pas à nous occuper de ce que vous avez dit devant le Conseil de guerre. Ce que vous avez dit est-il l'exacte vérité ?

Mᵉ LEBLOIS. — Permettez-moi de vous faire remarquer qu'il y a un certain intérêt, si le colonel Henry reconnaît...

M. LE COLONEL HENRY — Voyons, maître Leblois, il faut s'entendre. Vous avez dit vous-même que jamais vous n'étiez venu au ministère de la guerre. Avant-hier, vous avez fait la description de mon bureau. Il s'agit de s'entendre. Ne pataugeons pas à côté de la vérité, rien autre chose.

Mᵉ LABORI, *au Président.* — Je vous demande de poser au colonel Henry cette question : A-t-il dit au Conseil de guerre qu'il y avait une pièce sortie de l'enveloppe ?

M. LE COLONEL HENRY. — Je viens de le dire et je le répète formellement. J'ai dit au Conseil de guerre : « Il y avait dans le bureau du colonel Picquart, sur la table, Mᵉ Leblois étant présent, un *dossier secret,* l'enveloppe tournée de cette façon, et en dehors de l'enveloppe sortait une photographie de la pièce sur laquelle il y avait écrit : « Cette canaille de D... » *Bruit.*)

Mᵉ LABORI. — Cette salle, vraiment...

M. LE PRÉSIDENT. — Soyez calme.

Mᵉ LABORI. — Je vous prie alors, si vous le jugez convenable, de prendre des mesures contre moi, car vraiment...

M. LE COLONEL HENRY. — Voici l'enveloppe, par exemple, — elle était plus grande que celle-là (*Le témoin tient à la main une enveloppe de format ordinaire*), elle était ouverte; il y avait écrit dessus « *dossier secret* »; la photographie sortait de l'enveloppe, à peu près au quart si vous voulez, ou au tiers, mais comme ceci... dans cette proportion... (*Le témoin l'indique de la main.*) C'est une photographie que je connaissais bien et sur laquelle il y avait écrit les mots : « Cette canaille de D... »

Mᵉ LABORI. — Il y avait une autre pièce sortie du dossier?

M. LE COLONEL HENRY. — Non.

M. LE PRÉSIDENT. — Le reste du dossier était dans l'enveloppe?

M. LE COLONEL HENRY. — Très probablement. Je n'ai vu que cette pièce de sortie.

VII. — *Labori met la déposition de Henry en contradiction avec son témoignage antérieur devant Ravary.*

Mᵉ LABORI. — Alors, M. le colonel Henry pourrait-il nous expliquer comment il concilie cette déposition avec celle qu'il a faite dans l'enquête et qui résulte du rapport de M. le commandant Ravary, qui a été lu en audience publique et est ainsi conçu :

« Un soir, que le colonel Henry, de retour à Paris, était

entré brusquement chez M. Picquart, il aperçut Me Leblois, avocat, dont le colonel recevait de fréquentes et longues visites, assis auprès du bureau et compulsant avec lui le dossier secret. »

On fait dire au colonel que M. Leblois était là, compulsant le dossier secret.

M. LE COLONEL HENRY. — Compulsant...

Me LABORI. — Eh bien! ou le colonel Henry ne dit pas la vérité ou c'est le rapport de M. le commandant Ravary.

VIII. — *Pris au traquenard, Henry menace Labori.*

M. LE COLONEL HENRY, *à Me Labori.* — Je ne vous permettrai pas de mettre mes paroles en doute.

Me LABORI. — Je constate qu'il y a une contradiction entre le rapport Ravary et ce que dit le colonel.

M. LE COLONEL HENRY. — Je ne vous ne le permettrai pas, monsieur l'avocat.

Me LABORI. — Il y a un désaccord formel entre le rapport de M. le commandant Ravary et votre déposition.

M. LE COLONEL HENRY. — Ce n'est pas mon affaire.

Me LABORI. — C'est possible, mais c'est la mienne !

M. LE COLONEL HENRY. — Expliquez-vous avec le commandant Ravary.

Me LABORI. — Je ne puis pas m'expliquer autrement qu'avec vous qui êtes ici.

IX. — *Henry épilogue sur «compulsant».*

M. LE COLONEL HENRY. — Quand je dis « compulser », si ce n'est pas effectif, c'est au moins au figuré. (*Bruit.*) On a un dossier devant soi; pourquoi est-ce faire? Vous avez bien un dossier devant vous.

Me LABORI. — Si j'ai un dossier devant moi, je ne le *compulse* pas dans l'acception propre du mot. Nous savons ce que parler veut dire.

M. LE COLONEL PICQUART. — J'oppose le démenti le plus formel à l'affirmation du colonel Henry ; je demande qu'on veuille bien lui poser la question suivante :

M. le colonel Henry est le seul témoin avec lequel j'aie été confronté au Conseil de guerre. Il a dit au Conseil de guerre lors de notre confrontation, que c'était à son retour de permission, vers le commencement d'octobre, qu'il avait vu cette scène et j'ai dit : « La chose est très grave, messieurs les membres du Conseil de guerre, veuillez prendre note de cette déclaration. »

X. — *Henry pris en flagrant délit d'erreur quant à la date.*

M. LE COLONEL HENRY — J'ai dit : « Dans le courant d'octobre, en tout cas à mon retour de permission ». J'ai toujours dit « dans le courant d'octobre », je crois, et je ne puis pas dire autre chose.

Me LEBLOIS. — On varie sur les faits, on varie sur les dates, il est très difficile, même à un témoin de bonne volonté, de suivre les adversaires sur un terrain aussi mouvant.

Me LABORI. — Je désire poser une question sur le même point.

XI. — *A distance, Henry ne pouvait reconnaître la pièce secrète sortie de l'enveloppe.*

M. LE COLONEL PICQUART. — Je demande à ajouter ceci : Comment le colonel Henry est-il entré dans mon bureau? Est-il entré par la porte qui était en face du bureau ou par la petite porte latérale?

M. LE COLONEL HENRY. — Par la grande porte.

M. LE COLONEL PICQUART. — A quelle distance est-il venu dans le bureau, à peu près?

M. LE COLONEL HENRY. — Je ne pourrais pas dire si c'est à dix centimètres ou un pas, évidemment.

M. LE COLONEL PICQUART. — Enfin, le colonel Henry était de l'autre côté de mon bureau, c'est-à-dire du côté opposé à celui où j'étais assis?

M. LE COLONEL HENRY. — En face de vous; et j'ai parfaitement vu la pièce, car c'est cette place qui m'a permis de voir la pièce et le dossier.

M. LE COLONEL PICQUART. — Je demanderai que l'on montre la pièce. Lors de l'enquête du général de Pellieux, mes souvenirs étaient déjà très effacés.

Le général de Pellieux m'a montré cette pièce dans son cabinet à distance. Il s'est même passé alors la scène suivante : Le général de Pellieux me dit en me la montrant : « Vous voyez cette pièce ? » — Je me suis penché et j'ai dû regarder attentivement pour la reconnaître, car c'est une photographie très obscure et très brouillée. Il m'a interpellé et m'a dit brusquement : « Voyons, vous connaissez cette pièce ? » Cette pièce est celle où il y a, non pas « cette canaille de D... » mais « ce canaille de D... »

M. LE COLONEL HENRY. — Moi, je la reconnaîtrais à dix pas.

M. LE COLONEL PICQUART. — J'oppose à cela le démenti le plus formel.

XII. — *Pris au piège, Henry insulte Picquart.*

M. LE COLONEL HENRY. — Ceci ne se discute pas, surtout lorsqu'on a l'habitude de voir une pièce, et j'ai vu celle-là plus d'une fois. Je le maintiens formellement et je le dis encore : *le colonel Picquart en a menti !*

M. LE COLONEL PICQUART, *arrêtant brusquement un mouvement de son bras qu'il levait.* — Vous n'avez pas le droit de dire cela !

XIII. — *Lâcheté du Président Delegorgue.*

M. LE PRÉSIDENT. — Vous êtes en désaccord tous les deux.

Mᵉ CLEMENCEAU. — Permettez, monsieur le Président, ai-je bien entendu, vous avez dit : *en désaccord !...* Voici la deuxième fois qu'un délit se commet à cette audience ; un témoin a été insulté par un autre témoin et je constate que le Président a dit seulement : ces témoins ne sont pas d'accord !

M. LE PRÉSIDENT. — Vous constaterez tout ce que vous voudrez.

Mᵉ LABORI. — Puisque M. le colonel Picquart, au moment où il est l'objet d'une interpellation comme celle que vient de lui adresser M. le colonel Henry, s'entend dire simplement ceci : « Alors, vous êtes *en désaccord* », je demande qu'il s'explique sans réserve.

M. LE COLONEL PICQUART. — Je demande à m'expliquer et à dire aux jurés ce que signifie tout cela ! (*Mouvements divers.*)

Me LABORI, *s'adressant au colonel Henry qui est placé devant le colonel Picquart et le cache aux regards des jurés.* — Je prie M. le colonel Henry de vouloir bien se déplacer pour ne pas empêcher M. le colonel Picquart de s'adresser aux jurés.

M. LE COLONEL PICQUART, *d'un ton indigné.* — Messieurs les jurés, vous avez vu ici des hommes comme le colonel Henry, comme le commandant Lauth et comme l'archiviste Gribelin porter contre moi des accusations odieuses! Vous avez entendu le commandant Lauth émettre, sans preuves, une allégation aussi grave que celle qu'il a émise hier en disant que c'était moi — il n'en avait pas la preuve, — que ce devait être moi qui avais mis le *petit bleu* dans le cornet! Eh bien! messieurs les jurés, savez-vous pourquoi tout cela se fait?

Vous le comprendrez, quand vous saurez que les artisans de l'affaire précédente, qui se lie intimement à l'affaire Esterhazy, ceux qui ont travaillé en conscience, je le crois, pensant qu'ils étaient dans la vérité, le colonel Henry et l'archiviste Gribelin, aidés du colonel du Paty de Clam, sous la direction du général Gonse, ont reçu du regretté colonel Sandherr — qui déjà, au moment de cette affaire, était atteint de la grave maladie dont il est mort depuis, — comme par une sorte de testament, au moment où il quittait le service, le soin de défendre, contre toutes les attaques, cette affaire qui était l'honneur du bureau et que le bureau avait poursuivie avec conscience parce qu'il croyait que c'était la vérité.

Moi, j'ai pensé autrement lorsque j'étais à la tête de ce service, et comme j'ai eu des doutes, j'ai voulu m'éclairer et j'ai cru qu'il y avait une meilleure manière de défendre une cause que de se renfermer dans une foi aveugle et souvent peu justifiée.

Messieurs les jurés, voilà je ne sais combien de temps, voilà des mois que je suis abreuvé d'outrages par des journaux qui ont été payés pour répandre des calomnies et des erreurs...

M. ZOLA. — Parfaitement.

M. LE COLONEL PICQUART. — Pendant des mois, je suis resté dans la situation la plus horrible pour un officier; car je me trouvais attaqué dans mon honneur, sans pouvoir me défendre! Demain peut-être, je serai chassé de cette armée que j'aime et à laquelle j'ai donné vingt-cinq ans de ma vie ! Cela ne m'a pas arrêté, lorsque j'ai pensé que je devais rechercher la vérité et la justice. Je l'ai fait et j'ai cru rendre en cela un plus grand service à mon pays et à l'armée ! C'est ainsi que j'ai cru qu'il fallait faire mon devoir d'honnête homme !

Voilà ce que j'avais à dire. (*Mouvements divers.*)

Je suis sûr que MM. les jurés m'ont compris.

M. Zola. — Je l'espère.

M. le colonel Henry. — Je demande à m'expliquer. On vient de dire que le colonel Sandherr nous avait légué une succession sur une affaire D... ; il n'a jamais été question de cela entre le colonel Sandherr et les officiers du bureau ; chacun travaillait pour son compte, selon sa conscience, dans l'intérêt de la patrie et tout à fait isolément.

Quand le colonel Picquart vient nous dire qu'il a trouvé un *petit bleu* dans les papiers que j'ai reçus, je puis vous affirmer moi, sur tout ce que j'ai de plus sacré au monde, que je n'ai jamais vu ce petit bleu, jamais ce petit bleu n'a été reçu par moi et j'étais le seul à recevoir les papiers. Voilà ce que j'avais à vous dire.

M. le colonel Picquart. — Je demande à présenter une observation.

M. le Président. — Monsieur le général Gonse, avez-vous des observations à faire ?

M. le général Gonse. — Je n'ai qu'à confirmer ce qu'a dit le colonel Henry ; il n'a jamais été à la tête d'une machination, puisqu'on parle de machinations ou du moins que c'est sous-entendu. Nous avons fonctionné chacun pour notre compte et suivant notre conscience. Le colonel Sandherr était dans la plénitude de son intelligence quand il dirigeait le service à l'époque dont on parle.

Par conséquent, nous ne nous sommes jamais entendus et n'avons jamais cherché à falsifier la vérité. Au contraire, nous avons toujours cherché à la rendre aussi éclatante que possible ; c'est pour cela que je ne reviens pas sur la question dont on a parlé tout à l'heure et que, lorsqu'on a signalé le commandant Esterhazy, je n'ai pas hésité à rechercher la culpabilité et je l'ai fait dans l'ordre d'idées que j'ai déjà indiqué

ei. A ce propos, je dirai qu'il y a un fait singulier ; on parle
oujours du *petit bleu ;* ce petit bleu, qui est tant en question,
. été trouvé vers le mois d'avril ou de mai, d'après ce que j'ai
u comprendre, c'est-à-dire que la pièce à laquelle le colonel
Picquart attachait tant d'importance, puisqu'elle devait faire
onstater la culpabilité du commandant Esterhazy, le colonel
Picquart ne l'a montrée à moi, son chef, que le 3 ou 4 sep-
embre de la même année. Mai, juin, juillet, août, cela fait
quatre mois après l'avoir trouvée. Je me suis demandé à ce
moment-là et me demande encore comment il se fait que le
chef du service des renseignements, trouvant une pièce à
aquelle il attachait cette importance, ne l'a pas signalée immédiatement à son chef et qu'il a mis quatre mois à me la
montrer.

M. LE COLONEL PICQUART. — Mes explications seront très
brèves. Je les ai données ailleurs et elles ont été trouvées
bonnes, car c'est la vérité. C'est au mois de mai que ce *petit
bleu* a été trouvé, ou du moins reconstitué. J'ai dit ailleurs que
je ne me croyais pas fondé à porter contre un officier français
une accusation aussi grave que celle de trahison, avant d'avoir
pris des informations. J'ai dit, au cours de l'enquête qui a été
faite, qu'un deuil de famille très cruel avait interrompu mes
investigations pendant près d'un mois et qu'un voyage d'état-
major, auquel j'ai pris part ensuite, les a interrompues à nouveau.

J'ai dit qu'au mois de juillet, j'ai rendu compte de la
chose au général de Boisdeffre. Je ne voulais pas prononcer
de noms ici, mais puisqu'il le faut, je dirai que le général de
Boisdeffre a approuvé d'abord par écrit, ensuite directement,
ce que je faisais, et m'a dit de continuer ; car je lui avais parlé
du *petit bleu* à ce moment. Donc, au mois de juillet et pendant tout le mois d'août, j'ai continué comme il m'avait dit.
Je lui avais dit l'affaire et je lui avais même écrit : « Je n'en
ai parlé à personne, pas même au général Gonse. » C'est alors
qu'au commencement de septembre, lorsque j'eus fait un rapport écrit sur la question et que je l'eus soumis d'abord au général de Boisdeffre, j'ai été trouver sur son ordre le général
Gonse à la campagne et je lui ai raconté l'affaire.

XIV. — En janvier 1897, Gonse écrit affectueusement à Picquart

Mᵉ LABORI. — Je voudrais bien poser une question à M. le
général Gonse. Voudrait-il nous dire pourquoi on ne s'est pas
aperçu plus tôt de tous les faits dont il est question aujour-
d'hui avec tant de vivacité, et pourquoi on n'a pas fait plus
tôt des reproches à M. le colonel Picquart?

M. LE GÉNÉRAL GONSE. — Parce que je ne les connaissais
pas complètement.

Mᵉ LABORI. — Pardon, monsieur le Président, M. le général
Gonse connaissait-il à ce moment-là tout ce que M. le colonel
Picquart avait fait à propos du *petit bleu,* et qu'est-ce qu'il en
pensait?

M. LE GÉNÉRAL GONSE. — Je ne le savais pas du tout.

Mᵉ LABORI. — Au mois de novembre 1896, M. le général
Gonse ne le savait pas !

M. LE GÉNÉRAL GONSE. — Je l'ai su après.

Mᵉ LABORI. — Pardon. A quelle date ?

M. LE GÉNÉRAL GONSE. — Dans le courant de l'automne.

Mᵉ LABORI. — De quelle année ?

M. LE GÉNÉRAL GONSE. — 1896.

Mᵉ LABORI. — Pourquoi alors, postérieurement à cela, le
général Gonse a-t-il écrit les lettres si affectueuses et si pleines
d'encouragement, on peut le dire, qu'il adressait à M. le colonel Picquart, et comment explique-t-il le contraste qu'il y a
entre l'attitude qu'il avait au cours de cette correspondance et
l'attitude que nous lui voyons prendre à la barre aujourd'hui?

M. LE GÉNÉRAL GONSE. — Parce que je ne connaissais pas
tous les faits qu'on a reprochés au colonel Picquart.

Mᵉ LABORI. — Quels sont ces faits ?

M. LE GÉNÉRAL GONSE. — Je n'avais pas fait d'enquête ; je
ne savais qu'une chose ; c'est que le colonel Picquart n'avait
pas suivi complètement toutes les instructions que je lui avais
données. Je savais aussi qu'il était pour ainsi dire hypnotisé
par cette question Dreyfus-Esterhazy.

Je lui avais toujours dit de ne pas suivre cette piste dans
les conditions qu'il indiquait ; il ne faisait pas complètement
son service ; il était absorbé par cette affaire, et, comme vous
l'a dit ici le chef d'Etat-major, on l'a envoyé en mission pour

chercher à rectifier son jugement. C'est dans cet ordre d'idées
que je lui ai donné des indications à cette époque, car c'était
un officier qui avait très bien fait son service jusque-là, et qui
est susceptible de le faire très bien dans l'avenir, s'il le veut.
Je n'avais jamais voulu proposer une mesure exagérée contre
lui ; on l'a donc envoyé en mission, et, après sa mission, on
l'a, conformément aux ordres du ministre, attaché au 4ᵉ tirailleurs, de façon à ce que, après avoir changé le cours de ses
idées, j'espérais, et nous espérions tous, qu'il se mettrait au
service des troupes, comme je le lui ai écrit, qu'il reprendrait
pied et redeviendrait ce qu'il avait été toujours, c'est-à-dire
un bon officier.

Lorsque cette campagne à laquelle nous assistons aujour-
d'hui est devenue si active et si virulente, nous avons cherché
de nouveau dans quelles conditions tout cela s'était passé, et
c'est à ce moment-là — je ne sais pas exactement la date, attendu que je n'ai pas fait d'enquête judiciaire ni aucune espèce
d'enquête officielle — que j'ai recherché d'où pouvaient provenir toutes les responsabilités. C'est à ce moment-là que j'ai
appris tous les faits relatés ici ; quant aux dates, je ne puis
pas vous les dire.

Mᵉ LABORI. — Je désirerais que M. le colonel Picquart s'expli-
quât sur la première partie de la réponse de M. le général
Gonse et sur la nature exacte des rapports qui ont eu lieu entre
eux, au moment où s'échangeait la correspondance que la Cour
et le jury connaissent. Je voyais tout à l'heure M. le colonel
Picquart qui me semblait éprouver le besoin de dire certaines
paroles lors de diverses explications que donnait M. le général
Gonse. C'est ce qu'il voulait dire à ce moment-là que je le
prie de dire maintenant.

M. LE COLONEL PICQUART. — Voici : le général Gonse disait
qu'on m'avait chargé d'une mission et qu'on pensait qu'à la
suite de cette mission, je pourrais rentrer dans la troupe. Il
disait que cette mission était faite pour m'arracher à ce qu'il
appelait l'hypnotisme qui me hantait, selon lui. Je ne puis pas
entrer dans les détails de mon service, il ne m'appartient pas
surtout de faire ressortir quelles sont les améliorations qui y
ont été apportées à l'époque dont parle le général Gonse ; mais

il y a des choses très importantes et des résultats extrêmement importants qui ont été obtenus justement pendant la période durant laquelle je ne m'occupais que d'une affaire unique, paraît-il !

Ensuite, le général Gonse dit que, pour changer le cours de mes idées, on m'avait envoyé en mission. Je sentais si bien que je n'étais plus en communauté d'idées avec mes chefs, et qu'il fallait changer tout à fait de direction, que j'ai supplié le général Gonse, dans une lettre du mois de janvier, de me faire passer entièrement dans la troupe et de ne plus me donner de mission, puisque à ses yeux je n'étais plus capable de remplir un service d'État-major. Le général Gonse ne l'a pas voulu. Dans une lettre très affectueuse, comme toutes celles qu'il m'a écrites, il me disait qu'après ma mission, je rentrerais dans la troupe, mais qu'il fallait continuer ma mission. Je l'ai continuée toujours et la continue, je crois, encore, puisque j'ai comparu devant le Conseil d'enquête comme attaché provisoirement au 4e tirailleurs.

Me LABORI. — Je voudrais dire encore un mot à M. le général Gonse, ce sera le dernier. M. le colonel Henry, à propos d'un dossier secret, a raconté une scène qui se serait passée au ministère...

M. LE GÉNÉRAL GONSE. — Est-ce que vous me permettrez de terminer mes explications sur cette partie?

Me LABORI. — Certainement, général.

M. LE GÉNÉRAL GONSE. — Je répète ce que j'ai dit, et je le maintiens. J'ai dit que c'était dans un but de bienveillance qu'on avait agi à l'égard du colonel Picquart; on lui avait continué la mission dont il parle jusqu'à ces temps derniers. Hier, il en a été question ici ; on a dit qu'il avait été envoyé sur les confins de la Tripolitaine dans un but que je ne qualifierai pas ; tout cela est du roman pur ; nous n'avons pas l'habitude d'envoyer faire tuer nos officiers pour rien du tout.

Cette partie de sa mission résultait de la situation faite par la guerre de Macédoine, qui avait soulevé les esprits dans tout le monde mulsulman et particulièrement dans la Tripolitaine, où certains faits s'étaient passés. Nous avions le désir d'être ren-

seignés très exactement sur ces faits que nous n'avions appris
que par une voie détournée.

On s'est dit tout naturellement : « Voilà le colonel Picquart
qui est en Tunisie ! Il peut bien diriger sur la frontière un
service d'informations pour savoir ce qui se passe de l'autre
côté de la frontière. » On lui a donc dit d'aller dans le Sud.
Il ne s'agissait pas d'aller se promener dans des parages dangereux, mais d'aller dans les postes où nous avons des officiers,
qui circulent tous les jours très facilement d'un poste à l'autre.
Le poste le plus éloigné, c'est celui qui s'appelle Djenenn. Il y
a des officiers français qui restent là et circulent avec deux ou
trois cavaliers à certains moments de l'année, selon que les
tribus sont plus ou moins en mouvement. Jusqu'à présent,
depuis l'occupation de la Tunisie, il n'y a jamais eu aucun
accident.

Tel est le fait simple qu'on a présenté hier sous la forme
d'un roman et même, je puis le dire, d'un conte de journal.
Je ne sais plus qui a fait un article, très spirituel, du reste, au
commencement de janvier, intitulé *Gonse-Pilate*. Cela me
flatte. C'est une manière de parler, parce que le personnage
n'est pas très intéressant ! Gonse-Pilate avait fait condamner
un Galiléen, un centurion honnête (je n''indiquerai pas qui,
mais vous le sentez bien); on lui avait signalé Barrabas,
officier criblé de dettes, qui était le vrai coupable. Pilate n'a
pas voulu substituer l'un à l'autre et a envoyé le centurion
honnête chez les nomades pour tâcher de le faire tuer. Voilà
le roman tel qu'on vous l'a présenté hier, mais c'est un roman.
Il n'y a rien de plus faux.

*XV. Le général Leclerc stigmatise la mission de Picquart aux
confins tripolitains.*

M. LE COLONEL PICQUART. — Je demanderai à ajouter un
mot à cette explication humoristique. Lorsque le général Leclerc a reçu l'ordre de m'envoyer à la frontière tripolitaine,
il trouvait déjà depuis quelque temps que cette mission était
singulière. Mais alors je dus m'expliquer, car le général me
dit : « Il faut que vous me donniez des explications ! Qu'est-

ce qu'il y a là-dessous ? » Par conséquent, ma mission ne paraissait pas si naturelle qu'on veut bien le dire.

Je n'entrerais pas dans ces détails, si le général Gonse lui-même n'y était pas entré. Je ne dis pas qu'on a voulu me faire tuer...

M. LE GÉNÉRAL GONSE. — On l'a dit hier.

M. LE COLONEL PICQUART. — — Je ne crois pas que le mot ait été prononcé par personne.

M. LE PRÉSIDENT. — C'était le sens de la réponse du colonel Picquart.

M. LE COLONEL PICQUART. — Le général Leclerc me parla du prétexte pour lequel je devais aller sur la frontière et qui était je ne sais quoi... quelques cavaliers qu'on exerçait sur la frontière... et il me dit : « Cela n'existe plus, cela vient d'être démenti. Tout cela ne tient pas debout et je ne veux pas que vous alliez plus loin que Gabès. »

M. LE PRÉSIDENT. — Avez-vous une question à poser, messieurs les défenseurs ?

Mᵉ CLEMENCEAU. — Monsieur le Président, je me replace, si vous voulez bien, au moment où vous avez déclaré, par un euphémisme très apprécié, que les témoins n'étaient pas d'accord ; je parle du colonel Henry et du colonel Picquart présents à la barre. Il y a ici deux officiers de l'armée française, qui sont *en désaccord* sur un point important ; je demande au colonel Henry si j'ai bien compris tout à l'heure et s'il nous a dit que, quelques jours après avoir vu le dossier sur le bureau du colonel Picquart avec Mᵉ Leblois, il avait parlé de ce fait au général Gonse ?

M. LE COLONEL HENRY. — Peut-être deux ou trois jours après, je ne me souviens pas exactement.

Mᵉ CLEMENCEAU. — Je ne demande qu'un à peu près.

Le colonel Henry peut-il nous dire combien de temps après cette conversation avec le général Gonse, le colonel Picquart a quitté le bureau ?

M. LE COLONEL HENRY. — Une huitaine de jours après, je crois.

Mᵉ CLEMENCEAU. — Résumons, et nous aurons la vérité. La présence de Mᵉ Leblois au ministère de la guerre...

XVI. — Terreur de la lumière manifestée par le président Dele-gorgue. — Spirituelle ténacité de Clemenceau.

M. LE PRÉSIDENT. — Ce ne sont plus des questions que vous posez.

Me CLEMENCEAU. — Je vais faire éclater la vérité.

M. LE PRÉSIDENT. — Vous la direz dans votre plaidoirie.

Me CLEMENCEAU. — Alors, retirez-moi la parole. J'affirme que je vais faire éclater la vérité par les dépositions des témoins...

M. LE PRÉSIDENT. — Posez des questions.

Me CLEMENCEAU. — Non.

M. LE PRÉSIDENT. Vous ferez ce que vous voudrez dans votre plaidoirie.

Me CLEMENCEAU. — Alors, empêchez-moi de prendre la parole et je me tairai.

M. LE PRÉSIDENT. — Je vous retire la parole au point de vue de la plaidoirie. Il faut poser des questions, si vous voulez.

Me CLEMENCEAU. — Je veux, par les dépositions des deux témoins qui sont en désaccord, apporter la preuve de la vérité.

M. LE PRÉSIDENT. — Pas en ce moment-ci.

Me CLEMENCEAU. — Mais...

M. LE PRÉSIDENT. — Quand vous plaiderez.

Me CLEMENCEAU. — Je prétends qu'en deux mots je vais faire savoir quel est celui des deux officiers en présence qui a commis une erreur involontaire. Je suis dans un incident, je m'y tiens.

M. LE PRÉSIDENT. — Posez des questions. Vous n'avez pas la parole pour plaider.

Me CLEMENCEAU. — Me retirez-vous la parole pour prouver la vérité ?

M. LE PRÉSIDENT. — Je vous ôte la parole pour plaider, je vous le répète.

Me CLEMENCEAU. — Je me permets de vous poser cette question, monsieur le Président : il y a une contradiction absolue entre les dires de deux officiers de l'armée française... Je ne plaide pas en ce moment-ci.

M. LE PRÉSIDENT. — Si. Vous n'avez pas la parole pour plaider. Déposez des conclusions, rien de plus.

Mᵉ CLEMENCEAU. — Il y a une chose ici qui doit préoccuper tout le monde : Deux officiers se sont donné un démenti ici ; si vous m'accordez la parole, je vais en deux mots...

M. LE PRÉSIDENT. — Non, déposez des conclusions ; je ne vous accorde pas la parole.

Mᵉ CLEMENCEAU. — Dans ces conditions, je me rassieds.

XVII. — *Suite de la terreur du Président. — Labori aime la lumière autant que le Président en a peur.*

Mᵉ LABORI. — Et moi, je me relève !

Je veux m'expliquer très rapidement, avec vous-même, monsieur le Président. Me le permettez-vous et me permettez-vous de vous faire connaître les raisons pour lesquelles je prends la parole ?

M. LE PRÉSIDENT, — Est-ce pour plaider ?

Mᵉ LABORI. — Avec vous? Non, ce n'est pas pour plaider.

M. LE PRÉSIDENT. — Pendant l'interrogatoire des témoins, vous ne pouvez que poser des questions.

Mᵉ CLEMENCEAU. — Je vous demande pardon, l'article 319 nous permet de prendre la parole.

M. LE PRÉSIDENT. — Pas pour plaider.

Mᵉ LABORI. — Il se présente un incident : je vous demande pardon, mais je voudrais vous adresser, monsieur le Président, respectueusement, des explications pour obtenir la parole de la manière que je l'entendrai, quand vous m'aurez compris.

M. LE PRÉSIDENT. — Maître Labori, vous n'avez la parole pendant le cours des débats que pour poser des questions...

Mᵉ CLEMENCEAU. — Lisez l'article 319...

M. LE PRÉSIDENT. — ... mais vous n'avez pas le droit de plaider, vous le savez aussi bien que moi.

Mᵉ LABORI. — C'est à vous, monsieur le Président des assises, qui êtes le maître souverain au point de vue de la direction des débats, et qui avez un pouvoir discrétionnaire, que je demande la parole, pour expliquer, à vous-même et à la Cour, les raisons pour lesquelles j'ai voulu intervenir dans un

ncident, et les conditions dans lesquelles je veux le faire. Je
demande la parole.

M. LE PRÉSIDENT. — Vous avez la parole pour expliquer vos
questions, si vous en avez à poser, mais vous n'avez pas la
parole pour autre chose. Déposez des conclusions.

M⁰ LABORI. — Monsieur le Président, il n'est pas possible
que dans une affaire de cette gravité, où tous les jours naissent
et renaissent d'eux-mêmes des incidents considérables et com-
plexes, la Cour ne veuille pas nous permettre de nous expliquer par des raisonnements extrêmement clairs et topiques,
au moment même où les témoins sont en présence du jury,
parce que ces raisonnements peuvent nous conduire à la nécessité de poser de nouvelles questions.

M⁰ CLEMENCEAU. — C'est cela.

M⁰ LABORI. — Dans ces conditions, et uniquement pour
arriver à une question, mon confrère M⁰ Clemenceau, et moi,
avons besoin de la parole, non pas pour discuter ni pour
« plaider », mais pour « exposer » une question et montrer ce
que nous avons voulu dire aux témoins, afin que les jurés le
comprennent.

M. LE PRÉSIDENT. — C'est ce que je viens de vous dire.

M⁰ LABORI. — Je vous demande donc, non seulement pour
moi-même, mais pour mon confrère M⁰ Clemenceau, la parole
avec cette liberté et cette étendue; et si M. le Président ne
croit pas devoir nous l'accorder, j'aviserai aux moyens de
faire respecter ici les droits de la défense.

M. LE PRÉSIDENT. — Je vous ai dit que vous aviez la parole
pour poser des questions et en expliquer le sens, mais pas pour
faire des déductions.

M⁰ CLEMENCEAU. — Et l'article 319 !

M. LE PRÉSIDENT. — Je le connais.

M⁰ CLEMENCEAU. — Messieurs les jurés, permettez-moi de
vous lire l'article 319.

M. LE PRÉSIDENT. — Je le connais.

M⁰ CLEMENCEAU. — C'est pour les jurés que je veux le lire.

M. LE PRÉSIDENT. — Lisez si vous voulez; ce sera pour les
jurés, qui n'ont rien à y voir.

M⁰ LABORI. — Messieurs les jurés ont tout à voir ici! Je

retiens cette parole ; je ne permettrai pas qu'on dise devant le jury qu'il n'a rien à voir à quoi que ce soit de ce qui se passe ici. Si M. le Président maintient cette parole, je le prie de la répéter.

M. le Président. — Les jurés n'ont rien à voir dans la direction des débats.

Me Labori. — Il ne s'agit pas de la direction des débats.

M. le Président. — C'est à moi seul qu'appartient la direction des débats, vous entendez bien, et quand je vous dis que vous ne plaiderez pas, vous ne plaiderez pas ! Je vous le répète une bonne fois.

Me Labori. — Nous dirons ce que nous avons à dire.

M. le Président. — Vous ne le direz pas, parce que je vous retirerai immédiatement la parole. Vous poserez des questions, rien de plus.

Me Labori. — Vous dites que je ne dirai pas ce que j'ai à dire, quand ce sera conforme à la loi !

M. le Président. — Quand le moment de plaider sera venu.

Me Labori. — Mais avant de plaider, est-ce que je n'aurai pas le droit de dire tout ce que j'ai à dire, conformément à la loi ?

J'en demande acte et j'ai l'honneur de déposer des conclusions sur ce point.

XVIII. — *Clemenceau appelle à la rescousse l'article 319. Le Président Delegorgue est vaincu.*

Me Clemenceau. — Je demande la permission de lire l'article 319 pour MM. les jurés.

Voici l'article 319, deuxième partie :

« Le témoin ne pourra être interrompu ; l'accusé ou son conseil pourra le questionner par l'organe du Président, après sa déposition, et dire, tant contre lui que contre son témoignage, tout ce qui pourra être utile à la défense de l'accusé. »

Monsieur le Président, conformément aux termes de cet article, je demande la parole pour dire quel est celui de ces deux officiers qui est dans la vérité.

M. le Président. — Mais vous le direz dans votre plaidoirie.

Me CLEMENCEAU. — Monsieur le Président, j'ai besoin de le lire devant ces deux officiers, parce que, si je ne me trompe, 'un des deux me rectifiera.

J'insiste : Je demande la parole pendant que ces deux offi-:iers sont à la barre. Je vous rappelle qu'ils se sont infligé un lémenti formel ; il n'y a rien de plus grave, dans la catégorie les injures, qu'un officier disant à un autre officier : « Vous en avez menti ! » Je demande la parole pour faire éclater a vérité sur cet incident. Je vous demande de me l'accorder ou de me la refuser. Mais en présence de ces deux officiers...

M. LE PRÉSIDENT. — Je vous refuse la parole pour plaider : e vous le répète, il est inutile d'insister.

Me CLEMENCEAU. — Je demande la parole dans les conditions que je viens de dire.

M. LE PRÉSIDENT. — Je vous dis que non ; retenez-le bien : e dis que non !

Me CLEMENCEAU. — Monsieur le Président, je demande la parole pour poser une question, et prouver que l'un de ces deux officiers est dans l'erreur.

M. LE PRÉSIDENT. — Expliquez alors la question que vous allez poser, je vais la poser.

Me CLEMENCEAU. — M. le colonel Henry a dit : « J'ai parlé au général Gonse de ce que j'avais vu dans le bureau du colonel Picquart, trois jours après avoir vu Me Leblois dans le cabinet du colonel Picquart. » M. le colonel Henry a dit : « M. le colonel Picquart a quitté le service, environ huit jours après que j'ai eu parlé au général Gonse. »

Je fais remarquer au témoin, et cela va être le but de ma question, qu'en bonne arithmétique, huit et trois font onze, et que la visite de Me Leblois, cela est établi d'une façon indéniable, ne peut se placer qu'entre le 9 novembre et le 14, — 9 novembre, rentrée à Paris de Me Leblois ; 14 novembre, départ de M. le colonel Picquart ; — cela fait cinq jours. Entre cinq et onze jours, il y a une différence de six jours. Il s'en faut donc de six jours, pour que l'affirmation du colonel Henry soit *possible*.

Je lui fais cette observation précise et je demande ce qu'il a à répondre : voilà ma question.

M. LE COLONEL HENRY. — J'ai dit deux ou trois jours : ensuite le colonel Picquart est parti le 17.

Mᵉ CLEMENCEAU. — Non, pardon : je demande à retenir la déposition du témoin. Il a dit...

M. LE COLONEL HENRY. — Le colonel Picquart est parti le 17 novembre.

Mᵉ CLEMENCEAU. — Le colonel Picquart a dit le 14 : c'est facile à vérifier.

M. LE COLONEL PICQUART. — J'ai quitté mon service le 14, j'ai quitté Paris le 16.

Mᵉ CLEMENCEAU. — Cela fait toujours quatre jours de différence.

M. LE COLONEL HENRY. — Ah, quatre jours ?

Mᵉ CLEMENCEAU. — Ah, quatre jours ! pour savoir si un officier a dit la vérité, cela est important.

M. LE COLONEL HENRY. — J'ai dit la vérité. M. le colonel Picquart est parti le 17.

Mᵉ CLEMENCEAU. — Quand a-t-il quitté le service ?

M. LE COLONEL HENRY. — Je l'ai encore vu le 16 et le 17, dans tous les cas, au moins la veille.

M LE COLONEL PICQUART. — J'ai quitté le service le 14 ; je l'ai remis dans les journées du 15 et du 16 au général Gonse.

Je suis parti dans la soirée du 16, j'ai quitté Paris dans la soirée du 16 Et le général Gonse avait reçu de mes mains ce dossier secret, d'après la déposition qu'il a faite lui-même, quelques jours avant mon départ.

M. LE COLONEL HENRY. — Je ne parle pas du dossier secret ; vous voyez bien que c'est le 17 qu'il est parti !

Mᵉ LABORI. — C'est le 16.

M. LE COLONEL HENRY. — Vous comprenez que je ne précise pas à un jour près ; je n'ai pas dit des dates.

Mᵉ CLEMENCEAU. — Permettez-moi de poser une question, et vous verrez que, d'après un témoin que vous ne récuserez pas — c'est vous-même — nous parlons du dossier secret.

Monsieur le Président, voulez-vous me donner la parole pour poser une question sous cette forme : Je vais lire d'abord la déposition du colonel Henry à cette audience, d'après la sténographie, puis je poserai une question.

« Quel était donc ce dossier ?

» M. HENRY. — C'était un dossier secret.

» M. ZOLA. — Relatif à quoi ?

» M. HENRY. — Un dossier secret.

» M. ZOLA. — C'était le dossier de l'affaire Dreyfus ?

« M. HENRY. — Non, le dossier Dreyfus est sous scellés depuis 1893 : il n'a jamais été décacheté, à ma connaissance du moins. » Or, à l'audience d'aujourd'hui, M. le colonel Henry nous a dit, il a répété, que c'était si bien le dossier secret Dreyfus, que de ce dossier sortait le document libérateur : « Cette canaille de D... »

Je demande au colonel Henry comment il peut concilier sa déposition d'aujourd'hui avec sa déposition d'il y a deux jours?

M. LE COLONEL HENRY. — Jamais la pièce « canaille de D... » n'a eu de rapport avec le dossier Dreyfus. Je le répète : jamais, jamais, puisque le dossier est resté sous scellés depuis 1893 jusqu'au jour où, au mois de novembre dernier, M. le général de Pellieux a eu besoin du bordereau pour enquêter au sujet de l'affaire Esterhazy ; par conséquent, la pièce « canaille de D... » n'a aucun rapport avec l'affaire Dreyfus, je le répète.

Alors, je me suis mal expliqué, ou on m'a mal compris. Mais je répète, devant ces messieurs, que jamais ces deux pièces, le dossier Dreyfus et la pièce « canaille de D... », n'ont eu aucun rapport. Je vais d'ailleurs m'expliquer sur ce dossier ; il y a déjà longtemps que j'en prends la responsabilité. (*S'adressant à M⁰ Labori.*) Voulez-vous permettre, monsieur le défenseur ?

Mᵉ LABORI. — Certainement, monsieur le colonel.

XIX. — *Allons-y.* — *Distinction subtile du « dossier secret » et du « dossier Dreyfus ».* — *Ci l'histoire du « dossier secret » opposé à sa légende.* — *Ci l'évocation d'un « troisième dossier secret » encore plus secret que les deux précédents.* — *Sandherr a parlé une seule fois de ce troisième dossier à Henry et lui a fait jurer de n'en jamais parler.* — *Henry ne sait pas ce qu'est devenu ce troisième dossier.* — *Serait-ce l'un des fameux dossiers « B numéro 1 » et B numéro 2 » portés par Pauffin à l'Intransigeant?*

M. LE COLONEL HENRY. — Eh bien, allons-y !

En 1894, j'ai l'honneur d'appeler votre attention sur ces dates, messieurs les jurés, au mois de novembre, un jour, le colonel Sandherr est entré dans mon bureau et m'a dit : « Il faut absolument que vous recherchiez dans vos dossiers secrets tout ce qui a trait aux affaires d'espionnage. »

» — Depuis quand ?

» — Depuis que vous êtes ici. — Vous les avez classés ?»

Je lui ai dit : « Oh ! ce ne sera pas long ; j'y suis depuis un an, depuis 1893.

» — Eh bien ! recherchez tout ce que vous avez ; vous en constituerez un dossier. »

J'ai recherché ce que j'avais, et j'ai retrouvé, je crois, huit ou neuf pièces, — je ne me souviens plus exactement du nombre, — dont une très importante, ayant un caractère extra-confidentiel, si vous voulez même, extra-secret.

Je fis un bordereau de ces pièces, je pris copie de quelques-unes, et je remis le tout au colonel Sandherr.

C'était, comme je vous le disais tout à l'heure, messieurs les jurés, au mois de novembre 1894.

Le colonel le prit, le garda environ un mois. Vers le 15 ou le 16 décembre 1894, le colonel vint me trouver et me dit : « Voilà votre dossier ! »

Ah, pardon ! avant il y a un détail important que j'oubliais.

Lorsque je remis le dossier au colonel Sandherr, je lui fis remarquer qu'une pièce secrète, pièce importante dont je vous parlais tout à l'heure, messieurs les jurés, ne devait pas sortir du bureau, sans que nous en ayons la copie ou la photographie. Il me répondit : « J'en fais mon affaire, je ferai faire des photographies. »

Il a fait faire deux ou trois photographies — je ne me souviens plus exactement du nombre, dans tous les cas deux ou trois — et, comme je vous le disais tout à l'heure, il me remit le dossier le 15 ou le 16 décembre 1894.

J'appelle votre attention sur cette date, messieurs les jurés, parce qu'on a fait à ce dossier une légende, et je tiens à rétablir son histoire.

Puis, le 16 décembre, j'ai repris le dossier, sans faire le dépouillement des pièces qui s'y trouvaient ; j'ai remis le tout

dans une enveloppe : la fameuse enveloppe dont je parlais
tout à l'heure, sur laquelle j'ai écrit au crayon bleu : « Dossier
secret »; dans un coin de l'enveloppe, la lettre D, et, au verso,
après avoir collé l'enveloppe, mon paraphe ou presque ma
signature, au crayon bleu.

J'ai remis ce dossier dans le tiroir de mon armoire secrète
et il n'en est plus sorti qu'au moment où le colonel Picquart
l'a demandé à M. Gribelin, c'est-à-dire — il se souviendra
mieux de la date que moi, j'étais en permission — à la fin
d'août ou au commencement de septembre 1896; voilà l'histoire de ce dossier.

Il faut vous dire que, lorsque le colonel Sandherr m'a remis
ce dossier, le 16 décembre 1894, je lui ai dit : « Mais comment
se fait-il que vous n'ayez plus besoin de ce dossier-là? »

Il m'a répondu : « J'en ai un plus important, et je vais vous
montrer une lettre de ce dossier. »

Il m'a fait voir une lettre, en me faisant jurer de n'en
jamais parler. J'ai juré. Il m'a montré une lettre plus importante encore que celles du dossier. Il m'a dit : « J'ai avec cela
quelques documents, mais je les garde par devers moi, et je
m'en servirai si besoin est. »

Je n'ai plus jamais entendu parler de ce second dossier,
jamais le colonel ne me l'a remis.

Voilà l'histoire du dossier : quant à l'autre, je ne sais pas
ce qu'il est devenu : je ne l'ai jamais vu, le colonel Sandherr
m'en a parlé une fois seulement, le 16 décembre 1894.

Voilà exactement l'histoire de ce fameux dossier qui, d'après
certaines publications, avait couru par le monde, à droite, à
gauche, avait été communiqué par-ci, par là. Voilà ce qui
s'est passé!

M. LE PRÉSIDENT. — Il n'y a plus de questions à poser?

Mᵉ LABORI. — Non, monsieur le Président.

M. LE PRÉSIDENT. — Vous pouvez vous asseoir.

M. LE GÉNÉRAL GONSE. — J'avais un mot à dire, monsieur le
Président, pour la remise de ce dossier.

Je ne sais pas si on s'est bien expliqué sur le moment où on
m'a remis le dossier...

M. LE PRÉSIDENT. — A quelle époque vous l'a-t-on remis?

M. LE GÉNÉRAL GONSE. — Je suis allé le reprendre, comme le disait le colonel Henry, quelques jours après qu'il m'a eu parlé de la conversation qui avait eu lieu entre le colonel Picquart et un tiers — il ne m'avait pas dit le nom. — Je suis allé chez le colonel Picquart pour lui demander de me remettre ce dossier. Ceci se passait trois ou quatre jours avant le départ du colonel Picquart ; le colonel Picquart étant parti le 16, cela se passait à partir du 12 ou 13. Voilà quels sont mes souvenirs à ce point de vue-là, et je suis bien aise de compléter ma déposition sur ce sujet.

A travers les longs méandres de cette confrontation, « Picquart, Henry, Gonse », il n'est pas aussi facile de fixer son opinion que dans la précédente confrontation « Picquart, Lauth », qui, grâce à la dialectique tranchante de Mᵉ Clemenceau, avait été dirigée vers une conclusion claire comme le jour.

L'intérêt de la confrontation « Picquart, Henry Gonse » était d'ailleurs secondaire à côté de celui de la précédente.

En effet, dans la seconde, il s'agissait d'une indiscrétion reprochée à Picquart ; tandis que dans la première il s'agissait de la confection d'un faux reprochée au même officier.

Le lecteur a les documents sous les yeux. A lui de peser chacune des paroles et de voir ce qui reste de l'indiscrétion imputée par le colonel Henry au colonel Picquart, après ce débat contradictoire.

Quant à Rochefort, voilà comment il résumait son opinion dans l'*Intransigeant* du 15 février :

MILITAIRES CONTRE MILITAIRES

Samedi dernier, lorsque Billot est monté à la tribune comme un ministre qu'on fouette, il ne se doutait probablement pas dans quel but Ernest Roche et moi nous l'y avions amené.

Nous savions que lë plan des défenseurs de Zola, c'est-à-dire de Dreyfus — car le premier n'est là que pour faire le jeu du second — était d'invoquer les réticences et les tergiversations du ministre de la guerre pour en conclure que le gouvernement lui-même n'était pas loin de croire à l'innocence du condamné et de réclamer la révision de son procès.

C'est pourquoi, supposant que Jaurès, qui — le diable si je devine pourquoi — s'est jeté dans le camp des réhabilitateurs du traître, allait arguer des hésitations de Billot, nous avons obligé celui-ci à se prononcer catégoriquement sur le cas du client de la bande à Reinach.

Il s'est vu, l'interpellation sur la gorge, contraint de reconnaître enfin que le Dreyfus avait trahi et d'affirmer que jamais il ne prêterait les mains à la revision du procès de ce dernier.

Cette parole, arrachée au chef de l'armée par la peur de se la mettre tout entière à dos, n'en a pas moins complètement désorganisé la défense de l'écrivain toqué que le Syndicat a poussé en avant et qui se trouve, à cette heure, avec le tortueux Leblois pour support et l'inculpé Picquart pour bouclier.

Me Labori comptait sans aucun doute étayer sa plaidoirie sur l'attitude flottante du gouvernement et grâce à l'initiative d'Ernest Roche, voilà que le gouvernement lui fait faux bond.

Notre tactique devrait donner un peu à réfléchir à l'impétueux avocat, qui en a jusqu'ici manqué totalement.

Aussi Jaurès, dont plus que personne j'admire le talent et que je déplore de voir dans cette bagarre, en a-t-il été réduit à tomber à bras raccourcis sur le cléricalisme et le militarisme.

Son long discours, dont sa déposition n'était que le prétexte, se réduit à ces quatre lignes :

« Il y a tout lieu de croire que Dreyfus est coupable, mais j'ai une telle horreur du militarisme et du cléricalisme que j'aime encore mieux admettre qu'il est innocent. »

Seulement il est difficile de comprendre en quoi le cri des amis et des défenseurs de Zola : « Vive le colonel Picquart ! » est moins une démonstration de militarisme que celui de « Vive le colonel Henry ! » puisque tous deux sont officiers.

Le sabre de l'un me paraît même infiniment plus dangereux que celui de l'autre, attendu que M. Picquart a été pris manipulant de fausses cartes postales sur lesquelles il a tenter d'apposer de faux timbres de la poste ; qu'il est au Mont-Valérien pour ces actes qui frisent le crime, tandis que le colonel Henry a précisément contribué à démasquer les odieuses et lâches manœuvres par lesquelles toute une association de malfaiteurs essayait de perdre le commandant Esterhazy, qu'ils avaient choisi pour victime.

Je ferai, en outre, observer que cette tendresse subite des ennemis du militarisme pour l'ex-capitaine Dreyfus n'est pas moins extraordinaire : ce dernier, une fois réhabilité, devant nécessairement rentrer dans l'armée avec son grade et même un grade supérieur, les campagnes coloniales comptant double.

De sorte que ce sont eux qui promènent sur un pavois deux militaires, dont celui-ci condamné, celui-là sur le point de l'être, et c'est nous qui sommes accusés de militarisme.

On ne donne pas impunément au bon sens de pareils crocs-en-jambe.

Quant au reproche de cléricalisme, où la même bonne foi éclate, il est réellement stupéfiant dans la bouche de gens qui marchent sous la haute protection de Méline, de Billot et de Milliard, membres principaux du minis-

re le plus clérical dont notre pauvre France ait été
fligée depuis le Seize-mai.

Oui, personnellement, j'ai été incriminé de clérica-
me par ces journaux de macadam qui servent de
rches quand on les allume et qui servent encore de
rche... quand on ne les allume pas.

Il est vrai que ces ennemis des cléricaux ont pour
fenseur et pour soutien le même Billot et le même
illiard, qui arrêtent de leur mieux les poursuites com-
encées contre le lieutenant-colonel Picquart pour
utes sortes de méfaits, et contre Mathieu Dreyfus pour
ntatives de corruption opérées sur le colonel Sandherr.

Et je suis tellement clérical que ces cléricaux m'en-
ient à Sainte-Pélagie comme gage de leur sympathie
vers Boule-de-Suif et ses complices, qui sont les leurs.

Quand la déloyauté prend de telles proportions, elle
relève plus que d'un haussement d'épaules.

Aussi, après toutes les machinations, falsifications
écritures, calomnies, tous les mensonges et faux témoi-
ages dont s'est composée la campagne de trahison qui
re depuis quatre mois, la question reste-t-elle ce qu'elle
a jamais cessé d'être et qui se résume à ceci :

« Pour croire à l'innocence de Dreyfus, il faut être un
bécile, et pour la proclamer quand on n'y croit pas, il
it être un coquin. »

Rochefort adoptait carrément la version chère à Dru-
nt, de « Picquart manipulant de fausses cartes pos-
les, sur lesquelles il a tenté d'apposer de faux timbres
la poste »; mais, de sa part, cette adoption ne tirait
s à conséquence.

Rochefort n'a jamais posé pour un émule de Luther ou
Mahomet. Ses boutades ne font pas doctrine, même à
s yeux. Aussi nous dispensons-nous, à son sujet, de
commencer l'opération opérée à propos de Drumont.

CHAPITRE TREIZIÈME

Résultat des six premières audiences du procès Zola. — Les intellectuels et le public. — Il ne reste rien des calomnies du lieutenant-colonel Henry et du commandant Lauth contre le lieutenant-colonel Picquart. — Que faut-il penser de la communication des lettres du général Gonse ?

Au point où nous sommes arrivés du procès Zola, il est convenable d'apprécier les résultats énormes qu'avaient produits les six premières audiences sur l'auditeur clairvoyant et réfléchi, aussi bien que sur le lecteur attentif du compte rendu sténographique.

Nos lecteurs ont pu juger, en parcourant les extraits de la sténographie, cités dans le présent volume, combien il était difficile, à moins d'être un intellectuel, de poursuivre le fil d'Ariane, à travers la confrontation « Lauth, Picquart », et surtout à travers le labyrinthe » Picquart, Leblois, Henry, Gonse ».

On a pu remarquer combien l'intervention du président Delegorgue avait allongé ce labyrinthe, et obligé à des efforts prolongés l'attention du lecteur décidé à ne pas perdre la piste, à démêler le grain de vérité contenu dans les débats provoqués par chacune des questions de Labori et de Clemenceau.

Il ne faut pas regretter d'avoir suivi ces détours : au contraire.

Ils sont, en effet, la principale explication des diffi-

ltés éprouvées par le jury d'abord, par le lecteur du
irnal ensuite, pour tirer des débats des six premières
diences du procès Zola la conclusion que les intel-
ctuels n'en pouvaient déduire, d'une façon complète,
ie par un effort des plus soutenus.

Rochefort et Drumont étaient des premiers à n'avoir
is compris le sens de ces débats compliqués où il fal-
it tamiser des centaines de lignes inutiles pour y dé-
uvrir, telle la pépite au milieu de sa gangue, les
iatre ou cinq mots qui correspondaient exactement
la vérité.

Des calomnies du commandant Lauth contre son
ef le lieutenant-colonel Picquart, il ne restait rien,
irès le crible sévère, qu'en avait fait Mᵉ Clemenceau.

Mais combien de jurés, combien de lecteurs du
urnal avaient pu apprécier cette criblure qui résul-
it des trous d'aiguille portés par Clemenceau aux do-
iments Pellieux et Ravary.

Le petit bleu, ses mille morceaux, ses bandelettes de
utien, le timbre de la poste, le cornet originel, l'hy-
ithèse de l'arrivée à destination semblent autant
accessoires d'un casse-tête chinois.

Il en est de même de la pièce secrète, sortie au tiers
i son enveloppe, du paraphe fatidique de cette der-
ère, du moyen de reconnaître la pièce secrète à dis-
nce, de la discussion de la date assignée par Henry à
ntrevue de son chef, compulsant avec Lehlois le fa-
eux dossier secret.

Il n'est pas jusqu'à l'analyse grammaticale ou lin-
iistique du verbe « compulser », qui ne fût au-dessus
s aptitudes d'un juré ou d'un auditeur ordinaire.

Si l'on y joint la logomachie du lieutenant-colonel
inry sur les trois dossiers secrets, dont le cadet et le
njamin étaient sortis subitement de ses lèvres
mme deux diables d'une boîte à surprise, l'on com-

prend l'hésitation d'auditeurs de bonne foi et de lecteurs sans parti pris.

Rochefort et Drumont y avaient été pris : nous n'avons
pas d'embarras à écrire que ces deux intellectuels *à*
primo cartello ont pu s'y tromper de fort bonne foi.

Ce que nous critiquons, ce n'est pas précisément leur
erreur, qui leur fut commune avec des milliers d'autres, mais la légèreté avec laquelle ils s'autorisèrent de
cette erreur pour noyer sous le flot de leurs sarcasmes
et de leurs mépris le supérieur droit, intègre, au-dessus
du soupçon, qu'avait été Picquart pour ses subordonnés, Lauth et Henry.

Quand on a charge d'âmes — cela est pour Drumont,
aux yeux duquel la parole du « pasteur d'hommes » est
la nourriture de son troupeau et son verbe, — il convient de lire et de relire les documents accusateurs,
jusqu'à ce que l'on ait saisi leur sens exact.

Autrement, l'on trompe le lecteur : on lui *offre* le
poison d'erreur, au lieu du pain de vérité ; on tue son
âme, au lieu de la sauver.

C'est ce qu'avait fait Drumont de très bonne foi sans
doute, mais cependant avec une injustice flagrante,
quand il avait émis contre Picquart les affirmations les
plus infamantes ; quand il avait accusé Billot de n'avoir
pas frappé Picquart, convaincu des actes les plus délictueux et les plus graves.

En réalité, il ne reste debout contre Picquart qu'un
seul acte critiquable. Et encore, il fallait la sagacité du
général de Pellieux pour s'y être fixé et la complaisant
adhésion des membres du conseil d'enquête, convoqué
ad hoc, pour y définir une faute contre la discipline.

Picquart avait confié à son ami Leblois des lettres de
son chef le général Gonse.

Était-ce pour un motif répréhensible ? Non. C'était
pour se défendre.

Si jamais défense avait été légitime, c'était de la part ↑ l'officier auquel son subordonné de la veille tressait une lettre menaçante, et qui devinait derrière s menaces de ce subordonné des adversaires puis- nts, redoutables, dénués de sens moral.

Avait-il tort, le colonel Picquart, d'y deviner des lversaires redoutables ? Non, car ceux-ci ne reculè- nt pas devant les faux télégrammes « Blanche et peranza », ni devant la confection de lettres fausses.

Ils pouvaient donc fort bien, « avec un fusil qui par- rait comme par hasard », guérir à tout jamais l'officier ιvoyé en mission aux confins de la Tripolitaine.

Qui ne recule pas devant le faux, ne recule pas ιvant « un fusil partant comme par hasard », car l'on ouve aussi aisément un spahi complaisant pour cette ernière besogne, qu'un faussaire pour la première.

Aussi Picquart n'agissait-il, ni en écervelé, ni en ιdiscipliné, en remettant à son ami Leblois les lettres ιu général Gonse attestant sa droiture, son intégrité, ιn obéissance aux ordres de ses chefs.

Il avait cure de son honneur, pour le cas où sa vie ırait abrégée par « un fusil qui partirait comme par asard ».

Tout en pensant à son honneur, il assurait, autant ı'homme en est maître en ce monde, la réalisation de idéal de justice et d'équité qui est en tout cœur élite.

Picquart avait eu la certitude de l'innocence de reyfus ; il avait eu l'intuition de la trahison d'Es- rhazy,

Avait-il le droit de léguer cet héritage à un ami ? vait-il le droit de se désintéresser, lui officier, du ιpt qui avait été fait de l'honneur à un autre officier, ce Dreyfus, au traître de 1894, dont les enfants eraient à jamais « la race du traître », en dépit de

l'illumination que lui, Picquart, avait obtenue en rec‌
vant les cent morceaux de ce petit bleu, providentiell‌
ment déchiré par son auteur ?

Je laisse aux hommes de cœur le soin de répondre‌
ces questions.

Picquart manqua-t-il de discipline en faisant ce qu'i‌
fit ?

Comment alors qualifier la démarche du comman‌
dant Pauffin de Saint-Morel, auprès de Rochefort ?

Y avait-il, dans la communication de Picquart à‌
Leblois, ombre de péril international ? Non.

Au contraire, la communication de Pauffin à Roche-‌
fort était grosse d'inconvenances internationales.

Rochefort (1) put, en effet, plaisanter le ministre des‌
affaires étrangères, Hanotaux, pour les excuses que‌
M. de Noailles, l'ambassadeur de France à Berlin,‌
avait faites au gouvernement allemand, à cause de la‌
publication par l'*Intransigeant* des dossiers que Pauffin‌
avait apportés à Rochefort.

Y avait-il, dans la communication de Picquart à‌
Leblois, trace d'hostilité pour l'un de ses chefs ? Non.

Au contraire, la communication de Pauffin consti-‌
tuait la plus grave injure au ministre de la guerre et,‌
par ricochet, au gouvernement tout entier.

En effet, le président du Conseil des ministres dut‌
démentir « les allégations sensationnelles » apportées‌
par Pauffin à l'*Intransigeant* et publiées par ce dernier.

Le gouvernement dut affirmer sa résolution, « si cette‌
campagne continuait, de prendre, avec le concours du‌
Parlement, les mesures nécessaires pour y mettre‌
fin » (2).

(1) Voir dans « *Esterhazy ?* » pages 155 et suivantes, l'article en‌
question de Rochefort : « La paix du tombeau. »

(2) Voir dans « *Esterhazy* », pages 152 et suivantes, le texte com-‌
plet de la communication gouvernementale.

Mais à quoi bon poursuivre la comparaison ?

Les deux points qui précèdent ne suffisent-ils pas à homme de bonne foi pour reconnaître l'erreur où est ombé Drumont, après la sixième audience du procès ola, quand il a posé Picquart comme méritant le châ- iment du soldat qui s'est oublié jusqu'à adresser une njure à son caporal ?

J'ai fini. La figure de Picquart se dégage, loyale, robe, correcte, des débats de la sixième audience du rocès Zola.

En terminant ce volume, je me borne à ce constat.

Dans un quatrième volume, « *Le capitaine Lebrun- enault ?* », je raconte les trois derniers actes du procès ola, dont le présent livre a rapporté les deux premiers.

Bizarrerie du destin, c'est un humble capitaine de garde républicaine qui est devenu l'arbitre souverain e la culpabilité de Dreyfus.

Entre les mains du capitaine Lebrun-Renault, se rouve le nœud des dramatiques incidents qui enve- ppent de leur réseau Dreyfus, Esterhazy, Picquart et ous les héros de cette cause célèbre entre toutes, à iquelle aucune autre ne saurait être comparée.

Par quelles malices de la fatalité le capitaine Lebrun- enault fut-il choisi pour personnifier « le libérateur » ans des conditions symétriques à celles où Dreyfus vait personnifié « le traître » ? Je m'efforce de l'élu- ider dans « *Le capitaine Lebrun-Renault ?* »

TABLE DES MATIÈRES

ÉMILE COLIN — IMPRIMERIE DE LAGNY

Lightning Source UK Ltd.
Milton Keynes UK
UKOW02f2331220114

225119UK00008B/486/P